비즈니스와 투자의 세계에서 성공할 묘안이 떠오르지 않는다면, 이 책을 읽어라. 《돈의 공식》에서 소개하는 현명한 투자자, 40인의 아이디어를 빌려 100% 모방한다면, 당신도 성공할 수 있다._〈뉴욕 타임스New York Times〉

부의 의미와 축적 방법, 불안과 시간을 이기는 장기적인 투자 안목까지 배울 수 있는 이 책은 당신이 투자와 삶의 길목에서 내리게 될, 크고 작은 의사결정의 판단 근거가 되어줄 것이다._〈워싱턴 포스트Washington Post〉

저자가 소개하는 40명의 투자자는 현명하게 가치를 판단하여 부를 넘어 유의미한 삶을 살고 있다. 그 방법을 담은 이 책을 읽은 사람과 읽지 않은 사람의 행보는 다를 수밖에 없다._〈포브스Forbes〉

부를 통해 인생의 궤도를 바꾼 투자 거장들의 성공 법칙이 궁금하다면, 무조건 이 책을 읽어라._가이 스파이어Guy Spier, 《워런 버핏과의 점심식사, 가치투자자로 거듭나다The Education of a Value Investor》의 저자

시대를 초월한 투자 지침서의 정석으로 손색이 없다. 투자와 인생이라는 두 마리 토끼를 모두 잡고 싶다면, 이 책을 읽어라. 새로운 인생이 펼쳐질 것이다._토니 로빈스Tony Robbins, 《돈의 법칙Unshakeable》의 저자

시간을 뛰어넘는 투자 철학이 궁금한 사람이라면, 반드시 읽어야 할 필독서다._애니 듀크 Annie Duke, 《인생을 운에 맡기지 마라How to decide》의 저자

이 책을 읽고 나면, 더 부유하고, 더 현명하며, 더 행복한 삶을 영위하고 있는 '나 자신'을 만나게 될 것이다._피터 디아만디스Peter H. Diamandis, 《컨버전스 2030The Future Is Faster Than You Think》의 저자

내가 투자를 시작할 때 이 책을 읽었더라면, 20년은 절약했을 것이다._필 타운Phil Town, 《아빠와 딸의 주식 투자 레슨Invested》의 저자

역사와 심리학은 물론 투자에 도움 될 마인드셋까지, 투자자들에게 계몽적 삶의 지침을 제시하는 이 책은 우리의 성공 확률을 극대화해 줄 것이다._니나 뭉크Nina Munk, 《눈먼 자들의 경제The Great Hangover》의 저자

투자와 인생에서 성공 확률을 쌓는 방법을 알려주는 이 책에는 위대한 투자자들의 일상에서 발견한 부, 지혜, 행복에 관한 실질적인 조언과 깨달음이 가득하다._존 거트너Jon Gertner, 《벨 연구소 이야기The Idea Factory》의 저자

책장을 넘기는 순간 궁극의 투자 여정이 시작된다. 그 과정에서 만나는 대부호 40인의 지혜와 성공 전략은 당신에게 부의 해답을 찾을 공식을 알려줄 것이다._대니얼 골먼Daniel Goleman, 심리학자

돈의공식

RICHER,
WISER, HAPPIER

상위 1% 억만장자들이 부를 얻는 방법

돈의 공식

윌리엄 그린 지음 | 방영호 옮김

RHK
알에이치코리아

그들은 어떻게
부를 거머쥐었을까?

나는 25년 동안 투자에 빠져 살았다. 처음에는 의외의 분야에 열정을 쏟는 느낌이었다. 대학 시절 경영학이나 경제학 수업을 들은 적이 없었다. 숫자에 약했고, 오묘한 수수께끼 같은 회계학에 관해 아는 게 전혀 없었다. 옥스퍼드대학교에서 영문학 학위를 취득하고 나와, 잡지에 실리는 소설을 논평하고, 사기꾼과 살인자들을 분석하는 글을 썼다. 문학적 명성을 얻겠다는 고상한 꿈을 가진 작가 지망생으로서 나는 월스트리트를 무신경한 투기꾼들로 붐비는 카지노쯤으로 치부해 버리곤 했다. 집 앞에 놓인 〈뉴욕 타임스New York Times〉를 들고 와서는 경제면은 보지도 않고 넘겨버리는 사람이, 바로 나였다.

그러다 1995년 약간의 투자금을 가지게 되었다. 형과 내가 공동으로 소유했던 아파트를 팔아 수익금의 절반을 내 몫으로 챙긴 덕분이었다. 그때부터 많은 액수는 아니어도 뜻밖의 횡재로 생기는 수익을 불리고 싶어, 주식과 펀드에 관한 글과 기사를 열심히 찾아 읽었다. 그러다 영국에서 청소년기를 보내던 시절, 고삐 풀린 망아지처럼 굴었던 도박꾼의 기질이 되살아났다. 이튼칼리지에서 공부하던 열다섯 살 때였다. 지루한 여름날 오후에 나는 학교를 몰래 빠져나와 윈저성Windsor Castle 근처에 있는 사설 마권 판매업소에서 시간을 보냈다. 반 친구들은 크리켓을 하거나 배를 타고 놀았지만, 나는 말에 돈을 걸었다. 보리스 존슨Boris Johnson이나 윌리엄William 왕자, 우리 이전의 이튼 동문들처럼 상류층 영국 신사와 같이 행동해야 했지만, 나는 그보다는 '마이크 스미스'라는 이름으로 불법 베팅 계좌를 만들었다.

내가 경마에 관심을 가진 것은 경마를 동경했거나 위엄 있는 말의 모습에 매료되어서가 아니었다. 일하지 않고 돈을 벌려는 욕망 때문이었다. 나는 말과 경마장에 관해 자세히 기록했고, 다양한 색의 잉크 펜을 이용해 내 승률을 눈에 띄게 표시했다. 값비싼 경마 정보 제공 시스템인 타임폼Timeform의 구독권을 사주지 않는다며 부모님과 다투다 열여섯 번째 생일을 망친 적도 있다. 막대한 부로 가는 이 확실한 길을 부모님이 차단한 것에 나는 격분했다. 그러다 얼마 지나지 않아 계속 손실을 보며 경마에 대한 모든 환상이 사라져버렸다. 그렇게 경마를 완전히 단념했다.

10년 후 투자에 관한 책을 읽기 시작하면서 주식시장이 과거 경마에 베팅했을 때처럼 흥분을 불러일으킨다는 점을 알게 되었다. 그런데 성공 확률은 주식이 훨씬 높았다. 남들보다 앞서 생각하기만 해도 수익이 생기는 완벽한 방법이 주식이라는 생각이 들기도 했다. 물론, 나는 생각시도 못했던 일을 하고 있었다. 그래도 내게는 매우 유리한 이점이 있었다. 언론인으로서 업계 최고의 투자가들을 인터뷰하면서 새로운 관심 영역에 마음껏 몰두할 수 있었으니 말이다.

그 후 수년 동안 〈포브스Forbes〉, 〈머니Money〉, 〈포천Fortune〉, 〈타임 Time〉 등의 매체에 글을 기고하기 위해 전설적인 투자가들을 인터뷰했다. 한 사람 한 사람에게 같은 질문을 반복했는데, 그 질문들은 매우 의미가 있어서 지금까지도 깊은 흥미를 불러일으킨다. 이런 극소수의 사람들은 어떤 원칙과 프로세스, 통찰, 습관, 성격을 가졌기에 시장을 선점하고, 세계 최고의 부자가 되었을까? 나아가 우리는 어떻게 이런 금융계 아웃라이어들을 본받고, 그들의 승리 전략을 분석 및 복제하여 수익을 창출할 수 있을까? 이런 물음들이 이 책의 핵심을 이루고 있다.

그간에 만난 투자가들이 많은 사람의 이목을 끄는 매력이 있고, 신기하게도 이국적인 취향을 가졌다는 점이 내 흥미를 자극했다. 나는 바하마로 날아가 20세기의 가장 위대한 투자가 존 템플턴 경과 하루를 보냈다. 템플턴 경은 평화와 행복을 누릴 수 있는 곳, 카리브의 리포드 케이Lyford Cay라는 부촌에 살고 있었다. 나는 또한 이집트 태생의 억만장자로 스핑크스라는 별명을 가진 파예즈 새로핌Fayez Sarofim을 만나러 휴스턴을 방문했다. 새로핌은 자신의 사무실에서 시리아의 한 교회에서 가져온 5세기 바닥 모자이크화와 함께 엘 그레코El Greco(크레타섬 출신의 스페인 종교화가-옮긴이)와 빌럼 데 쿠닝Willem de Kooning(네덜란드 출신의 미국 화가-옮긴이)이 그린 작품들을 내게 보여 주었다. 흰머리 독수리라고 불리는 마크 모비우스Mark Mobius와도 대화를 나누었다. 모비우스는 화려한 걸프스트림 제트기를 타고 개발도상국을 열심히 돌아다

넸는데, 그 제트기는 불경기를 겪던 중동 실업계의 거물에게서 사들인 것이었다. 제트기 내부는 도금된 장착물과 이구아나 외피로 덮인 장식품으로 가득했다. 억만장자 마이클 프라이스Michael Price를 인터뷰하기도 했는데, 그는 실적이 저조한 CEO들을 벌벌 떨게 하는 펀드 매니저로 월스트리트에서 가장 악명 높았다. 미국의 변호사로 활동했던 헬무트 프리들랑더Helmut Friedlaender도 만났다. 1930년대 히틀러가 막 국경을 봉쇄하려 할 때, 독일을 빠져나온 그는 다른 이유도 아니고 모자를 사겠다고 가던 길을 멈췄다고 한다. '신사는 모자 없이 여행하지 않는다는 이유'에서였다. 그는 샤토 페트뤼스Château Pétrus 와인을 즐겼고, 희귀한 중세시대 고서를 수집했는가 하면 커피부터 엠파이어 스테이트 빌딩까지 온갖 대상을 거래 품목으로 삼았다. 당시 90대였던 그는 내게 이렇게 말했다. "내 삶이 참 요란하기도 했어."

나는 돈으로 살 수 없는 소중한 경험들을 했다. 현재 자산운용 규모가 6조 2,000억 달러에 이르는 뱅가드Vanguard 그룹의 설립자이자 인덱스펀드의 전설로 통하는 존 보글John C. Bogle은 자신의 멘토이자 '영웅', 뮤추얼펀드의 개척자인 월터 모건Walter Morgan에게서 배웠다며 매우 교훈적인 가르침을 내게 전수했다. "자제력을 잃지 마세요. 과도한 위험을 감수하지 말고, 비용을 낮게 유지하세요." 그가 이어서 말했다. "사람들은 늘 잘못된 판단을 합니다." 앞으로 살펴보겠지만, 그는 투자가로 성공하겠다고 해도 '반드시 최고가 될 필요가 없는 이유'를 설명해 주었다.

피델리티Fidelity 최고의 펀드 매니저인 피터 린치Peter Lynch는 남들보다 앞서 나가며 승리해 온 과정을 들려주었다. 그러면서도 시장에는 종잡을 수 없는 예측 불가능성이 존재하며 겸손한 자세가 필요하다고 강조했다. "학교에서 A나 B학점을 많이 받았더라도 주식시장에서는 F학점을 많이 받습니다. 60~70%의 성공률을 달성해도 매우 좋은 성적을 거둔 것입니다." 린치는 처음으로 실패를 맛봤던 경험을 떠올렸다. 과거에 호황을 누리던 의류업에 투자했다가 빈털터리가 되었는데, 모든 게 〈우리에게 내일은 없다Bonnie And Clyde〉는 영화 때문이었다. 영화가 방영된 이후 예상치 못하게 여성들의 옷차림에서 유행이 바뀌었고, 재고품은 '쓰레기'가 되었다고 한다. 피델리티를 거대기업으로 키운 억만장자 네드 존슨Ned Johnson이 웃으며 린치에게 말했다. "자네는 모든 걸 순조롭게 했어. 다만 이따금 전혀 뜻밖의 일들이 일어나지."

9·11 사태 이후 격동의 시기를 보내고 있을 때였다. 대공황 이래 금융시장이 최악의 일주일을 보내는 동안, 전례 없이 15년간 S&P 500 지수를 연속 능가하던 빌 밀러Bill Miller를 만나러 볼티모어로 향했다. 우리는 며칠 동안 함께 시간을 보냈으며, 그의 제트기를 타고 돌아다녔다(자가용 제트기를 구매한 것은 50kg에 달하는 아이리시울프하운드와 함께 하늘을 날 목적도 있었다고 한다). 경제가 요동치고 있었고, 아프가니스탄에 전쟁의 기운이 감돌았다. 그의 펀드는 최고치에서 40%나 폭락했다. 그렇지만 밀러는 흔들리지 않고 기운을 냈다. 그리고 차분하게 폭락한 주식에 수억 달러를 걸었다. 그 뒤로 그 주식의 가격은 치솟았다.

어느 날 아침, 밀러가 회사로 연락해 상황을 점검하는 모습을 지켜봤다. 밀러와 통화한 투자분석가는 밀러가 막 사들인 AES 주식이 형편없는 수익률을 기록했다고 전했다. 주가는 반 토막이 되었고, 반나절만에 5,000만 달러의 손실이 발생했다. 그런데 그는 태연한 태도로 비이성적인 투자자들이 회사와 관련한 우울한 소식에 과잉 반응을 보인 것이라고 예측하며 즉시 투자를 두 배로 늘렸다. 투자는 지속적인 확률 계산의 과정이라고 그가 내게 설명했다. "모든 게 확률이에요. 확실한 것은 없습니다."

그다음으로 세대를 대표하는 최고의 종목 선정가라고 할 만한 빌 루안Bill Ruane을 만났다. 워런 버핏Warren Buffet이 1969년 투자 파트너십을 종료했을 때 자신을 대신해 추천한 인물이 루안이었다. 2005년 루안이 세상을 떠나기 전까지 그의 세쿼이아 펀드Sequoia Fund는 경이로운 수익률을 기록했다. 루안은 좀처럼 인터뷰에 응하지 않았지만, 그가 1950년대에 꽤 주목받았던 알베르트 헤팅거Albert Hettinger에게서 배운 네 가지 지침을 두고 우리는 한참 대화를 나누었다. "이 단순한 규칙들이 제게는 매우 중요합니다." 루안이 말했다. "이후 제 투자철학의 큰 부분을 이루게 되었지요. 그것이야말로 제가 사람들에게 해줄 수 있는 최고의 조언입니다."

루안은 첫 번째 원칙을 들며 경고했다. "주식을 사려고 돈을 빌리지 마십시오." 그는 레버리지를 이용했던 초창기의 경험을 떠올렸다. "600달러를 가지고 여러 번 투자금을 불렸습니다. 그러다 시장이 붕괴하는 바람에 큰 타격을 입어 주식을 다 팔아버렸어요. 거의 원점으로 돌아갔습니다." 당시 그가 깨달은 바와 같이, 빌린 돈으로 투자를 하는 것은 이성적으로 행동하는 것이 아니다. 두 번째 원칙은 '모멘텀momentum'을 조심해야 한다는 것이다. 즉, 대중이 공황 상태에 빠지거나 비이성적으로 평가된 주식에 달려들어서 시장이 미쳐 날뛸 때 극도로 경계하며 나아가야 한다는 말이다. 세 번째 원칙은 시장에서 예측되는 것들을 무시하는 것이다. "확신하건대 시장이 어떻게 될지 아무도 모릅니다. 중요한 것은 매력적인 아이디어를 찾아 싼 기업에 투자하는 일입니다."

루안이 전한 네 번째 원칙이 무엇보다 중요하다. 우리가 집중적으로 분석해서 정보 우위를 점한 소수의 주식에 투자하라는 말이다. "할 수 있는 한 7~8가지의 좋은 아이디어에 관해 배우려고 합니다." 루안은 이렇게 말했다. "정말로 매우 저렴한 종목을 찾았다면 거기에 가진 돈의 15%를 투자하면 어떨까요?" 일반인들이 투자에 성공하는 안전한 방법이 있다. "대부분 사람에게는 인덱스펀드index fund(소극적 투자방식이 특징이며 투자자에게 유리한 저가 상품-옮긴이)가 나을 겁니다." 루안이 말했다. 반면에 시장 수익률을 능가하겠다는 투자자에게는 집중투자가 현명한 전략이라고 말했다. "수많은 주식에 투자하는 일에서 피터 린치보다 뛰어난 사람을 본 적이 없습니다."

2001년 루안과 대화를 나누었던 당시, 그는 세쿼이아 자산의 35%가 단일 종목인 버크셔 해서웨이Berkshire Hathaway에 걸려 있다고 말했다. 닷컴 열풍이 한창이던 당시 버크셔 해서웨이는 시장에서 인기를 잃었고, 회장이자 CEO인 워런 버핏은 감을 잃었다는 비난을 받았다. 그러나 루안은 남들이 놓친 것을 보았다.

나는 최고의 투자가들이 '지적 이단아'라는 사실을 차츰 알게 되었다. 그들은 지체하지 않고 물음을 던지며 통념을 거부한다. 그들은 또한 비이성적이고 무모한 사람들, 객관적으로 보지 못하는 사람들의 오해와 실수로부터 이익을 얻는다. 사실, 이 책에서 조명하는 투자가들의 투자론을 분석하는 주된 이유는 그들이 부자가 된 방법뿐 아니라 우리의 사고방식과 의사결정에 대한 개선책을 찾기 위해서이다.

현명한 투자로 얻는 보상이 지나치게 과장되어서 기업은 저마다 훌륭한 인재를 끌어모은다. 하지만 금융업종에서는 잘못된 판단으로 엄청난 대가를 치르는 일이 자주 일어난다. 관련된 이해관계들을 보면, 최고의 투자가들은 대개 열린 마음을 가진 실용주의자로, 그들이 사고를 개선할 방법을 끊임없이 연구하는 이유를 알 수 있을 법도 하다.

그와 같은 사고방식을 가진 대표적 인물로 버핏의 단짝이자 이 시대의 현인으로 불리는 찰스 멍거Charles Munger('찰리'라는 애칭으로 불리기도 한다─옮긴이)를 들 수 있다. 멍거가 한때 언급한 말에 주목해야 한다. "저는 무엇이 효과가 있고 무엇이 효과가 없는지, 그 이유는 무엇인지 관찰합니다." 이 책에서 중심이 되는 인물이기도 한 멍거는 수학과 생물학, 행동심리학 같은 다양한 분야의 분석적 도구를 응용하여 다방면에서 사고방식을 개선할 방법을 모색했다. 그는 또한 찰스 다윈Charles Darwin, 알베르트 아인슈타인Albert Einstein, 벤저민 프랭클린Benjamin Franklin을 비롯해 19세기에 활동한 대수학자 카를 구스타프 야코비Carl Gustav Jacobi를 롤 모델로 삼았다. "옛 시대 사람들로부터 많은 것을 배웠지요." 멍거가 내게 말했다. "저세상 사람들로부터 배워야 할 게 참 많다는 것을 늘 깨닫습니다."

나는 투자의 귀재들이 남다른 성향의 현실적인 철학자들이라고 생각하게 되었다. 최고의 투자가들은 실제 철학자들의 마음을 사로잡는 난해한 퍼즐, 이를테면 "이 의자는 존재하는가?"와 같은 문제를 해결하려 들지 않는다. 그보다는 경제학자 존 메이너드 케인스John Maynard Keynes가 '세속의 지혜worldly wisdom'라고 한 것을 추구한다. 가령, "미래를 알 수 없다면, 어떻게 해야 미래에 대한 현명한 의사결정을 할 수 있을까?"와 같이 눈앞에 닥친 문제를 파헤치려고 한다. 그래서 이들은 경제사, 신경과학, 문학, 스토아 철학, 불교, 스포츠, 습관 형성 이론, 명상 등 도움이 된다면 어떤 분야에서든 유익한 내용을 찾는다. '효과가 있는 것'을 탐구하는 그들의 자유로운 의지는 다양한 시장뿐 아니라 삶의 모든 영역에서 성공하기 위해 반드시 본보기로 삼고 연구해야 할 부분이다.

투자의 달인들을 다른 관점에서 생각하면, 경지에 오른 게임 플레이어에 비유할 수 있다. 최고의 자산관리사들이 인생을 즐기는 가운데 수익을 창출하려고 게임에 뛰어든다는 점은 우연이 아니다. 템플턴 경은 대공황기에 포커 게임을 해서 대학 등록금을 충당했다. 버핏과 멍거는 카드 게임인 브릿지bridge를 자주 한다. 빈민가인 브롱크스 출신의 억만장자이자 거물 펀드 매니저인 마리오 가벨리Mario Gabelli 역시 가난한 성장기를 보내며 돈을 벌었던 일화를 들려주었다. 고급 골프클럽에서 캐디로 일했던 그는 라운드 중간에 카드 게임을 해서 돈을 벌었다고 했다. "열한 살인가, 열두 살쯤이었습니다." 그가 어린 시절을 회상했다. "다들 자기가 게임에서 승리할 것이라고 생각했습니다." 고등학교와 대학, 군대에서 포커 게임을 한 린치는 이렇게 말했다. "포커 치는 법이나 브릿지를 하는 것처럼 확률 놀이를 배우는 것이 온갖 투자 관련서를 섭렵하는 것보다 훨씬 나을 겁니다."

내가 깨달은 바에 따르면, 투자와 삶을 게임으로 바라보는 관점에서 우리는 의식해서 지속적으로 우리의 성공 확률을 극대화하려고 애써야 한다. 규칙을 규정하기 어렵고, 결과가 불확실하더라도 게임을 하는데 현명한 방법과 어리석은 방법이 있다. 확률 게임에 심취했던 미국의 신문기자이자 작가인 데이먼 러니언Damon Runyon은 이런 글을 쓴 적이 있다. "인생은 늘 6대 5로 지는 도박이다."[1] 어쩌면 그럴 것이다. 그렇지만 템플턴, 보글, 루안, 버핏, 멍거, 밀러 외에 이 책에서 들여다볼 전설적인 투자가들은 게임이 자신에게 유리하도록 재빨리 사전에 준비하는 법을 찾아냈다. 그 방법을 보여 주는 것이 내가 할 일이다.

투자 역사에서 어쩌면 최고의 게임 플레이어라고 할 만한 에드워드 소프Edward O. Thorp를 떠올려 보자. 소프는 헤지펀드 매니저가 되기 전, 블랙잭 게임을 접하고 카지노에서 이기는 독창적인 전략을 고안하면서 도박계에서 불후의 명성을 얻었다. 소프가 세 시간에 걸쳐 (에그 베네딕트와 카푸치노로 아침식사를 하며) 이야기를 해준 적이 있다. 소프는 카지노 게임 참가자가 딜러보다 우세를 점하는 것이 수학적으로 불가능하다는 '통념'을 받아들이지 않았다. 카드 카운팅card counting 전략을 고안한 소프는 '카드 덱에 나오지 않는 카드의 숫자가 높을 때'의 확률 변화를 계산하여 우위를 점했다. 이를테면, 덱이 에이스로 가득 차면, 그렇지 않은 경우보다 이길 확률이 올라간다. 나의 승산이 높다면 베팅액을 늘리고, 카지노의 승산이 높다면 배팅액을 줄이는 식이다. 크지 않은 장점이 시간이 지날수록 압도적인 것이 되었다. 이처럼 소프는 운에 달린 패자의 게임을 수익성 좋은 '수학 게임'으로 바꿔놓았다.

이어서 그는 룰렛에서 카지노를 이기는 방법을 발견했다. 그와 동료 클로드 섀넌Claude Shannon은 최초의 착용식 컴퓨터를 발명했는데, 소프는 자신의 신발 안쪽 엄지발가락으로 컴퓨터가 은밀히 작동할 수 있도록 했다. 담뱃갑 크기 정도였던 컴퓨터가 공과 로터의 위치, 속도를 '매우 정확히' 측정했기에 공이 멈출 위치를 예측할 수 있었다. 수 세기 동안 룰렛 게임은 참가자들이 우위를 가지지 못해 운에 맡길 수밖에 없는 게임이었다. 37개의 칸 각각에 공이 들어갈 확률이 같았기 때문이다. "그래도 약간의 지식, 약간의 측정치를 더해서 앞으로 일어날 일의 확률을 좀 더 잘 이해하게 됩니다." 소프가 말했다. "늘 적중하지는 않더라도 내가 예상해 결정하는 것이 운으로 일어나는 일보다 조금 더 나을 겁니다. 그래서 우리는 순전히 운에 기대는 게임 같은 것을 우위를 점하는 게임으로 바꾸고 있었습니다. 우위는 우리가 추가하는 정보에 따라 점할 수 있었습니다."

우리가 카지노 주인이 아니라면, 소프의 파괴적인 재능은 저항할 수 없는 매력으로 다가온다. 소프는 전문가들이 하나같이 풀 수 없다고 주장한 '흥미로운 문제들을' 해결하며 기쁨을 느꼈지, 돈을 유일한 목적으로 삼지 않았다. "그저 많은 사람이 어떤 것을 진실이라고 말했다고 해서 그것이 제게 특별한 의미를 띠지는 않습니다." 소프는 이렇게 말했다. "특히 중요한 것들에 관해서는 독립적인 사고를 해야 하며, 자신을 위해 그것들을 해결하려고 노력해야 합니다. 근거를 확인하세요. 통념의 기반이 되는 것을 확인하세요."

소프의 흥미로운 인생이 암시하듯이, 우리의 재정적 삶을 개선하기 위한 결정적 방법이라고 한다면, 확률이 우리에게 불리하게 작용하는 게임을 하지 말아야 한다는 점이다. "도박에 관한 한 제가 우세하지 않다면 게임을 하지 않아요." 소프가 말했다. 이 원칙을 동일하게 적용하여 우리는 모두 현실을 가능한 한 있는 그대로 바라볼 수 있다. 이를테면, 우리가 기술에 관한 지식 수준이 낮거나 기업의 가치를 분석하기 위한 기본적인 금융 지식이 부족한 경우에는 자신만의 판단으로 개별 기술주를 선택하려는 유혹을 이겨내야 한다. 그렇지 않으면, 룰렛 앞에서 자신의 망상인 줄도 모르고 운명이 자신을 향해 친절히 미소 지을 것이라 기대하는 어리숙한 사람과 같은 꼴이 된다. 이런 점에서 냉철한 억만장자이자 1,400억 달러가량의 채권을 관리하는 제프리 건들라흐 Jeffrey Gundlach가 내게 의미 있는 말을 해주었다. "희망은 해결책이 아닙니다."

순진한 투자자들은 흔히 또 다른 실수를 저질러 자신에게 불리한 상황을 초래한다. 자질이 부족한 탓에 보수만큼 실적을 내지 못하는 펀드매니저와 증권거래인들, 재정자문가들에게 후한 보수를 지급하는 것이다. "갈 때마다 거래비용, 자문료 등 온갖 수수료를 지급하고 있다면, 대세에 역행하고 있는 겁니다." 소프가 이렇게 말했다. "이 모든 것을 내고 있지 않다면, 대세를 따르고 있는 거고요." 이런 점에서 일반 투자자들이 장기적으로 성공 확률을 높이는 확실한 방법은 소액의 수수료를 내는 인덱스펀드를 매수하고 보유하는 것이다. "특별히 할 일이 없습니다. 어쩌면 인덱스펀드에 가입하지 않은 사람들의 80%보다 앞서가고 있다고 볼 수 있습니다." S&P 500 같은 주가지수는 길게 봤을 때, 미국 경제의 팽창에 따라 상승할 '가능성'이 있다고 소프는 덧붙였다. 요컨대, 카지노에서 활동하는 도박꾼들과 달리 최소의 비용으로 시장의 상승 궤도에 참여하여 자동적으로 우위를 점하게 된다.

그에 반해서 소프의 헤지펀드는 '잘 파악되지 않는' 매우 모호한 투자 대상에 집중하여, 단 한 분기도 손실을 발생시키지 않고 20년 동안 여러 주가지수를 뭉개버렸다. 소프는 특출한 수학 지식을 활용해 누구도 흉내 내지 못할 정교함으로 워런트, 옵션, 전환사채를 평가했다. 마

찬가지로 하워드 막스Howard Marks와 조엘 그린블라트Joel Greenblatt 등
이 책에 등장하는 핵심 인물들도 금융시장에서 도외시되거나 괄시받
던 틈새를 위주로 공략하여 우위를 차지했다. 앞으로 살펴보겠지만, 시
장에서 이기는 방법은 다양하다. 그렇다면 내가 이기는 방법을 가졌는
지를 어떻게 확인하냐고 소프에게 물어보았다. 그의 답변을 들으니 머
리가 복잡해졌다. "우위를 점하고 있다고 믿을 만한 타당한 근거가 없
다면, 그건 아마도 우위를 점하고 있지 않다는 의미겠죠."

25년 전 내 투자 여정이 시작되었을 때, 나는 경제적으로 자유롭고
아무도 책임질 필요가 없는 삶을 갈망했다. 그리고 그간에 만난 세계
최고의 투자자들은 흡사 마법과 같았던 암호를 풀어주었다. 덕분에 지
금 내가 깨달은 바는 그들 개개인의 사고방식, 게임에서 이기는 방법을
이해한다면 여러 방면(재정, 직업, 개인의 삶)에서 헤아릴 수 없을 정도로
도움이 된다는 점이었다.

좋은 예로, 어떻게 해야 행복하고 성공한 삶을 이룰 확률을 최대한
높일 수 있는지 물었을 때, 소프는 건강과 신체 단련 이야기를 하면서
그만의 독특한 접근법을 소개했다. 여든넷의 나이임에도 20년은 젊어
보였던 그는 이렇게 말했다. "유전적으로 우리는 특정한 카드들을 나눠
받았습니다. 그것이 운이라고 생각할지 모르겠지만, 그 카드들을 사용
하는 법을 두고 우리는 다른 선택을 내릴 수 있습니다. 담배를 멀리한
다든가 매년 건강검진을 받는다든가 최신 백신을 꾸준히 접종한다든
가 규칙적으로 운동하는 등의 선택을 내릴 수 있지요." 소프는 30대의
나이에 500m도 안 되는 거리를 뛰고 난 후 비참한 몰골로 숨을 헐떡
대는 자신을 발견했다고 한다. 그때부터 매주 토요일마다 1.5km를 뛰

며 차츰 뛰는 거리를 늘렸고, 결국 21km 마라톤까지 완주했다. 그는 지금도 일주일에 두 번이나 개인 트레이너를 만나 운동하고, 일주일에 나흘은 5km가량을 걷는다(그런데 누군가가 자전거 타기를 제안했을 때, 소프는 '자전거 타기로 1억 여객 마일당_{passenger-mile} 사망자 수'를 조사하더니 위험성이 매우 높다고 판단, 그 제안을 거절했다).

소프를 다시 만난 건 2020년 6월이었다. 세계가 팬데믹에 빠진 가운데 미국에서 이미 사망자가 10만 명을 넘어선 상황이었다. 소프는 전 세계 각지의 사망자 수 데이터를 분석한 방법을 설명해 주었다. 바이러스가 원인으로 작용했을지 모르는 '원인불명'의 사망에 특별한 관심을 가졌다고 그는 말했다. 그의 할아버지가 돌아가시게 된 1918년 스페인 독감 팬데믹 상황을 바탕으로 '실제 치사율' 추정치를 계산한 과정은 물론 향후 1년간 신종 코로나바이러스감염증-19(코로나19)로 미국에서 20만 명에서 50만 명이 사망할 것으로 예측한 과정을 알려 주었다(미국에서 한 명의 사망자가 기록되기 이전인 2월 초에 예측했다).

미국에서 팬데믹의 심각성을 인식한 사람이 거의 없는 상황에서 (특히 국가 지도자들이 상황을 제대로 파악하지 못했을 때) 소프의 체계적인 분석으로 그의 가족은 적절히 예방조치를 취할 수 있었다. "우리는 차분히 마스크를 비롯한 온갖 용품들을 비축했습니다." 소프가 당시 상황을 설명했다. "한 달쯤 지나니 사람들이 정신을 차렸고, 가게 선반 위에 있는 물품들을 싹쓸이했습니다." 정부가 국가비상사태를 선포하기 3주 전부터 소프는 라구나 비치에 소재한 자택에서 자가격리를 하였고, 그 때부터 아내 외에 '누구도 만나지 않았다'. "두려워해 봐야 아무런 의미가 없습니다." 그가 내게 말했다. 소프는 위험을 이해하고 자신의 생존 확률을 높이기 위해 결단력 있게 행동했다. 내가 만난 사람 중 자신의 '사망률'을 실제로 계산한 사람은 소프가 유일할 것이다.[2]

사실과 수치, 확률, 위험과 보상의 균형, 재앙을 회피해야만 하는 중대한 이유를 냉정히 따지는 그의 습관을 보면, 실용적 지식과 경험이 풍부한 투자가들이 장수하고, 삶이 번영하는 이유가 무엇인지 충분히 이해된다. 소프가 생각하는 바와 같이 우리 행동의 모든 측면은 '일반화된 합리성'에 따라 결정되어야 한다. 예를 들어, 소프는 '기분에 좌우되는 상태'에 있을 때 잘못된 결정을 내리는 때가 많다는 것을 알고 있다. 이에 그는 짜증이 나거나 화가 날 때, 한 발짝 뒤로 물러나 자신에게 이렇게 묻는다. "내가 정말로 알고 있는 것은 무엇인가? 내 감정은 정당한가?" 이렇게 마음을 들여다보고 분석하면, 자신의 부정적인 반응이 불합리하다는 사실을 알게 된다. "사람들은 성급하게 결론을 내립니다. 그러지 말아야 할 때인데도 말이죠." 소프가 의견을 내놓았다. "제 생각에는 판단을 보류하는 것이 합리적 행동의 핵심 요소라고 봅니다."

나는 이 모든 만남을 통해 투자업계의 진정한 거물들이 더 부유하고 더 현명하고 더 행복해지는 법을 우리에게 알려줄 것이라고 믿게 되었다. 이 책을 쓴 것도 성공 확률을 최적화하는 다양한 방법을 찾아, 시장과 삶에서 모두 승리하는 방법을 보여 주기 위해서이다.

확률이 높은 쪽으로 행동하는 것만큼 효과적인 운영방식은 없다. 시간을 관리하는 방식, 조용히 생각하는 환경을 구성하는 방식, 어울릴 사람과 멀리할 사람을 정하는 방식, 실수에서 배우고 그 실수를 반복하지 않는 방식, 스트레스와 역경을 다루는 방식, 정직과 진실성에 관해 사고하는 방식, 돈을 쓰고 기부하는 방식, 물질적인 것을 초월해 의미로 가득한 삶을 만드는 방식 등 대가들은 모든 활동에 확률을 적용한다.

이 책을 쓰는 동안, 오래전 세계 최고의 투자가들과 소중한 시간을 함께 보냈던 기억이 뜻깊게 다가왔다. 한편으로 로스앤젤레스에서 런던, 오마하에서 뭄바이까지 세계 곳곳을 돌아다닌 나는 오로지 이 책을 쓸 목적으로 40명이 넘는 투자가들과 대화하며 수많은 시간을 보냈다. 앞으로 수백만 명을 대신해 천문학적인 자산을 관리해 온 인물들을 만나게 될 것이다. 이 대단한 투자가들이 우리 삶을 깨우쳐 주고, 풍요롭게 해주길 바라 마지않는다. 나는 거기에 승부를 걸겠다.

윌리엄 그린

목 차

richer,
wiser,
happier

1장

워런 버핏을
복제한 남자

"저는 뻔뻔한 흉내쟁이입니다"

가치투자 전설의 계보를 잇는, 모니시 파브라이

→ cloning

현명한 사람은 위대한 인물들이 밟았던 길을 따르고,
위대한 업적을 남긴 인물들을 모방하려고 애쓴다.
그래야 그들과 동등한 능력을 갖추진 못하더라도
하다못해 어느 정도의 업적이라도 쌓을 수 있기 때문이다.

_ **니콜로 마키아벨리**Niccolò Machiavelli

크리스마스 아침 7시. 스모그가 낀 뭄바이 하늘에 태양이 올라올 때 모니시 파브라이Mohnish Pabrai가 미니밴에 올랐다. 우리는 인도 서부 해안을 따라 다드라Dadra와 나가르 헤이블리Nagar Haveli라는 지역을 향해 장시간 이동했다. 운전사는 트럭과 버스 사이를 오가며 거칠게 핸들을 틀면서 아슬아슬한 곡예 운전을 되풀이했다. 사방에서 경적이 울리고 나는 겁에 질려 눈을 질끈 감고 얼굴을 찡그렸다. 대학에 다니기 위해 미국으로 거처를 옮기기 전까지 인도에서 자란 파브라이는 차분한 태도로 웃었다. 그는 위험 앞에서 늘 침착한 태도를 유지했다. 그래도 그는 인정했다. "인도는 교통사고율이 높지요."

넋을 잃게 만드는 운전이었다. 거리는 혼을 빼는 광경으로 가득했다. 한 남자가 깡마른 여자에게 벽돌을 나를 수 있도록 그 여자의 머리 위로 벽돌을 잔뜩 쌓고 있었다. 시골로 쭉 들어가 보니 풀로 덮여 있는 오두막들이 눈에 들어왔다. 불법으로 지어진 오두막들은 또 다른 천년의 흐름 속에 있는 듯 보였다. 마침내 우리는 목적지에 도착했다. JNV

실바사JNV Silvassa라고 하는 고등학교였다.

세대를 대표하는 투자 명인으로 손꼽히는 파브라이는 40명의 10대 소녀들을 만나기 위해 자택이 있는 캘리포니아 어바인에서 이곳까지 먼 거리를 이동했다. 이 과정은 자선재단 닥샤나Dakshana(산스크리트어로 '선물'을 의미한다)가 운영하는 프로그램의 일부로 준비된 것이기도 했다. 닥샤나 재단은 입학시험이 어렵기로 악명 높은 인도 공과대학IIT 진학을 준비하도록 취약계층의 재능 있는 10대 소녀들에게 2년간의 무상교육을 제공하고 있다. 인도 최고의 명문 공과대학인 IIT의 졸업생들은 마이크로소프트와 구글 같은 기업들이 탐내는 인재들이다.

매년 100만 명이 넘는 학생들이 IIT에 지원하지만, 합격률은 2%도 채 되지 않는다. 그런데 닥샤나가 비밀을 풀어냈다. 12년이 넘도록 2,146명의 닥샤나 장학생들이 IIT에 입학했다. 62%의 합격률이었다. 파브라이는 닥샤나를 인도 사회 소외계층에게 희망을 주는 수단으로 바라보았다. 닥샤나 장학생들은 대부분 하루에 2달러도 안 되는 돈으로 생활하는 시골 가정 출신이다. 그들의 상당수는 수 세기 동안 차별로 고통받은 '불가촉천민'을 비롯한 하위 카스트 출신이다.

파브라이는 닥사냐의 교실을 찾을 때마다 매번 같은 수학 문제를 칠판에 적어 서먹서먹한 분위기를 깼다. 질문의 답을 풀어낸 학생들이 모두 IIT에 입학했기 때문에 아이들의 재능을 측정하는 유용한 방법으로 수학 문제를 활용했다. 질문은 너무 어려워 아무도 정답을 내지 못할 정도였다. 파브라이는 실바사의 학생 중 그 누구도 도전에 응하지 못할 것이라고 예상했다. 그래도 파브라이는 교실 맨 앞에 있는 칠판에 분필로 문제를 적었다.

n은 소수 ≥ 5

n^2-1이 항상 24로 나뉜다는 것을 증명해 보시오.

그러고 나서 그는 엉성한 플라스틱 의자에 등을 기대고 앉았다. 그 사이 소녀들이 문제를 풀기 시작했다.[1] 스웨트 셔츠에 분홍색 바지를 입은 건장한 체구의 대머리 금융가를 닥샤나의 소녀들은 어떻게 생각했을지 궁금했다.

10분 후 파브라이가 물었다. "문제를 푼 학생이 있나?" 알리사Alisa라고 하는 열다섯 살 먹은 소녀가 말했다. "선생님, 이건 이론일 뿐이에요." 망설이는 소녀는 자신감이 전혀 없어 보였다. 그런데 파브라이가 소녀를 앞으로 불러내어 답을 보여달라고 요청했다. 소녀는 파브라이에게 종이 한 장을 내밀며 그의 앞에 조용히 서서는 고개를 숙인 채 평가를 기다렸다. 소녀의 머리 위로 간판 하나가 벽에 붙어 있었는데, 거기엔 눈에 잘 띄게끔 번역한 영어 문장으로 "자신을 믿는 한 그 무엇도 자신을 끌어내지 못할 것이다"라고 적혀 있었다.

"알리사, 정확해!" 파브라이가 말했다. 그는 알리사에게 악수를 청하며 친구들에게 답을 설명해 보라고 했다. 그가 나중에 알려준 바에 따르면, 문제를 훌륭하게 풀어낸 알리사는 IIT 입학시험에서 상위 200등 안에 드는 성적을 거두었다고 한다. 파브라이는 알리사에게 "입학은 떼놓은 당상"이라고 말했다. "꾸준히 열심히 하기만 하면 된단다." 나는 알리사가 인도 최대 빈민 지역인 오디샤주 간잠Ganjam 지구 출신으로 정부가 기타 하층민이라고 부르는 카스트로 태어났다는 사실을 나중에 알았다.

파브라이는 함께 사진을 찍자며 알리사에게 포즈를 취해달라고 말했다. "너는 나를 금방 잊어버릴 거야." 파브라이가 농담을 던졌다. "그래도 '우리에겐 사진이 있잖아'라고 네게 말할 수 있어!" 소녀들이 즐겁게 웃었지만, 나는 눈물을 참기가 너무 어려웠다. 우리는 마법 같은 상황을 목격했다. 가난에 당당히 맞선 한 아이가 정신력으로 무장해 자신과 가족을 번영으로 나아가게 했다. 알리사의 불우한 환경과 불리한 여건에서 기적 같은 일이 벌어졌다.

학생들이 파브라이에게 질문을 쏟아냈다. 마침내 한 학생이 용기를 내서 모두가 알고 싶어 하는 질문을 던졌다. "선생님, 어떻게 그렇게 많은 돈을 버셨어요?"

개념을 설명할 방법을 찾던 파브라이가 답했다. "내겐 영웅이 있단다. 그의 이름은 워런 버핏이야. 워런 버핏이란 이름을 들어본 적 있는 사람?" 손을 드는 학생이 한 명도 없었다. 교실에 있는 아이들은 저마다 멍한 얼굴로 파브라이를 쳐다보았다. 이에 파브라이는 열여덟 살 먹은 딸아이 모마치Momachi가 고등학교를 졸업한 후 여름 한철을 일해서 4,800달러를 벌었던 일화를 소개했다. 파브라이는 딸아이가 번 돈을 퇴직금 계좌에 투자했다. 얼마 안 되는 돈을 60년 동안 매년 15%씩 불린다면 어떻게 될지 계산해 보라고 그는 학생들에게 말했다. "5년마다 두 배가 되지. 그 두 배가 열두 번이 되고." 파브라이가 말한다. "인생도 그렇게 두 배씩 늘려가는 거란다."

잠시 후 학생들이 개념을 이해했다. 60년 후 모마치가 78세가 될 때, 4,800달러는 2,100만 달러가 넘는 가치가 된다. 이 수학적 현상의 경이로운 효과에 교실은 놀라움으로 가득 찼다. "복리에 대해 잊어버릴 거야?" 파브라이가 물었다. 그러자 인도 시골 지역의 빈곤한 10대들이 한목소리로 외쳤다. "아니요, 선생님!"

100만 달러를 10억 달러로 불리는 법

모니시 파브라이가 워런 버핏을 알게 된 것도 그리 오래되지 않았다. 인도에서 태어나 평범한 환경에서 자란 파브라이는 투자나 월 스트리트, 대형 금융거래의 개념에 대해 전혀 모르는 사람이었다. 1964년에 태어난 파브라이는 열 살이 될 때까지 뭄바이에서 살았다. 파브라이의 가족은 교외에 소재한 월세 20달러짜리 소형 아파트에서 살다가 나중에 거처를 옮겨 뉴델리와 두바이에서 살았다.

파브라이의 가족은 저마다 색깔이 있는 사람들이었다. 파브라이의 할아버지는 고기아 파샤Gogia Pasha라는 유명한 마술사로 신비에 싸인 이집트인 차림을 하고서는 전 세계를 돌아다녔다. 파브라이는 소년 시절에 할아버지와 함께 무대에 오르기도 했는데, 주로 할아버지를 보조하는 역할을 담당했다. 파브라이의 아버지인 옴 파브라이Om Pabrai는 사업가로 활동했는데, 이상하게도 창업하는 회사마다 파산을 면치 못했다. 그렇게 다양한 사업체를 운영했던 그의 아버지는 보석 공장을 소유하기도 했고, 라디오 방송국을 세운 적도 있다. 그러다 우편으로 마술용품을 판매하기도 했다. 그는 아들처럼 못 말리는 낙관론자였지만, 새로운 사업을 할 때마다 심각한 자금난에 시달렸고 엄청난 빚더미에 올랐다.

"부모님이 모든 걸 잃는 모습을 수차례나 지켜봤습니다." 파브라이가 말했다. "제가 모든 걸 잃었다고 말하는 상황은 당장 식료품 살 돈이 없다거나 집세 낼 돈이 없다는 뜻은 아닙니다. 물론 다시는 겪고 싶지 않지만, 그런 일로 부모님이 괴로워하시는 모습은 본 적이 없습니다. 사실, 부모님에게서 얻은 가장 소중한 교훈은 부모님은 그런 일로 절대 흔들리지 않으셨다는 것입니다. 아버지는 이런 말씀을 자주 하셨어요. '나를 발가벗긴 채 바위 위에 올려 둘지라도 나는 창업을 할 거야'라고 말이죠."

파브라이는 어린 시절 학교 성적이 좋지 않았다. 반 전체 65명 중 62등을 하는 수준이었으며, 낮은 자존감에 시달리며 지냈다. 그러다 9학년이 되어 IQ 테스트를 받으며 인생이 전환되는 계기를 맞았다. "테스트를 감독한 선생님에게 다가가 '결과에 어떤 의미가 있나요?'라고 물었습니다. 그러자 그가 답하더군요. '너의 IQ는 180 이상은 된단다. 단지 공부에 전념하지 않고 있을 뿐이란다.' 마치 누군가가 말을 채찍질하자 말이 튀어 나가는 상황 같았습니다. 대전환점이었어요."

파브라이는 고등학교를 졸업한 후 사우스캐롤라이나주에 소재한 클렘슨대학교에 진학했다. 대학에서 주식시장을 알게 된 그는 투자 수업을 들으며 투자에 대한 남다른 재능을 드러냈다. 이에 담당 교수가 컴퓨터 공학에서 경제학으로 전공을 바꾸라며 파브라이를 설득하기도 했다. "교수님의 제안은 들은 체도 하지 않았어요." 파브라이가 당시를 떠올리며 말했다. "그때만 해도 금융업에 종사하는 사람들을 다 얼간이라고 생각했습니다. 그들은 아무것도 몰라요. 제가 투자를 알게 된 그 초등학교 수업 같은 강의는 제 전공인 기계공학에 비하면 난이도가

1/10 수준이었어요. 그러니 제가 그런 패배자들이 있는 분야로 가고 싶었겠습니까?"

피브라이는 대학을 졸업한 후 R&D 기업인 텔렙스Tellabs에 입사했다. 그러다 1990년 신용카드 대출 7만 달러, 401(k) 퇴직연금 계좌에 있던 3만 달러를 투자금으로 이용해 IT 컨설팅 회사 트랜스테크TransTech를 설립했다. 사람들은 대부분 그 정도의 위험을 감당하지 못하지만, 파브라이는 늘 도박을 해온 사람이었다. 실제로 그가 라스베이거스에서 블랙잭 게임을 했던 무용담을 두고 항공기 안에서 내내 토론을 벌이기도 했다. 라스베이거스에서는 금융 관련 박사학위를 가진 카드 카운터가 개발한 '극도로 지루한' 시스템을 끈질기게 활용한다는데, 파브라이의 전략은 100만 달러를 따서 카지노로부터 출입 금지를 당하는 것이었다. 2020년 그는 '어느 작고 수상쩍은 카지노'에서 3,000달러를 15만 달러로 만들어 평생 출입을 금지당했다.

트랜스테크는 번창해서 직원이 160명으로 늘어났고, 1994년 계좌에 100만 달러의 자금을 확보했다. 파브라이는 처음으로 투자금을 가지게 되었다. 그해 히드로 공항에서 시간을 보내던 중 그는 피터 린치의 《전설로 떠나는 월가의 영웅One Up on Wall Street》을 사서 읽었다. 버핏에 관한 책을 처음으로 읽은 셈이었다. 버크셔 해서웨이의 회장이자 CEO가 스무 살의 나이에 투자를 시작해 44년 동안 매년 31%의 수익을 달성했다는 사실을 접하고 그는 눈이 휘둥그레졌다. 1950년에 투자한 1달러가 복리의 마법으로 1994년 14만 4,523달러로 불었다는 의미였다. 파브라이는 논리적 결론에 도달했다. 버핏은 멍청이가 아니었다.

파브라이는 어린 시절 들었던 인도인 체스 발명가 이야기가 떠올랐다. 전해 내려오는 이야기에 따르면, 체스 발명가가 황제에게 게임을 만들어 바쳤고, 황제는 그에게 보상을 하사하겠다고 했다. 이에 체스 발명가는 체스판의 첫 한 칸에 쌀 한 톨, 다음 칸에 쌀 두 톨, 세 번째 칸에 쌀 네 톨을 주는 식으로 64칸까지 한 칸마다 앞 칸의 곱절만큼 쌀을 올려달라고 했다. 안타깝게도 숫자에 밝지 못했던 황제는 체스 발명가의 요청을 흔쾌히 수락했다. 숫자에 밝은 파브라이는 황제가 체스 발명가에게 쌀을 18,446,744,073,709,551,615톨, 지금의 가치로 약 300조 달러를 빚졌다고 했다. 이 이야기를 떠올린 파브라이는 버핏이 '복리의 게임'에 통달했다는 사실을 즉시 파악했다. 버핏은 40년 동안 열여덟 번에 걸쳐 그의 돈을 두 배로 불렸으며 이미 세계 최고 부호 반열에 들어갔다.

파브라이는 생각에 잠겼다. 버핏의 주식 선택법을 파악하고 버핏의 이기는 원칙을 모방한다면 어떻게 될까? 이렇게 100만 달러를 10억 달러로 불리기 위해, 그는 소위 '30년 게임'을 시작했다. "제 삶을 이끄는 원동력은 부유해지는 것이 아닙니다." 파브라이가 말했다. "제 원동력은 게임에서 이기는 것입니다. 버핏을 이끄는 원동력과 정확히 같아요. 규칙을 지키며 공정하고 정직하게 게임을 했기 때문에 제가 최선을 다했고 최고라는 점, 제가 승리했다는 결과를 드러내 보이는 것입니다."

억만장자가 되는 도전에 참여한 파브라이의 접근법은 투자뿐만 아니라 삶의 모든 영역에서 우리 모두에게 중요한 교훈이 된다. 말하자면 그는 시장에서 감지하기 힘든 이례적인 가격 동향을 활용하겠다며 새로운 알고리즘을 고안하는 식의 시간 낭비를 하지 않았다. 대신에 이 특별한 게임에서 가장 뛰어난 기량을 발휘한 참가자를 찾아내 승리 요인을 분석한 다음, 매우 세세한 부분까지 관심을 가지고 그의 접근법을 모방했다. 이 과정은 (파브라이가 말하는 용어로) '복제cloning'라고 할 수 있다. 이를 모델링이나 흉내 내기, 또는 모방이라고 표현할 수도 있다. 그런데 전문용어는 중요하지 않다. 존경스럽거나 고상한 모습을 보이려 하지 않고, 이기는 법에 더 관심을 가지는 사람들에게 이 기법이 필요하기 때문이다.

파브라이는 버핏을 복제하여 지금 시대를 대표하는 투자가 중 한 사람이 되었다(이후에는 버핏의 동반자이자 다방면의 지식을 겸비한 찰스 멍거를 '복제'했다). 그가 주력으로 운영한 헤지펀드는 2000~2018년 S&P 500 지수의 159%에 대비해 1,204%라는 경이로운 수익률을 기록했다. 그가 1999년 7월, 자금을 관리하기 시작했을 때 그에게 10만 달러를 투자했다면, 그 투자금은 2018년 3월 31일 186만 2,500달러(경비와 수수료는 제외)로 불어났을 것이다.[2]

파브라이는 오로지 다른 사람들에게서 가져온 현명한 생각을 바탕으로 투자가이자 자선가로 성공했다. "저는 뻔뻔한 흉내쟁이입니다." 그는 이렇게 말했다. "제 삶의 모든 것은 복제된 것입니다. 제게는 독창적인 아이디어가 없습니다." 파브라이는 체계적인 방법으로 (억누를 수 없는 기쁨을 느끼며) 버핏과 멍거 같은 사람들의 머릿속을 들여다봤다. 이로써 투자의 지혜를 넘어, 사업을 운영하고 실수를 줄이며 브랜드를 구축하는 법을 배웠다. 여기서 더 나아가 돈을 기부하는 법, 인간관계를 맺는 법, 일정을 계획하는 법, 행복한 삶을 구성하는 법 등을 모방했다.

파브라이가 복제에 몰두하는 모습을 보면, 여러 물음이 떠올라 호기심을 자극한다. 그간 우리가 독창성을 지나치게 높이 평가한 것일까? 앞으로는 혁신하려고 애쓰기보다는 지혜롭고 현명한 사람들이 이미 밝혀낸 것을 모방하는 데 에너지를 쏟아야 할까? 복제가 그토록 효과적인 성공 전략이라면, 사람들은 왜 그 전략을 활용하지 않는 것일까? 복제에 위험 요소들이 있는 것일까? 어떻게 자신에게 진실하면서도 복제를 통해 혜택을 얻을 수 있을까?

지난 7년에 걸쳐 나는 파브라이와 수많은 시간을 함께 보냈다. 버크셔 해서웨이의 연례 주주총회에 참석하는 그를 따라 오마하를 수차례 방문하기도 했다. 캘리포니아에 소재한 그의 사무실에서 인터뷰를 진행하거나 5일 동안 함께 인도를 여행하기도 했다. 야간열차를 타고 코타에서 뭄바이로 이동하는 동안 2층 침대에서 함께 잠을 청한 적도 있다. 자이푸르에서는 현지의 한국 식당을 거쳐 노점상까지, 방문하는 모든 곳에서 배가 터지도록 같이 음식을 먹기도 했다.

그 과정에서 리버스 엔지니어링이나 모방, 주로 다른 사람의 성공 전략을 개선하는 방식이 엄청난 효과를 발휘한다는 점을 인정하게 되었다. 지금까지 만난 사람 중 가장 집요한 복제 전문가인 파브라이는 끈질기게 복제의 기술을 활용했는데, 역설적이게도, 그 모습이 독창적으로 보일 정도였다. 파브라이의 사고는 내게 깊은 영향을 주었다. 사실, 이 책을 쓴 이유도 여기에 있다. 일종의 '복제할 가치가 있는 생각'을 사람들과 함께 나누고 싶어서다.

투자의 물리학

파브라이는 흥미로운 주제를 발견했을 때 강박적인 열정을 가지고 달려들었다. 버핏과 관련해서는 수십 년 동안 버크셔 해서웨이의 주주들에게 보내는 서한, 로저 르웬스타인Roger Lowenstein의 저서 《버핏Buffett》등 이용할 수 있는 자원이 수도 없이 많아 보였다. 파브라이는 그 모든 것을 파고들었다. 게다가 매년 버크셔 해서웨이의 연례 주주총회에 참석하고자 오마하를 찾기 시작해 20년이 넘도록 빠짐없이 얼굴을 내밀었다.

그러면서 결국 그는 버핏과 친분을 맺게 되었다. 그러다 버핏을 통해 멍거와도 친구가 되었다. 멍거는 로스앤젤레스 자택에 파브라이를 초대해 식사를 대접했고, 그의 클럽에서 함께 브릿지 게임을 하기도 했다. 그렇게 친분을 쌓던 초기에는 오로지 독서로 지식을 쌓았다. 그러다 책을 읽으면 읽을수록 이해의 폭이 넓어지게 되었고, 버핏이 멍거의 도움을 받아 '물리학의 기본'과 같은 '투자의 법칙'을 만들어냈다고 확신하게 되었다.

버핏의 투자방식은 아주 단순하면서도 효과가 매우 좋아 보여서 파브라이는 그것을 투자를 하는 '유일한 방법'이라고 여겼다. 그런데 자산관리사들의 방식을 분석하던 중에 그는 버핏의 방법을 활용하는 사람이 거의 없다는 사실을 확인하고선 당황했다. 파브라이가 말했다. "마치 중력을 믿지 않는 물리학자들을 한꺼번에 만난 것 같았어요. '중력을 믿든 안 믿든, 젠장 그것이 당신을 끌어당길 거야!'라고 말하는 것과 같았습니다."

파브라이가 보기에 펀드 매니저들은 대개 너무 많은 주식을 보유하고, 과도한 비용을 지출하며 지나치게 자주 거래를 하는 것 같았다. "이 뮤추얼펀드들은 200~1,000개의 포지션을 가지고 넋 놓고 앉아 있기만 합니다. 그렇다면 두 배로 뛸 만한 기업 종목 200개를 어떻게 찾을 수 있을까요? 저는 그들이 보유한 것을 들여다봅니다. 그들은 수입의 30배로 거래되는 것들을 보유하고 있습니다. 결국 그들이 모두 망했다는 것을 알았습니다."

파브라이는 과거 경영 구루 톰 피터스Tom Peters의 책을 읽다가 중간에 도로를 끼고 위치한 두 셀프 주유소와 관련한 경고성 이야기를 접했다. 한 곳은 자동차 앞 유리를 무료로 닦아 주는 등 고품질의 서비스를 제공하여 번창하지만, 다른 한 곳은 가장 기본적인 서비스만 제공한다. 어떤 일이 일어날까? 고객들은 아니나 다를까 서비스가 더 좋은 주유소로 몰려갔다. 바로 눈앞에서 손님이 몰리는 주유소의 전략만 복제했더라도 그보다 더 쉬운 비즈니스 기회는 없었을 텐데, 그러한 실수를 보고 파브라이는 깜짝 놀랐다.

"인간은 DNA 내에 뭔가 기이한 것을 가지고 있어요. 그것이 좋은 아이디어를 쉽게 선택하는 일을 방해합니다." 파브라이가 말했다. "오래전에 배운 것은 우리의 업종 내외부의 세상을 끊임없이 관찰해야 한다는 것입니다. 누군가가 뭔가 똑똑한 일을 하는 모습이 보이면, 스스로 그 일을 선택하도록 만드세요." 그의 말이 너무 분명해 진부하게도 느껴지지만, 이 하나의 습관이 그가 성공하는 데 결정적인 역할을 했다.

그래서 파브라이는 진실한 신봉자의 열정을 가지고 '워런이 당부한 방식'을 실천하려고 애썼다. 버핏이 연평균 31%의 수익률을 달성했다고 한다면, 파브라이는 소박하게 평균 26%의 수익률을 달성하는 것이 어렵지 않겠다고 예상했다. 그와 같은 수익률로 100만 달러가 3년마다 두 배로 불어나 30년 동안 10억 달러에 이른다는 계산이 있다. 이와 같은 복리 목표를 상기시키는 용도로 그의 자동차 번호판에는 COMLB 26(LB는 'pound'의 축약어 – 옮긴이)이라는 문구가 새겨져 있다. 설사 크게 빗나가더라도 별다른 문제가 없을 것으로 예상했다. 말하자면, 연평균 16%의 수익률을 달성하더라도 100만 달러가 30년 후 8,585만 달러로 불어날 테니 말이다. 이런 것이 복리의 찬란한 효과다.

물론, 파브라이는 와튼 스쿨이나 컬럼비아대학교 같은 일류 대학의 MBA 학위를 이수하지 않았으며, 공인 재무분석사 같은 자격을 보유하지도 않았다. 심지어 금융업계에서 활동한 적도 없었다. 그럼에도 불구하고 파브라이는 버핏의 방법론을 철저히 적용하여 오마하의 현인을 따르지 못한 바보들보다 유리한 입지를 점할 것으로 기대했다. "제가 이길 수 있는 걸 아는 게임을 하고 싶습니다." 파브라이는 이렇게 말한다. "그러면 어떻게 게임에서 승리할까요? 규칙에 따라 경기를 해야 합니다. 그리고 다행히도 저는 규칙에 무지한 참가자들에 맞서 경기를 하고 있습니다."

파브라이가 확인했듯이, 버핏이 주식 종목을 선택하는 방법은 가치투자의 수호성인 벤저민 그레이엄Benjamin Graham의 지혜를 습득하면서 세 가지 개념으로 발전했다(벤저민은 컬럼비아대학교에서 버핏을 가르쳤으며, 이후 버핏을 고용하기도 했다). 첫째, 주식을 산다는 것은 그저 투기꾼들이 거래하는 종이 한 장을 구매하는 것이 아니라 내재가치와 함께 진행 중인 사업의 일부를 구매하는 것이다.

둘째, 그레이엄은 시장을 '체중계'가 아닌 '투표 기계'로 보았다. 기업의 내재가치가 주가에 제대로 반영되지 않는 경우가 자주 발생한다는 말이다. 그레이엄이 저서 《현명한 투자자The Intelligent Investor》[3]에서 설명한 것처럼 시장을 '열정이나 두려움으로 오락가락하는' 조울증 환자라고 생각한다면 이해에 도움이 된다.

셋째, 기업의 가치와 비교해 훨씬 저렴한 가격에 거래되는 자산을 사야 한다. 기업의 내재가치와 주가 사이에 발생하는 차이가 그레이엄이 명명한 안전마진margin of safety이 된다.

그렇다면 이 모든 개념이 실제로 무엇을 의미할까? 미스터 마켓Mr. Market(벤저민 그레이엄이 주식시장을 빗대어 이른 말-옮긴이)이 비이성적으로 감정이 오락가락한다고 본 그레이엄의 통찰에 심오한 의미가 함축되어 있다. 버핏과 멍거 같은 마스터 투자가들에게 게임의 본질은 광기에서 벗어나 조울증을 앓는 시장이 (멍거가 이야기한) '가격이 잘못 매겨진 도박'을 제공할 때까지 냉정히 지켜보는 것이다. 열광적으로 뛰어드는 것은 매우 쉽다. 그러나 투자란 대부분 돈을 벌 확률이 돈을 잃을 확률보다 매우 우세해지는, 그런 드문 순간들을 기다리는 일이다. 버핏이 다음과 같이 말했듯이 말이다. "공이 들어올 때마다 매번 방망이를 휘두를 필요는 없습니다. 자신에게 알맞은 공이 들어올 때를 우리는 기다릴 수 있습니다. 문제는 자신이 펀드 매니저일 때 찾아옵니다. 우리의 투자자들이 '휘두르라고, 이 멍청아!'라고 계속 소리칠 때입니다."

버핏은 놀랍도록 사람들의 외침에 무관심했는데, 덕분에 수년 동안 때를 기다릴 줄 알았다. 대표적인 사례로 시장의 분위기에 도취한 투자자들이 주식을 터무니없는 가치평가액으로 몰아갔던 1970~1972년에 버핏은 거의 종목을 매수하지 않았다. 그러다 1973년 시장이 폭락하자 워싱턴 포스트Washington Post Company(현 그레이엄 홀딩스)의 지분을 사들이기 시작해 근 40년간 보유했다. 오래전 저술한《그레이엄-도드 마을의 위대한 투자자들The Superinvestors of Graham-and-Doddsville》에서 버핏은 시장에서 자산의 가치가 8,000만 달러인 경우를 사례로 들어 설명했다. "여러분은 8,300만 달러 가치의 자산을 8,000만 달러에 사려고 하지 마세요. 충분한 안전마진을 남기세요. 다리를 건설한다면 3만 파운드의 하중을 견디도록 설계해야 하지만, 겨우 1만 파운드 정도의 트럭만 다리를 지나가도록 해야 합니다. 투자에도 같은 원칙이 적용됩니다."

지금처럼 활동 과잉의 세상에서 그처럼 천천히 접근하여 기회를 포착하는 전략의 우월성을 알아챈 사람은 많지 않다. 파브라이가 지금까지 만난 사람 중 '가장 총명한 인간'이라고 평가하는 90대의 멍거야말로 자주 오지 않는 결정적 기회를 노리는 사람이다. 멍거는 한때 이런 말을 했다. "개울가에서 작살을 들고 서 있는 사람처럼 행동해야 합니다. 그 사람은 대부분의 시간을 아무 일도 하지 않고 보냅니다. 굼침도는 연어가 헤엄칠 때, 그 사람은 작살로 연어를 찌릅니다. 그러고서 다시 아무 일도 하지 않습니다. 다음 연어가 그 개울을 지날 때까지 6개월은 걸릴 겁니다."

이 방식을 제대로 활용하는 자산관리사는 거의 없다. 파브라이에 따르면, 자산관리사들은 그보다는 다수의 종목에 소규모로 자주 투자한다. 문제는 이 모든 활동을 정당화시키는 매력적인 기회가 충분히 생기지 않는다는 점이다. 그래서 파브라이는 자신의 우상(워런 버핏과 찰스 멍거)처럼 주로 살이 가장 잘 오른 연어가 나타날 때까지 기다린다.

어바인에 소재한 그의 사무실에서 이야기를 나누던 당시 그는 이런 말을 했다. "투자에서 가장 중요한 기술은 인내, 즉 극도의 인내입니다." 2008년 증시가 폭락했던 시기에 파브라이는 두 달간 열 번의 투자를 했다. 반면 평범한 시기에는 투자를 매우 자제했는데, 2011년에 두 종목, 2012년에 세 종목을 매수하였고, 2013년에는 한 종목도 매수하지 않았다.

캘리포니아에 있는 파브라이의 헤지펀드는 2018년에 미국 주식을 전혀 보유하지 않았다. 가격이 저렴해 보이는 종목이 없었기 때문이다. 잠시 이 부분을 생각해 보자. 파브라이는 주요한 미국 증권거래소에 등록된 3,700여 기업 중에서 가격이 저렴해 살 수밖에 없는 종목을 단 한 건도 찾지 못했다. 이에 과하게 평가된 듯한 미국 주식에 만족하지 않고 인도, 중국, 한국으로 눈을 돌려 저렴한 종목이 풍부한 '개울가'에서 작살을 들었다. 멍거가 자주 언급하듯이, 낚시에는 두 가지 원칙이 있다. 첫 번째 원칙은 '물고기가 있는 곳에서 낚시하라', 두 번째 원칙은 '첫 번째 원칙을 잊지 말아라'이다.

한편 2020년 봄, 코로나19가 퍼지고 투자자들 사이에 공포가 확산되면서 미국 주식시장이 붕괴했다. 소매업종은 황폐화되어 점포들이 무기한으로 가게 문을 닫았고, 소비자들은 봉쇄령으로 집에 머무를 수밖에 없었다. 불확실성의 진원지에는 부동산 투자신탁 회사인 세리티지 그로스 프로퍼티스Seritage Growth Properties(이하 세리티지)도 있었는데, 이 업체에 관련된 수많은 소매업자와 세입자들이 더는 임대료를 낼 여력이 없는 상황을 맞았다. 이를 두고 파브라이가 말했다. "시장은 이런 단기적인 잡음과 고통을 전혀 좋아하지 않지요." 파브라이는 시장에 퍼진 공포를 이용해 세리디지의 지분 13%를 매입했다. 시장에서 공포감이 사라지고 우량 자산의 가치가 인정되어 결국 투자금이 열 배로 늘어날 것으로 판단하여 내린 결정이었다.[4]

버핏과 멍거, 파브라이는 극도의 인내심과 선택에 기반한 전략을 고수했다는 공통점을 가진다. 세 사람으로 대표되는 엘리트 집단에는 캐나다 최고의 투자가로 손꼽히는 프랜시스 추Francis Chou 같은 위대한 투자가도 포함된다. 2014년 첫 인터뷰를 했던 당시, 추는 자산의 30%를 현금으로 보유하고 있었고, 몇 년 동안 특별히 주식을 매입하지 않은 상황이었다. "매입할 종목이 거의 없을 때 매우 신중해야 합니다." 그가 내게 말했다. "판단을 서둘러선 안 됩니다. 그냥 기다려야 해요. 저렴한 종목이 당신에게 떨어질 거예요." 그리고 내게 경고했다. "만약 늘 시장에 참여하려 든다면, 그건 쓸데없는 짓이며 결국 손해를 보게 될 겁니다."

추는 얼마나 오랫동안 매수를 하지 않고 버틸 수 있을까? "아, 저는 10년, 그보다 더 오래 기다릴 수 있습니다." 추가 대답했다. 그렇게 기다리는 동안 추는 매수하기에는 높이 평가된 종목들을 분석하고, 골프장에서 공을 치는가 하면 하루에 200~400쪽 분량의 책을 읽는다. 하루하루가 드라마 같은 시장 상황에서 스스로 감정적 거리를 유지하기 위해 활용하는 기법이 있는데, 일인칭이 아닌 삼인칭 시점으로 자신을 들여다보는 것이다.

파브라이는 추와 마찬가지로 의연히 소극적인 투자 전략을 실천할 수 있도록 생활방식을 바꾸었다. 내가 사무실을 찾아갔을 때, 파브라이는 반소매 셔츠와 반바지를 입고 운동화를 신은 모습이었다. 아드레날린이 분출된 주식 브로커의 모습이라기보다 생각에 잠긴 채 해변을 여유롭게 거니는 휴양객의 모습이었다. 언젠가 버핏이 작은 수첩의 빈 페이지를 보여 준 적이 있는데, 그런 버핏을 복제한 파브라이는 자신의 일정표를 실제로 텅텅 비워두고 대부분의 시간 동안 독서를 하거나 기업들을 분석한다. 그는 또한 사무실에서 평범한 하루를 보내는 동안 근무시간 내내 회의를 전혀 하지 않고, 심지어 전화도 받지 않는다. 그가 좋아하는 인용구 중 철학자 블레즈 파스칼Blaise Pascal이 남긴 명언이 기억에 남는다. "인간의 불행은 모두, 방에서 혼자 조용히 앉아 있지 못해 생겨난다."

머리를 비우는 일이 '행동에 대한 편견'을 완화한다고 보는 파브라이는 버핏이 온라인 브릿지 게임을 즐기기 때문에 버크셔 해서웨이 주주들이 엄청난 이익을 얻었다고 생각한다. 파브라이도 온라인 브릿지를 한다. 또한 자전거를 타거나 라켓볼을 치면서 에너지를 불태운다. 매수할 종목이 전혀 없거나 매도할 이유가 전혀 없을 때는 자선재단에 좀 더 많은 관심을 돌릴 수 있다. 투자 관련 직원이 단 한 사람(그 자신)밖에 없다는 것도 도움이 된다고 그는 말한다. "여러 명으로 팀을 꾸리는 순간, 팀원들은 행동하고 일하려 듭니다. 그러면 망합니다." 모든 분야에서 행동에 대한 갈망은 미덕으로 통한다. 그렇지만 버핏은 1998년 버크셔 해서웨이의 연례총회에서 의외의 이야기를 했다. "우리는 얼마나 행동했는가에 따라 보상을 받지 않습니다. 얼마나 올바르게 행동했는가에 따라 보상을 받습니다."

사람을 싫어하는 성향으로 혼자 있는 시간을 즐기는 파브라이는 방안에 혼자 앉아서 때때로 가격이 잘못 매겨진 주식을 분석하고 매수한다. 피브리이기 이상하게도 수익성이 좋은 원칙을 지키는 데는 특별한 이유가 있다. 과거 IT 기업을 운영했던 시절로 거슬러 올라가 보면, 그는 두 명의 산업 심리 전문가를 고용하여 그의 심리와 행동을 분석하게 했다. 심리 전문가들은 많은 직원을 관리하는 일이 파브라이에게 얼마나 우스꽝스러울 정도로 어울리지 않는지 알려주었다. "저는 직원을 키우는 관리자가 아닙니다. 감동을 줘서 눈물을 흘리게 만드는 재주도 없고, 직원들을 육성하고 돌보는 일을 하지 못합니다. 이런 빌어먹을 일을 다 할 수 있는 사람이 아닙니다." 파브라이의 얘기를 들으니 투자란 오로지 그 자신에 의해 결과가 달라지는 3차원 체스 게임에 가까워 보였다.

"아니"라고 말하기

파브라이가 최초로 선택한 종목은 인도의 소규모 기술 기업으로 1995년에 매입한 사티얌 컴퓨터 서비스Satyam Computer Services였다. 컴퓨터 엔지니어로 일했던 파브라이는 사업을 잘 이해했다. 사티얌은 '초저가' 종목이었다. 파브라이는 이후 5년 동안 주가가 대략 140배나 오르는 모습을 의구심에 가득 품은 채 지켜보았다. 그러다 회사의 가치가 터무니없이 과대평가되자 2000년에 주식을 매각하여 수익으로 150만 달러를 챙겼다. 1990년대 말의 닷컴 버블dot-com bubble(인터넷 관련 산업이 발전하면서 1995~2000년 발생한 거품 경제 현상)로 주가는 80% 넘게 떨어졌다. 행운에 기뻐한 파브라이는 애플 컴퓨터_{Apple} Computer라는 회사를 '과일 농장 정도'로 알았다가 돈방석에 앉은 포레스트 검프_{Forrest Gump}에 자신을 비유하며 즐거워했다.

파브라이는 운과 지혜의 조합으로 5년도 안 되는 기간에 100만 달러를 1,000만 달러로 바꿔놓았다. 그래도 여전히 배울 게 많다고 생각한 파브라이는 버핏에게 무상으로 그를 위해 일하고 싶다는 뜻을 전했다. 파브라이의 제안에 버핏이 답을 보내왔다. "제가 가진 시간을 가장 바람직하게 사용하기 위해 곰곰이 생각했습니다. 저는 혼자 일하면서 최선을 다할 뿐입니다." 그래서 파브라이는 플랜 B를 실행에 옮겼다. 지인 몇 사람이 파브라이의 주식 정보로 수익을 창출한 이후 자신들의 자산을 파브라이가 운용해 주길 바라고 있던 참이었다. 1999년 파브라이는 여덟 명이 투자한 90만 달러에 투자금 10만 달러를 더해 투자 파트너십을 출범했다. 그로부터 1년여가 지나고 자신의 IT 컨설팅 기업 트랜스테크를 600만 달러에 매각한 후 오로지 자산 운용에 집중했다.

1956~1969년에 버핏은 투자 파트너십을 운영하여 극적인 성공을 거두었다. 버핏의 성공사례를 확인한 파브라이는 자연스러운 일을 실천했다. 버핏의 파트너십 모델을 모두 세밀히 복제한 것이다. 예를 들어, 버핏은 연간 관리 수수료를 부과하지 않고 6%의 '허들'을 넘어야 수익의 25%를 성과보수로 받았다. 다시 말해, 6%의 수익률을 달성하지 못했다면 한 푼도 받지 않았다. 그래도 대규모 수익을 창출하면, 후한 보상이 돌아올 터였다. 이런 이해관계의 일치가 '정직한 사업방식'

이 된다고 판단하여 파브라이는 버핏의 보수 체계를 도입했다.[5]

공교롭게도 버핏은 그레이엄이 1920년대에 활용했던 보수 체계를 모방했다. 복제에 익숙한 버핏은 이렇게 말했다. "기본적으로 다른 사람에게서 배운다면, 혼자서 너무 많은 아이디어를 구할 필요가 없습니다. 우리가 보는 것 중에서 최상의 것을 적용하기만 하면 됩니다." 여기서 어려운 부분은 맹목적으로 모든 것을 복제하지 않고, 최상의 것을 가려내고 나머지를 버리는 것이다. 이를테면, 그레이엄이 다각화에 대한 독실한 신봉자였던 반면에 버핏은 그보다 훨씬 적은 수의 저평가주에 투자를 집중하여 부를 축적했다. 이 부분이 중요한 대목이다. 버핏은 자유로이 아이디어를 빌렸지만, 그레이엄의 기법을 자신의 색깔에 맞게 적용하고 개선하였다.

버핏의 선례를 따른 파브라이는 매우 집중된 포트폴리오를 구성했다. 열 개 종목이면 투자를 적절히 분산해야겠다고 판단했다. 매수하는 종목의 수가 너무 적어도 선택이 까다로워질 수 있다. 파브라이는 수백 개의 종목을 훑어보다 신속히 거의 모든 종목을 선택에서 제외한다. 대개 1분도 채 걸리지 않는다.[6] 버핏 또한 이런 초고속 고르기 기법의 달인이다. "버핏이 찾고 있는 것은 아니라고 말할 수 있는 이유입니다. 그것을 찾으면 일을 다 마친 겁니다." 파브라이가 말했다. 실제로 버핏은 유명한 어록을 남겼다. "성공한 사람과 진짜 성공한 사람의 차이가 있습니다. 진짜 성공한 사람은 거의 모든 것에 '아니오'라고 말합니다."

버핏은 종목 고르기를 간소화하는 몇 가지 간단한 필터를 파브라이에게 제공했다. 파브라이에 따르면, 첫째, 버핏의 핵심 계명 중 하나로 자신의 '능력 범위'에 포함된 종목에만 투자해야 한다는 것이다. 그래서 파브라이는 기업을 분석할 때 "내가 정말로 이해하고 있는 것인가?" 라고 먼저 묻는다. 그리고 자신의 능력 범위 중심에 있는지, 가장자리로 벗어나고 있는지 혹은 가장자리 밖에 있는지 따지도록 자신을 몰아붙인다.

둘째, 안전마진이 충분히 생기도록 내재가치보다 대폭 할인된 가격에 거래해야 한다. 파브라이는 군이 세밀한 분석자료를 만들지 않는데, 미래를 정확히 예측할 수 있다는 착각에 빠질 수 있기 때문이다. 그는 매우 저렴해서 '결정하기 쉬운' 투자를 선호한다. 이는 대개 1달러 가치의 자산에 대해 50센트도 안 되는 가격을 치르는 경우를 의미한다. "제 기준은 매우 단순합니다. 단기간에, 알다시피 2~3년 안에 확실히 두 배로 늘어나지 않는 것에는 전혀 관심이 없습니다."

셋째, 버핏은 멍거의 영향력하에 단순히 저렴한 종목에서 건실한 회사를 매수하는 쪽으로 점차 거래 방향을 전환했다. 이는 다른 무엇보다도 회사가 지속성 있는 경쟁 우위를 가져야 하며, 정직하고 능력 있는 CEO가 회사를 운영한다는 의미다. 멍거는 양적으로 저렴한 종목 매수에 집착한 그레이엄이 가이코GEICO를 소유하여 최고의 수익을 기록했던 일을 파브라이에게 언급했다. "회사가 저렴해서 돈을 번 것이 아닙니다." 파브라이가 말했다. "훌륭한 사업이어서 돈을 벌었습니다."

넷째, 기업의 재무재표가 명확하고 단순해야 한다. 이와 관련하여 버핏이 말했다. "재무제표를 이해하지 못하는 사람이 있을지도 모릅니다. 이유는 단 하나입니다. 재무제표 작성자가 당신이 재무제표를 이해하지 못하길 바랐기 때문입니다." 당장 오늘 창출될 수익, 향후 몇 년간 창출될 대략적인 수익을 판단하기 어려운 경우, 버핏은 해당 종목을

"너무 어렵다too hard"라고 써놓은 분류함에 넣어 낮은 등급으로 분류한다. 파브라이는 한때 버핏의 책상 위에 놓여 있던 상자를 보고 사진을 찍은 적이 있는데, 그 상자에는 "너무 어렵다(복잡한 문제들에 대한 유혹을 뿌리치기 위해 시각적으로 상기시키는 것)"라고 적혀 있었다. 파국을 맞은 엔론Enron과 밸리언트 제약Valeant Pharmaceuticals은 파브라이가 네 번째 기준만 가지고도 쉽게 뿌리칠 수 있는 종목이었다.

파브라이는 너무 어려운 것이라면 무엇이든지 회피하는 방식을 투자의 성공 비결로 꼽는다. 그래서 러시아와 짐바브웨 같은 국가에서 주주의 권리를 무시하는 일이 있는 경우에 두말할 것도 없이 관련 투자 종목에 관심을 두지 않고 지나쳐버린다. 스타트업과 기업공개IPO 공모주는 아예 쳐다보지도 않는데, 과장된 거래량과 부풀린 기대감에 지배되는 영역에서 저렴한 종목을 찾을 확률이 낮기 때문이다. 그는 또한 공매도를 절대 하지 않는다. 공매도의 경우 최대 수익은 100%(주가가 바닥을 치는 경우)이지만 최대 손실은 무제한(주가가 치솟는 경우)이기 때문이다. 파브라이는 "이런 확률에 투자할 이유가 있나요?"라고 도리어 묻는다. 그는 대개 거시 경제학의 무한한 복잡성에 관심을 가지지 않는다. 그보다는 특정 사업의 동력이 될 만한 결정적인 미시적 요인에 초점을 맞춘다. 한마디로 단순성이 지배한다.

지금 살펴본 기본 원칙들은 놀라울 정도로 유용하고 효과가 있다. 파브라이는 이 원칙들을 투자 활동의 근간으로 삼았다. 그런데 어느 하나도 독창적이지 않다는 점에 주목해야 한다. 파브라이가 투자 활동에서 창출한 주요한 아이디어는 멍거에게서 훔쳐온 것들을 제외하고 모두 버핏에게서 가져온 것들이다. 이런 이야기를 하다 보니 약간 불안하다. 그렇다면 파브라이는 다른 사람들에게서 가져온 아이디어를 열거하면서 새롭거나 심오한 것을 어떻게 말할 수 있을까? 바로 이 점이 핵심이다. 우리가 그를 파생된 존재로 보더라도 그는 전혀 신경 쓰지 않는다는 것에 그의 경쟁 우위가 있다. 파브라이가 오로지 관심을 가지는 부분은 무엇이 효과를 발휘하는가이다. 어느 날 파브라이와 함께 저녁 식사를 하던 중 그의 체계적 방식을 복제하는 사람이 그리 많지 않은 이유를 그에게 물어보았다. 그러자 그는 매콤한 소고기 요리를 입에 넣고 말했다. "그 사람들은 저처럼 뻔뻔하지 않아요. 그들에게는 더 많은 자아가 있지요. 위대한 복제 전문가가 되려면 시작 전 자신의 자아를 점검해야 해요."

65만 100달러짜리 점심식사

파브라이가 훔친 투자기법은 꿈만 같은 효과를 발휘했다. 1999년 6월 파브라이 펀드를 출범했을 당시는 닷컴 버블이 붕괴하기 직전이었다. 투자가가 되기에는 위태로운 시기였다. 이후 8년간 미국 증시 대표 지수인 다우존스 산업평균지수Dow Jones industrial average의 연평균 수익률이 4.6%에 간신히 도달했던 반면, 파브라이 펀드의 연평균 수익률은 수수료를 제외하고 29.4%에 달했다. 언론에서는 파브라이를 "슈퍼스타", "제2의 워런 버핏", "어바인의 현인"이라고 일컬었다. 그가 운용한 자산규모는 6억 달러까지 불어났다. 그가 당시를 회상하며 말했다. "잘못될 일이 전혀 없었어요."

파브라이는 불확실성에 사로잡힌 저평가주에 연이어 투자하여 수익을 끌어냈다. 일례로 9·11 테러 공격 직후 항공사들이 저마다 항공기 제작 주문을 취소하자 파브라이는 브라질의 항공기 제조사인 엠브라에르Embraer에 투자했다. 단기간의 충격으로 인해 두려움에 빠진 투자자들은 장기간의 안목으로 현실을 보지 못했다. 엠브라에르는 우수한 상품, 낮은 생산비용, 우수한 경영, 많은 현금 보유 등 여전히 많은 장점을 갖춘 우수한 사업체였다. 파브라이는 2001년 대략 주당 12달러를 투자했고, 2005년 주당 30달러에 그의 마지막 지분을 매각했다.

마찬가지로 2002년에 유조선 임대료가 폭락한 이후 노르웨이 유조선사인 프론트라인Frontline Ltd.에 투자했다. 주가가 5.90달러로 급락했지만, 프런트라인의 청산가치가 주당 11달러를 넘었다고 계산했다. 공급이 제한될 것이기에 임대 가격은 결국 반등할 것으로 보였다. 그 사이 프론트라인은 배를 하나씩 판매하면서 심각한 자금난에서 살아남았다. 엠브라에르의 사례와 마찬가지로 불확실성이 투자자들에게 공포감을 불러일으켰다. 그런 상황에서도 상승 잠재력이 가능 손실액을 거뜬히 초과했다. 파브라이는 이런 유형의 투자방식을 요약한 표어를 만들었다. "앞면이 나오면 성공이고, 뒷면이 나와도 손해는 아니다." 그는 몇 달 만에 수익률 55%를 달성했다.

파브라이는 2005년 다시 한번 어렵지 않은 결정에 막대한 투자를 했다. 입스코IPSCO라는 철강회사가 대상이었다. 회사의 현금 유동성이 주당 15달러였을 때 주당 44달러 정도를 지급했다. 입스코가 향후 2년 동안 해마다 주당 13달러 정도의 현금 유동성을 확보할 수 있다고 파브라이는 판단했다. 44달러에 주식을 거래하면서 파브라이는 입스코의 모든 철강공장과 자산을, 단지 주당 3달러에 매입했다. 회사가 2년 이후 수익을 얼마나 벌어들일지 예측하지 못했지만, 그가 확인했듯이 주식이 매우 저렴하여 투자금 회수가 어렵지 않았다. 2007년 회사를 매각했을 때, 그가 투자했던 2,470만 달러는 8,720만 달러의 가치가 되어 있었다. 즉, 26개월 만에 253%의 수익을 달성했다.

그 무렵 장기간 시장을 이기는 일은 불가능하다는 생각이 매우 지배적이었다. 그래도 파브라이는 버핏과 멍거 덕분에 시장을 초과하는 성과를 거두는 공식을 발견했다. 지금까지 살펴봤듯이, 핵심 원칙들을 찾아내 복제하는 일은 그리 어렵지 않다.

① 거의 모든 것에 반대하며, 인내심을 가지고 선별하라.

② 조울증 환자 같은 시장의 변덕을 활용하라.

③ 내재가치보다 대폭 할인된 가격에 주식을 매수하라.

④ 능력 범위 안에 머물러라.

⑤ 너무 어려운 것은 회피하라.

⑥ 가격이 잘못 매겨진 도박을 찾아 불리한 면을 최소화하고, 유리한 면을 극대화하라.

그런데 파브라이는 광적인 의지로 규칙을 준수하는 방면에서 거의 독보적이었다. "저 외에 그 누구도 하려고 들지 않아요." 그가 믿을 수 없다는 표정을 지었다.

파브라이는 개인적으로 버핏에게 고마운 마음을 전하고 싶었다. 그래서 2007년 7월 절친한 친구인 가이 스파이어Guy Spier와 한 팀으로

'버핏과의 점심식사'가 걸린 자선 경매에 참여했다.[7] 취리히에 있는 헤지펀드 매니저이자 역시 버핏에게 흠뻑 빠진 스파이어와 함께 파브라이는 65만 100달러의 입찰가로 경매에서 낙찰되었다. 낙찰 금액은 노숙자 지원 자선단체인 글라이드 재단GLIDE Foundation에 기부되었다. 파브라이는 이 기부를 그만의 '구루 닥쉬나guru dakshana', 즉 힌두어로 '완벽한 가르침을 준 영적 스승에게 올리는 공양'이라고 생각했다.

2008년 6월 25일, 파브라이는 마침내 자신의 구루를 만났다. 파브라이는 일행과 함께 맨해튼에 소재한 스테이크하우스 스미스 앤드 울렌스키Smith & Woolensky에서 세 시간을 보냈다. 파브라이는 아내 하리나Harina, 두 딸 몬순Monsoon과 모마치를 데리고 식사 자리에 참석했다. 몬순과 모마치는 버핏의 양쪽 옆에 앉았다.[8] 스파이어는 아내 로리Lory를 데리고 왔다. 쾌활하고 온후한 모습의 버핏은 아이들에게 줄 선물 꾸러미를 들고 왔다. 그 안에는 버핏의 사진이 붙어 있는 엠엔엠즈 초콜릿 등이 들어 있었다. 대화는 버핏이 좋아하는 회사(가이코)부터 가장 만나고 싶은 사람(처음에는 역사상 가장 총명한 인물일지 모르는 아이작 뉴턴을 꼽았으나, 좀 더 생각해 보니 영화배우 소피아 로렌과의 식사가 더 즐거울 것 같다는 농담을 했다고 한다)에 관한 이야기로 이어졌다.

버핏과의 점심식사는 파브라이에게 잊지 못할 교훈 두 가지를 안겨주었다. 하나는 투자하는 법이고, 다른 하나는 삶을 살아가는 법이었다. 버핏에게 "릭 게린Rick Guerin에게 무슨 일이 있나요?"라고 묻고 나서 첫 번째 교훈을 얻었다. 버핏은 《그레이엄-도드 마을의 위대한 투자자들》에서 게린이 거둔 탁월한 투자 성적을 언급한 바 있다. 버핏은 게린이 '부자가 되려고 서두르다가' 마진론margin loan(펀드, 주식 등의 투자상품에 손실이 발생했을 때 추가 마진을 내라는 요청 – 옮긴이)을 이용해 대출을 받았다고 두 사람에게 말했다. 버핏의 설명에 따르면, 게린은 1973~1974년 경기침체 당시 처참할 만큼 손실을 보고 마진콜margin call을 당했고, 그래서 그는 주식을 팔 수밖에 없었다(그 주식은 버핏에게 팔았다). 이후 그 주식은 어마어마한 재산으로 가치가 상승했다.[9]

그와 대조적으로, 버핏은 자신과 멍거는 어떤 경우에도 서두르지 않았다고 말했다. 치명적인 실수를 빈번히 저지르지 않고, 수십 년 동안 복리를 유지하면 엄청난 부자가 될 수 있다는 것을 알고 있었기 때문이다. 스테이크와 해시브라운, 코카콜라로 식사를 하면서 버핏이 말했다. "번 것보다 적게 쓰는 일반 투자자를 약간 넘어선다면, 평생 굉장한 부자로 살 수밖에 없어요." 이처럼 레버리지의 위험과 조급함에 관한 교훈적인 이야기가 자신의 머리에 각인되었다고 파브라이는 말했다. "버핏과의 점심식사는 그만한 가치가 있었습니다."

그런데 파브라이에게 가장 깊은 울림을 안긴 것은 버핏이 자신에게 진실했다는 사실을 느꼈을 때였다. 요컨대, 버핏은 자신의 성격과 취향, 삶의 원칙에 유독 충실한 삶을 살아왔다. 버핏은 식사를 하며 이야기를 이어갔다. 버핏과 멍거는 늘 '자신만의 점수표inner scorecard'로 자신을 평가한다고 했다. 다른 사람들이 그들을 어떻게 판단할지 걱정하지 않고, 그들만의 까다로운 기준에 따라 삶을 살아가려고 애썼다. 자신이 내면의 점수표에 따라 살고 있는지, 외부의 점수표에 따라 살고 있는지 확인하는 방법 중 하나는 다음과 같이 자신에게 물음을 던지는 것이라고 했다. "최고의 사람으로 알려졌지만, 실제로는 최악의 사람인가요? 아니면 최악의 사람으로 알려졌지만, 실제로는 최고의 사람인가요?"

버핏은 어린아이의 입맛에 맞는 식단(주로 햄버거와 사탕, 코카콜라를 즐긴다)부터 사업을 운영하는 방식까지 자신의 본성에 딱 맞는 방식으로 삶의 모든 측면을 관리한다. 좋은 예로, 버크셔 해서웨이를 분산형 조직구조로 설계한 것은 수익을 극대화할 목적이 아니었다. CEO들이 자율권을 현명하게 사용하도록 믿고 맡기는 등 성격상 불간섭주의로 버크셔 해서웨이의 여러 사업 부문을 감독하는 방식과 맞아떨어졌을 뿐이다. 마찬가지로, 독서와 사색을 방해할 만한 요청은 거의 거절하는 식으로 그만의 일과를 관리하고, 늘 마음이 충만하고 정돈된 상태를 유지한다고 강조했다. 또한 고집스럽게 오로지 그가 좋아하고 존경하는 사람들과 함께 일한다. 종목을 선정할 때도 늘 자신만의 방식을 고수하는데, 과대평가된 자산 클래스가 유행해도 그것이 무엇이든 간에 관심을 가지지 않는다.

이런 토론은 파브라이와 스파이어에게 지속적인 영향을 미쳤다. 2014년 5월 버크셔 해서웨이의 연례 주주총회에서 버핏 일행과 함께 했다. 다음 날, 스파이어가 버크셔 해서웨이의 자회사인 넷젯NetJets에서 전세 낸 전용기를 타고 오마하에서 뉴욕으로 향했다. 스파이어와 파브라이는 두 현인과 막 아침식사를 마치고 온 길이었으며 세상을 다 가진 사람들 같았다. 비행 중에는 자신만의 점수표로 살아가는 법을 두고 이야기꽃을 피웠다. "아마 세상 사람들의 99.9%가 세상이 그들을 어떻게 생각하는지 궁금해하겠죠." 파브라이가 말했다. "세상이 뭐라고 생각하든 신경 쓰지 않습니다." 버핏이 이렇게 이상적으로 표현했듯이 극소수의 사람만이 반대의 관점을 가지고 있다.

파브라이와 스파이어는 자신만의 점수표와 관련한 모범사례를 생각나는 대로 술술 뱉어냈다. 예수, 마하트마 간디, 넬슨 만델라, 마거릿 대처, 스티브 잡스를 비롯해 버핏과 멍거, 테드 웨슐러, 리 루Li Lu, 빌 밀러, 닉 슬립Nick Sleep 같은 투자의 귀재들(6장에서 자세히 살펴보자)이 언급되었다.

내가 만난 사람 중에서 파브라이처럼 자신만의 규칙을 철저히 지키며 살아가는 사람은 없었다. 그는 버핏을 본보기로 삼아 자신의 성향과 색깔에 맞는 삶에 헌신하고 있다. 평소 그는 늦잠을 자고 오전 10시를 넘긴 시간에 특별한 안건 없이 출근한다. 오전 11시쯤 비서가 그의 이메일을 출력해 가져오면, 멍거에게서 복제한 방식대로 종이에 바로 답변을 간략히 적는다. 그는 또한 버핏과 멍거처럼 하루 중 대부분을 책을 읽으며 보낸다. 게다가 낮잠을 즐기며, 이후 늦은 밤까지 다시 독서를 한다.

파브라이는 가능하다면 그 보호막 밖으로 나가지 않는다. 그는 특히 분석하고 있는 기업의 CEO를 만날 일을 피하는데, 매각에 뛰어난 재능을 가진 CEO들이 신뢰할 수 없는 정보의 출처가 된다고 생각하기 때문이다. 이는 벤저민 그레이엄의 방침을 복제한 것이다.[10] 또한 연례 주주총회 자리를 제외하고 자사의 주주들과 대화할 일을 만들지 않으며 잠재적 투자자를 만나지도 않는다. 그의 말에서 그가 얼마나 철저한지 느낄 수 있다. "모든 게 복잡하기만 해서 저는 교류 자체를 즐기지 않습니다."

이런 태도가 사람들을 성가시게 하거나 연간 수백만 달러의 수수료를 발생케 해도 파브라이는 대수롭지 않게 여긴다. "멍거는 부자가 되는 것에는 관심이 없다고 말합니다. 그가 정말로 관심을 가지는 것은 자립이에요. 저는 그 말을 전적으로 지지합니다. 돈이 우리에게 주는 것은 우리가 원하는 방식으로 원하는 일을 할 수 있는 능력이에요. 그건 엄청난 혜택입니다."

파브라이는 인간관계에서도 자신만의 명확한 우선순위에 따라 행동한다. 65만 달러짜리 점심식사 자리에서 버핏이 말했다. "여러분보다 더 나은 사람들과 시간을 보내세요. 발전하지 않을 수 없어요." 파브라이는 여러 사람을 소름 끼치게 할 정도로 버핏의 조언대로 행동한다. "누군가를 처음 만나고 나면 '이 사람과 관계를 맺으면 나는 더 발전할까? 아니면 퇴보할까?'라고 자문합니다." 그리고 답이 좋지 않을 때 이렇게 말한다. "그 사람과 관계를 끊어야겠어." 파브라이가 한마디 덧붙였다. "이 간단한 시험을 통과하는 사람이 거의 없답니다."

사교 능력이 파브라이의 장점은 아니지만, 그는 정직을 가장 중요한 기준으로 삼는다. 파브라이는 1990년대 말, 데이비드 호킨스의 저서 《의식 혁명Power vs. Force》을 읽은 적이 있는데, "내가 믿는 것의 상당 부분"이라며 이 책을 설명했다. 호킨스의 주장에 따르면, "진짜 힘true power"은 정직과 연민, 헌신 등의 특성trait에서 생겨난다고 한다. 이런 강력한 "끌개attractors"는 사람들에게 무의식적인 영향을 미쳐 사람들이 '긍정적인 기운'을 가지도록 한다. 반면에 거짓과 두려움, 수치심 같은 특성은 '부정적인 기운'을 가지게 한다. 파브라이는 호킨스로부터 한 가지 교훈을 얻었으며 그에 따라 삶을 살아가겠다고 결심했다. "사람들에게 거짓말을 하고서는 발 뻗고 잘 수 없지요." 파브라이는 말했다. "매우 깊고 오묘한 깨달음이에요."

2008~2009년 금융 위기를 겪는 동안 고도로 집중된 그의 펀드는 67%가량 손실을 겪다가 이후 빠른 회복세를 보였다. 이와 관련하여 파브라이는 2009년 연례 주주총회에서 주주들에게 이렇게 말했다. "펀드에서 발생하는 실수는 대부분 제가 어리석어서 발생했습니다. 시장의 이슈는 원인이 아니었습니다." 그러면서 그는 주가가 폭락한 델타 파이낸셜Delta Financial과 시어스 홀딩스Sears Holdings 같은 종목들을 분석하면서 몇 가지 '멍청한' 실수를 저질렀다고 강조했다. 당시 그를 떠난 투자자는 거의 없었다. 이 일로 그는 교훈을 얻었다. "신뢰도가 달라질 가능성을 염두에 두고, 할 수 있는 만큼만 하세요. 그래야 상당한 원금이 회수됩니다."

실제로 파브라이를 인터뷰하면서 꽤 만족스러웠던 부분이 있었는데, 질문을 던질 때마다 그가 솔직히 대답했다는 점이다. 그는 자신이 어떤 평가를 받을지에 대해 전혀 개의치 않았다. 실험 삼아 이메일로 그의 재산에 관한 것을 포함해 당돌하게 사적인 질문을 던져보았다. 답장은 이렇게 왔다. "순자산은 2017년 11월 30일 현재 1억 5,400만 달러입니다." 그런 다음 해당 수치에 포함되지 않은 것을 명확히 보여 주려고 재정에 관한 세부사항을 더 보내왔다. 그가 보여 준 모습이 신뢰 그 자체여서 믿음이 생기지 않을 수 없을 정도였다.

내 생각에 그런 원칙을 고수하는 확고한 일관성이야말로 가장 주목해야 할 부분이다. "사람들이 이해하기 어려울 정도의 신뢰를 보일 때에는 그저 대성공으로 그들을 꼭 붙잡아야 합니다." 그가 이어서 말했다. "그러한 신뢰를 얻는다면, 그건 엄청난 경쟁력입니다."

똑똑한 사람들은 복잡한 문제에 쉽게 사로잡히면서도 정말 중요한 의미가 있는 단순한 개념은 얕잡아 보는 경향이 있다. 궁극의 실용주의자인 파브라이는 그런 함정에 빠지지 않는다. 그는 "복리는 매우 단순한 개념입니다. 복제도 매우 단순한 개념이지요. 진실을 말하는 깃 또한 매우 단순한 개념이에요"라고 말했다. 몇 가지 강력한 아이디어를 강박적으로 적용하면, 누적되는 효과가 '이루 헤아릴 수 없을 정도'가 된다.

문제는 그런 효과가 있는 아이디어를 발견하더라도 대부분은 시도를 하는 둥 마는 둥 한다는 점이다. 파브라이는 자신의 생각을 숨기지 않았다. "이 빌어먹을 인간들은 이런 얘기를 듣고는 이렇게 말합니다. '아! 맞아요. 이해되네요. 근데 그래서 뭐 어떻다는 건가요? 적용을 고려해 볼게요.' 알다시피, 그렇게 해서는 성공하지 못합니다. 모든 힘을 쏟거나 아니면 아예 시도조차 하지 말아야 해요!"

그가 알고 있는 바와 같이 복제하는 태도는 19세기 힌두교 설교자인 스와미 비베카난다Swami Vivekananda의 방식이다. 스와미는 신봉자들에게 이렇게 말했다. "하나의 아이디어를 채택하세요. 그것을 생각하고, 꿈꾸고, 그 아이디어를 바탕으로 살아가세요. 두뇌와 근육, 신경, 몸의 모든 부위가 그 아이디어로 가득 차도록 만드세요. 다른 생각은 그저 그대로 내버려두세요. 이것이 바로 성공으로 가는 지름길입니다."[11]

억만장자가 세상을 구하는 법

재산이 늘어나면서 파브라이는 그 돈을 다 어디에 써야 할지 행복한 고민에 빠졌다. 그는 다시 한번, 버핏에게서 영감을 얻기로 했다. 버핏은 오래전부터 재산이 최고의 만족감을 주지 않는다고 여러 차례 이야기했다. 버크셔 해서웨이의 연례 주주총회로 기억한다. 파브라이, 스파이어와 함께 앉아 버핏이 청중을 향해 이야기하던 모습이 떠오른다. "제가 집을 여섯 채 또는 여덟 채나 가지고 있었다면, 제 삶은 엉망이 되었겠지요. 그건 행복과 연관성이 없어요."

그렇다고 파브라이에게 욕구가 전혀 없는 것은 아니다. 수천 달러를 들여 맞춤 신발을 주문한 적도 있으며, 푸른색 페라리 컨버터블 차량을 애마로 두기도 했다(페라리 주식으로 큰 홈런을 친 것에 대한 적합한 보상이었다). 그래도 그는 쾌락을 좇으면 행복에 이르지 못한다는 사실을 알고 있다. 그는 또한 딸들에게 수억 달러를 물려주는 일에 주의를 기울이고 있는데, 자식에게 물려줄 재산의 이상적인 양은 뭐든지 할 수 있을 정도에서 아무것도 하지 못할 정도로 너무 많아서는 안 된다는 버핏의 충고를 유념하고 있다. 버핏은 재산의 대부분을 사회에 환원하겠다고 서약한 바 있다. 이런 버핏을 보고 파브라이는 '기부를 복제'하기로 했다.

파브라이는 "만약 내가 오늘 죽는다면 내 재산의 대부분이 어떤 일에 사용되면 좋을까? 혹은 어떤 단체에 기부되면 좋을까?"라는 물음부터 던져보았다. 정밀한 행렬을 바탕으로 매번 돈이 지출될 때마다 얼마나 잘 사용되었는지 분석하듯이, 잘 관리되는 자선단체를 설립하고 싶었다. 그러다 2006년 그를 흥분시키는 일이 일어났다. 수학 교육자 아난드 쿠마르Anand Kumar가 인도 시골 지역에서 소외계층 아이들을 대상으로 무료 교육 프로그램을 진행한다는 기사를 접한 것이다. 쿠마르는 매년 빈곤층 고등학교 졸업생 서른 명을 대상으로 무료 코칭과 대학입학을 지원하고 있다. 쿠마르가 만든 공부 모임인 '슈퍼 30 Super 30'을 통해 수많은 학생이 인도 최고의 공과대학인 IIT에 합격했다.

파브라이는 이 모델의 장점을 단번에 이해했다. 비용이 저렴했으며 재능 있는 10대 청소년들에게 삶을 변화시킬 기회를 제공하여 가난에서 벗어나도록 돕는 모델이었다. 곧장 쿠마르에게 이메일을 보낸 파브라이는 프로그램을 확대하도록 자금을 제공하겠다는 뜻을 전했다. 하지만 쿠마르는 프로그램을 확대하려고 하지 않았다. 파브라이는 포기하지 않고 운명적인 결정을 했다. "직접 찾아가서 내 뜻을 보여 줘야겠군."

흔히 '유괴범들의 소굴'로 불리는 비하르는 잘나가는 헤지펀드 매니저에게 매혹적인 목적지가 아니었다. 이런 이유로 파브라이는 한 뉴델리 New Delhi 보안회사 소속 경호원 두 명을 고용하여 함께 움직였다. 경호원 중 한 사람은 인도 대테러부대 블랙캣 Black Cat 대원 출신이었다. 파브라이가 말했다. "납치된 항공기를 기습하고, 유괴범을 제거하는 훈련을 받은 사람입니다. 자다가도 범인을 사살하는 데 3초도 걸리지 않아요!" 그 경호원은 총기를 소지하고 비행기를 탈 수 없어 기차를 타고 따로 이동해야 했다. 나중에 알게 된 사실인데, 쿠마르도 파브라이를 보호하기 위해 네 명의 경호원을 고용했다고 한다.

파브라이는 비하르가 황량하고 위험천만한 곳이라고 생각했다. 도둑들이 선로를 훔쳐서 고철로 팔아치우는 일도 종종 일어났다. 파브라이는 투덜대며 말했다. "날씨도 엉망, 기반시설도 엉망, 호텔도 엉망이에요." 마음 편히 쉴 숙소도 없어 불편하긴 했지만, 벽도 없는 창고를 빌려 학생들을 가르친 쿠마르와 함께 보낸 날을 절대로 잊지 못할 것이라고 했다. 파브라이는 쿠마르의 지성과 열정, 교육자로서의 재능에 흠뻑 매료되었다. "이 지구상에서 쿠마르를 능가할 사람은 없어요."

쿠마르가 자금을 지원받도록 설득하지 못한 파브라이는 슈퍼 30 프로그램을 복제하고 확대하는 일을 두고 쿠마르에게 허락을 구했다. 버핏의 투자 전략을 도용하여 거둔 성과로 복제의 효과는 그에게 증명되었다. 그렇다면 자선활동에도 같은 접근법을 적용하면 어떨까? 쿠마르는 허락해 주었고, 파브라이는 일에 착수했다.

수천 명의 학생이 프로그램에 지원했다는 사실로 쿠마르의 명성이 어느 정도인지 짐작된다. 쿠마르는 지원자 중 가장 우수한 학생을 선별했다. 파브라이는 영재 발굴법을 알아냈다. 600여 개 선발제 기숙학교로 구성된 네트워크와 협력하는 방법이었다. 이 네트워크는 정부가 운영하며 매년 수많은 시골 빈민층 아이들을 교육하고 있었다. 파브라이의 닥샤나 재단은 해당 네트워크에서 장래가 촉망되는 인재 수백 명을 선발해 장학금을 지원하는가 하면, 인도 공과대학 입학시험에 대비해 2년 동안 수학, 물리학, 화학 과목을 지도해 주었다. "죽기 살기로 하지 않으면 아무것도 얻지 못한 채 시골로 돌아갑니다." 파브라이는 말했다. "그들에게는 단 한 번뿐인 기회인 거죠."

이와 같은 자선 모델은 비용이 매우 적게 들면서 많은 사람의 삶을 변화시킬 수 있다는 데 강점이 있다. 2008년 닥샤나 재단이 지출한 장학생 한 명당 비용은 총 3,913달러였으며, 장학생의 34%가 인도 공과대학에 입학했다. 2016년에는 비용 효율이 높아져 장학생 한 명당 비용이 2,649달러까지 떨어졌다. 또한 놀랍게도 인도 공과대학 입학률은 85%까지 치솟았다. 더 다행인 점은 정부가 기숙학교와 인도 공과대학에 보조금을 대거 지급했다는 사실이다. 파브라이가 파악한 바에 따르면, 닥샤나 재단이 학생 한 명에게 지출하는 총비용을 두고 정부는 1,000달러가 넘는 보조금을 지급했다. 이에 따라 파브라이는 레버리지를 이용한 투자를 잘 활용하여 투자자본 대비 엄청난 사회적 이익을 발생시키고 있다.[12]

2008년 버핏과 점심식사를 하기 전, 파브라이는 닥샤나 재단의 첫 연례 보고서를 버핏에게 보냈다. 이에 버핏은 큰 감명을 받아 멍거, 빌 게이츠Bill Gates와 내용을 공유했다. 그 이후 버핏은 폭스 TV Fox TV와의 인터뷰에서 "파브라이는 자선활동을 투자를 하듯이 생각해요. 저는 그를 대단히 존경합니다"라고 말했다. 수제자(뻔뻔한 흉내쟁이)가 스승의 축복을 받은 셈이다. "그 이후에…" 파브라이가 말했다. "저는 죽어서 천국에 가겠구나 하고 느꼈습니다."

그때부터 닥샤나 재단은 기하급수적으로 성장했다. 2018년 파브라이가 출혈을 감수한 판매자로부터 할인된 가격에 매입한 13만여 평 규모의 닥샤나 벨리Dakshana Valley 캠퍼스를 비롯해 인도 전역 여덟 개 지역에서 닥샤나 재단은 1,000명이 넘는 학생들을 지도했다. 마침내 닥샤나 벨리 한 곳에서만 2,600명의 학생을 수용할 수 있었다. 한편으로, 닥샤나 재단은 인도 공과대학을 넘어 목표를 확대했다. 빈곤에 시달리는 수백 명의 학생이 의과대학 입학시험을 준비하도록 돕는 것이다. 2019년에만 장학생 164명이 의학도의 길로 들어섰다. 64%의 입학률이었다. 이 모든 계획을 닥샤나 재단의 CEO가 운영하고 있다. 람 샤르마Ram Sharma 대령이라고 불리는 포병장교 출신의 CEO는 매년 봉

사료 1루피(1루피는 0.01달러로 계산된다 - 옮긴이)를 청구한다.[13]

달리 말하면, 쿠마르의 교육 프로그램에 대한 보잘것없는 복사판으로 시작한 일이 거대 단체가 된 셈이다. 이로써 현명하게 복제한다면 대충 모방하는 일 이상의 의미가 있다는 사실이 증명되었다. 닥샤나 재단의 사례를 보면, 파브라이는 축소된 형태로 운영된 모델을 모방하여 기업 규모로 다시 구축했다. "그의 성공 비결은 세부적인 것에 대한 관심입니다." 샤르마 대령은 말했다. "저는 확실히 말할 수 있습니다."[14]

파브라이와 함께 닥샤나 밸리를 둘러보다가 나는 재단의 최우수 졸업생인 아쇼크 탈라파트라Ashock Talapatra를 만났다. 탈라파트라는 하이데라바드의 빈민가에서 월 100달러를 버는 재단사의 아들로 태어나 월세 6달러짜리 판잣집에서 자랐다고 했다. 그의 가족이 살던 곳은 집으로 보기 어려웠다. 현관문 대신에 분홍색 샤워 커튼이 달려 있었고, 석면 지붕에서는 물이 샜다. 파브라이가 딸과 함께 탈라파트라의 집을 찾았을 때, 그의 어머니가 차와 간식을 내와서 등받이가 없는 작은 의자 위에 올려주었다. 집에 탁자가 없었기 때문이다.

그런 환경에서도 탈라파트라는 총명한 아이로 자랐다. 인도 공과대학 입학시험에서 47만 1,000명의 지원자 중 63등을 할 정도로 우수한 성적을 거두었다. 역대 닥샤나 장학생 중 가장 높은 점수였다. 그는 IIT 뭄바이 캠퍼스에서 컴퓨터 공학을 전공한 후 구글에서 연봉 10만 달러짜리 일자리를 얻었다. 런던에서 직장생활을 하던 그는 캘리포니아 본사로 이동해 현재 소프트웨어 엔지니어로 일하고 있다. "탈라파트라는 지위를 올리고 있어요." 파브라이가 말했다. "그는 매우 빠른 성장 궤도에 있어요." 탈라파트라는 구글에 입사한 지 1년도 되지 않아 부모님께 아파트를 선물했다. 침실 두 개, 부엌, 냉난방 장치, 비가 새지 않는 지붕을 갖춘 집이었다.

괄목할 만한 변화의 여정은 거기서 멈추지 않았다. 친구이자 멘토가 된 파브라이로부터 영감을 얻은 탈라파트라는 점점 투자에 매료되었다. 파브라이는 그에게 다양한 투자 지침서를 추천했고, 때가 되면 탈라파트라를 데리고 버크셔 해서웨이의 연례 주주총회에 참석한다. 오마하에서 두 사람을 만난 후 나는 파브라이가 탈라파트라의 삶에 미친 영향력을 생각해 보았다. 가격이 잘못 매겨진 주식에 베팅하는 한 남자의 재주가 그토록 선한 영향력을 발휘했다는 사실이 놀라웠다. 감상에 젖다 보니 《탈무드Talmud》의 글귀가 떠올랐다. "한 사람의 생명을 구하는 자는 온 세상을 구하는 것이나 다름이 없다."

그런데 파브라이는 잔인하리만치 솔직하게, 자신을 고결한 구세주 같은 존재로 여기는 관념을 비웃었다. 뭄바이에서 택시를 타고 이동하는 동안 파브라이가 내게 말했다. "삶이 무의미하다고 깨달았을 때 무엇을 해야 할까요? 다른 사람들 때문에 삶을 엉망으로 만들지 마세요. 세상을 당신이 발견한 것보다 더 나은 곳으로 만들도록 노력해야 합니다. 아이들과 함께 좋은 일을 하세요. 나머지 삶은 게임입니다. 문제 될 게 없어요."

동네방네 소문내지 마세요!

파브라이와 많은 대화를 나누다 보니 복제의 영향력에 관해 그리고 이를 내 삶에 어떻게 활용할 것인지에 관해 깊이 고민하게 되었다. 어바인에서 집으로 향하는 항공기에서 "파브라이에게서 얻은 교훈"이라는 제목으로 혼자 글을 끄적이기도 했다. 글은 두 가지 근본 물음에서 시작되었다. "공개된 '이기는 습관' 중 나는 무엇을 복제해야 하는가? 그리고 누구를 복제해야 하는가?" 논픽션 작가인 나는 마이클 루이스, 말콤 글래드웰, 올리버 색스 등 평소 존경하는 저자들의 전문서를 역으로 이용하는 편이 합당했다.[15]

파브라이의 삶으로부터 내가 배워야 하는 것이 무엇인지 여러 방향으로 고민하다 보니, 몇 가지 원칙이 머릿속에 떠올랐다. 나는 다음과 같이 적어보았다.

① 닥치는 대로 복제한다.
② 나보다 나은 사람들과 시간을 보낸다.
③ 삶을 생존 경쟁이나 목숨이 달린 전투가 아닌 확률 게임으로 여긴다.
④ 내 본연의 모습과 일치하는 삶을 산다. 내가 원하지 않거나 내게 맞지 않은 일은 하지 않는다.
⑤ 나만의 점수표에 따라 산다. 외부의 평가에 따라 나 자신을 규정하지 않는다.

마지막으로 파브라이가 종종 언급하던 멍거의 말을 소개하겠다. "단순한 아이디어를 취하고, 심각하게 고민하라." 지금껏 얻은 모든 교훈 중에 이 문장이 가장 중요한 것일지 모른다. 우리는 사흘이 멀다 하고 영향력 있는 원칙이나 습관을 접하고선 재빨리 시도하다가 금세 잊어버린다. 반면에 파브라이는 그것을 삶의 동력이자 나침반으로 삼는다. 이런 그의 습관을 복제해야 한다.

그런데 여기서 목표는 누군가의 아이디어를 맹목적으로 따르는 사람이 되자는 것이 아니다. 대개는 원칙의 정수를 받아들여 각자의 우선순위에 적용하는 것이 더 현명한 일이다. 예를 들면, '진실의 변수에 따라 최대한 멀리 나아가자'는 파브라이의 철칙을 두고 계속 고민해 보았다. 그러다 궁금증이 일었다. 친절의 변수나 동정심의 변수에 따라 최대한 멀리 나아가는 데 집중하면 어떨까? 파브라이의 경우, 온 힘을 쏟는 습관에서 진정한 영향력이 발휘되었지만, 그와 똑같은 덕목을 선택할 필요는 없다.

또한 각자의 재능과 기질에 맞춰 복제하는 것이 가장 효과적일 것이라고 생각한다. 파브라이는 투자 종목을 선정하기 전에 흔히 스파이어와 기업들에 관해 의견을 나눈다. 이는 버핏과 멍거에게서 복제한 방식이다. 그 결과 두 사람이 같은 종목을 상당수 보유하는 경우가 생긴다. 다만 스파이어의 포지션 규모는 크지 않은데, 그가 파브라이보다 좀 더 신중한 성격을 가졌기 때문이다. 스파이어의 성격은 그의 말에서 잘 드러난다. "저는 파브라이처럼 배짱이 두둑하지 않아요."

2015년 파브라이는 펀드 자산의 절반을 피아트 크라이슬러와 제너럴 모터스 신주 인수권 증권에만 투자했다. 자산의 25%를 두 종목에 투자한 스파이어는 파브라이의 집중 투자 수준이 "오금이 저릴 정도"라고 했으며, 자만심과 자신감 과잉으로부터 친구를 보호하지 못했다며 걱정했다. 또 다른 헤지펀드 매니저는 파브라이가 자동차 업종에 과잉 투자한 것을 두고, 제정신이 아니라고 경고했다. 그렇지만 피아트의 주가가 급등하여 파브라이는 6년 만에 자산을 일곱 배로 불렸다.

남의 눈치를 보지 않는 파브라이는 2018년 자신의 역외펀드 자산 중 70%를 두 종목에 투자했다. 하지만 두려움 없이 공격적인 태세를 취했다가 그 해에 47%의 손실을 보았다. 이와 관련하여 한번은 스파이어가 내게 이렇게 말했다. "현명함과 어리석음의 경계를 구분하기 어렵네요."

'극단적인 집중'으로 집약되는 파브라이의 전략은 "잘 분산된 포트폴리오는 네 개 종목"이면 된다고 했던 멍거로부터 영향을 받은 것이다. 하지만 파브라이처럼 엄청난 배짱과 분석력이 없는 사람이 그의 접근법을 복제한다면 스스로 무덤을 파는 꼴이 된다. 2008~2009년 금융 위기를 겪는 동안 67% 손실에 대한 스트레스를 어떻게 극복했는지 파브라이에게 물어보았다. "솔직히 저는 스트레스를 받지 않습니다. 제 아내는 문제가 있었는지조차 몰랐습니다." 오히려 시장이 한창 붕괴할 때 매입한 주식이 너무 저렴했던 나머지 그는 "절정에 달한 기분"을 경험했다고 했다.

파브라이는 매사를 심각하게 받아들이지 않는다. 이런 태도는 심리적으로 도움이 된다. 파브라이가 내게 이런 말을 한 적이 있다. "제 묘비명에 이렇게 쓰고 싶네요. '그는 게임을 즐겼습니다. 특히 자신이 이길 것을 아는 게임을 즐겼습니다'라고요. 복제는 게임입니다. 블랙잭도 브릿지도 그리고 닥샤나도 게임입니다. 물론, 주식시장도 게임입니다. 그저 게임들이에요. 모두 확률 문제입니다."

놀라운 사실은 파브라이가 성공한 사람들의 태도를 끊임없이 자신의 것으로 만들어 게임에서 이길 확률을 높였다는 점이다. "사실 이것

중에 어느 것 하나 어려운 건 없지요." 파브라이가 흥겹게 웃으며 말했다. "일급 비밀이에요! 동네방네 소문내지 마세요!"

richer,
wiser,
happier

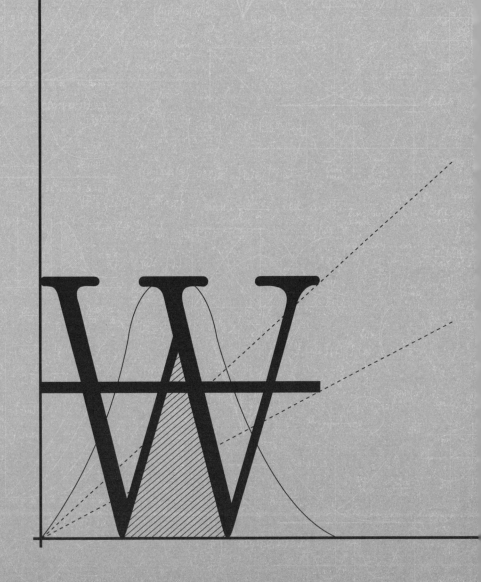

기꺼이 혼자가
되려는 의지

"시장을 선점하려면 괴짜가 되어야 한다"

워런 버핏의 스승, 존 템플턴 경

brave

남들과 똑같이 한다면
월등한 성과를 낼 수 없다.

_ 존 템플턴 경

20년여 전, 바하마 해변을 거닐 때였다. 우연히 기이한 광경을 목격했다. 한 노인이 긴 소매 셔츠를 입고, 얼굴 가리개와 귀마개가 있는 우스꽝스러운 모자를 쓴 채 바닷물에 몸을 푹 담그고 있었다. 노인의 얼굴에는 선크림이 두툼하게 발라져 있었다. 내가 엿보고 있는 걸 그가 알아채지 못하도록 야자수 나무 뒤로 몸을 숨겼다. 몇 분 동안 지켜보는 사이, 노인은 팔다리를 앞뒤로 흔들며 물속에서 첨벙거렸다. 그가 매일 45분간 같은 행동을 한다는 사실을 나중에 알게 되었다.

　　노인은 20세기 최고의 글로벌 투자가라고 불리는 존 템플턴 경Sir John Templeton이었다. 나는 리포드 케이 클럽에 있는 템플턴 경을 인터뷰하기 위해 뉴욕에서 바하마까지 이동했다(그는 국왕 레이네 3세Prince Rainier III, 아가 칸Aga Khan, 숀 코네리Sean Connery 등의 목가적 전원으로 통하는 리포드 케이 클럽에서 지내고 있었다). 자금력이 있는 잡지사에서 비용을 지원해 준 덕분에 이국적인 곳에서 전설적인 우상을 인터뷰할 수 있었다.

　　템플턴 경은 경이로운 투자 기록을 보유한 인물이다. 1954년에 그가 설립한 템플턴 그로스 펀드Templeton Growth Fund는 38년간 연평균 14.5%의 수익률을 달성했다. 그 당시 10만 달러의 지분이 1,700만 달러가 훌쩍 넘게 불어났다. 1912년 테네시주의 작은 마을에서 태어난 그는 무일푼으로 시작하여 억만장자가 되었다. 이에 템플턴 경이 부호가 된 과정, 즉 부의 연금술을 배울 수 있는지 알고 싶었다.

나는 투자업계의 원로였던 템플턴 경이 현인의 모습일 것이라 기대했다. 그런데 우스꽝스러운 모자를 쓴 채 파도치는 해변을 걸어가는 예상 밖의 모습에 나는 넋을 잃고 말았다. 나중이긴 하지만, 그의 건강요법을 엿보다 보니 그가 전설이 된 이유를 알 수 있었다. 템플턴 경은 아름다운 환경에서 효과적으로 운동하는 방법을 찾아낸 것이다. 자신을 이상한 눈초리로 보는 남들의 시선 따위는 그에게 전혀 문제 되지 않았다. 차별화야말로 그의 성공 비결이었다.

투자 자문회사 리퍼 어드바이저리 서비스Lipper Advisory Service의 대표인 마이클 리퍼Michael Lipper는 템플턴 경과 조지 소로스George Soros, 워런 버핏이 공통으로 귀중한 기질을 갖췄다고 말했다. "그들에게는 저마다 혼자가 되려 하는 의지, 남들이 그리 현명하다고 보지 않는 태도를 고수하는 의지가 있습니다. 그들은 또한 일반 사람들에게는 없는 내적 신념을 가지고 있지요."

"혼자가 되려 하는 의지." 이 문구가 오랫동안 머릿속을 맴돌았다. 즉, 이 문구는 세계 최고의 투자가들은 일반 사람들과 다르다는 핵심 개념을 매우 잘 드러냈다. 그들은 대중과는 다른 눈으로 세상을 바라보고, 투자뿐 아니라 사고하며 살아가는 방식에서 그들만의 고유한 방법을 따르는 부적응자들이다.

지난 25년에 걸쳐 시장 수익률을 한참 초과하는 이익을 달성한 캐나다계 자산관리사 프랑수아 로숑Francois Rochon이 아주 흥미로운 의견을 낸 적이 있다. 우리가 모두 알고 있듯이, 인간의 유선사 코드는 인간의 원시적인 생존 욕구를 충족하면서 수십만 년에 걸쳐 진화를 거듭했다. 적어도 20만 년 전 우리가 배운 교훈 하나는 종족에 소속되는 편이 안전하다는 점이었다. 로숑에 따르면, 그와 같은 무의식적 본능은 우리가 위협을 느낄 때 무한한 효과를 발휘한다. 가까운 예로, 주가가 곤두박질치는 경우 보통의 투자자는 남들이 공포에 시달리는 모습을 보고는, 주식을 팔아 현금을 안전한 곳으로 옮기도록 본능적으로 무리의 행동을 따라 한다. 그런데 여기서 무리를 따르는 사람들이 인지하지 못하는 사실이 있다. 그때가 주식을 매입하기에 적기일 수 있다는 반직관적 진실이다.

　"그렇다 해도 일부 사람들은 종족의 유전자를 가지고 있지 않은 것 같습니다." 로숑이 말했다. "그래서 그 사람들은 종족을 따라야 한다는 욕구를 느끼지 않지요. 게다가 자기 마음대로 판단할 수 있어서 실력 있는 투자가가 될 수 있습니다." 종목을 선정하는 재능이 뛰어나 예술 작품을 수집하는 일에도 열정을 쏟는 로숑은 화가와 작가, 기업가에 종족 유전자가 적은 사람이 다수 포함된다고 생각했다.

　로숑의 이론은 완전히 검증되지 않았지만, 일류 투자가들이 투자 활동에 유리할 만한 특유의 태도를 지니고 있다는 일화적 근거가 많다. 이 주제와 관련해 실명을 언급하지 말아 달라고 요청한 어느 저명한 투자가에 따르면, 남부럽지 않게 성공한 동료 투자가들의 상당수가 '일종의 아스퍼거 증후군'을 앓고 있으며 대부분이 좀처럼 감정을 드러내지 않는다고 했다. 일반 사람들이 바보짓이라고 할 만한 파격적인 접근법으로 주식에 투자하는 경우에는 감정을 드러내지 않는 편이 도움이 된다고 그는 지적했다. 그리고 이렇게 덧붙였다. "아스퍼거 증후군과 같은 발달장애를 겪는 사람들은 대개 뭔가 다른 능력을 갖추었고, 그런 능력은 수리 감각인 경우가 많아요. 감정에 따라 움직이지 않는 것은 투자 활동에 매우 좋은 조건입니다."

이런 생각을 업계에서 꽤 성공한 한 펀드 매니저에게 들려주었다. 타고난 수리력을 갖춘 그는 사회생활에 좀처럼 적응하지 못하는 사람이었다. 그는 자신의 사정을 털어놓았다. "어린 시절에 부모님이 걱정이 많으셨어요. 제게 자폐증이나 아스퍼거 증후군의 증상이 있었는지 모르겠네요." 그러고는 생각하기조차 싫은 어린 시절의 트라우마를 떠올렸다. 그러한 고통으로 인해 스스로도 자신의 감정을 '멀리하게' 되었다고 했다. "그래서 저를 겁쟁이로 본다면 아마 맞을 겁니다."[1]

크리스토퍼 데이비스Christopher Davis가 이 주제를 깊이 있게 고찰하도록 계기를 만들어주었다. 데이비스는 그의 아버지가 1969년 설립한 투자회사 데이비스 어드바이저David Advisors에서 대략 250억 달러의 자산을 관리하고 있다. 그는 특이하게도 세계 최고의 투자가들이 가진 특유의 성격을 관찰할 수 있는 자리에 있다. 그는 또한 버핏, 멍거, 메이슨 호킨스Mason Hawkins, 빌 밀러 등 세상의 주목을 받는 실천가들과 친분을 맺고 있다. 게다가 그의 할아버지(셸비 컬럼 데이비스)와 아버지(셸비 M.C. 데이비스)는 주식시장에서 엄청난 부를 쌓은 투자의 전설로 알려진 인물이다.

"위대한 투자가들이 공통으로 가진 성품이라고 하면, 하나 같이 남들의 생각에 전혀 휘둘리지 않는다는 겁니다." 데이비스가 말했다. "남들의 생각에 흔들리지 않을 가장 쉬운 방법은 남들의 생각을 '모르면' 됩니다. 위대한 투자가가 되고 싶다면, 남들의 생각에 신경 쓰지 않고 '관심을 가지지 않는' 일부터 시작해야 합니다." 그는 이어서 말했다. "따라서 투자의 귀재들은 대부분 감정지능이 낮은 경향을 보입니다." 그가 관찰한 바에 따르면, 최고의 투자가들은 다른 사람들과 결속을 다지거나 가정생활에서 따뜻한 애착을 키우는 일을 잘하지 못한다.

반면에 기업의 CEO들은 투자가들과 전혀 다른 심리 성향을 보이는 때가 많다고 데이비스는 말했다. 그들은 다른 사람에게 공감하고, 다른 생각을 이해하며, 다른 사람들에게 영향을 미치는 감성지능을 갖춰야 한다. 하지만 투자가라면 이야기가 달라진다. "자신의 판단을 두고 남들의 생각을 의식해야 하는 부담을 계속 느끼다 보면, 재앙을 초래할 수 있습니다." 그는 CEO들은 젊은 시절에 팀 스포츠에 참여하여 주장을 맡았거나 사교클럽을 이끈 경우가 많다고 덧붙였다. 투자의 대가들은 어땠을까? 데이비스는 이렇게 말했다. "그들은 대체로 달리기, 테니스, 골프, 수영처럼 혼자 하는 운동을 즐겼습니다."

현재 80대인 데이비스의 아버지는 세대를 대표하는 투자계 거물로 알려져 있다. 셸비 데이비스가 뉴욕 벤처 펀드New York Venture Fund를 관리해 온 28년 동안 투자금 10만 달러는 대략 380만 달러로 불어났다. 그렇다면 그는 어떻게, 아들이 묘사하는 심리 성향에 맞게 살았을까? "아버지는 심각할 정도로 혼자 있는 시간을 즐기셨어요." 데이비스가 말한다. "아버지가 팀 스포츠를 한다거나 사교 단체의 회장직을 맡는다거나 혹은 비영리 단체를 이끄는 그림은 상상하기 어려워요. 아버지는 그저 끊임없이 정보를 찾고 사람들을 다그치며 연례 보고서를 검토하셨지요. 혼자서 할 수 있는 그런 유형의 일이었어요. 아버지는 늘 전화를 받고 계시거나 연례 보고서와 분기 보고서 더미에 파묻혀 계셨습니다."

데이비스의 설명을 듣다 보니 모니시 파브라이가 무상으로 일하고 싶다고 제안한 것에 버핏이 "저는 혼자서 일을 참 잘한답니다"라고 말하며 정중히 거절했던 모습이 떠올랐다. 실제로 버핏은 오마하 사무실에 혼자 앉아 있는 시간을 즐기는 것으로 알려져 있다. 블라인드를 내린 채 연례 보고서를 읽으며 혼자만의 기쁨에 도취하는 것이다.

이런 폭넓은 패턴 외에 미묘하게 다른 점도 꽤 많다. 투자의 귀재들이 모두 발달장애를 가졌거나 외로운 삶을 살아간다거나 이혼할 팔자를 타고났다고 말하려는 게 아니다(천재 투자자 중 이혼한 사람을 꼽자면, 명단이 꽤 길어진다. 멍거, 밀러, 파브라이, 빌 애크먼Bill Ackman, 칼 아이칸Carl Icahn, 데이비드 아인호른 외에도 이혼한 사람이 셀 수 없이 많긴 하다). 그렇게 얘기한다면 과장이 심하다고 할 수 있다. 더군다나 별나고 기이한 성향을 모두 병으로 표현하는 것은 어리석은 일이다.

그러나 앞으로 만나볼 투자가들 모두 종족에 소속되지 않은 자유사상가들이라고 감히 생각한다. 그들은 종래의 견해에 반기를 드는 보기 드문 역량을 가졌다. 또한 그들은 사회적 승인이나 인정을 받는 일보다 올바른 판단을 하고 게임에서 이기는 일에 더 몰두한다.

퍼스트 이글First Eagle 투자회사에서 1,000억 달러가 넘는 자산을 관리하는 매튜 매클래넌Matthew McLennan이 자신의 직업을 두고 한 말을 눈여겨볼 만하다. "우리는 매일 세상이 돌아가는 방식을 이해하려고 노력합니다. 그리고 그것을 대다수 의견과 다른 방식으로 종합하려고 하죠. 하루가 저물 즈음에 우리는 다른 프리즘으로 세상을 바라본 것에 대한 보상을 받습니다."

시장을 선점하는 유일한 길은 시장에서 벗어나는 것이다. 이는 말 그대로 지적으로, 기질적으로 유별난 사람들에게 제일 적합한 일이다. 그러니 어쩌면 투자가 재능이 탁월한 괴짜들에게 끌리는 게임이라는 점은 전혀 놀랄 일이 아니다. 그리고 경험상 존 템플턴 경보다 뛰어나거나 더 유별난 사람은 없었다.

글로벌 가치투자의 선구자인 템플턴 경은 오로지 혼자 힘으로 오늘날 투자의 정석이라고 할 만한 원칙과 실천법을 도출했다. 그렇지만 지금 되돌아보더라도 (템플턴 경이 2008년 95세의 나이로 세상을 떠난 후 긴 시간이 흘렀지만) 그의 삶이 전하는 가장 가치 있는 교훈을 이해하지 못했다는 것을 깨닫는다.

괴짜의 탄생

템플턴 경을 만난 건 1998년 가을이었다. 86세 생일이 2주 밖에 남지 않았지만, 그는 매일 집에서 짧은 거리를 운전해 나소Nassau 시내에 소재한 사무실로 향했다. 템플턴 경은 옛 시대에나 통했을 만한 품위 있는 태도로 나를 맞이했다. 그 사무실에서 우리는 함께 시간을 보냈다. "시간은 신경 쓰지 마세요. 필요하신 만큼 제가 사무실에 있겠습니다." 그가 부드럽게 말했다.

템플턴 경은 목이 파인 셔츠에 옅은 노란색의 재킷을 걸치고 벨트 없이 회색 바지를 입고 있었다. 작고 여윈 체구였지만, 햇볕에 그은 피부 덕분에 실제 나이보다 훨씬 젊어 보였다. 그의 사무실은 일반인들이 쉽게 접하지 못하는 상들로 꽉 차 있었다. 35년간 뮤추얼펀드로 최고의 성과를 올려 받은 상도 있었고, 루이스 러카이저Louis Rukeyser의 월스트리트 위크 명예의 전당Wall $treet Week Hall of Fame에 입성하여 PBS TV로부터 받은 트로피도 있었다. 벽은 명예학위로 가득했다. 게다가 올해의 세계적인 목회자 상과 노먼 빈센트 필Norman Vincent Peale 상도 있었다.

템플턴 경은 뉴욕에서 활동하다가 1960년대에 바하마로 거처를 옮겼다. 그는 미국 국적을 포기하고 영국 시민권자가 되어 리포드 케이에 집을 지었다. 미국 테네시주 윈체스터에서 태어나 독실한 장로회 기독교 가정에서 자란 그가 바하마에 정착하겠다는 결정을 내리는 데는 깊은 신앙심이 한몫했다. "이 나라는 세계 어느 나라보다도 인구에 대비해 교회가 많은 곳입니다. 그래서 이 나라가 매력적이고 조화로운 곳이 되었습니다."

독보적인 지역인 리포드 케이 클럽에서 다양한 사람들과 친분을 맺을 수 있는 것 또한 무시하지 못할 매력이었다. "클럽이 진짜 상류층 사람들만 받아온 것은 잘한 일이에요. 덕분에 정말로 매력적인 사람들과 함께 시간을 보낼 기회가 생겼지요." 템플턴 경은 외환 트레이더로 억만장자의 반열에 오른 조셉 루이스Joseph Lewis에 관한 얘기를 들려주었다. "그는 내가 평생 본 것 중에 가장 멋진 요트, 다름 아닌 '여왕의 요트'를 가지고 있었어요. 크기가 어마어마합니다. 혼자 있는 시간을 즐기는 사람인데, 여기서 사귀고 싶은 부류의 친구이지요. 담력이 큰 사람도 아니에요. 그 사람은 그저 요트를 타거나 집에서 조용히 투자 거래를 합니다."

리포드 케이 클럽은 자체 보유한 마리나marina(요트나 보트 등의 선박을 계류시키거나 보관하는 곳 – 옮긴이)와 해변에 접한 골프 코스를 자랑한다. 그렇지만 템플턴 경은 그런 덧없는 쾌락에 빠지려 하지 않았다. "이웃 사람들은 골프를 치러 가거나 요트를 타는 등의 활동을 하지만, 내 개인적인 관점에서는 유익한 활동이 훨씬 더 중요하답니다." 그가 말했다. "쾌락을 좇는 것은 절대로 현명한 행동이 아닙니다. 신이 인간을 창조한 데는 틀림없이 더 깊은 이유가 있어요. 아주 분명한 사실은 유익한 일로 바쁜 사람이 게으른 사람보다 더 행복하다는 점입니다."

템플턴 경은 은퇴에 관해서도 생각이 확고했는데, 은퇴가 몸과 마음을 모두 '피폐하게' 만든다고 여겼다. 그의 관점에서 보면, '65세에 은퇴한다'는 잘못된 관념으로 인해 사회에 장애가 되는 게으른 사람, 쓸모없는 사람이 매우 증가했다는 것이다. 이런 면에서는 이전에 그가 보인 냉철하면서도 도덕적인 면모, 즉 품위 있는 태도와 상충하는 것 같기도 했다.

남들이 삶을 허비하는 사이 자신은 누구보다도 바쁘게 살았다고 템플턴 경은 말했다. 몇 년 전에는 그의 투자회사를 수억 달러에 매각했다. 그래서 그 이후로는 자선활동은 물론 그의 개인 재산을 관리하는가 하면, 《존 템플턴의 성공론Worldwide Laws of Life》 같은 책들을 집필하며 시간을 보냈다고 했다. 앞으로 살펴보겠지만, 그의 돈을 엄청난 액수로 불리는 재능은 여전했지만, 그가 열정을 바치는 주된 관심사는 투자에서 '영적인 풍요'로 옮겨갔다.

템플턴답게 인습을 타파하는 운동을 벌인 셈이다. 이를테면, 그는 여러 자선활동 계획을 추진했는데, 하버드 의과대학이나 기도가 통하는 곳이라면 수백만 달러를 기부했다. 템플턴 경은 들뜬 어조로 자신이 답하고 싶은 질문들을 쏟아냈다. "기도를 받는 환자는 좀 더 빨리 병이 나을까요? 아픈 사람이 기도해야만 기도가 통할까요? 아니면 다른 누군가가 기도를 해줘야 효과가 있을까요? 다른 누군가가 기도를 해줘야 병이 낫는다면, 기도하는 사람이 기도를 받는 사람에게 손을 올려야 할까요? 암이 사라지게 해달라고 기도해야 할까요? 신이 병을 낫게 하도록 기도해야 할까요?"

템플턴 경은 용서, 겸손, 정직, 사랑과 같은 미덕의 혜택을 연구하는 분야에도 기금을 지원했다. 또한 '신에 관한 과학적 계시'를 주제로 수업을 하는 대학교수들에게 재정적 보상을 제공했다. 그뿐만 아니라 영적 진실에 관한 연구와 발견의 진전을 기리는 '템플턴 상Templeton Prize'을 위한 기금을 지원했다(이 상은 '인간의 목적과 궁극의 실체에 관한 비전을 확장한 정신계의 전문경영자들'에게 수여되는 상이다). 그는 이런 정신계의 문제들이 세속적인 관심사보다 훨씬 더 중요하다는 점을 간절히 알리고 싶어 노벨상보다 많은 상금을 수여하고 매년 시상하는 상으로 제정했다(요즘 수상자는 대략 140만 달러의 상금을 받는다).

이는 모두 '영적 정보를 100배로 늘리겠다'는 거창한 계획의 한 요소였다. 그런데 이런 시도가 처음부터 호응을 얻은 건 아니었다. 템플턴 경이 영적 원칙의 효과를 과학으로 풀려고 하자 스펙트럼의 한끝에서 현실 세계의 과학자들이 당혹감을 감추지 못했다. 또 다른 극단에서는 템플턴 경이 자유로운 사고로 종교적 보수주의자들의 믿음에 의문을 제기하려 하자 그들은 몹시 놀라 넋을 잃은 듯한 반응을 보였다. 템플턴 경은 얼마 전 만났다는 '멋진 숙녀'를 떠올렸다. 그녀는 성경에 나오는 노아와 홍수에 관해 템플턴 경의 생각을 물었다고 한다. 이에 템플턴 경은 "유용한 우화이지만 있는 그대로의 사실은 아닙니다"라고 말했다. 그러자 그녀가 격분하며 이렇게 말했다고 한다. "글쎄요, 선생님은 기독교 신자가 아닌가 봐요."

사람들이 종종 무례한 질문을 던지면 템플턴 경은 "그래도 웬만한 사람들보다 제가 더 자신감이 많지요"라고 대답했다. 이런 성격이 투자가로서의 성공에 중추를 이뤘다는 사실에 나는 충격을 받았다. 템플턴 경은 인정했다. "위험을 무릅쓸 때는 그만큼 자신감과 용기를 가져야 해요. 저는 투자업계에서 그렇게 했습니다. 그리고 지금은 영적 영역에서 그렇게 하고 있습니다."

템플턴 경은 흔치 않은 성장배경 덕분에 그런 태도가 길러졌다고 말했다. "어린 시절 내내 어머니나 아버지가 '이렇게 해라, 저렇게 해라'라고 말씀하신 적이 한 번도 없었습니다. 매사 스스로 해야 자립심과 자신감을 기를 수 있다고 부모님은 생각하셨어요. 정말 믿기 어려운 교육이었지요. 나 자신에게 의존하도록 한 것은 부모님이 주신 최고의 선물입니다."

한번은 가족이 장거리 여행에 나선 날, 부모님은 그에게 길을 안내하게 했다. 당시 어린 소년이었던 템플턴은 지도를 잘못 이해해 다른 길로 들어섰고, 시간을 허비하게 되었다. 그렇지만 누구도 길을 바로잡아 주지 않았다. 템플턴이 실수를 바로잡고 스스로 길을 알아낼 때까지 부모님은 기다렸다. 물론 이와 같은 자유방임적인 훈육방식에 위험성이 전혀 없지는 않았다. 템플턴이 여덟 살이 되던 해에 부모님은 엽총이 갖고 싶다는 아들의 요구를 들어주었고, 이에 템플턴은 사냥을 나갈 수 있었다. 부모님은 또한 템플턴이 불꽃놀이용 화약과 청산가리를 사는 것도 허락해 주었다.

템플턴 경은 자기 자신에게 의존하는 것을 매우 자랑스러워했다. 11년 동안 줄곧 전 과목 A학점을 받은 템플턴은 1930년 예일대학교로 향했다. 당시 대공황으로 인해 큰 타격을 입은 아버지는 템플턴이 대학교 2학년이 될 즈음 학비를 '1달러도' 지원하기 어렵다는 소식을 전했다. 이에 템플턴은 아르바이트를 하면서도 장학금을 받는가 하면 포커 게임에서 번 돈을 생활비에 보태기도 했다.

템플턴 경은 그때부터 투자가로서 생계를 유지해야겠다고 다짐했다. 산술을 좋아하고 문제를 체계적으로 해결하는 성향 덕분이었다. 또한 투자업을 봉사하는 직업이라고 생각해 사람들이 재정적 안정을 누리도록 돕고자 했다. 당시 용인되었던 투자 전략이 있었는데, 미국인들이 국가 자산에 독점적으로 투자하는 방식이었다. 하지만 템플턴 경은 그런 편협한 태도가 일반 상식에서 벗어난다고 보았다. 개인이 주식과 채권을 보유하고자 한다면, 한 국가에 한정해서 생각할 게 아니라 여기저기서 찾아보는 것이 훨씬 현명한 태도일 것이다.

이후 예일대학교를 졸업한 템플턴은 옥스퍼드대학교에서 2년 동안 로즈 장학생Rhodes Scholar으로 수학했다. 경영학을 공부하고 싶었지만, 교수들은 경영학이 그에게 적합한 과목이 아니라고 보았다. "교수님들은 마치 제가 쓰레기 같은 과목을 공부하고 싶다고 말한 것처럼 이상한 눈으로 저를 보았습니다." 템플턴은 경영학 대신 법학을 공부했다. 그리고 남는 시간에 틈틈이 경영학 관련 도서를 읽었다(당시에는 투자 관련서를 단 한 권밖에 찾지 못했다고 한다).

대공황이 심해지던 시기에 주식시장은 독성 강한 황무지와 같았다. 1929년 10월부터 1932년 6월까지 다우존스 산업평균지수가 89%나 폭락했다. 그 상황에서 재앙의 후유증으로 할인된 종목을 찾겠다고 잔해를 파헤칠 정도로 재정적으로나 감정적으로나 강인한 사람은 거의 없었다. 사람들은 공포심에 빠져 투자에 손도 대지 못하는 가운데 템플턴의 관심은 전혀 줄어들지 않았다. 그는 스스로 중대한 물음을 던졌다. "어떻게 그만한 가치를 유지한 주식을 저렴하게 살 수 있을까?" 그는 물음에 대한 답을 도출했다. "남들이 급하게 팔아치우려고 하는 경우 외에 주가가 바닥까지 떨어질 일은 결단코 없다."

템플턴 경은 테네시주의 농부들이 경제적 고통에 시달리다 끝내 그들의 땅을 거의 공짜로 팔아치우는 모습을 목격했다. 그리고 중요한 교훈이 그의 머리에 각인되었다. "남들이 필사적으로 팔려고 할 때가 사야 할 때다." 이후에 그는 공포와 절망이 입소문을 타고 퍼지는 상황을 "비관론이 최고조에 달했을 때 주식을 사라"라는 절묘한 문구로 표현했다.

한편으로 템플턴은 투자할 해외 시장에 관해 배우고자 기회만 되면 여행을 떠났다. 옥스퍼드대학교를 졸업하고 나서는 침낭과 갈아입을 옷 한 벌, 여행안내서, 성경을 가지고 7개월 동안 27개국을 돌아다녔다. 1936년 나치가 선전 활동으로 이용했던 올림픽 기간에는 베를린에 머물렀다. 그곳에서 동유럽으로 넘어갔다가 이집트와 팔레스타인을 찾았다. 그리고 인도, 일본, 중국에 머물렀다. 과감히 외국을 여행한 미국인이 드물었던 시대에 템플턴은 투자가들 사이에서 정보 우위를 구축하고 있었다.

1937년 미국으로 돌아온 템플턴은 결혼 후, 월스트리트에 소재한 증권사 페너 앤드 빈Fenner & Beane에서 3개월간 일하다가 한 오일 탐사 회사로 자리를 옮겼다. 1939년 그는 대략 3만 달러를 모았다. 당시 투자 환경은 신출내기에게는 말할 것도 없고, 숙련된 종목 선정가에게도 매력적인 부분이라곤 없어 보였다. 미국은 대공황과 디플레이션, 대량 실업의 소용돌이에 휘말려 들어갔다. 1929년 381포인트로 신기록을 찍었던 다우존스 산업평균지수는 1939년 내내 150포인트 아래로 떨어졌다. 게다가 세계에는 전쟁의 기운이 감돌았다.

요컨대, 시장에 대한 경험이 전무한 남부지방 출신의 풋내기가 세대를 통틀어 가장 영리하고 냉철한 투자가로 두각을 나타내기에 더없이 완벽한 시기였다.

세기의 베팅

1939년 9월, 독일이 폴란드를 침공했다. 그 후 몇 달에 걸쳐 나치가 노르웨이, 네덜란드, 벨기에를 점령했다. 1940년 5월 독일이 프랑스를 침공하자 다우존스 지수가 12포인트라는 신저점으로 떨어졌다. 독일이 곧 영국제도를 침공한다는 공포감 속에서 영국 주식시장은 넉 달도 안 되어 대략 40% 폭락했다. 머지않아 윈스턴 처칠Winston Churchill이 1940년을 "우리 영국과 영국연방의 긴 역사에서 가장 멋지면서도 가장 치명적인 해"로 표현할 것이었다.

세계가 심연의 끝자락에서 휘청거릴 때, 신출내기 투자가는 어떻게 대응해야 할까? 일반 통념에 따르면, 신중한 태도로 물러나 있어야 할 시간이라고 할 것이다. 주가가 신저가로 곤두박질치고 공포가 만연한 상황에서는 분명히 현금이나 금, 땅 같은 방어적인 자산에서 안정화를 꾀하는 것이 적절한 조치로 통했다. 그런데 템플턴은 일반적인 틀에서 벗어났다.

독일이 폴란드를 침공하자 세계가 전쟁의 소용돌이로 빨려 들어가 결국 미국이 참전해야 할 것이라고 템플턴 경은 판단했다. 이 대목에서 냉담할 정도로 논리적인 반응이 그를 돋보이게 했다. 템플턴 경이 내게 말했다. "모든 상품의 수요가 늘어나고 있는 데다 그 시기가 전쟁 중이라면 어떨까 하고 생각했습니다. 그래서 이런 답을 냈지요. '세계대전으로 전쟁이 확대된다면 어떤 회사들이 한몫을 크게 챙길까?'" 그 시기에 미국 기업 중 90%가 경쟁 없이 많은 수요를 가질 것이라고 결론 내렸다. 가장 약세인 기업이라도 전시의 소비가 폭증하고 경제가 활성화되며 고용이 확대되는 식으로 회복세를 보일 가능성이 있었다. 대공황의 재난에 시달리며 많은 기업이 붕괴 직전까지 갔다가 갑작스러운 운명의 변화를 맞이했고, 이런 현상은 주가에 엄청난 영향을 미쳤다. 재탄생한 그들은 재정 건전성이 좋아 무너지지 않았던 기업들의 주가를 거뜬히 능가할 정도였다. 이를 소위 '적자생존'이라고 한다. 그럼 어떻게 해야 그처럼 날카로운 통찰력을 잘 활용할 수 있을까?

템플턴 경은 〈월스트리트저널 Wall Street Journal〉을 펼쳐서 '그와 같은 끔찍한 불황'을 겪으며 1달러 이하로 주식이 거래되던 기업 104곳을 확인했다. 며칠 후 템플턴 경은 페너 앤드 빈에서 상사로 있었던 주식 중개인에게 연락해 각각의 기업에 100달러를 투자하라고 요청했다. "그가 내게 다시 연락해 그러더군요. 매우 이례적인 주문이지만, 그렇게 진행하겠다고요. 다만 이미 파산한 회사 37곳은 제외하겠다고 해서, 저는 '안 됩니다. 진행해 주세요. 회복할 수도 있어요'라고 말했습니다."

오싹할 정도로 대담한 베팅이었다. 그래도 템플턴 경은 자신의 판단을 확신했기에 예전 상사를 설득하여 투자금으로 쓸 1만 달러를 빌렸다.[2] 그의 눈엔 미래가 전혀 암울해 보이지 않았다. 그러나 불길한 소문이 이미 시장에 번졌다. 이런 상황이 자신에게 상당히 유리하게 돌아간다고 템플턴 경은 생각했다. 그는 당시를 회상하며 이렇게 말했다. "저를 끌어당겼던 건 상식적인 산술이었습니다."

그런 산술의 사례가 되는 기업으로 세계 최대 철도 회사 중 하나였던 미주리 퍼시픽 철도Missouri Pacific Railroad를 꼽을 수 있다. 평온한 시절에 이 회사는 우선주를 발행했는데, 주당 7달러의 연간 배당금을 영원히 지급할 것처럼 보였다.

사람의 심리상, 적자를 내서 투자자들의 속을 타들어 가게 만드는 기업을 선호하는 것은 쉬운 일이 아니다. 그런데도 템플턴 경은 미주리 퍼시픽 철도의 주식 800주를 100달러에 매입했다고 했다. 버핏과 멍거처럼 가격이 잘못 책정되어 위험과 보상의 비대칭성을 제공하는 주식을 냉철한 눈으로 알아본 것이다. "상승 국면의 잠재력이 하강 국면의 잠재력보다 훨씬 컸어요." 템플턴 경이 설명을 이어갔다. "물론, 100달러를 날릴지도 모를 일이었지요. 그래도 100달러를 날리지 않으면 많은 돈을 벌 수 있었습니다."

템플턴 경이 옳았다. 미주리 퍼시픽 철도는 전쟁 중에 호황을 맞았으며, 12센트에 불과했던 주가가 현금화하기 전 5달러까지 상승했다. 주식을 너무 빨리 팔았다는 게 유일한 후회로 남았다. "40배로 오른 주식을 가졌다는 사실에 너무 흥분해서 그걸로 충분하다고 생각했어요." 그가 당시를 회상하며 말했다. "참 어리석었지요. 그로부터 4년도 안 되어서 주가가 105달러까지 올라갔으니까요."

물론 이런 식의 투자를 하려면, 단순히 수학 계산에 그치지 않고 그 외 많은 것들이 전제되어야 한다. 이와 관련하여 '신흥시장의 개척자'로 유명한 투자가이자 수년간 템플턴 경과 함께 일했던 마크 모비우스Mark Mobius에 따르면, 비관주의가 극대화된 시점에 템플턴 경이 주식을 매수하기까지 '엄청난 의지와 인성의 힘'이 요구되었다고 한다. 모비우스가 말한 것처럼 "다른 모든 사람은 불타는 건물에서 빠져나오기에 바빴다".

세계가 전쟁의 소용돌이에 휘말렸을 때 104개 기업을 찾아 저주받은 주식에 투자했다는 사실은 내게 매우 인상적이었다. 물론 그런 용기를 발휘했다는 사실 외에 주목할 점이 더 있다. 하루가 멀다 하고 처참한 소식이 전해지는 와중에 해당 주식을 수년간 보유한 용기에 주목해야 한다. 1941년 12월 일본이 진주만을 공습하면서 미국은 전쟁에 참여하게 되었다. 곧이어 1942년 독일이 유럽을 장악했다. 미래에 대한 절망감으로 주식시장은 요동쳤다. 그에 따라 1942년 4월 다우존스 지수가 92포인트로 한 세대의 저점으로 급락했다.

바턴 비그스Barton Biggs는 자신의 걸작과도 같은 저서 《부, 전쟁 그리고 지혜Wealth, War & Wisdom》에서 1942년 뉴욕주 보험위원회가 주식은 '부적절한 투자'라는 판단에 따라 실제로 보험회사들의 포트폴리오에서 주식을 금지했던 사실을 언급했다. 비그스는 "당시 상식을 가지고 올바르게 생각하는 예언자들은 죄다 비관적이었다"라고 썼다.

그렇다 해도 템플턴 경은 꿈쩍도 하지 않았다. "저는 자신감이 충분했어요. 전문가로 불리는 사람들 대부분이 제가 큰 실수를 하고 있다고 생각했지요." 그가 내게 말했다. 그는 또한 종교적 신념으로 버텼는데, 세상은 결국 혼돈에서 벗어날 것이라고 믿었다. 그는 말했다. "최악의 순간에도 저는 결코 좌절하거나 절망하지 않았습니다."

하늘은 템플턴 경의 편이었다. 1942년 봄, 전세가 연합국 쪽으로 기울고 미국의 경제가 되살아나면서 시장이 폭락을 멈추고 상승했다. 한때 외면당했던 템플턴 경의 주식은 급등했다. 템플턴 경은 격동의 5년을 보낸 후 결국 주식을 팔았다. "해당 주식을 청산하니 104개 종목 중 100개의 종목에서 수익이 생겼지요. 대략 다섯 배의 수익을 거두어들였습니다."

그가 전쟁 중에 시도했던 투자가 역사상 가장 대담하고도 예지력이 뛰어났던 것이었다는(지적 능력과 기질 면에서 모두 탁월했던 투자) 사실에 의심의 여지가 없다. 템플턴 경은 주식투자에 대한 경험이 없었지만, 경제 역사와 금융시장, 인간의 본성을 모두 이해하고 있었다. 그에 따라 시장에 팽배했던 비관론이 종국에 걷잡을 수 없는 낙관론으로 바뀔 것이란 점 또한 간파했다. 일말의 희망이 보이지 않는 암흑기에 있으면서도 템플턴 경은 또 다른 태양이 떠오를 것이라는 사실을 절대 잊지 않았다.

존 템플턴 경의 여섯 가지 지침

사무실에서 몇 시간 동안 담소를 나누고 난 후 템플턴 경은 자신의 차에 나를 태워 자택으로 향했다. 그의 집은 남북 전쟁 전 남부 지방에서 유행하던 스타일의 하얀 기둥이 돋보이는 위엄 있는 건물이었다. 창밖으로 바다와 골프장이 내려다보이니 조용하고 평온한 기분이 들었다. 위치상 월스트리트 사람들과 심리적 분리를 확실히 할 수 있어서 이곳으로 이사 온 후 투자 실적이 향상되었다고 그는 종종 얘기했다. 이사한 지 얼마 안 된 시기에는 〈월스트리트저널〉이 며칠 늦게 배달되곤 했는데, 이는 장기적 안목의 투자가에게 예상치 못한 이점이 되었다.

그의 집은 고풍스러운 분위기가 가득했다. 거실에는 목재로 된 흔들 의자와 은촛대,《예수의 삶The Life of Christ》같은 가죽 장정의 책들 그리고 보스턴 브라민 시인 헨리 워즈워스 롱펠로Henry Wadsworth Longfellow의 시집이 있었다. 그는 2층 서재로 올라가서 그림 하나를 가리켰다. 1987년 버킹엄 궁전에서 사회공헌활동의 공로로 엘리자베스 2세 여왕Queen Elizabeth II으로부터 작위를 받는 모습이 담겨 있었다. 그렇게 많은 상을 받으면 어떤 기분이 드는지 그에게 물어보았다. "게임에서 승리한 것 같죠." 그가 대답했다. "올해 22번째 명예박사학위를 받았지요. 그러니 내가 그리 어리석은 사람은 아니었겠네 하는 생각이 들더군요."

우리는 거실로 자리를 옮겼다. 템플턴 경은 FBI의 정신인 충성Fidelity, 용기Bravery, 정직Integrity이 새겨진 머그잔으로 차 한 모금을 마셨다. 그러고는 투자업계에서 배운 최고의 교훈이라고 할 만한 내용을 들려주었다. 이렇게 대화를 나눈 이후에 전화 인터뷰를 통해 투자자라면 꼭 숙지해야 할 여섯 가지 지침을 알려주었다.

템플턴 경이 들려준 지혜는 엄청난 규모의 투자업계에서 한 위대한 지성이 60년간 실무경험을 쌓고, 숙고의 시간을 거치며 깨달은 결실이었다. 우리는 이 지침 중에서 어느 것 하나 복제되지 않았다는 점에 주목해야 한다. 누군가가 그에게 투자가로서의 삶 또는 삶의 다른 영역에서 영향을 준 인물이 있었는지 물었을 때 그는 이렇게 답했다. "한 사람도 없어요. 정말로 그 누구에게도 의지하지 않았습니다." 그의 부모님은 어땠는지 물어보았다. 돌아온 답은 간단했다. "부모님도 아닙니다."

템플턴 경은 무엇보다도 감정을 의식해야 한다고 말했다. "대부분 투자를 할 때 감정에 치우쳐 일을 그르칩니다. 큰 수익이 생기면 경솔해지거나 지나치게 희망적으로 생각하기 쉽고, 반면 큰 손실이 발생하면 지나치게 비관적이고 조심스러운 태도를 취하는 식으로 감정에 휘둘립니다." 템플턴 경은 자산관리사로서 주로 의뢰인들이 감성주의에 빠지지 않도록 주의를 기울였다. 그것이 그가 성공하는 데 주요 요인이 되었다.

반면에 템플턴 경은 감정의 위험성을 피하지 않았다. 그는 다른 투자자들이 감당하지 못하는 감정을 이용했다. 즉, 그들이 비이성적으로 비관적일 때 그들로부터 주식을 샀으며, 그들이 비합리적으로 낙관적일 때 그들에게 주식을 팔았다. "남들이 실망하여 팔 때 사고, 남들이 신이 나서 사들일 때 파는 것은 여간 어려운 일이 아닙니다. 그래도 그렇게 하면 엄청난 보상이 돌아옵니다." 직업을 선택할 때나 종목을 선정할 때, 혹은 거주할 곳을 정할 때 등처럼 어떠한 의사결정에도 분석적으로 접근하는 것이 템플턴 경에게는 당연한 일이었다. 리포드 케이로 거치를 옮기기 전에도 여러 장의 종이를 펼쳐두고 각 종이의 상단에 장소명을 적은 다음, 각각의 장점을 하나씩 적어 내려갔다. 이 과정을 설명하면서 템플턴 경은 단호한 어조로 말했다. "그 과정은 감정적이지 않았어요."

템플턴 경은 그다음으로 자신의 무지를 조심하라고 말했다. "감정보다 더 심각한 문제가 될지 모릅니다. 많은 사람이 극히 적은 정보에 의지해 구매를 하는데, 이는 자신이 구매하는 것에 대해 잘 알지 못한다는 말입니다." 그래서 모든 투자 거래에는 양면성이 존재한다는 단순한 사실을 기억하는 것이 도움이 된다. 그 이유에 대해 그는 이렇게 설명했다. "가장 훌륭한 정보를 가졌다면 최종적으로 이익이 돌아옵니다. 그러기 위해 매우 열심히 작업하고 연구하고 조사해야 합니다."

템플턴 경은 성공에 있어 성실함이 선천적 재능보다 더 큰 영향을 준다고 주장했다. 그는 또한 추가로 통화를 하고, 추가로 회의 일정을 수립하고, 추가로 연구 출장을 가는 등 '추가로 진행하기 위한' 결정에 관해 자주 언급했다. 마찬가지로 끊임없는 자기교육을 평생의 계획으로 삼았다. 이와 관련해 그는 젊은 시절 이야기를 들려주었다. "투자를 주제로 글을 써볼 만한 것들을 계속 찾고 있습니다." 그는 80대가 되어서도 다르지 않다고 말했다. "매년 투자가로서 더 많은 것을 습득하고자 노력합니다."

전문가와 비전문가를 막론하고 훌륭한 투자 실적을 쉽게 거둘 수 있다는 착각에 빠지기 쉽다. 이처럼 자신을 속이는 일을 해서는 안 된다고 템플턴 경은 강조한다. "전문가라고 하더라도 우수한 실적을 거두는 사람은 별로 없습니다. 그래서 투자하기 전에 '내가 전문가보다 더 많은 경험과 지혜를 가지고 있는가?'라고 스스로 물어보는 것이 방법입니다. 만약 그렇지 않다면 투자하지 마세요. 전문가를 고용하세요. 전문가보다 내가 더 잘할 것이라는 자기중심적인 생각에서 벗어나세요."

또한 자신의 불완전성에서 스스로를 보호하기 위해 다양성을 꾀해야 한다고 템플턴 경은 말했다. 그가 계산한 바에 따르면, 평생 펀드 매니저로 일하며 적어도 50만 건이 넘는 투자를 결정했다고 한다. 그는 오랜 기간에 걸쳐 주식의 매수와 매도에 관해 의뢰인들에게 자문해 주었던 내용을 자세히 기록해 왔는데, 여기서 불편한 진실이 드러났다고 했다. 관련 내용 중 1/3이 '지혜에 반하는 것'이었다. 투자란 너무도 어려워서 정말 뛰어난 투자가가 아무리 열심히 노력한다 해도 애초의 계획이 틀어질 가능성이 2/3나 된다고 템플턴 경은 결론지었다.

이 대목에서 얻을 수 있는 교훈은 무엇일까? 우리는 자아를 통제해야 한다. "한 전문가에게 돈을 다 맡기지 마세요. 어느 한 업종 또는 어느 한 국가에 자금을 다 쏟지 말아야 합니다. 그렇게 똑똑한 사람은 없습니다. 그러하기에 분산하는 것이 현명한 일입니다." 일반 투자자는 최소한 다섯 종목의 뮤추얼펀드를 보유하고, 각 종목이 서로 다른 분야에 집중적으로 투자되어야 한다고 조언했다. 펀드 매니저의 장기 실적을 알아봐도 도움이 된다고 그는 덧붙였다. 그런데 그런 활동만으로는 지속적인 성공을 장담하지 못한다. 다시 말하지만, 우리가 가진 지식의 한계를 솔직하게 인정해야 한다. "올바른 전문가가 누구인지 알고 있다고 생각하는 자기중심적 사고에서 벗어나세요."

여기에 더하여 인내 없이는 투자에 성공하지 못한다고 템플턴 경은 말했다. 제2차 세계대전이 발발했을 때 미국 주식을 사들였던 그는 주식이 얼마나 저렴한지 일었지만, 시장이 얼마나 오랫동안 자신에게 유리하게 돌아갈지는 예측할 수 없었다. 그는 단지 예리한 통찰력에서 우위를 가진 게 아니었다. 자신이 예측한 상황이 나타날 때까지 고통스러운 세월을 견뎌낸 의지가 빛을 발휘한 것이다.

또한 수학에 대한 애착이 인내는 보상된다는 신념을 강화했다. 이를 설명하기 위해 템플턴 경은 1626년 네덜란드 이주민들이 맨해튼을 26달러에 구매한 이야기를 예로 들었다.[3] 만약 당시 북아메리카 원주민이 그 하찮은 액수로 연 8%의 수익을 냈다고 가정하면, "모든 건물을 포함하여 현재 맨해튼의 총 가치 이상으로 엄청난 수익을 보았을 것"이라고 그는 설명했다. 템플턴 경은 이 이야기를 투자의 기본 원칙과 관련한 극단적인 사례로 보았다. "진짜 좋은 투자 실적을 거두기 위해 갖춰야 할 것은 인내심뿐입니다." 거의 모든 투자자들이 너무 조급하다고 그는 덧붙였다. "1년에 한 번씩 펀드를 옮겨 다니는 사람들은 판단의 기준을 조사보다는 감정에 두고 있습니다."

템플턴 경에 따르면, 저렴한 종목을 찾는 최고의 방법은 지난 5년간 가장 죽을 쑨 자산을 찾아보는 것이다. 그런 다음 문제의 원인이 일시적인지 영구적인지 따져봐야 한다. 사람들은 대체로 고공비행하는 종목이나 펀드, 급속히 성장하는 국가를 가리지 않으며, 이미 최고의 수익률에 도달해 대중들 사이에서 인기몰이하는 종목에 자연스레 이끌린다. 하지만 밝은 미래가 이미 자산의 가격에 반영되었다면, 이는 어쩌면 속기 쉬운 사람들을 노리는 투자가 될 것이다.

종족 성향이 옅은 템플턴 경은 정반대의 접근법을 사용했다. 그는 "최악의 전망이 나온 곳은 어디인가?"란 물음의 답을 구하려고 했다. 자산의 가격에 종족의 비관론이 반영될 것이기에 그런 암울한 기류에서 가장 매력적이고 값싼 종목이 나올 가능성이 컸다. 템플턴 경은 역발상 전략의 일환으로 세계 곳곳에서 궁지에 몰린 업종과 시장의 종목을 면밀히 조사하며 "내가 가치가 있다고 생각하는 종목과 비교하여 가장 낮은 가격의 종목은 무엇인가?"라고 끊임없이 자문했다.

이런 주제로 템플턴 경과 토론했던 1997년 당시 아시아 금융 위기의 여파로 태국, 인도네시아, 한국 같은 국가들에 파괴의 흔적이 남았다. 지구상에서 가장 큰 타격을 입은 투자기구를 한 곳 꼽는다면, 1997년 대략 65%의 손실을 본 매튜스 코리아 펀드_{Mattews Korea Fund}가 유력했다. 이곳은 대출 동결, 통화 붕괴, 치명적 수준의 기업 레버리지로 인해 엄청난 충격을 받고 불운하게도 단일 국가에만 투자했다.

이에 템플턴 경은 1997년 말 한국 주식이 미래 기업이익에 대비해 세계에서 가장 저렴하다고 판단했다. 당시 한국 주식의 주가수익률은 1997년 6월 20%가 넘는 수치에서 12월 10%까지 폭락했다. 이는 대략적인 수치일지 몰라도 투자자들의 강한 혐오와 두려움을 잘 보여주었다. 그렇다 해도 이와 같은 지독한 유동성 위기가 지나가기만 하면, 한국이 강력한 경제성장의 역사를 결국 재연하게 될 것이라고 충분히 예상할 수 있었다. 이에 따라 템플턴 경은 매튜스 코리아 펀드에 1,000만 달러를 쏟아부으면서 최대 주주가 되었다. 템플턴 경이 내게 말했다. "사람들의 심리와 인식을 살펴보았을 때, 더는 나빠지려야 나빠질 수가 없었지요."

보통의 투자자에게 해당 종목은 그리 구미가 당기지 않았을 것이다. 너도나도 빠져나오기 바쁜 상황에서 템플턴 경이 논리의 간결함과 독립성으로 한국 시장에 진출한 모습을 떠올려 보자. 아니나 다를까, 그가 추측한 대로 위기는 머지않아 지나간 것으로 판명되었다. 1999년 6월 블룸버그 뉴스Bloomberg News는 매튜스 코리아 펀드가 지난 한 해 266%나 성장하여 5,307개 주식 펀드 중 유일하게 최고의 실적을 거두었다고 보도했다. 성경에 나오는 말처럼 "나중 된 자가 먼저 되고, 먼저 된 자가 나중 된 것"이다.

템플턴 경은 마지막으로 당부했다. "투자자에게 가장 중요한 덕목 중 하나는, 유행을 좇지 말아야 한다는 겁니다." 1980년대에 템플턴 재단 산하 출판부가 웅장한 제목으로 대중의 광기에 관해 다룬 고전인 《대중의 미망과 광기Extraordinary Popular Delusions and the Madness of Crowds》를 재출간했다. 1841년 찰스 맥케이Charles Mackay가 저술한 이 책은 튤립 파동과 남해 버블 같은 과열 투기 현상을 역사의 관점에서 풀어낸다. 템플턴 경은 이 책의 서문에서 금융시장의 과열에 대한 합리적 해결책을 제시했다. "투자자가 대중의 미망에서 벗어나는 최선책은 전망이 아니라 가치에 초점을 맞추는 것입니다."

지난 5년간의 주당 매출액과 주당 순자산가치, 주당 평균이익과 비교해 기업의 시장가격을 비롯한 구체적인 가치평가를 수차례 실시하여 스스로 현실감을 잃지 않도록 해야 한다고 템플턴 경은 제안했다. 이처럼 '투자의 기본 가치'라고 할 수 있는 '비판적 분석'은 '대중의 광기'로부터 보호하는 수단이 된다.

당시 미국 주식은 8년 동안 급등세를 탔고, 기쁨에 젖은 투자자들은 기술주와 인터넷주에 맹목적으로 투자했다. 나는 분명히 시장이 과열되었다고 의심했지만, 템플턴 경에게서 확실한 의견을 듣고 싶었다. 하지만 템플턴 경의 설명은 선뜻 이해되지 않았다.

대화가 시작되자 템플턴 경이 이렇게 말했다. "낙관론이 최고조에 달했을 때가 이익이 실현되는 때죠." 내가 그 시기에 도달했는지를 재차 물었더니 템플턴 경은 답을 회피하다가 한마디를 날렸다. "누구나 그런 바보 같은 질문을 하지요. 그 시기가 언제 오는지 아무도 모릅니다. 전문가들이 우리보다 조금 더 잘 맞추겠지요. 그렇지만 어느 주식시장이 올라가거나 내려갈지 집착하는 것은 여전히 인간의 약점입니다. 그걸 알았던 사람은 아무도 없답니다."

머리를 한 대 얻어맞은 기분이었다. 그제야 템플턴 경의 말에 담긴 깊은 뜻이 이해되었다. 시장을 예측하는 일은 쓸데없는 짓이라는 말이었다. 그래도 템플턴 경은 시장의 가치가 영원히 유지되지 않기에 미국의 여러 주식시장이 고통에 놓일 수 있다는 점을 누구 못지않게 잘 알고 있었다. 음악이 멈출 '때'를 아는 것은 불가능했지만, 예측하는 건 그리 어렵지 않았다. 돌이켜보면, 내가 그의 자선활동에 관심을 보이지 않아 내게 몹시 화가 났던 게 아닌가 하는 생각도 든다. 그가 강조했던 자선활동이 '진짜 이야기'였다. 이 대목에서 잊지 말아야 할 사항이 있다. 사람들 사이에서 '괴짜'로 통하는 존경받는 우상에게 질문을 하기 전에는 적어도 두 번 이상 생각해야 한다는 점이다.

어쨌든, 닷컴 버블이 붕괴할 때 이익을 얻고자 템플턴 경이 기막힌 계획을 세운 사실이 나중에 알려졌다.

그 당시 부도덕한 투자은행들이 인터넷 기업들을 상장시키면서 크게 한몫을 챙겼다. 월스트리트의 세일즈 머신이 과열 상태로 돌입해 과대 선전을 하며 어정쩡한 쓰레기를 팔러 다녔다. 순진하거나 탐욕스러운 투자자들, 혹은 신중하지 못한 투자자들이 군침을 흘릴 만한 것이었다. 전형적인 투자 과열 현상으로 한번 크게 다쳐 봐야 정신 차릴 만한 일이었다. 그 희비극이 슬픔으로 끝나게 된다는 걸 템플턴 경은 알고 있었다. 어쨌든 템플턴 경은 "이번에는 달라"라는 말이 가장 비싼 대가를 치르게 한다며 경고의 말을 자주 던졌다.

이와 같은 상황에서 템플턴 경은 터무니없이 과대평가된 인터넷주들 가운데 84개 종목을 목표로 삼았다. IPO 이후 투자가치가 세 배로 늘어난 종목들이었다. 주식시장 상장 후에는 보통 180일간 락업lockup 기간이 설정되어 내부 투자자들이 주식을 팔지 못한다. 이에 템플턴 경은 내부 투자자들이 도취감이 시들해지기 전에 주식을 현금화하고 싶어서, 기회만 되면 주식을 팔아 치울 것이라고 판단했다. 이처럼 너도나도 주식 매각에 나서면서 주식시장이 붕괴할 터였다.

그래서 템플턴 경은 락업 기간이 끝나자마자 주가가 폭락한다는 데 패를 걸고 84개 종목을 각각 '공매도'했다. 템플턴 경의 증손녀이자 펀드 매니저인 로런 템플턴Lauren C. Templeton에 따르면, 템플턴 경이 종목당 220만 달러씩, 총 1억 8,500만 달러를 투자했다고 한다.

템플턴 경의 공매도 전략은 기가 막히게 적중했다. 2000년 3월 닷컴 버블이 터지자, 여러 달 동안 9,000만 달러가 넘는 수익을 벌어들였다. 여러 해가 지난 뒤 〈이코노미스트Economist〉가 역대 가장 탁월했던 금융거래에 관한 기사를 게재했는데, 템플턴 경의 '기발한 계획'이 '내가 그 생각을 했다면Wish I'd thought of that' 상을 압도적 차이로 수상할 것이라고 단언했다.

80대 후반 노인의 머리에서 그런 빛나는 책략이 나올 수 있는 것인가 하는 궁금증이 밀려왔다. 무엇보다도 여기에 절묘한 대칭이 있었다. 1939년 템플턴 경은 깨달은 바가 있었다. 주식시장에서는 미래가 그저 상실과 빈곤으로 채워질 것이라는 환상이 대중을 지배한다는 사실이었다. 1999년 그는 또 다른 깨달음을 얻었다. 미래가 오로지 수익과 즐거움을 안겨줄 것이라는 환상에 대중이 쉽게 현혹된다는 점이었다. 템플턴 경은 두 경우 모두에 대해 자신의 탁월한 판단을 믿었다. 그에 따라 1939년에는 대중이 꺼리는 종목들을 '바스켓'에 담아 매수했다. 마찬가지로, 1999년에는 대중이 선호하는 주식을 공매도했다. 이 두 번의 숙련된 투자방식은 거울에 반사되는 이미지처럼 좌우 대칭을 이루며 60년간 이어졌다.

영혼을 위한 투자법

이야기를 풀어가기에 앞서 한 가지를 고백하려 한다. 사실 나는 실제로 존 템플턴 경을 좋아하지 않았다. 물론, 템플턴 경을 만날 생각에 흥분되었고, 그가 시간을 내어준 것에 감사했지만, 그에게서 냉정할 정도의 엄격함을 보고 상당히 우려가 되었다.

템플턴 경은《세계 종교에서 배우는 지혜Wisdom from World Religions》에서 무한한 사랑, 용서, 겸양, 동정 같은 미덕에 관해 상세하게 설명했다. 그런데 그의 본성에서 따뜻하고 관대한 측면은 엄격하고 혹독해 보이는 측면과 공존했다. 이를테면, 직접 운전해서 나를 공항에 데려다줄 정도로 배려해 주었기 때문에 그의 차 안에서 인터뷰를 계속할 수 있었다. 하지만 그가 돌아간 후 인터뷰 내용을 정리하다가 템플턴 경에 대한 나의 모호한 감정을 포착했다. 내가 작성한 내용은 다음과 같다. "템플턴 경은 이상하게도 건조하고 냉엄하면서도 사무적이었다. 그리고 사람을 끌어당기는 힘이 있으면서도 매우 냉정했다. 그는 믿기 힘들 정도로 의지가 확고했다. 게다가 늘 열린 마음으로 듣는다고 하지만, 한편으로는 독단적이고 극단적이었다."

윌리엄 프록터William Proctor가 템플턴 경의 격언을 정리하여 펴낸 《더 템플턴 터치The Templeton Touch》를 보면, 템플턴이 기금을 지원했던 옥스퍼드 템플턴대학의 학장을 지낸 로리 나이트Rory Knight가 템플턴 경의 됨됨이를 가장 잘 묘사했다. "그는 어려운 남자였어요." 나이트가 템플턴 경을 떠올리며 말했다. "유순한 사람은 아니었어요. 그래도 사람들에게 절대로 무례하지 않았고, 신사 그 자체였습니다. 감히 말씀드리지만, 그는 늘 좋은 의미로 사람들에게 요구하고 있었어요. 사람들에게서 최선의 능력을 끌어냈고, 큰 기대를 걸었죠."

템플턴 경이 누구보다도 자기 자신을 요구의 대상으로 삼았다는 점은 칭찬할 만하다. 이런 점에서 저축과 지출을 바라보는 그의 태도를 눈여겨봐야 한다. "학업을 마치고 나니 제게는 돈이 한 푼도 없었습니다. 제 아내도 마찬가지였어요. 그래서 우리 부부는 수입의 절반을 무조건 저금했어요." 템플턴 경은 천문학적인 부를 축적하고 나서도 금전 관리에 대한 철칙을 느슨하게 풀지 않았다. 그와 사회적 위치가 비슷한 사람들이 대개 전용기를 즐겨 이용했지만, 그는 늘 비행기 이코노미석을 애용했다. "현명하게 지출하는 법을 많이 알아냈습니다. 무엇이든 낭비하는 것은 절대로 현명한 일이 아니라고 생각합니다."

유난을 떠는 모습으로 보일지 몰라도 템플턴 경은 펀드 매니저로 이름을 알린 이후에도 항상 이면지 뭉치를 스테이플러로 철해 메모장으로 사용하는 습관을 버리지 않았다. 나이가 들어서도 한국의 기아 자동차 같이 저렴한 차량을 운행하면서 돈을 절약하는 일을 즐겼다. 템플턴 경의 친구이자 영적인 투자가들을 위한 자문위원으로 활동한 게리 무어Gary Moore가 내게 농담을 던졌다. "존은 소위 말하는 칼뱅주의자입니다. 질릴 때까지 돈을 벌어야 한다고 믿는 사람이죠." 돈을 아껴 써야 한다는 강박증을 가진 것을 볼 때 저평가된 주식 매수를 전문으로 하는 것은 놀랄 일이 아니다.

빚내는 일을 경멸하는 템플턴 경은 자동차를 사고 집을 매입할 때도 늘 현금을 사용했다. 전쟁 중에 주식투자를 위해 자금을 빌렸던 일이 처음이자 마지막이었다고 그는 말했다. 또한 대공황을 겪는 동안 과도한 부채를 떠안은 사람들이 얼마나 쉽게 나락으로 떨어졌는지 직접 목격했기에 금전 관리를 위한 철칙을 도덕적 덕목으로 여겼다. 우리가 사무실을 나오자 어떤 낯선 남자가 주차장까지 템플턴 경을 쫓아와서는 전기요금을 내라고 요구했다. 그러자 템플턴 경은 남자로부터 다시는 돈을 요구하지 않겠다는 확답을 받은 후 50달러를 건넸다. 차에 몸을 실은 그는 그런 방식이 삶의 표준이 된 이유를 설명했다. "돈을 탕진하는 사람은 계속 돈을 써버립니다. 마찬가지로 아마도 그 남자는 어디선가 돈을 얻으면 계속 그곳으로 돌아가 돈을 구걸할 겁니다."

평소 돈에 대한 그의 신중한 태도는 그 자신이 신의 부를 관리하는

'임시 관리인'이라는 믿음에서 기인했다. 템플턴 경은 자신의 펀드 회사에서 기도를 한 다음, 회의를 시작하곤 했다. 그러면서 영적 성공과 물질적 성공 사이의 끈끈한 연결고리를 보았다. "영적인 문제에 집중한다면, 부유해질 가능성이 커질 겁니다." 템플턴 경이 내게 말했다. "10년 동안 소득의 10%를 자선단체에 십일조 한 가족이 번영하지 않거나 행복하지 않은 적을 한 번도 본 적이 없답니다. 이걸 보더라도 십일조야말로 세상 최고의 투자라고 할 수 있지요." 템플턴 경은 새로운 유형의 슈퍼super 십일조를 창안하기도 했다. "제게 돈을 쓸 때마다 정성 들여 10달러를 기부합니다."

템플턴 경은 시간 관리에도 같은 원칙을 적용했다. 템플턴 경의 펀드 이야기를 다뤘던 존 갤브레이스John Galbraith는 기억을 떠올렸다. "존은 잡담을 하지 않아요. 보통 사람들이 일상적인 용무를 볼 때, 존은 다른 일을 하고 있지요." 게리 무어가 덧붙여 말했다. "존을 처음 만났을 때, 이런 말을 하더군요. '지금 4시 2분이네요. 잠시 후 4시 13분에 또 다른 약속이 있습니다.'"

1분도 낭비하지 않는 템플턴 경은 한 번에 두 가지 일을 하는 습관을 키웠다. 그의 자택을 방문해 대화를 나눈 적이 있는데, 그는 내 물음에 답을 하면서 책을 펼치고 중요한 문구에 줄을 그어 내게 보여 주었다. 그는 또한 자동차를 운전하면서 기도를 하는 등 동시에 여러 가지 일을 즐겨 했다. 시간 엄수에 집착하는 템플턴 경은 늘 10분 일찍 약속 장소에 도착했다. 그는 또한 미루는 버릇을 몹시 싫어하는가 하면 텔레비전을 보거나 영화를 보며 시간을 보내는 일을 별로 좋아하지 않았다. 그보다는 기업정보와 재무제표를 들여다보거나 '영감을 주는' 책을 읽었다. 그래서인지 빈둥거리는 행위를 일종의 절도행위, 게으름은 느린 자살행위라고 말했다.

자신을 엄격하게 다루는 듯 보인다고 그에게 말했더니 이런 대답이 돌아왔다. "그걸 자제력이라고 합니다. 늘 자제력을 늘리기 위해 노력했던 것 같네요. 진심으로 다른 사람들도 그러길 바랍니다."

템플턴 경이 혹독한 자기 절제를 유지하는 이유는 단지 돈이나 시간을 관리하기 위해서가 아니었다. 그는 정신을 관리하는 일에도 몰두했다. 그래서 《세계 종교에서 배우는 지혜》에서 '사고의 통제thought control'에 관해 반복적으로 다뤘다. 일상생활에서는 사랑, 감사, 봉사, 무한한 선善에 관한 사색 등 '생산적 사고'와 '긍정적 감정'에 집중하도록 자신을 단련했다.

이와 마찬가지로 템플턴 경은 분노, 의심, 걱정, 죄책감, 두려움, 증오, 선망 등의 부정적인 감정을 마음에서 없애려고 무척 애썼다. 그가 부정적인 생각을 지우는 한 가지 방법을 추천했는데, "내 삶에 선이 풍부하다는 것에 감사한다"라는 말로 부정적인 사고를 대신하는 것이었다. 어려운 상황에 직면했을 때 "이건 내게 축복이다"라는 식의 문구를 내뱉으라고 제안했다. 또한 그는 '방향을 잃고 무절제한 사고'를 뿌리 뽑아 '원대한 목표'에 따라 살아가고자 했다. 그가 말했듯이, 우리의 관심을 어디에 두고, 어디까지 확장할 것인지를 결정하여 우리 삶을 만들어가는 엄청난 영향력을 우리 안에 두어야 한다.[4]

템플턴 경은 마음을 다스리고자 결심한 덕에 고통스러운 시기를 견뎌낼 수 있었다. 1951년 그의 부인 주디스Judith가 버뮤다에서 휴가를 보내던 중 오토바이 사고로 세상을 떠났다. 서른여덟 살에 홀아비가 된 그는 별안간 홀로 세 아이를 키워야 하는 신세가 되었다. 그런 상황에서 템플턴 경은 고통스러운 생각을 '밀어내며' 힘든 시간을 헤쳐나갔다. 그러시 않았다면 슬픔과 고통이 마음을 지배했을 것이다. 이후 그는 1958년 아이린Irene이라는 여성과 재혼했는데, 크리스천 사이언스 Christian Science(기독교계 신흥종교-옮긴이) 신도였던 그녀는 템플턴 경과 마찬가지로 마음가짐과 기도의 영향력에 대해 깊은 신념을 가지고 있었다.

종교의 교리를 부인하는 언론인이었던 나는 '긍정적 사고'와 '사고의 통제'라는 말만 들어도 거부반응이 일었다. 게다가 폐쇄적인 태도를 지녔던 탓에 기도나 용서 같은 영적 실천이 이로운 일인지 탐구하는 템플턴의 활동을 진지하게 바라보지 않았다. 그것을 인정하기란 여간 쉬운 일이 아니었다. 나는 그러한 편견으로 인해 독단적이고 거만한 사람이 되었다. 결정을 내리기보다는 더 알게 될 때까지 판단을 유보하곤 했다.

지금 내가 깨달은 것은 템플턴 경의 긍정적 사고습관과 기도하는 습관이 자신의 사고와 감정을 통제하는 싸움에서 엄청난 도움이 되었다는 것이다. 인기 없는 포지션을 맡고 있는 투자자에게 그런 정신력은 강력한 이점이었다. 반면에 내 마음은 절망적일 정도로 방향을 잃었다. 그래서 두려움, 의심, 후회, 탐욕, 성급함, 질투, 비관 등의 감정에 쉽게 휘말렸다. 그 모든 감정은 투자를 결정할 때, 합리적 판단을 방해했다.

그런 점에서 템플턴 경은《세계 종교에서 배우는 지혜》에서 "외부 세계에서 잘 살아가기 위해서는 내부 세계에서 잘 살아야 합니다. 외부 세계에 존재하는 친구, 동료, 기회, 경력, 삶의 경험은 우리 안에서 일어나는 것들이 반영된 모습입니다"라고 말했다. 템플턴 경은 자신의 내면 세계를 통제했다. 당시 나는 그에게서 타인을 심하게 비판하면서도, 고상한 척을 하고 있다는 인상을 받았기에 그에게 무언가를 더 배우기 위해 마음을 여는 일은 쉽지 않았다. 하지만 20년이 지나고 그에게서 내면의 강인함, 강철 같은 의지를 확인한 후 경외심을 가지게 되었다. 그가 가진 절제력의 반이라도 가지고 싶은 바람이다.

지금 내 생각에 템플턴 경은 시장을 통달한 사람이 아니었다. 그는 자기 자신을 통달했다. 자신의 시간, 돈, 건강, 사고, 감정 등 삶의 모든 측면에서 주인이 되었다. 이는 엄청난 자기 훈련 없이는 불가능한 일이 었다. 우리는 흔히 이런 훈련을 대단한 활동이라고 칭송하지 않는다. 자기 훈련이란 옛날식의 고리타분한 덕목 같은 것이다. 그렇다 해도 템 플턴 경은 한계를 넘어서는 수양으로 대성공을 거두었다. 파브라이가 멍거에게 배웠듯이, "단순한 아이디어를 취하고, 심각하게 고민하세요" 라는 말을 실천한 셈이다.

우리 삶 그리고 투자와 관련해서 우리가 '통제하지 못하는' 것은 너무도 많다. 템플턴 경은 제2차 세계대전에서 연합국이 승리할 것이라고 확신할 수 없었다. 전 부인이 일찍이 유명을 달리할 것도 예상하지 못했다. 그래도 그는 통제할 수 있는 것을 통제했다.

이는 투자가로서 혹독한 자기 훈련을 토대로 경쟁자들이 가진 것보다 양질의 정보를 구하고, 종족의 성향을 무시한 채 독립적인 판단을 하며 가치평가에 집중했다는 말이다. 또한 있는 힘껏 정신적·정서적 균형을 유지했다는 의미이기도 했다. 템플턴 경은 결과를 통제할 수 없었지만, 자기 자신은 통제할 수 있었다. 20년 전 나의 편견 때문에 템플턴 경에게서 배우지 못했던 것은, 내면의 게임이 가장 중요하다는 사실이있다.

richer,
wiser,
happier

영원한 것은 없다

"의심하고, 의심하고, 또 의심하라"

월스트리트의 살아 있는 전설, 하워드 막스

question

변한다는 것은 모든 존재에 적용되는 기본 진리다.

그 누구도 이 진리를 부정할 수 없으며,

불교의 모든 가르침이 여기에 응축되어 있다.

_ 스즈키 순류 Suzuki Shunryu, 《스즈키 선사의 선심초심 Zen Mind, Beginner's Mind》 중

하워드 막스는 펜실베이니아대학교에서 학부생으로 재학했을 당시 스튜디오 아트 수업을 수강 신청했다. 재무학을 전공하던 학생이 별난 선택을 한 셈이지만, 막스는 어린 시절 예술에 재능 있는 아이였다. "그래서 미술 수업을 들으러 갔어요. 그런데 강사가 말하더군요. 수강생이 너무 많아서 불필요한 학생을 추려내야 한다고요. 강사는 제 이름과 전공을 물었습니다. 그래서 제 이름은 하워드 막스이고, 와튼 스쿨에서 재무학을 전공한다고 말했어요. 그러자 알았다며, 제가 첫 번째로 뽑혔으니 수업에서 나가라고 하더군요."

에덴동산에서 쫓겨난 막스는 어쩔 수 없이 부전공으로 선택할 다른 과목을 찾아야 했다. 그런데 놀랍게도 막스는 일본 문학과 미술, 문명을 탐닉하게 되었다. 그가 무상mujo 또는 일시성[1] 같은 선Zen의 개념을 접한 건 일본 불교에 관한 수업에 참여했을 때였다. 마크는 맨해튼 중간지대의 고층 건물 34층, 그 전망 좋은 사무실에 앉아 고대의 사상이 인생과 투자에 관한 원칙을 형성했다고 설명했다. "변화는 필연적입니다. 유일하게 변하지 않는 것은 일시성입니다." 막스는 말했다. "환경이 변화한다는 사실에 우리는 적응해야 합니다. 우리가 환경을 통제한다는 것은 기대할 수 없습니다. 우리는 환경에 순응해야 합니다. 변화를 예상하고 변화와 함께 나아가야 합니다."

모든 것이 끊임없는 흐름의 상태에 있다는 점을 막스는 인정했다. 자연, 경제, 시장, 산업, 기업, 인간의 삶 등이 그러하다. 이는 분명히 투자자들에게 불편한 진실인데, 우리는 지속하지 않는 환경에서, 게다가 알 수 없는 미래에 진짜 돈을 투자하는 일을 하고 있기 때문이다. 그렇다면 이러한 격심한 불안정과 불확실성에 직면하여 어떻게 현명한 판단을 내릴 수 있을까? 이 대목에서 가치투자자로 유명한 빌 밀러가 했던 말이 떠오른다. "세상은 변화한다. 이것이 시장에서 가장 심각한 문제다."

사실 이는 우리 삶에 스며드는 문제이다. 이와 관련해 프랑스의 철학자 미셸 에켐 드 몽테뉴Michel Eyquem de Montaigne가 남긴 말에 주목해야 한다. "우리 자신, 우리의 판단 그리고 모든 필멸하는 것은 끊임없이 흐르고 굴러간다. 그래서 판단하는 자와 그 상대 모두 확고한 것을 세울 수 없으며, 끊임없는 변화 속에 있다." 1570년대에 몽테뉴가 작성한 이 문장을 프랑스의 투자가 프랑수아 마리 보이칙François-Marie Wojcik에게 읽어주었더니 매우 만족한 표정을 지었다. 끊임없이 변화하는 세상에서는 확고한 것이 없기에 보이칙은 자신의 판단(또는 누군가의 판단)을 과대평가하지 않도록 경계하며 자신만의 원칙을 지킨다고 말했다. "제게는 세 가지 원칙이 있습니다. 의심하고, 의심하고, 또 의심하는 겁니다."

불교 교리의 핵심에 있는 무상함transcience은 통찰력 있는 투자가들이 오랫동안 고찰해 온 문제이다. 전설적인 투자가이자 볼티모어에서 자신의 이름을 걸고 투자관리회사를 설립한 토마스 로우 프라이스T. Rowe Price[2]는 1937년《투자자에게 단 하나 확실한 것은 변화한다는 것이다Change is the Investor's Only Certainty》라는 책을 썼다. 당시 지정학적 위험을 판단하려 애썼던 프라이스는 히틀러가 권세를 얻은 일을 언급하며, "독일이 오히려 평화적 수단으로 영토를 획득할 것"이라는 예상을 내놓았다. 그로부터 2년 후 히틀러가 폴란드를 침공하면서 세계는 6년간 전쟁의 소용돌이에 휘말렸다. 모든 것이 변화했지만, 프라이스나 다른 누군가가 예상한 것과는 전혀 다른 모습으로 상황이 흘러갔다.

1946년 전쟁이 막을 내리고 몇 달이 지난 뒤 태어난 막스는 뉴욕 퀸스에서 자랐다. 당시 그에게는 변화의 속도가 비교적 느리고 해롭지 않은 듯 보였다. "제 유년 시절 내내 만화책은 10센트로 판매되었어요." 막스가 어린 시절을 떠올리며 말했다. "세상은 평화로운 곳이며, 변화하지 않는 환경에 맞서 사건들이 발생한다고 우리 모두 생각했습니다. 분명한 사실은 세상이 항상, 예측할 수 없는 수준에서 믿지 못할 속도로 변화하고 있다는 것입니다. 같은 것은 존재하지 않아요. 동일성을 삶의 기준으로 삼는 사람들이 매우 혼란스러울 수밖에 없는 시대가 되었습니다."

비즈니스 세계에서 동일성과 안정성은 이제 선택사항이 아니다. 패권을 차지하고 생존하기 위한 다원주의적 투쟁이 벌어지면서 기업들은 융성하고 쇠퇴했다. 산업 또한 기술 혁신으로 인해 파괴와 생성이 반복된다. 내가 언론인으로 꽤 오랜 기간 근무했던 〈타임〉은 수십 년 동안 세계 최대의 시사 주간지로 명성을 유지하던 모습을 뒤로하고, 얼마 전 긴 역사를 마무리했다. 〈타임〉에 입사했을 때, 회사는 '벨벳으로 둘러싸인 관velvet coffin'이라고 불릴 정도로 아주 풍족하고 안락한 안식처와 같아서, 살아서는 나가지 못할 곳으로 여겨졌다. 2018년 〈타임〉은 종합 미디어 그룹인 메레디스 코퍼레이션Meredith Corporation 산하의 회사로 합병되었다. 당시 《석세스풀 파밍Successful Farming》, 《프루트Fruit》, 《가든 앤드 홈Garden and Home》 등의 잡지로 소소한 수익을 창출했던 메레디스는 회사를 폐차 다루듯 해체하여 고철로 팔아치우듯 매각했다.

투자자들은 미래에 관한 난해한 물음에 확실한 답을 얻고 싶어 한다. "주식시장은 상승할까, 하락할까? 경제가 호황을 누릴까, 바닥에서 버둥거릴까?" 등의 물음에 대해 명확한 답을 얻으려 한다. 이와 관련하여 투자란 "미래를 점치는 일"이 전부라고 막스가 알려주었다. 어떤 자산을 분석하더라도 미래 수익과 가치평가에 대한 예측을 토대로 오늘은 가격이 얼마나 나가는지 따져봐야 한다는 것이다. 여러 삶의 영역에서도 마찬가지라고 막스는 말했다. "우리는 미래를 다뤄야 합니다. 어디서 살지, 어떤 일을 할지, 누구와 결혼할지, 아이를 몇이나 가질지 결정해야 합니다." 그런데 모든 것이 그 어느 때보다 빨리 변화하고 있고, 당장 앞에 놓인 일들에 현명히 대처하려면 어떤 태도를 보여야 할까?

사람들은 대부분 빈약한 논리가 뒤범벅된 신뢰할 수 없는 주장, 편향, 예감, 감정, 공상 또는 미래에 대한 공포 등 이런저런 불확실한 근거들을 토대로 투자에 관한 의사결정을 내린다(삶에 관한 결정도 마찬가지다). 나의 경우에도 주로 일시적 기분에 이끌리거나 화를 주체하지 못해 철저히 따지지 않고 여러 나라를 옮겨 다녔던 적이 있다.

막스는 나와는 딴판인 사람으로 절제되고 냉정한 사고의 달인이다. 누구도 부인하지 못하는 투자 세계의 거물이 된 것도 그런 이유 때문이다. 오크트리 캐피털 매니지먼트Oaktree Capital Management의 공동 설립자이자 회장인 막스는 약 1,200억 달러의 자산을 운용하고 있다. 대체 투자 분야를 선도하는 오크트리는 '숨겨진 잠재력'을 가진 기업들의 부실채권, 정크본드junk bond, 전환증권, 상업용 부동산 등 '대체 투자'를 전문으로 하고 있다. 이 회사는 미국 최대 연금펀드 70여 곳, 기금과 재단 수백 곳, 세계 최대 국부펀드 다수를 고객으로 두고 있다.

오크트리의 뛰어난 수익률과 평판에 힘입어 막스는 부자가 되었다. 〈포브스〉는 막스가 보유한 순자산의 가치를 22억 달러로 평가했다. 막스는 말리부에 소재한 7,500만 달러 가치의 토지를 소유하고 있었으며, 나중에 맨해튼에 소재한 5,250만 달러짜리 아파트를 샀다. 그런데 그가 심취했던 대상은 돈이 아니라 아이디어였다. 독창적인 사상가인 그는 위험, 무작위성, 순환, 투자 심리, '일어날 것 같지 않은 재앙'이라고 직접 이름 붙인 위협 등 여러 주제에 마음을 사로잡혔다.

막스는 오크트리의 투자 전략을 총괄하면서도 950명가량 되는 직원 중 그 누구도 그에게 보고하지 않는 체계를 수립했다. 개별 투자처를 선정하는 등의 일상 업무는 직원들에게 모두 위임하고, 자신은 자유로이 읽고 생각하고 쓰는 일을 했다. 막스가 25년이 넘는 기간 동안 작성한 메모는 값을 환산할 수 없을 정도로 귀중한 투자 필독서인《투자에 대한 생각The Most Important Thing》으로 탄생했다.

막스는 "대중이 반박할 수 없도록 추정해야 한다"고 말하거나 "나 자신의 신화에서" 같은 말을 섞어가며 강연해 명석한 교수의 기색을 물씬 풍긴다. 대화를 나누는 동안 막스는 선생의 역할을 하듯이 그래프를 그리거나 C. 잭슨 그레이슨의 《불확실성 아래에서 하는 의사결정*Decisions Under Uncertainty*》같은 극소수의 사람만이 읽을 법한 책의 구절을 읽어주었다. 막스에 따르면, 아이디어를 나누고 사람들의 반응을 살펴보는 것이 가장 큰 즐거움이라고 했다.

내 생각에 미래란 예측할 수 있어서, 미래를 준비하는 법에 관해 유익한 아이디어를 제시하는 사람은 투자 세계에 나타나지 않았다. 합리적인 의사결정을 해야 하는 상황에 직면해 간혹 당혹감에 두 손 두 발을 들어버리고 싶을 때가 있다. 극복할 수 없을 정도의 어려운 상황이 펼쳐졌을 때 과연 어떻게 지혜로운 행동 방침을 도출할 수 있을까? 스스로를 금융계의 철인왕이라고 생각하는 막스는 그와 같은 상황에서 깊은 통찰과 유용한 전략을 내놓는다. 그의 아이디어는 안개 속을 헤매는 사람들에게 없어서는 안 될 길잡이 역할을 한다.

첫째는 운, 둘째는 겸손

신뢰할 만한 것은 전혀 없는 데다 무슨 일이든 일어날 법한 세상에서 지켜야 할 첫 번째 수칙은 우리의 한계와 취약성에 관하여 솔직해야 한다는 것이다. 아테네의 비극작가 에우리피데스*Euripides*가 약 2,500년 전 경고한 것처럼 말이다. "처음으로 발생하는 사건이 당신을 완전히 뒤흔들 수 있는데, 어떻게 자기 자신을 위대한 사람이라고 볼 수 있겠는가?" 세계 최고의 지성 몽테뉴는 자신의 저택에 있는 도서관 기둥에 에우리피데스의 이 말을 새겨두었다.

마찬가지로 자만과 오만의 위험성을 간파한 막스는 사무실 한쪽 벽을, 수 세기는 된 듯한 그림들로 장식했다. 그림 속에서는 목제 범선들이 무서운 파도에 흔들리고 있었다. 막스는 막무가내의 투기자들이 닷컴 붕괴로 심각한 타격을 받았던 2001년에 그 그림을 사서, 그림을 볼 때마다 불편한 진실을 환기한다고 했다. 우리 중 누구도 자신의 통제를 벗어나는 힘의 파괴적 영향력으로부터 자유로울 수 없다. 어디선가 갑자기 바이러스가 출현해 전 세계를 혼돈에 빠뜨린 2020년에도 우리는 재차 교훈을 얻었다.

"그 누구도 팬데믹을 예측하지 못했다는 게 엄연한 사실입니다. 나중에야 우리 삶을 결정지었던 사건이라는 사실이 밝혀집니다." 막스가 말했다. "이것으로 우리는 확실히 알 수 있습니다. 우리는 어떤 일이 일어날지 알지 못합니다. 때로는 그 가능성조차 알 수 없습니다."

톰 울프Tom Wolfe는 1987년에 발표한 소설 《허영의 불꽃The Bonfire of the Vanities》에서 연간 수백만 달러의 보너스를 받는 투자 전문가를 '우주의 지배자Masters of the Universe'로 묘사했다. 이 대목에 대해 막스가 의견을 내놓았다. "자신을 우주의 지배자라고 생각하는 것은 세상에서 가장 정신 나간 짓입니다. 우리는 단지 작은 톱니바퀴에 불과해요. 우리는 우주 안에서 돌아갑니다. 우리는 우주에 딱 들어맞아야 하고, 그 안에서 적응해야 합니다."

막스의 지인 중에, 경제와 주식시장에 관한 과감한 예측을 하는 억만장자가 있어 그에 관해 물었더니 막스는 "그 사람은 두뇌 회전이 굉장하다"고 말했다. 그러면서 다음과 같이 덧붙였다. "종국에 세상은 그가 스스로 생각한 만큼 똑똑했는지 확인하게 될 겁니다. 자신을 실제보다 더 똑똑한 존재로 생각했다면, 곤란해지겠죠. 때론 그 사람이 자기자신을 잘난 존재로 보지 않기를 바란답니다."

막스는 자기도취를 억제하는 방법으로 자신의 삶이 운에 좌우된다는 점을 상기했다. 말콤 글래드웰의 저서이자 성공의 다양한 비결에 관해 다룬 《아웃라이어_Outliers_》를 읽고 나서 그는 오늘날 자신의 위치까지 이끌어준 행운을 목록으로 적성해 보았다.

막스가 연이어 성취한 성공은 '인구통계학적 행운'과 함께 시작되었다. 그는 제2차 세계대전 이후 경제성장을 맞은 황금기가 시작되었을 즈음 미국의 백인 중산층 부모에게서 태어났다.[3] 가족 중에 대학을 나온 사람은 없었지만, 배움을 중시한 부모님이 그에게 백과사전을 사주고, 대학에 가도록 독려했을 정도로 막스는 운이 좋았다. 또한 고등학교 성적이 뛰어나지 않았지만, 와튼 스쿨이 그의 입학을 허용할 정도로 운이 좋았다고 막스는 생각했다. 게다가 일찍이 투자업계에 입문하게 된 것도 와튼 스쿨을 다닌 덕분이었다.

예전에 내가 응했던 한 인터뷰에서 막스는 매우 높은 아이큐를 가졌고, 그것이 상당 부분 성공의 비결이 되었다는 점에 의심의 여지가 없다는 이야기를 한 적이 있다. 이에 대해 막스는 평범하지만, 핵심을 꿰뚫는 내용의 이메일을 보내왔다. "자신의 운을 완전히 인정하지 않는 사람들은 총명함이 그저 운에 불과하다는 사실을 놓치고 맙니다. 높은 아이큐를 가질 만한 자격을 갖춘 사람은 아무도 없습니다."

막스는 와튼 스쿨을 졸업한 후 하버드 경영전문대학원에 지원했지만, (버핏처럼) 입학을 거절당했다. 운이 나빴던 것일까? 전혀 그렇지 않았다. 막스는 1967년 시카고대학교 경영대학원에 입학했다. 당시는 시카고대학교에서 재무이론의 개혁을 주도하던 시절이었다. 1960년 대에 '시카고학파'가 효율적인 시장 가설을 내놓았는데, 금융시장의 가격에 투자자들이 접할 수 있는 모든 정보가 이미 반영되어 있다는 것이 주요 내용이었다. 이 이론은 시장을 계속 선전할 수는 없기에 투자자들은 가격이 저렴하고, 시장의 수익률이 반영된 인덱스펀드를 선택해야 한다는 믿음을 불러일으켰다. 나중에 다루겠지만, 비용을 제하고 시장을 능가하는 것이 얼마나 어려운 일인가를 고려할 때 인덱싱이 현명한 선택이다. 막스도 이와 같은 취지로 말했다. "많은 사람이 인덱스펀드에 그들의 자금 대부분을 투자해야 합니다."

막스는 지도 교수들로부터 시장의 효율성에 관해 들었으며, 불교에서 말하는 깨달음의 순간, 즉 '득도sator'와 같은 현상을 주식시장에서 체험했다고 말했다. 수익을 창출하려 애쓰는 투자자들이 '저렴한 종목을 찾아 사들이는 현상'이 이해된 것이다. 막스는 의견을 제시했다. "보편적으로 통하는 사실은 아니지만, 어떤 종목이 분명히 헐값으로 떨어질 수 있고, 그것을 알아차리는 사람이 없으리라 생각하는 것보다는 훨씬 더 이치에 맞습니다."

막스는 효율적인 시장 가설을 '매우 영향력 있는 개념'으로 본다. 그런데 학술 이론과 막스가 자신과 고객들을 위해 수십억 달러를 벌어들인 실무, 그 사이에는 큰 차이가 존재했다. 이와 관련하여 막스는 다음과 같은 오래된 농담을 꺼내곤 했다. "재무학과 교수와 학생이 시카고대학교 캠퍼스를 거닐고 있었습니다. 그러다가 학생이 가던 길을 멈추고 외쳤어요. '보세요! 길에 5달러짜리 지폐가 떨어져 있어요!' 그때 교수가 대답합니다. '진짜 지폐가 아닐 거야. 그렇다면 다른 사람이 이미 주워갔겠지.' 교수가 가버리자, 학생은 돈을 주워서 맥주를 사 마셨습니다."

막스는 이 일화를 현실에 잘 적용했다. 하버드 경영대학원 도서관에서 주웠던 5달러짜리 지폐를 접어 지갑에 넣고 다녔는데, 그 지폐를 보며 이론의 한계를 상기했다고 한다.

막스는 이와 같은 학술적 논쟁에서 단순하지만 삶을 변화시키는 교훈을 끌어낸다. 요컨대, 투자에서 가치를 창출하고자 한다면, 가장 효율적인 시장을 선택하지 말고, 덜 효율적인 것들에만 투자를 집중해야 한다. 그는 이렇게 말했다. "시장이 분석되고 널리 수용되는 가운데, 시장 참여자들이 늘어날수록 가격이 저렴한 종목을 찾기는 더욱 어려워집니다." 예를 들어, 미국 대형 종목 중에서 터무니없이 싼 종목을 좀처럼 찾기 어려운데, 그런 주류시장에는 똑똑하고 의욕적인 자산관리사들이 '가격이 잘못 책정된 종목들을 몰아내는' 경향이 있다. 그래서 대형주에 투자하고 싶다면, 효율적인 시장에서 장기적 우위를 점할 확률이 낮다는 점을 인정하고, S&P 500 지수를 따르는 인덱스펀드를 매수해 보유해야 한다는 말이다.

막스는 부실기업의 부채 등 상대적으로 덜 알려진 연못에서 낚시하는 방법으로 우위를 얻었다. 즉, 뭔가 불안하고 불투명해 투자자들이 피하는 분야에 투자하는 것이다. 막스는 이처럼 비효율적인 시장에 대한 투자를, 포커 경기에서 수준이 낮고 실수가 잦은 상대를 다루는 일에 비유하곤 한다.

막스는 시카고대학교를 졸업하고서 리먼 브라더스Lehman Brothers 외 여러 회사에 입사를 지원했다. "한 가지는 분명했어요. 저는 리먼 브라더스에서 일하고 싶었습니다." 하지만 어느 회사도 그를 수락하지 않았다. 그래서 그는 시티뱅크Citibank의 전신인 퍼스트 내셔널 시티뱅크First National City Bank에 입사해 근무하기 시작했다. 그곳에서 주식 리서치 투자분석가로 10년을 일한 후 리서치 부문장이 되었다. 그리고 수년 후 막스는 대학의 채용담당자에게서 한 이야기를 듣게 되었다. 당시 리먼 브라더스가 막스를 채용하려 했지만, 그에게 연락하기로 한 담당자가 과음으로 인한 숙취로 막스에게 좋은 소식을 전하지 못했다는 것이다. 막스는 리먼에서 경력을 쌓았다면 현재 어떤 모습이었을까 하고 가끔 궁금해했다. 2008년 리먼 브라더스는 파산했고, 그에 따라 투자자들의 자금은 모두 증발해 세계 경제에 큰 타격을 불러왔다.

시티뱅크에서 리서치 부문장으로 인사이동 통보를 받은 막스는 그에 따라 새로운 역할을 찾아야 했지만, 여타 투자자들보다 많은 정보를 가지기 어려운 헬스 케어 관련 종목처럼 이미 비대해진 틈새에서 시간을 허비하고 싶지 않았다. "그래서 저는 '머크Merck를 선택할까, 일라이 릴리Eli Lilly를 선택할까 고민하면서 내 남은 인생을 보내는 일 빼고는 무슨 일이든 다 하겠습니다'라고 말했습니다. 그 시간의 반 이상 동안 그걸 제대로 할 사람은 아무도 없을 겁니다."

결국 막스의 상사는 그에게 완전히 새로운 유형의 업무를 맡겼다. 그렇게 막스는 그동안 경험하지 못했던 새로운 유형의 펀드인 전환 유가증권과 고수익 채권을 운용하게 되었다. 이는 그의 인생에서 가장 큰 행운이었을지 모른다. 트리플 A등급의 저위험 채권 같은 (꽤 괜찮지만 따분한) 영역을 훨씬 넘어서, 새롭고 이국적인 유형의 거래로 수십 년 동안 호황을 누리게 되었으니 말이다.

우리는 대개 운이 아니라 기술이 성공의 필수요인이라고 생각한다. 아마도 그럴 것이다. 그러나 이상적인 시기에 나타나는 행운을 가로막기는 어렵다. 예전에 전설의 종목 선정가인 마이클 프라이스가 성공궤도에 올라타게 된 계기에 관해 설명해 주었다. 그는 맥스 하이네Max Heine라고 하는 노련한 가치투자자 밑에서 일하게 된 것이 스물네 살 때였다고 했다. 하이네가 유일하게 운영했던 뮤추얼펀드는 당시 자산이 500만 달러에 불과했다. "일주일에 200달러를 벌자고 1975년 1월 두 번째 날인가 세 번째 날에 일을 시작했습니다. 대공황기를 제외하고 주식시장이 역대 최악의 상태였어요." 프라이스가 말했다. "미국에서 누구도 주식을 사려고 하지 않았습니다. 그래서 현대의 상승장이 바닥을 쳤을 때, 저는 운이 좋게도 40년의 경력을 가진 대단한 가치투자자와 함께하게 되었습니다. 당시 미국에서는 주식을 거저 주고 있었어요. 그런 이유로 제가 실패할 일은 희박했습니다." 그로부터 20년 동안 회사의 뮤추얼펀드가 운용한 자산이 대략 180억 달러로 늘어났다. 1996년 프라이스는 6억 달러가 넘는 가격으로 회사를 매각했다.

요컨대, 맥스와 프라이스처럼 자신의 재능과 기질에 딱 맞는 기회가 우연히 찾아온다면, 이 또한 좋은 일이다. "채무는 제 성격과 딱 맞아요." 맥스가 말했다. "상환 약속을 하기 때문에 채권 만기가 될 때 연이자를 지급할 의무도 있습니다. 채무가 상환되면, 돌려받을 게 무엇인지 미리 알게 되죠. 계약상의 내용이 상세히 설명되어 있습니다."

핵심은 악성 대출로 많은 책임을 지지 않도록 하는 것이다. 그 때문에 채무자를 신용할 수 있는지를 우선적으로 따져봐야 한다. 그다음에 채무자의 자산이 충분히 가치 있는지 살펴야 하는데, 채무가 상환되지 않는 경우 채권자가 채무자의 자산에 대한 우선순위 청구권을 가지기 때문이다. "이런 물음들에 대한 답이 나와야 합니다." 막스가 말했다. 수많은 물음에 대한 답이 도출되지 않는 불확실한 세상에서 채권은 예측 가능성 및 통제와 관련한 손쉬운 척도가 된다. 더불어 채권은 주식보다 덜 위험해 타고난 '걱정쟁이'가 안심하고 이용할 수 있다.

만약 막스의 상사가 막스에게 벤처 캐피털 펀드를 운용하라는 식으로 막스의 성격과 기질에 맞지 않는 일을 맡겼다면, 어떤 일이 벌어졌을까? 막스는 이렇게 답했다. "생각만 해도 끔찍하네요. 아마도 제가 벤처 캐피털을 운영했다면, 몽상가나 미래 신봉자가 되었을 겁니다."

그런데 막스가 1978년 고수익 채권에 손을 댔을 때만 해도, 고수익 채권은 썩 매력적인 상품이 아니었다. 정크본드는 채무 불이행 위험률이 높아 평판이 나쁘기로 유명한 채권이었다. 막스에 따르면, 거의 모든 투자기관이 정크본드 매입을 금지했다고 한다. 미국의 신용평가회사 무디스Moody's는 모든 범주의 B등급 채권이 '바람직한 투자의 특징'을 가지지 못한다고 공표했다. 모순적이게도 정크본드가 바람직한 투자일 리 없다고 확신하는 독선을 본 막스는 오히려 고수익 채권에 관심을 가지게 되었다. "자산 클래스에 정말로 강한 편향이 존재한다면 그것이야말로 싼 가격에 구매할 방법입니다. 제가 그렇게 했습니다."

비관론자들이 이해하지 못하는 근본적인 진리 덕분에 막스는 자신보다 앞서 활동한 존 템플턴 경처럼 부를 쌓게 되었다. 아무리 형편없는 자산이라 해도 가격이 저렴하다면, 매수할 만한 가치가 있을 것이다. 실제로 막스는 싸게 사는 것이야말로 투자로 부를 이룰 수 있는 가장 신뢰할 만한 유일한 방법이며, 필요 이상으로 자금을 쓰는 것은 가장 심각한 위험이라고 생각한다. 따라서 잠재적 투자를 두고 던져야 할 본질적인 물음은 "그것은 저렴한가?"이다.

역설적이게도 정크본드에 대한 편견 덕분에 위험성이 있을 법한 자산의 가격이 저렴해져 비교적 위험성이 떨어지게 되었다. 막스가 투자에 끌리게 된 이유는 대부분 그처럼 미묘한 것들에 놓여 있었다. 위험에 관해 작성한 다수의 메모 중 하나를 보면, 그는 이런 생각에 잠겼다. "확신하게 되었다. 무엇이든지 투자에서 중요한 것은 쉽게 이해되지 않는다는 것을. 그리고 어떤 것이든 명확한 것이 잘못된 것이라는 점을."

막스는 1985년 시티뱅크를 떠나 로스앤젤레스에 본사를 둔 자산관리회사 TCW 그룹에서 일을 시작했다. 그곳에서 동료 브루스 카시Bruce Karsh가 부실채권 펀드에 관한 아이디어를 떠올렸다. 파산했거나 파산을 목전에 둔 회사들의 채권에 투자한다는 계획이었다. 막스는 다시금 사람들이 멀리하는 시장을 두고 곧바로 이상한 끌림을 인지했다. 막스가 말했다. "파산한 기업의 부채에 투자하는 것보다 더 형편없는 일이 있을까요?" 막스와 카시는 끝까지 함께하기로 했다. 두 사람은 1995년 TCW 그룹을 나와 오크트리를 공동 창립했다. 오크트리는 주로 정크본드와 부실채권 같은 부적절해 보이는 투자를 기반으로 엄청난 성장을 이루었다.

운이 트이지 않았다면, 그처럼 비효율적이면서 저렴한 상품이 풍부한 시장에서 자리 잡지 못했을 것이다. 또한 막스의 지적 능력과 독립심이 없었다면, 발견한 기회들을 전혀 활용하지 못했을 것이다. "보세요. 행운이 전부는 아닙니다." 막스가 말했다. "그렇지만 마찬가지로 지능도 전부가 아닙니다. 성실하다고 해서 모두 성취할 수 있는 일도 아닙니다. 인내도 마찬가지입니다. 이 네 가지 요건이 모두 조합을 이뤄야 합니다. 영리한 데다 열심히 일하기도 했지만, 운이 나빴던 사람들을 주위에서 흔히 볼 수 있습니다. 마음이 참 무겁습니다. 나무랄 데 없는 사람들인데 말이죠."

막스는 행운이 함께했다고 스스로 재차 상기하며, 소위 '우주의 지배자 신드롬'에 빠지지 않도록 자신을 보호한다. 자만심은 매우 뛰어난 투자자들(또는 운이 매우 좋은 투자자들)에게 끊임없는 위협이 된다. 막스에게 겸손은 그런 자만심에 대한 면역력을 끌어올려 주었다.

막스는 한편으로 행운을 받아들여 엄청난 혜택을 얻었다. 행운이 함께했다는 것에 감사하며 행복감을 얻은 것이다. "제가 행운이라는 게 믿어지지 않지만, 늘 이 감정과 함께하고 있습니다. 부정적인 사람이라면 이렇게 말하겠지요. '글쎄, 내 인생에 운은 다했어. 본래 성공할 수 없는 것이었고, 계속되지도 않기 때문이야.' 반면에 저는 이렇게 말합니다. '행운을 얻다니 대단하네! 신이든, 운이든, 무엇이든지 간에 내가 그런 행운을 얻은 건 정말로 다른 누군가의 덕분이야.'" 템플턴 경은 영적인 힘으로 성공을 거두었다는 점에 일말의 의심도 없는 듯 보였다. 그렇다면 막스는 어떨까? 태생이 유대인인 그는 크리스천 사이언스 신자로, 어린 시절 일요일마다 교회에 갔다. 그는 스스로 유대인이라고 생각하지만, 종교적으로는 그렇지 않다고 말했다. "저는 무작위성을 확고히 믿습니다." 막스가 말했다. "그리고 제가 운이 좋았다고 믿을 뿐입니다."

무지를 일깨워라

막스는 수십 년 동안 투자에 도움이 되는 인용구들을 모아서 '거대한 개요서'로 관리하고 있으며, 자신의 투자철학을 이야기할 때 그 구절들을 종종 거론했다. 특히 20세기를 대표하는 경제학자이자 그에게 지적인 영웅인 존 케네스 갤브레이스John Kenneth Galbraith가 남긴 명언을 자주 곱씹는다. "세상에는 두 부류의 예측자가 있다. 모르는 사람과 자신이 모른다는 사실조차 모르는 사람이다."

투자업계에서는 미래를 예측할 수 있다고 믿는 사람(혹은 예측하는 척하는 사람)을 어디서나 흔히 만날 수 있다. 월스트리트 증권회사 출신으로 말만 번지르르한 '시장분석가들'도 이 부류에 속한다. 그들은 가까운 미래에 주식시장이 정확히 몇 퍼센트나 성장할지 자신 있게 예측한다. 그러면서도 시장이 상승할지 하락할지 전혀 모르고 있다는 사실을 인정하지 않는다. 이로 인해 기업들의 분기 수익을 예측하는 증권 분석가들은 수익률이 변덕스럽지 않으며 예측할 수 있다는 환상을 불러일으킨다. 매크로 헤지펀드의 매니저들은 통화의 변동, 이자율, 그밖에 변동되는 것을 두고 과도한 도박을 벌인다. 텔레비전에 출연하는 전문가들과 금융 저널리스트들은 시치미를 떼며, 최근 시장의 오르내림(주로 설명할 수 없는 것들)이 투자자들에게 드러내는 징후에 대해 알고 있다고 주장한다.

그렇다면 그리 큰소리를 치는 속내는 무엇일까? 막스는 아모스 트버스키Amos Tversky가 내놓은 의견을 인용하곤 했다. 이스라엘 출신의 심리학자이자 오랜 친구 사이인 대니얼 카너먼Daniel Kahneman과 함께 인지 편향을 연구한 트버스키는 다음과 같이 말했다. "무엇인가를 모를 수 있다고 생각하면 두려워진다. 하지만 대체로 세상이 어떻게 돌아가는지 자신이 정확히 알고 있다고 믿는 사람들에 의해 세상이 돌아간다는 사실을 생각하면 더더욱 두려워진다." 잠시 하던 것을 멈추고, 이처럼 불안을 초래하는 생각을 우리 뇌에 주입할 필요가 있다.

때때로 예측자들이 올바른 판단을 할 때도 있지만, 막스는 그런 식의 성공을 '눈먼 다람쥐가 가끔 도토리를 발견한다'는 속담의 근거로 본다. 조지 소로스와 스탠리 드러켄밀러Stanley Druckenmiller 같은 투자가들이 거시경제학적 예측을 토대로 투자에 성공하여 거듭 예상을 깼던 사실이 좋은 예이다. 막스는 생각을 밝혔다. "이 모든 방법으로는 실력 있는 투자가가 될 수 없습니다." 그렇지만 몇몇 사람들이 그가 틀렸다고 주장하며 '인간적인 요소를 간과하지 말아야 한다'는 점을 근거로 들었다.

그렇더라도 막스 자신은 소위 '나는 모른다' 학파의 독실한 구성원이다. 그가 보는 것처럼 미래는 거의 무한한 수의 요인들에 의해 영향을 받으며, 너무도 많은 무작위성으로 미래의 사건을 일관되게 예측하는 것은 불가능하다. 미래를 예상할 수 없다고 인정하면, 마치 체념하고 약점을 인정하는 모양새로 보일지도 모른다. 실제로는 우리의 한계를 인정하고, 가능한 범위 내에서 운용을 할 때 엄청난 이점이 생기는데 말이다. 약점에서 강점이 나오는 것이다.

그럼 막스는 어떻게 자신의 한계를 인지하여 쓸모없는 활동에서 벗어날 수 있었을까? 그는 애초에 이자율이나 인플레이션, 경제성장 속도를 예측하는 일에 1초도 시간을 낭비하지 않는다. 우리는 그를 본보기 삼아야 한다. 막스가 예측하지 못하는 것이라면, 보통의 사람들도 별반 다르지 않으리라 감히 확신한다. 오크트리는 경쟁하는 여러 기업과 달리 사내에 금융 관련 전문가를 두지 않는다. 거시경제학적으로 시장 상황을 점치겠다고 외부 '전문가'를 섭외하는 일도 하지 않는다.

막스는 또한 시장에 들어가고 나오는 적절한 순간을 재차 예측하는 것이 불가능한 상황에서 시장의 타이밍을 결정한다는 생각을 경계한다. 그가 오래전에 작성했던 메모 하나를 보면, "1926~1987년 주식의 연평균 수익률이 9.44%"라고 적혀 있다. "하지만 만약 현금화하고 그 744개월 중 최고의 50개월을 놓쳤다면, 수익 전부를 놓쳤을 것이다. 이는 시장의 타이밍을 선택하려는 것이 보호가 아닌 위험의 요인이 된다는 점을 시사한다."[4]

그리고 "미래 지향적 투자"라고 표현하는 행위를 꺼린다. 기술주처럼 관심을 끄는 자산, 패션 아이템, 일시적 유행의 느낌을 풍기는 것을 배제한다. 투자업계에 발을 들였던 초창기 시절에 막스가 근무했던 시티뱅크 부서는 일시적 유행으로 가장 악명 높았던 종목, 니프티 피프티Nifty Fifty(미국 S&P 500 지수에 편입된 종목 중 상위 50개 종목군 - 옮긴이)를 선전하는 열광적인 응원단장과 같았다. 당시 제록스Xerox, 에이본 프로덕트Avon Products, 폴라로이드Polaroid 등 우량주 종목들은 아찔할 정도로 높이 평가받다가 1973~1974년에 추락했다.[5] 이와 같은 현상을 직접 체험한 막스는 희망적인 미래가 이어질 것이라는 환상을 일찌감치 버렸다. 영원할 것 같은 성장을, 그는 절대로 믿지 않는다.

2017년에도 막스와 대화를 나누었다. 당시 팡FANG(페이스북, 아마존, 넷플릭스, 구글 주식시장을 호령했던 대표적인 기술주 - 옮긴이)의 상승세가 두드러졌던 시기를 겪으며 막스는 사람들이 다시 한번 투자에 도취하는 모습을 목격했다. "사람들은 마치 성공이 영원할 듯 행동하고 있습니다." 막스는 경고했다. "역사적으로 미래는 대부분 위험했습니다. 나무가 하늘에 닿을 정도로 자란 적은 없습니다. 언젠가 그렇게 될지도 모릅니다만, 저는 거기에 돈을 걸지 않겠습니다."

의심이 몸에 배었다는 의미가 당연한 일에도 종종 예외가 있다는 사실을 놓치지 않겠다는 뜻이라면, 막스에게는 괜찮은 일이다. 그는 오히려 회의론에 속박되는 것을 좋아하며, 특정 종목의 가격이 본질적인 가치보다 낮다는 '타당한 명제'에 집중한다. 막스가 말했다. "꿈에 투자하는 건 어려운 일이 아닙니다. 문제는 지금 실재하는 가치를 판별하지 못하는 것입니다." 영원한 성공을 성취하고픈 투자자라면, 가치가 하락한 자산을 사야 한다는 기본적인 생각을 내면화해야 한다. 지금까지 살펴본 버핏부터 파브라이, 템플턴 경, 막스에 이르기까지 같은 맥락에서 전설들의 투자철학을 이해할 수 있다.

막스는 자산을 분석할 때 무엇보다도 가격에 포함된 낙관론의 양을 파악하려고 한다. 팡을 두고는 이렇게 고민했다. "수많은 낙관론이 있다. 그중 무엇이 세계 최초의 영구 기업이 될까? 그중 무엇이 꾸준한 실적으로, 붕괴되지 않는 최초의 기업이 될까? 잘 모르겠다." 이처럼 알 수 없는 성질과 걷잡을 수 없는 낙관론이 가연성을 띤 혼합물처럼 혼재되어 있어 그가 불안을 느낄 만도 했다. 장차 일어날 일을 정확히 알아서가 아니라 실망할 개연성이 매우 높기 때문이다.

막스와 토론한 이후 몇 달 동안 팡의 주가가 계속 치솟았다. 그렇다 해도 막스는 문제의 소지가 있다고 판단했기에, 다른 사람들이 잭 팡을 터트리는 것을 부러워하지 않고 지켜볼 수 있었다. 막스는 오래된 포천 쿠키를 가지고 있었는데, 쪽지에는 "신중한 사람은 좀처럼 실수를 범하지 않는다. 그저 위대한 시를 쓴다"라고 적혀 있다. 막스는 치명적인 오류의 가능성을 줄이는 평범한 접근법이 자신에게 잘 맞다고 생각했다. "자신에게 맞는 옷을 입어야 합니다. 그것이 매우 중요해요." 투자와 관련해 치명적인 실수를 한 적이 있는지 물었더니, 막스는 이렇게 대답했다. "수수료를 두고 큰 실수를 저지른 일은 기억에 없네요. 단순히 누락시킨 적은 있지만요."

돌이켜봤을 때 아마존의 주식을 보유하지 않은 것이 누락의 실수였다고 막스는 인정했다. "하지만 대체로 신중히 접근했던 것은 실수가 아니었지요. 그 당시는 지나친 자신감, 너무 적은 위험 회피, 너무 많은 자본과 레버리지의 지나친 사용으로 점철된 시기였습니다." 그런 과열 현상의 징조로 인해 오크트리는 수년 동안 투자에 상당한 주의를 기울이게 되었다.

결국 2020년 3월, 코로나19에 대한 공포가 확산되어 S&P 500 지수가 한 달도 안 되어 33.9%나 하락하면서 11년 동안의 상승장이 막을 내렸다. 중국 우한에서 박쥐가 인간에게 전파했다고 하는 바이러스가 미국 역사상 가장 빠르게 주식시장을 붕괴시키는 촉매제로 작용했다. 막스는 말했다. "그런데 시장이 불안정하다면, 무엇이 기폭제가 될지 알 필요는 없습니다. 단지 취약성이 있다는 사실만 인지하고 있으면 됩니다."

코로나19가 확산되자 투자자들 사이에서는 "잘못될 가능성을 상상할 수 없어"에서 "잘될 가능성을 상상할 수 없어"로 분위기가 확 바뀌었다. 그들의 비관론에는 타당한 근거가 없었다. 막스가 2020년에 했던 말이 떠오른다. "지금은 사람들이 죽는 것을 두려워하는 시기입니다. 사람들은 집 밖으로 나가길 두려워합니다. 그리고 불황도 두려워합니다." 사람들이 매우 낮은 가격에도, 급하게 자산을 팔려고 하자 막스가 고대했던 기회가 나타났다. 극심한 공포가 만연한 상황에서 오크트리는 '막대한 보상'을 안겨줄 고수익 채권을 덥석 물어 '20억 달리'를 투자했다.

미래는 좀처럼 예측하기 어렵거나 갈수록 투자 매력이 떨어지는 듯 보였다. 그렇지만 투자 위험은 실제로 감소했다. 막스가 확인한 것처럼 '가격이 충분히 내려갔다'는 단순한 이유로 불안정한 상태에서 호전되는 상황으로 확률이 전환되었다.

그러더니 시장은 1930년 이래 가장 빠른 반등세를 보이며 예측이 틀렸다는 것을 다시 한번 증명했다. 이에 막스는 확산되는 낙관론이 저가 종목의 공급이 고갈되는 원인이 되자 다시 방어태세를 취하며 재조정했다. 막스의 초연하고 냉철한 태도에는 그가 불교에서 끌어낸 근본적인 투자철학이 깃들어 있었다. "우리는 환경이 변화한다는 사실에 적응해야 합니다."

호황과 불황은 예측 가능하다

고등학교 시절, 영문학 시험을 보는데 보기 드물게 난해한 문제가 있었다. 문제는 다음과 같았다.

소설가 헨리 제임스 Henry James는 이렇게 말했다. "인생은 '모든 포용과 혼돈'이며 예술은 '모든 차별과 선택'이다." 이에 관해 논하여라.

글 쓰는 직업을 가진 나는 삶의 혼란 속에서 질서를 찾는 일이 예술가의 임무라는 생각에 매우 공감한다. 제임스는 이렇게 숨겨진 구조를 찾는 일을 수상쩍은 개가 '어딘가 묻혀 있는 뼈다귀'를 냄새로 찾아내는 노력에 비유했다.

투자자들은 이와 유사한 문제에 직면한다. 인생이란 끝도 없이 혼란스럽고 복잡하기 때문이다. 거미줄처럼 얽힌 복잡한 망의 근본적인 패턴을 찾아낸다면 어떨까? 그러면 우리에게 펼쳐질 미래가 어떤 그림일지 좀 더 쉽게 파악할 수 있을 것이다. 막스는 금융시장에서 반복적으로 발생하는 '순환 패턴'을 식별하는 보기 드문 재능을 가졌다. 우리가 그러한 패턴을 이해할 때, 그로 인해 느닷없이 닥칠 상황을 미리 막을 수 있으며, 그로부터 이익도 얻을 수 있다.

"매우 도움이 됩니다." 막스가 내게 말했다. "세상이 일직선처럼 가는 게 아니라 순환적으로 움직이며, 두 지점의 사이를 왔다 갔다 하는 것으로 보는 겁니다." 막스는 세상에는 순환하지 않는 것이 없다고 믿는다. 이를테면, 경제는 팽창하다가 축소된다. 소비자들의 지출은 늘어나다가 줄어든다. 기업의 수익성은 올라갔다가 떨어진다. 신용 가용성은 느슨해졌다가 엄격해진다. 자산의 가치는 치솟았다가 하락한다. 이 모든 현상은 수그러들거나 한 방향으로 향하는 것이 아니라 결국 역방향으로 바뀐다. 막스는 이러한 패턴을 양극단을 오가는 시계추에 비유했다.

금융시장이 '순환을 연구하는 연구소' 그 자체인 이유는 투자자의 심리에 따라 이끌리는 곳이기 때문이다. 투자자들은 희열과 낙담, 탐욕과 두려움, 맹신과 의심, 안주와 공포 사이를 끊임없이 오간다. 그런데 인간이란 늘 휩쓸리는 존재라서 늘 지나치게 한 방향이나 다른 방향으로 향하는 경향이 있다.

한편 막스는 사이클이 결국 자가 수정되고, 시계추가 반대 방향으로 돌아간다는 전제에 따라 운용을 한다. 미래는 예측 불가능할지 모르지만, 호황과 불황이 순환되는 과정은 놀랄 만큼 정확히 예측할 수 있다. 우리가 이런 근본 패턴을 인식한다면, 어둠 속에서도 앞을 잘 보고 나아갈 수 있다.

그런데 문제가 있다. 투자가들이 흔히 최근의 시장 트렌드가 무기한 지속될 것처럼 행동한다는 점이다. 그래서 행동경제학자들은 최근의 경험을 과도하게 중시하는 인지 결함을 설명하기 위해 '최신 편향'이라는 용어를 사용한다. 막스에 따르면, 인간의 마음은 고통스러운 기억을 억누르려는 기만적 경향이 있다고 한다. 이것이 사실이 아니라면, 내 생각에 내 아내는 여러 번의 출산을 견디지 못했을 것이다. 또한 얼마나 많은 작가가 다시 힘을 내어 모니터 속 빈 화면으로 돌아갈 수 있을지 알 수 없다. 그런데 우리의 금융 생활에서는 그처럼 불쾌한 경험을 잊게 만들어 삶의 질을 높여주는 능력이 별로 도움 되지 않는다. 과거의 문제와 고민이 가치 있는 교훈이 되는 경우가 많기 때문이다.

기억에서 지워버리는 경향으로 큰 희생을 치르지 않으려면, 시장의 역사를 집중적으로 들여다보는 것도 하나의 방법이다. 막스가 말했다. "우리는 미래를 알 수는 없습니다. 하지만 과거를 알면 호황과 불황의 패턴을 예측하는 데 도움이 됩니다."

막스는 갤브레이스의 《금융 도취의 짧은 역사 A Short History of Financial Euphoria》에서 자주 들여다보는 내용을 읽어주었다. 시장의 도취감을 불러일으키는 원인을 파헤치는 내용이었다. "첫 번째 원인은 금융 기억의 극단적 단기성이다. 금융계의 재앙은 금방 잊힌다. 게다가 같거나 매우 유사한 상황들이 간혹 단 몇 년 만에 다시 발생할 때, 그 상황들은 새로운 세대, 주로 젊고 자신감 넘치는 세대에 의해 (금융 세계, 나아가 더 넓은 경제 세계에서) 찬란한 혁신적 발견으로 묘사된다. 금융 세계처럼 역사를 대수롭지 않게 여기는 분야는 없을 것이다. 과거의 경험은 (그것이 기억의 한 부분이더라도) 현재의 경이로운 것들을 알아볼 식견이 없는 사람들의 원시적 피난처로 일축된다."

2017년 비트코인 가격이 단번에 높이 뛰어오르는 모습을 보면서 막스는 경이로운 것들이 생각보다 그렇지 않은 것으로 증명되어온 역사 중에서, 이 일이 가장 최근에 벌어진 것인지 궁금했다. 마찬가지로 테슬라와 넷플릭스 같은 짜릿한 종목의 주가가 무한대로 치솟는다는 쪽에 절대로 패를 걸 수 없었다. "누구든 성공하고 나면 자만심에 빠지게 됩니다. 매우 위험한 일이죠." 그는 늘 시계추가 결국 반대 방향으로 이동한다고 추정했다. 이전의 상승장을 지배했던 '슈퍼주식 superstocks'이 그랬던 것처럼 말이다. 예전에 비슷한 장면을 여러 차례 목격했다면 훨씬 수월하게 그런 과열 현상을 감지할 것이라고 그는 말했다. "그러니 나이가 들어야 합니다."

우리는 또한 폭넓은 독서를 해야 한다. 앞서 소개한 프랑스의 투자가 프랑수아 마리 보이칙이 1891년에 출간된 《돈 L'Argent》을 내게 소개했다. 에밀 졸라Émile Zola의 소설인 이 책은 1860년대 파리 증권거래소를 배경으로 벌어진 투기 광풍을 소재로 한 소설이다. 여기서 졸라는 증권시장을 붕괴시키는 재앙적인 거품에 관해 이상할 정도로 친숙하게 풀어낸다. 심지어 '대중적 열병'이 주식의 '최대 가치'를 넘어 필연적으로 떨어지는 그 과정을 자세히 묘사한다.

역사를 열정적으로 연구하는 보이칙에게 졸라의 소설은 변덕스러운 대중의 행동에서 나타나는 '영원한 패턴'의 초기 사례가 되었다. "우리는 개개인으로 보면 모두 영리합니다." 보이칙이 말했다. "다만 집단으로 모이면 머리가 둔해집니다." 그는 하나의 예방책으로서 신념을 재확인하기 위해(혹은 없애기 위해) 끊임없이 자신의 생각을 저울질한다. "저는 꼭 따집니다. '프랑수아, 오늘 아침 이 투자에 대해 정말 확신해? 음, 다시 살펴볼게'라고요." 그는 멋들어진 프랑스어로 자신의 병적인 조심성을 들어내 보였다.

막스 역시 절대로 경계를 늦추지 않는다. 투자자들이 흔히 시기가 좋을 때 현실에 안주하지만, 그는 모든 것이 변화하고 시계추가 원호의 한쪽 끝에서 멈출 일은 절대로 없으며 '사이클을 거스를 수 없다'는 사실을 알기 때문에 그의 조심성은 오히려 심해졌다. 막스가 설명한 바와 같이, 위험 허용 수준이 가장 높을 때 위험이 가장 크다. 이것이 막스가 '위험의 역효과perversity of risk'라고 부르는 역설이다.

막스는 많은 시간을 들여 다른 투자기업들의 행태와 분위기를 분석한 다음, 시장의 사이클이 어디에 있는지 추론한다. 그는 특히 2007년에 메모를 작성한 일을 뿌듯하게 여기는데, 금융 위기가 촉발되기 1년 전이었던 당시 많은 위험 징후를 찾아냈다. 미국과 영국의 (명청할 정도로) 느슨했던 모기지 대출 기준, 자격 미달의 기업들에게 자금을 제공한 태평함, 보호 조항 없는 위험한 채권에 대한 투자 등도 당시의 위험에 포함되었다. 굵은 필체로 강조하며 작성한 메모에서 그는 벌칙이 부과되고 바로잡히면 잇달아 방만한 시기가 이어진다고 경고했다.

지금의 투자환경을 분석하는 방법 중 하나는 완료되고 있는 '어리석은 거래들'에 관한 '비네트vignettes(특정 사람이나 상황 등을 명확히 보여 주는 짤막한 글−옮긴이)'를 수집하는 것이다. 좋은 예로, 2017년 아르헨티나가 수익률 연 9%의 100년 만기 국채를 발행했다. 아르헨티나가 200년 동안 디폴트를 무려 '여덟 번'이나 선언했고, 2014년에도 디폴트를 선언했는데도 모집액 이상으로 주문이 쏟아졌다. 이는 바로 영국의 시인 새뮤얼 존슨Samuel Johnson이 말한 "희망이 경험을 넘어서는 일"로 보였다. 아니나 다를까, 2020년 막스를 인터뷰했을 때 아르헨티나가 막 아홉 번째 디폴트를 선언한 사실을 그가 언급했다.

어리석음, 자만심, 탐욕, 낮은 경제 기준과 관련한 징후들은 특히 글로벌 금융 위기에 앞서 확연히 드러나고 있었다. 막스와 동업자 카시는 메모를 비교하고 탄성을 지르곤 했다. "이 형편 없는 것 좀 봐! 이런 거래는 될 수가 없지. 이게 가능하다는 건 시장에 뭔가 문제가 있다는 의미야."

막스는 이처럼 시장을 관찰하며 시장에 대해 수치적인 관점이 아닌 인상주의적 관점을 가지게 되었다. "저의 모든 프로세스는 직관적이고 본능적이며 감각적입니다. 저는 그저 감각을 키우려고 노력합니다. 세상에 실제로 일어나고 있는 일은 무엇일까? 우리가 관찰할 수 있는 것에서 확인할 수 있는 중요한 추론은 무엇일까?"

막스는 결론에 도달하기까지 다음과 같이 자신에게 여러 물음을 던진다. "투자자들은 회의적인 태도로 위험을 회피하려 하는가? 그게 아니라면 위험을 무시하고 기꺼이 돈을 지급하고 있는가? 가치평가액이 역대 기준들과 비교했을 때 합당한가? 거래 구조가 투자자들에게 공정한가? 미래를 지나치게 믿고 있진 않은가?"

어떤 의미에서 막스는 현재를 '예상'하려 한다. 미래와 달리 현재는 알 수 있는 것이기 때문이다. 알 수 없는 것은 사이클이 전환되는 시점이다. "타이밍에 관해서는 생각도 하지 않습니다. 투자업에서 적절한 선택을 하기란 여간 어려운 일이 아니에요. 적절한 시기에 적절한 선택을 하는 것은 불가능합니다."

사이클의 위치를 알면, 우세한 여건들을 바탕으로 앞으로의 계획을 세울 수 있는 혜택이 돌아온다. 마치 햇살이 내리쬐는 오후에 운전할 때보다 늦은 밤 빙판길을 운전할 때 더 주의를 기울이는 현상과 같다. "시장이 어떤 상황인지 인식하고 받아들인 다음, 그에 따라 행동해야 합니다." 막스가 말했다. 예를 들면, 많은 수익을 낸 투자자들은 풍부한 혜택을 놓칠 때보다 손실을 보는 일에 무뎌진다. 이는 우리의 기대감을 낮춰 경계심을 가지고 나아가야 한다는 것을 알려주는 신호 같은 것이다. 현실적으로 어떤 일이 수반될까? 일부 자산을 주식에서 채권으로 전환하거나 공격적인 투자를 자제하는 일, 혹은 유동성이 갑자기 사라지는 때에 유동성이 필요하지 않도록 대비하는 일 따위를 말한다. "현금화를 하고 있다는 의미가 아닙니다." 막스가 설명했다. "시장이 변화하는 상황에서 포트폴리오가 달라져야 한다는 점을 말하고 싶을 뿐입니다."

내 생각에는 현실을 있는 그대로 이해하고 받아들이며 이에 따라 적응하는 접근법에 심오한 지혜가 깔려 있다. 막스가 자주 지적하듯, 환경은 보이는 그대로이다. 우리는 더 유리한 시장 상황을 요구할 수 없다. 그렇지만 우리는 우리의 반응을 통제하고, 분위기에 따라 더 방어적이거나 더 공격적으로 태도를 바꿀 수 있다.

시류를 따르는 태도는 그가 대학에서 덧없음(무상)의 교리를 공부한 덕에 자라난 것이다. "저항하려 들어도 변화는 일어난다는 사실을 우리는 압니다." 막스가 말했다. "저는 변화를 최대한 편안하게 받아들이려고 노력하고, '나는 미래를 통제하려 들지 않는다. 나는 미래를 알려고 하지 않는다. 불확실한 미래를 대비하려고 할 뿐이다'라고 생각합니다." 투자자들은 그들의 태도와 환경 사이에 불일치가 있을 때(현실을 무시하거나 부인할 때), 흔히 자신을 곤경으로 내몬다.

2006년에 작성한 메모에서 막스는 고대 중국에서 도교를 창시한 철학자인 노자老子의 말을 인용했다. "강해지려면 흐르는 물처럼 되어야 합니다. 물이란 장애물이 없으면 유유히 흐르고, 장애물이 있으면 흐르지 않는 법입니다. 댐이 무너지면 물은 더 멀리 흐릅니다. 관이 네모나면 물은 네모나게 흐를 것이고, 관이 둥글면 물은 둥글게 흐를 것입니다. 물은 부드럽고 흐름에 따라 움직이는 것이기에 가장 필연적이고 가장 강한 것입니다." 투자자도 물처럼 되는 것이 강해지는 것이다. 맞닥뜨리는 것이 무엇이든지 간에 적응해야 한다는 말이다. 이는 간단해 보이지만, 인간은 그에 반하는 본성을 가지고 있다. 사람들은 대부분 대중 심리에 휩쓸리고, 위험이 최고조에 달한 극한 상황에서 합리적인 행동을 하지 못하는 경향을 보인다.

2008년 주식시장이 붕괴했을 때도 대중은 늘 그렇듯이 공황 상태에 빠졌다. 순환 주기가 맹렬히 다시 효과를 발휘하자 축제 분위기는 공포로 바뀌었다. 막스는 어떻게 대응했을까? 현실적인 논리로 사신의 환경을 평가하고, 대응하는 면에서 전문가의 면모를 확실히 보여 주었으며, 그의 회사는 역대 최고의 투자 성과를 달성했다.

대부분 세상의 종말은 오지 않는다

신용 위기가 발생하기 몇 달 전, 오크트리는 이미 혼란에 대비했다. 세상이 낙관적으로 안주했던 2008년 초, 109억 달러의 수익을 올려 자산에 추가하면서 역사상 최대 부실채권 펀드 운용사가 되었다.

막스가 여러 사이클을 분석했지만, 신용 사이클보다 예측이 쉬운 것은 없어 보였다. 막스가 《투자에 대한 생각》에서 설명했듯이, "번영으로 인해 대출이 늘어나고, 그에 따라 어리석은 대출이 초래되며, 그로 인해 큰 손실이 발생하고, 금융기관들은 대출을 멈추며, 이어서 번영이 막을 내리는 일 등이 발생한다". 막스는 2003~2007년, 여러 해 동안 어리석은 대출이 진행되는 모습을 지켜봤다. 불가피한 손실이 쌓이고, 대출이 중단되자 막스는 부실채권에서 수익을 올리기로 했다. 남들이 현금을 갈망할 때 현금을 가지고 있는 것만큼 좋은 일은 없다.

신용 위기는 서브프라임 모기지에 관한 실없는 농담과 함께 시작되어 이후 모기지 금리가 동결되었다. 집값은 폭락했고, 상업용 부동산 시장도 위기로 몰렸다. 베어스턴스Bear Stearns가 무너졌고, 일어날 것 같지 않은 재앙이 매일 현실이 되었다.

2008년 7월 31일 오크트리의 주주들에게 쓴 글에서 막스는 낙후된 자산이 아직 부족하다고 알리며, 더 나은 거래가 나타날 때까지 서둘지 말자고 제안했다. 불과 몇 주 만에 금융 시스템이 붕괴하기 시작했다. 9월, 미국 정부는 구제금융을 투입해 패니메이와 프레디맥Fannie Mae and Freddie Mac을 직접 경영하기로 했다. 메릴린치Merrill Lynch는 어쩔 수 없이 뱅크오브아메리카Bank of America에 매각되었다. 리먼은 미국 역사상 최대 규모의 기업파산 기록을 남겼다. 세계 최대 보험회사인 AIG는 정부로부터 850억 달러의 구제금융을 받아야 했고, 골드만삭스Goldman Sachs는 깊은 구렁에서 헤맸다.

당시 막스가 확인한 것은 역대 최고의 공포였다. 그런데 시장이 급락하고 비관론이 확산하자 막스는 몇 년 만에 처음으로 낙관적인 태도를 보였다. 리먼 브라더스가 무너진 9월 15일에 오크트리는 아무도 건드리지 않을 엄청난 양의 부실자산을 모으기 시작했다. 이후 15주 동안 회사는 일주일에 5~6억 달러라는 믿기 어려운 자금을 투자했다.

이로써 명성을 잃을지 모를 투자 인생을 건 도박을 한 셈이다. 그래서 그가 성공을 확신했다고 상상할지 모르겠다. 하지만 리먼 브라더스가 파산하면서 아무도 예상하지 못한 일이 벌어졌다.

9월 19일, 막스가 오크트리의 고객들에게 보내는 메모를 작성했다. 메모에는 대답할 수 없는 질문이 적혀 있었다. 그래도 어떻게든 답이 나와야 했던 물음이다. "금융 시스템이 붕괴할까요? 아니면 이것은 단지 역대 최고의 다운사이클일까요? 제 대답은 간단합니다. 이것은 종말이 아니라 단지 우리가 이용할 또 다른 사이클일 뿐이라고 우리는 추정할 수밖에 없습니다." 막스는 특유의 건조한 유머로 설명을 이어갔다. "대부분 경우에 세상의 종말은 오지 않습니다."

9월 중순에 방어적인 태도에서 공격적인 태도로 전략을 바꾼 이유를 물었더니 막스가 이렇게 대답했다. "세상이 지옥에 떨어졌어요. 자산이 거저 생겼습니다. 내일 세상이 존재한다고 믿는 사람이 한 명도 없었고, 자산을 매입하는 사람도 없었습니다. 재앙이 닥치기에 딱 알맞은 상황이었습니다."

막스는 미래가 단 하나의 각본에 따른다고 생각하지 않는다. 그보다는 '다양한 가능성이 분배되는 때'라고 본다. 그래서 그의 표준적 접근법은 이와 같이 '선택적 미래' 각각에 개연성을 부여하는 것이다. 하지만 그러한 경우에도 불확실성이 극심해서 가능성 있는 결과들에 개연성을 부여해 봐야 아무 의미가 없었다. 그래서 상황을 이분법적으로 생각해 의사결정을 단순화하면 더 도움이 된다는 점을 발견했다. "세상이 끝나든 끝나지 않든, 이렇게 개념을 좁힐 수 있습니다. 만약 세상이 끝나지 않은 가운데 우리가 사지 않는다면, 우리는 우리 일을 하지 않은 것입니다. 그렇게 하면 의사결정이 아주 단순해집니다."

하지만 시장이 계속 폭락하고 금융시장의 축이 허물어지자 막스의 말에 동의하는 사람은 거의 없었다. 그가 아는 최고의 투자가 중 일부는 충격을 받아 그저 멍하니 하늘을 쳐다보며 "완전히 무너져 내릴 것"이라고 말했다. 우리가 벼랑 끝에 얼마나 가까워졌는지 막스는 알았다. 그는 미래를 내다보고 있었는데, 도미노가 계속 쓰러지고 결국 대량 실업 등의 사회적 재앙이 발생할 수 있었다. "나쁘면 얼마나 나쁠까요? 최악의 경우가 어떨지 말할 수 없을 겁니다. 무정부 상태일까요? 폭동일까요? 기아일까요?"

그러다 10월 중순, 막스는 시장 역행의 신념을 강화하는 잊지 못할 경험을 했다. 당시 오크트리가 운용한 한 펀드가 고수익 채권에 레버리지 투자를 했는데, 펀드가 보유한 자기자본 대비 20%의 수익을 올릴 정도로 자금을 차입했다. 해당 펀드는 비교적 위험성이 낮았던 시니어론을 보유했으며, 지난 30년간 이런 유형의 부채와 관련한 평균 부실률은 1%에 지나지 않았다. 하지만 가격이 과거 평균치보다 훨씬 아래로 떨어지면서 오크트리는 마진콜의 위협에 직면했다. 막스는 고객들에게 연락해 자기자본을 더 늘려달라고 요청했다. 그에 따라 펀드는 레버리지를 반으로 줄이고, 마진콜을 모면할 수 있었다. 그렇지만 가격이 계속 급락하여 막스는 고객들에게 투자금을 더 늘려달라고 요청해야 했다.

이는 고민이 필요하지 않은 문제였을 것이다. 그 과정을 계획하지 않았다면, 치명적인 가격 손실을 내고 말았을 것이다. 그런데 한 연금펀드 매니저로부터 계속 질문을 받았다. 갈수록 극에 치닫는 상황에서 오크트리의 운용 채권에 무슨 일이 일어날지에 관한 것이었다. 이에 사실에 근거해 답변했지만, 매번 공포에 휩싸인 반응이 돌아왔다. "만약 상황이 더 나빠지면 어떻게 될까요?"

막스는 서둘러 사무실로 돌아가 급히 "부정주의의 한계"라는 제목으로 메모를 작성했다. 그는 연금펀드 매니저와의 대화를 상기하다가 뜻밖의 깨달음을 얻었다. 지난 30년 동안 막스는 상황이 너무 좋아서 믿기지 않는 이야기가 없을 정도로 낙관론이 팽배할 때, 회의주의를 견지하라고 투자자들에게 당부했다. 하지만 당시 비관주의는 굉장히 끔찍한 수준에 도달했는데, 투자자들은 '상황이 너무 나빠 믿기지 않는 이야기가 없는 것처럼' 행동했다. 합리적인 회의론의 핵심은 평생 회의적인 태도를 유지한다는 말이 아니라 '모든 사람'이 믿고 있을 때, 그것이 지나치게 긍정적인지 혹은 부정적인지 물음을 던져야 한다는 것이다. 막스는 이렇게 적었다. "낙관주의가 과도할 때 회의주의가 비관주의를 불러낸다. 하지만 비관주의가 과도할 때 회의주의가 낙관주의를 불러낸다."

이렇게 하여 못 말리는 걱정쟁이인 하워드 막스는 실제로 월스트리트에서 유일한 낙관주의자가 되었다. '모든 사람이 상황이 더 나빠지기만 한다고 확신하는 완전한 공황 상태'에서 대세를 거스르려면, 비범한 수준으로 지적인 명료함과 냉정함을 갖추어야 한다. 다만 위기가 고통스러웠는지 막스에게 물었더니 그는 단호히 답했다. "힘들었던 적은 기억에 없습니다." 그는 항상 냉철했을까? 그렇다.

오크트리 캐피털을 공동 창립한 막스와 카시는 자주 대화를 나누며 서로를 지원하고 성급하게 나아가지 않도록 주의했다. 이런 태도는 사업 운용에 도움이 되었다. 막스는 큰 그림을 바탕으로 지침을 제시하고, 카시와 팀원들은 자산의 가치를 평가하는 핵심적인 업무를 담당한다. 2~3년 전, 사모펀드 운용사들은 대규모 레버리지를 일으켜 가치가 과도하게 반영된 양질의 기업들을 인수했다. 오크트리는 얼마 안 되는 수익을 위해 그 기업들의 우선순위부채를 매입했다. 몇몇 경우에 그 기업들의 가치가 기업인수합병 전문회사가 지급했던 가격의 20% 수준으로 판명되었다면, 오크트리는 본전치기를 했을 것이다. "저는 늘 '어디에 실수가 있을까? 인수한 것에 실수가 있을까? 아니면 인수하지 않은 것에 실수가 있을까?' 하는 측면에서 사안을 바라봅니다." 막스가 말했다. "잘한 인수였는지 판단 내리기까지 맹신할 근거는 그 어디에도 없었습니다."

오크트리는 2008년 파산 위기에 몰렸던 피에르 푸드Pierre Foods에 1억 달러를 투자하여 가장 화려한 성적을 기록했다. 어드밴스 피에르 푸드Advance Pierre Foods로 다시 태어난 이곳은 포장 샌드위치 제품으로 전국을 주름잡았으며, 2017년 타이슨 푸드Tyson Foods에 인수되었다. 8년 동안 투자한 오크트리는 대략 22억 달러를 벌어들였다. 투자 원금의 23배에 달하는 액수였다.

위기가 한창이던 시기에 오크트리는 총 100억 달러에 가까운 금액을 걸었다. 막스는 투자 수익을 90억 달러로 추정했는데, 회사를 창립한 이래 뜻밖의 횡재로 최대의 수익을 올렸다. 회사의 최대 주주 중 막스와 카시보다 많은 수익을 올린 사람은 없었다. 한편으로 남들과 다르게 생각하고 적절한 선택을 내리는 일 자체가 두 사람에게는 기쁨이었다. 막스는 말했다. "우리는 내기를 했고, 우리가 승리했습니다."

'있는 그대로' 받아들이기

대화 중에 막스는 수십 년 동안 자신을 옭아맨 주제 몇 가지로 거듭 화제를 전환했다. 그의 설명에서 중요한 개념들이 반복적으로 나타났다.

① 우리가 미래를 예측하지도 통제하지도 못한다는 사실을 인정해야 한다.

② 과거의 패턴을 분석해, 앞으로 일어날 일에 대한 지침으로 활용한다.

③ 무모한 행동에는 대가가 따른다.

④ 기존 흐름에 역행하는 사이클을 우리에게 유리하도록 활용한다.

⑤ 불확실한 세상에서 장기적인 성공을 이루려면 겸손함, 신중함, 회의주의를 갖춰야 한다.

삶은 너무도 복잡다단해서 몇 가지 핵심을 탄탄한 식견으로 내면화하여 우리의 산만한 사고에 질서를 부여해야 한다. 앞서 언급한 다섯 가지 개념은 알 수 없는 미래를 헤쳐나가는 데 매우 유용한 나침반 역할을 할 것이다.

그런데 막스에게 배운 것을 정리하는 과정에서 하나의 생각에 이를 수밖에 없었다. (그가 했던 것처럼) 나 또한 광범위한 의미를 내포한 가르침을 내 세계관의 중심에 놓아야 한다고 생각했다. 그 가르침은 막스가 50년도 더 전에 대학에서 얻은 것이었다. 즉, 모든 것이 무상하다는 뜻이었다.

금융시장에서는 이처럼 불교의 가르침과 관련한 여러 사례를 찾을 수 있다. 예컨대, 1997년 발생한 아시아 금융 위기는 아시아의 '경제 기적'에 뒤이어 일어났다. 또한 1990년 말, 닷컴 열기에 뒤이어 2000년 닷컴 버블이 붕괴하였다. 주택시장 버블에 이어 신용 위기가 닥쳤고, 이후 2009년 극적인 상승장이 시작되었다. 그러고 나서 2020년 시장은 23일 만에 34%나 하락했다가 몇 주 만에 거의 40%나 급등했다.

만약 부처Buddha가 헤지펀드 매니저였다면 변화 자체가 궁극적인 문제는 아니라고 지적했을 법하다. 그렇지만 우리는 (삶과 투자에서) 모든 것이 그대로 유지되길 기대하거나 갈망하면서 스스로를 고통으로 내몬다. 진짜 문제는 이와 같이 지속하지 않는 것에 집착하거나 의존하는 습관이다.

불교에서 가르치듯이, 우리는 모든 세속적인 현상의 무상함을 인정해야 한다. 그래야 변화가 일어났을 때 당황하거나 실망하지 않는다. 이와 관련해 순류 스즈키 선사는 "만물이 변화한다는 가르침을 받아들이지 못하면 마음의 평정을 얻지 못합니다"라고 말했다.

금융시장에서 변화의 필연성은 중요한 의미를 띤다. 먼저 우리는 현재의 시장 기류와 그 궤도를 다른 모든 것처럼 일시적인 현상으로 받아들여야 한다. 그래서 시장의 궤도가 늘 같은 방향에 있다는 식의 사고에 갇히지 않도록 주의해야 한다. 막스가 지적했듯이, 투자자들은 시장의 상승세나 하락세가 오래 유지된다며 시장 상황을 과대평가하는 실수를 반복해서 저지른다. 그러다 보면 영원한 것은 없다는 사실을 까맣게 잊어버린다. 마찬가지로, 수많은 주택 구매자들이 집값이 영원히 오를 것이라고 믿은 나머지 과도한 부채를 졌으며, 그 때문에 금융 위기를 겪는 동안 스스로 자멸의 길로 들어섰다. 이 대목에서 얻을 수 있는 교훈은 무엇일까? 멈출 수 없는 변화의 힘에 저항해 절대로 모든 것을 걸어서는 안 된다는 것이다.

세상 모든 게 덧없다는 것을 깨닫는 순간, 우리 삶이 절망적일 정도로 불확실하다는 불안감이 갑자기 밀려온다. 물론 부정 속에서 삶을 유지하고픈 유혹도 느낀다. 그런데 얇은 빙판 위에서 스케이트를 타는 사람은 얼음에 금이 가는 시기를 절대로 알 수 없다. 이를 인정하는 태도가 분별 있는 행동이다. 이와 같은 인식은 우리가 집에서 영원히 숨어 지내야 한다거나 어떠한 위험도 감수하지 않고 영원히 현금만 가지고 있어야 한다는 의미는 아니다. 우리 삶 그리고 시상에서의 목표는 위험을 포용하거나 회피하는 일이 아니다. 위험에 영리하게 대처하는 한편 못마땅한 결과가 발생할 가능성을 늘 염두에 두어야 한다.

균형을 유지하기란 여간 어려운 일이 아니다. 2008년 절망의 나날 속에서 막스는 걱정이 많은 성향을 억눌러야 한다고 스스로 되뇌어야 했다. "걱정을 지나치게 많이 한다면 그건 제가 고객들을 위해 제 일을 제대로 하는 게 아닙니다. 겁쟁이가 되라고 고객들이 저를 고용한 건 아니니까요. 그들은 제가 안전한 투자를 하길 바라는 것이지, 겁쟁이가 되길 바라지 않아요." 막스는 한마디를 덧붙였다. "너무 지나치면 '위험 회피'가 '수익 회피'가 됩니다."

그래도 우리가 변화에 직면했을 때, 무력하지 않아서 다행이다. 왜냐하면 우리 스스로 변화에 영향을 덜 받도록 하는 방법이 많기 때문이다. 예측할 수 없는 것을 예측하려 하지 말고, 심각한 상태에서도 무너지지 않을 법한 '취약하지 않은 포트폴리오와 취약하지 않은 삶'을 구성하는 일에 집중하라고 막스는 제안한다.[6] 이는 보통의 투자자들에게 어떤 의미가 있을까? 과도한 부채와 레버리지를 피하고, '노다지'의 꿈이 자신을 재앙의 가능성에 노출하도록 두지 말라고 막스는 당부한다. "극대화하지 않는 대도야말로 삶이 우리에게 던질지 모르는 위험에 대비하는 데 중요한 요소입니다."

이 말은 지출에도 적용된다. "재정적 독립은 많은 돈을 벌거나 가지는 데서 생기지 않습니다." 막스가 말했다. "재정적 독립이 어디서 생겨

나는지 아시지요? 버는 것보다 적게 지출하는 것입니다. 자신의 수입 내에서 생활하는 겁니다."

문제는 우리가 번영하고 있거나 반대로 뒤처져 남들이 번영하는 모습을 지켜볼 때, 대개 그 점을 잊어버린다는 점이다. 그러다 한계로 가까이 다가가 결국 한계 너머로 벗어난다.

막스는 우리의 재정적·심리적 취약성도 인식해야 한다고 덧붙였다. "겁을 집어먹는 게 더 낫습니다. 나쁜 일이 일어날 가능성을 받아들이고, 나쁜 결과를 견뎌낼 수 있는 능력을 이성적으로 판단하는 측면에서 겁을 먹는 편이 낫다는 말입니다." 막스는 주식시장이 폭락해도 상관없다는 '마초'식 태도를 경계한다. "주가가 1/3로 폭락하는 경우 흔히 일어나는 일이 있습니다. 사람들이 공포에 빠져 주식을 팔고, 그 하향세를 영구한 손실로 만듭니다. 할 수 있는 최악의 일을 저지르는 셈입니다."

그러니 우리가 위험에 얼마나 잘 대처할 수 있는지를 두고 자신에게 솔직해지는 태도는 반드시 갖춰야 한다. 막스가 말했다. "위험을 감당하기에 벅차게 되면 감정 회복력은 무너지고, 나중에 봤을 때 아무것도 자신에게 불리하지 않았는데도 순간 잘못된 선택을 내리고 맙니다(이를테면, 마진콜이 걸렸을 때, 잘못된 선택을 하는 경우가 그렇습니다)."

이처럼 회피나 자기기만 없이 현실을 있는 그대로 보는 태도는 불교의 수행과 관련 있다. 불교의 위대한 경전 중 명상 수행에 관해 상세히 밝힌 《사띠빳타나 경Satipatthana Sutta》(초기 불교의 명상지침서─옮긴이)이 있다. 막스의 설명에 따르면, 우리는 깨달음에 도달하기 위해 우리 앞에 놓인 것이 무엇이든지 그 자체로 '의식해야' 한다. 모든 것(우리의 생각과 감정, 지각 등)이 생성되었다가 사라지는 현상을 무심하게 바라봐야 한다는 말이다. 모든 것이 덧없다는 것을 분명히 이해하고, 본래 불안 성한 것을 붙잡지 않도록 수행하는 가운데 자유가 생긴다. "세상 어떤 것에도 얽매이지 않고, 이끌리지 않는다"는 경구가 불교 경전에서 반복 되는 이유다.

세상 어떤 것에도 얽매이지 않는다는 개념은 자칫 냉담하거나 비정 상적으로 보일지도 모른다. 그렇다고 해서 한 가지에만 연연하는 태도 또한 그리 좋은 것은 아니다. 젊음, 연인, 경제 호황, 상승장 등 모든 것 이 언젠가 사라진다. 반면에 감정적·육체적 고통, 형편없는 정치 지도 자들, 경기침체, 팬데믹 등 우리를 힘들게 하는 것들도 언젠가 사라진 다. 모든 것이 변한다고 가정하면, 시기가 좋다고 너무 좋아할 일도, 시 기가 나쁘다고 너무 낙담할 일도 없다.

세상 만물이 영원하지 않다고 의식하면서 우리는 사람들과의 관계를 형성하고 중요히 여기며, 현재를 더 충만히 살아가려고 애쓴다. 명상지 도자 신젠 영Shinzen Young이 《깨달음의 과학The Science of Enlightenment》 에서 설명한 바에 따르면, "고도의 집중, 명료한 감각, 평정의 상태"에 서 매 순간 집중함으로써 "근원적 충만함radical fullness"으로 세상을 경 험할 수 있다. 그리고 우리는 삶을 더 크게 확장할 수 있다. 살아갈 날 을 늘린다는 말이 아니라 우리가 살아가는 순간들의 충만함을 확대한 다는 의미이다.[7]

현재 70대인 막스는 무상에 대한 매우 강한 신념을 가지고 있다. 101세까지 장수한 그의 아버지가 어쩌면 유전적 우위를 물려주었을 지도 모른다. 그렇다 해도 그는 자신이 영원히 살 가능성이 없다는 사실을 안다. 그러하기에 지금과 같은 삶의 단계에서 스스로 잘 처신하고 있는지, 특히 동료와 고객을 대하는 태도에서 올바르게 행동하고 있는지 더욱 숙고한다. 막스가 말했다. "어쩌면 저는 자신감이 부족할지도 모르겠습니다. 하지만 제게 매우 중요한 사실은 좋은 삶을 이끌었는가 하는 점입니다." 막스는 오크트리의 수익을 보고 기뻐하지만, 진정성이 있다고 평가받은 사실 그리고 동업자인 카시와의 돈독한 관계를 더욱 자랑스럽게 여긴다(그는 카시와 함께 30년을 일하면서 말다툼을 한 적이 단 한 번도 없었다고 한다).

막스는 앞으로 무엇을 성취하려고 할까? "저는 원대한 야망 같은 걸 가지고 있지 않습니다. 좋은 남편, 좋은 아버지, 좋은 할아버지가 되고 싶습니다. 그리고 투자 세계에서 남들이 보지 못하는 것을 계속 발견하면서 우리 고객들에게 알려주고 싶습니다."

막스는 계속 일할 계획이다. 돈이나 지위를 향한 '채워지지 않은' 갈증이 있어서가 아니라 일에서 지적 만족을 느끼기 때문이다. 그는 불교의 가르침을 늘 떠올린다. 욕망의 사슬, 즉 필연적으로 고통을 불러일으키는 목적 없는 갈망의 순환고리를 끊어내야 한다는 가르침이다. 물론 부를 축적했기에 자유와 안도감이 생기고, 걱정이 줄었다는 점을 막스 또한 인정한다. 적어도 억만장자가 된 사실이 그에게 엄청난 고통을 불러일으킨 것처럼 보이지 않는다.

막스는 자신의 '운 좋은 삶'을 되돌아보며 겸손을 보였다. 자신의 성공은 재능만으로는 절대로 불가능한 일이었으며, 너무도 많은 것이 그에게 유리한 방향으로 흘러, 그만한 성공을 거두었다고 말했다. 이와 같은 깨달음이 있었기에 자만으로 일을 그르치는 실수를 저지르지 않았다. 그가 확실히 알고 있는 한 가지가 있다면, 늘 변화는 다가오고 있으며 우리 모두는 변화에 적응해야 한다는 것이다.

richer,
wiser,
happier

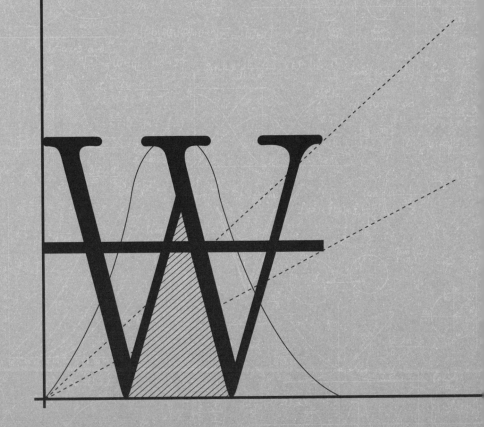

4장

회복력 있는 투자자

"인생에 잠복해 있는 난폭함을 견뎌라"

회복탄력성의 귀재, 장 마리 이베이야르

resilience

세상은 실제보다 조금 더 수학적이고 규칙적으로 보인다.
세상의 정확성은 자명하지만, 부정확성이 숨어 있으며,
난폭함이 몸을 숨기고 우리를 기다리고 있다.

_ **G. K. 체스터튼** G. K. Chesterton

1960년대에 파리의 소시에테 제네랄Société Générale 은행에서 새내기 투자분석가로 일하던 장 마리 이베이야르Jean-Marie Eveillard는 나아갈 방향을 잡지 못했다. 그의 상사들은 그 시대에 유행했던 종목 선정 전략을 그에게 전수했다. "기본적으로 그들의 게임은 지수에 있는 큰 종목을 적극적으로 거래하는 일이었어요. 그게 전부였습니다." 이베이야르가 말했다. 그는 주변 사람들과 마찬가지로 고분고분히 그 존경할 만한 길을 따라서 보통 수준의 수익을 창출했다.

그러다 1968년 뉴욕으로 발령이 나면서 그간의 길에서 벗어나기 시작했다. 그해 여름, 센트럴 파크에서 컬럼비아 경영대학원에 다니는 프랑스계 학생 둘과 함께 자전거를 타던 중이었다. 학생들은 1920년대에 그 학교에서 투자론을 가르치며 가치투자 이론을 창시한 벤저민 그레이엄에 관해 이야기했다.[1] 이베이야르는 곧바로《증권분석Security Analysis》과《현명한 투자자》등 그레이엄의 저서를 읽었고, 그 즉시 한 줄기 빛을 찾았다. 이베이야르는 그레이엄을 알게 된 것을 프랑스의 시인이자 극작가인 폴 클로델Paul Claudel의 개종에 비유했다. 클로델은 1886년 노트르담 성당에서 저녁기도를 올리다가 자연스레 성령의 계시를 받고 가톨릭으로 개종한 바 있다. "벤저민 그레이엄의 이론 덕분에 제 길이 분명해졌어요. 그간에 찾고 있던 것을 발견했습니다." 그는 투자 업무에 배치해 달라며 상사들을 설득하려고 했지만, 그레이엄에 관해 들어보지 못한 상사들은 생소한 투자철학에 관심을 가지지 못했다. 그렇게 이베이야르는 계속 옛날 방식으로 일했다. 이와 관련하여 그가 말했다. "제 직장생활에서 총 15년을 허비했네요."

결국 서른아홉 살이 되어서야 이베이야르는 자유의 몸이 되었다. 본사에서 그에게 뮤추얼펀드인 소시에테 제네랄 인터내셔널을 관리하도록 맡겼는데, 당시 이 회사는 워낙 소규모에 잘 알려지지 않아서 그가 하는 일에 아무도 관심을 갖지 않았다. 이베이야르가 1979년에 관리를 맡았던 당시, 이 펀드의 자산은 1,500만 달러에 불과했다. 그래도 맨해튼에 소재한 사무실에서 프랑스에 있는 회사의 권력자들로부터 간섭을 받지 않고 수년간 혼자 일하는 즐거움을 누릴 수 있었다.

그의 새로운 투자철학은 《현명한 투자자》에서 끌어냈던 귀중한 깨달음에 바탕을 두었다. "미래가 불확실하기 때문에 우리는 위험을 최대한 줄이려고 합니다." 이베이야르가 말했다. 위대한 진리가 대부분 그렇듯, 매우 단순해서 수박 겉핥기식으로 이해하고 핵심을 놓치기 쉽다.

이베이야르가 얻은 교훈은 그레이엄이 고통스러운 체험 속에서 습득한 깨달음이었다. 1894년 런던에서 태어나 뉴욕으로 이주한 그레이엄은 유복한 가정에서 자랐다. 그의 집안은 유럽에서 도자기 포셀린을 수입하는 사업으로 번창했지만, 아버지가 일찍 세상을 떠나면서 위기를 맞았다. 홀로 남겨진 어머니는 혼자 힘으로 아이 셋을 길렀다. 사업이 쇠퇴하자 어머니는 집에서 하숙을 운영했지만 그 또한 실패했다. 엎친 데 덮친 격으로 어머니가 빚을 내어 주식투자를 했지만, 1907년 경제공황이 발생하고 몇 주 만에 주식시장이 거의 절반의 가치로 폭락한 탓에 집안은 빈털터리가 되었다. 요리사와 가정부, 가정교사가 있는 집에서 자랐던 그레이엄은 가족의 소지품을 경매에 내놓을 수밖에 없는 상황을 수치스러워했다.

그레이엄이 떠올리는 어린 시절 기억만 보더라도 불확실성에 직면해 회복력을 발휘하는 방법에 그가 상당히 집착했다는 사실을 알 수 있다. 하지만 그 후 제1차 세계대전, 1929년 주식시장 붕괴, 대공황에 이르기까지 여러 해에 걸쳐 재앙이 들이닥쳤다. 1920년대에 나타난 상승장에서 자산관리자로서 거액을 벌었던 그레이엄은 1929~1932년에 70%의 손실을 보았다. 이러한 경험은 증권 가격의 미래는 절대로 예측할 수 없다는 충격적인 깨달음에 이르게 했다.

시련으로 단련된 그레이엄은 생존을 최우선으로 하는 투자의 신조를 확립했다. 이를 (나치가 홀로코스트를 자행했던 시기에)《현명한 투자자》의 마지막 장에 요약했다. "오래된 전설에서 현자들은 영원할 수 없는 사건들의 역사를 '이 또한 지나가리'라는 단 한 구절로 요약했다. 이런 맥락에서 건전한 투자의 비결을 세 단어로 표현하라고 한다면, 감히 '안전마진margin of safety'이라는 문구로 대답하겠다."[2]

그레이엄의 설명에 따르면, 평가가치appraised value에서 유리할 정도로 할인된 가격에 주식과 채권을 매수함으로써 안전마진을 확보할 수 있다. 그래서 가격과 가치의 차이는 투자자의 계산 착오나 불운, 알 수 없는 미래 상황의 영향을 흡수하는 완충 작용을 한다. 이는 말 그대로 현명한 전략으로 인간의 취약성을 비롯해 과거부터 발생했던 위험을 인식하며 형성되었다. 사람은 누구나 실수를 하고, 운이 나쁠 수 있다. 그리고 미래는 알 수 없다.

그레이엄은 저평가된 자산을 매입하는 것이 투자에서 '수익을 올리기에 좋은 기회'라고 판단했지만, 어떤 투자에서도 여전히 '끔찍하게 일이 틀어지지 않는다'는 보장이 없다는 것을 경고했다. 그렇다면 해법은 무엇일까? 바로 분산투자다.

이베이야르도 그레이엄처럼 한 치 앞을 알 수 없는 유년기를 보냈다. 그는 1940년 프랑스 중서부에 있는 푸아티에라는 곳에서 태어났다. 그로부터 몇 달이 채 지나지 않아 독일이 프랑스를 침공했다. 당시 그의 할머니는 프랑스 시골 지역에 소재한 로마 가톨릭 교회에 다녔고, 그곳에서 신부의 설교를 자주 들었던 이베이야르는 삶을 신중하면서도 불안한 마음으로, 또 조금은 애절하게 바라보게 되었다. 패전과 유혈사태, 폭격을 겪고 트라우마에 시달리던 신도들에게 신부가 늘 설교하던 내용이 있었다. "이 세상에서 행복해지길 바라지 마세요. 이 세상은 눈물의 계곡입니다. 오로지 내세에 행복을 누릴 수 있습니다."[3]

그레이엄이 전성기를 누리던 시절에는 미국에 부실자산이 넘쳐나서 굳이 해외에서 할인된 종목들을 찾을 필요가 없었다. 반면 이베이야르는 다른 시대의 전략을 복제하고 수정하여, 가치평가액보다 30~40% 이상 저렴한 종목을 찾아 해외 시장을 뒤졌다. 또한 회사 전체를 생각해서 값을 지급해야 현명한 인수라는 보수적 입장을 견지하면서 그와 같은 관점에 따른 가치평가를 기준으로 삼았다. 그레이엄의 말을 빌리자면, 이베이야르의 전략은 낙관론이 아니라 산술에 근거한 접근법이었다. 여기에 더해 이베이야르는 으레 100개가 넘는 종목을 보유했다. 버핏과 멍거는 훨씬 더 집중된 포트폴리오를 보유하는 경향을 보였다면, 이베이야르는 성향상 그렇게 하지 못했다. "저는 저 자신의 역량에 너무도 회의적입니다." 그는 자신을 인정하며 말했다. "그리고 혹여나 투자를 날려버리지 않을까 걱정이 심하답니다."

이베이야르의 전략은 제대로 먹혔다. 그에 따라 저위험과 고수익이라는 두 마리 토끼를 잡았다는 평판을 얻었다. 권위 있는 경제경영 전문 주간지인 〈비즈니스위크Business Week〉와 펀드 평가 회사인 모닝스타Morningstar가 그의 업적을 칭송했다. 자산관리사들과 브로커들이 고객들의 자산을 가지고 그에게 몰려들었다. 이에 이베이야르는 주식분석가들로 팀을 꾸려서 두 개의 펀드를 창업했다. 그렇지만 그는 특유의 불안증을 버리지 못했다. 펀드가 성장하면서 수십만 투자자들의 돈을 관리한다는 부담감에 휩싸였다. 투자자들이 퇴직이나 자녀 교육에 대비해 투자한 자금을 관리한다고 하니 부담감은 더 커졌다. "투자자들에게는 전부인 돈입니다." 이베이야르가 불안감을 표현했다. "일이 잘못된다면, 제 펀드에 가입한 투자자들이 저 때문에 일상생활이 힘들어진다는 점을 매우 잘 알고 있어요. 그래서 신중할 수밖에 없습니다."

이베이야르가 철저히 가치에 초점을 맞췄기에 주주들의 안전을 도모할 수 있었다. 일례로, 투자자들이 일본에 흠뻑 빠졌던 1980년대 말 자산 가격은 경제적 현실과 동떨어져 있었다. 1989년 일본은 전 세계 주식 시가총액의 45%를 차지했다(이는 미국과 영국 내 모든 주식시장의 합을 넘어서는 수치였다). 또한 세계 최대 기업들이 대부분 일본계였다. 그런데 이베이야르는 1988년에 일본 시장에서 완전히 손을 털고 나왔기에 자신의 가치평가 기준을 충족하는 일본 주식을 단 한 주도 가지고 있지 않았다. 일본 주식시장의 거품은 1989년 말에 붕괴하였으며, 이후 일본 종목들은 수십 년 동안 죽음의 소용돌이에 휘말렸다. 니케이 225 주가지수Nikkei 225 stock index는 2009년 최저가를 기록하며 20년 만에 80% 이상 폭락했다. 함께 대화를 나누던 어느 날, 이베이야르는 2020년에 일본 주식시장이 30년 전 기록했던 포인트보다 여전히 30%나 하락한 상태에 있었다며 놀라움을 드러냈다.

벤저민 그레이엄이 저술한 《현명한 투자자》의 서문에서 버핏은 다음과 같은 말을 남겼다. "성공적인 투자를 이끄는 데 필요한 것은 높은 지능지수나 비범한 사업적 통찰력 또는 은밀한 내부 정보가 아니다. 가장 중요한 것은 의사결정에 도움이 되는 올바른 지적 체계를 쌓고, 그러한 체계가 흔들리지 않도록 감정 조절 능력을 키우는 것이다."

이베이야르는 어떻게 시장을 측정했을까? 오랜 세월에 걸쳐 안전마진의 유효성이 입증되었다는 데 역점을 둔 그의 지적 체계는 견실했다. 그는 또한 스스로 대중과 거리를 두는 감정적 강점을 가졌으며, 시장의 과열된 분위기에도 자신의 기준을 느슨하게 만드는 유혹에 굴하지 않는다. 한편으로 그는 또 다른 중대한 이점을 누렸는데, 체제에서 벗어나 뜻대로 일을 추진할 수 있었다. 본사와 거의 6,500km나 떨어져 있기도 했고, 실적이 대단해 불만을 표출하거나 간섭하는 사람들이 없기도 했다.

이런 요소들은 탁월한 성과를 도출하기 위한 선결 조건이었다. 그런데 머지않아 발견했듯이, 취약성을 불러일으키고 어정쩡한 수익을 창출하게 만드는 불가항력의 힘이 존재한다. 회복탄력성을 끊임없이 떨어뜨리는 원인이 되기 때문에, 먼저 이런 힘들이 무엇인지 파악해야 한다. 앞으로 이베이야르와 총명한 후임자 매튜 매클래넌^{Matthew McLennan}이 위험이 산재한 곳을 활보하며 40년 넘게 걸출한 실적을 기록한 과정을 소개하고자 한다. 두 사람의 사고는 우리의 투자 인생에서 부를 쌓는 법(또한 유지하는 법)과 관련한 여러 교훈을 제공한다.

뒤처진다는 고통

1997년 이베이야르에게 고난이 닥쳤다. 그때까지는 18년간 불운을 겪지 않고 시장에서 훌륭한 실적을 기록했다. 실적이 가장 나빴던 1990년에 소시에테 제네랄 인터내셔널은 1.3%라는 미비한 손실을 기록했다. 이런 과정에서 그가 관리했던 자산은 60억 달러까지 치솟았다. 그런데 예상치 못하게도 이베이야르가 세운 금융의 요새는 시장의 붕괴가 아니라 투기 과열로 인해 위협을 받았다.

1997년 1월부터 2000년 3월까지 인터넷과 통신 관련 주가 각광을 받으면서 기술주 중심의 나스닥 지수가 290%나 상승했다. 오싹할 정도로 비현실적인 현상은 닷컴 열기를 주도했던 더글로브닷컴^{theGlobe.com}의 상승과 몰락을 떠올리면 이해될 것이다. 당시에 소셜 미디어 사이트였던 더글로브닷컴은 1998년 나스닥에 상장되었으며, 첫 거래일에 주가가 606%의 상승폭을 기록했다. 그러다 주가가 1달러 아래로 떨어지면서 2001년 나스닥에서 상장 폐지되었다. 미국의 온라인 장난감 판매업체였던 이토이eToy가 맞이한 운명도 좋은 사례다. 인터넷 기반 소매업체였던 이토이는 1999년 5월 주당 20달러에 상장하여 그해 10월 84달러를 찍었다가 그로부터 8개월 후 파산했다. 시스코 시스템즈Cisco Systems의 사례도 들여다볼 만하다. 네트워킹 전문업체인 시스코의 시장가치는 500일도 안 되는 기간에 1,000억~5,000억 달러까지 치솟으며 (한마디로) 세계 최대 기업으로 발돋움했다. 하지만 이후 거품이 붕괴하자 시스코의 주가는 86%나 폭락했다.

생계를 위해 안달이 났던 이베이야르는 롤러코스터에 오를 마음이 없었다. 분석해 보니 판단이 어렵지 않았다. 터무니없는 가치평가, 어떤 기술 기업이 위기를 견디고, 어떤 기술 기업이 하락할지 한 치 앞을 알 수 없는 상황에서 답은 분명했다. 그는 기술주를 한 종목도 보유하지 않는 극단적인 노선을 취했다. 주가지수에서 완전히 빗나가는 결정을 내리기까지 펀드 매니저는 진정한 용기를 발휘해야 한다. 판단을 잘못 내린다면, 경력 전반에 오점이 남기 때문이다. 가정이 있는 경우에 그런 결정을 내리기는 더더욱 어렵다. 그보다 더 쉬운 선택이 있다면, 무조건 회피하기보다는 특정한 종목이나 섹터의 비중을 '낮게' 잡는 것이다. 경력 오점에 대한 두려움은 많은 펀드가 주가지수를 고집하는 이유를 설명한다. 이례적인 수익을 내지 못하더라도, 엄청난 손해 또한 피할 수 있는 이유를 설명하는 데 도움이 된다.

하지만 고집이 대단했던 이베이야르는 쉬운 길을 택하지 않았다. 그 결과, 기술주들이 세상 무서운 줄 모르고 상승할 때, 3년 동안 시장에서 한참 뒤처지게 되었다. 1998년에만 나스닥 지수가 39.6%, MSCI 지수(모건 스탠리 캐피털 인터내셔널이 발표하는 세계 주가지수−옮긴이)가

24.3% 상승했다. 그 사이 소시에테 제네랄 인터내셔널은 0.3%의 손실을 냈다. 다음 해에 소시에테 제네랄은 19.6%를 회복하면서 다시 살아났다. 아주 좋은 결과였다. 그런데 정말 그랬을까? 안타깝게도 그렇지 않았다. 그해, 나스닥 지수가 85.6%나 상승했다. 그에 비교해 이베이야르가 거둔 이익은 누군가가 소위 대박을 터트릴 당시와 비교해 비참한 수준이었다. 또한 주주들이 이베이야르의 공로를 잘 모르는 분위기였다. 심지어 그의 신중함은 점차 경력을 좀먹는 일처럼 보이기 시작했다.

"뒤처지는 것은 고통입니다." 이베이야르가 말했다. "심리적으로 고통을 겪게 됩니다. 마찬가지로 재정적으로도 고통을 겪게 됩니다. 그러한 상태로 1년이 지나면 주주들은 혼란에 빠집니다. 그리고 2년이 지나면, 그들은 몹시 화를 냅니다. 그러다 3년이 지나면 떠나버립니다." 실제로 소시에테 제네랄은 3년도 채 지나지 않은 기간에 전체 주주의 70%를 잃었다. 더 나아가 관리하던 자산이 60억 달러가 넘었는데 겨우 20억 달러로 줄어들었다.

이베이야르의 상사들이 즐거워할 리 없는 건 당연한 일이었다. 소시에테 제네랄의 고용주는 좀처럼 해고를 실행에 옮기지 않았다. "업무를 제대로 수행할 능력이 없다고 판단되면, 그 사람은 소규모 부서로 발령받았습니다." 그런데도 1999년 이베이야르는 상상할 수 없는 일을 생각하기 시작했다. "어쩌면 저를 내쫓아 버릴지도 모를 일이었죠."

뮤추얼펀드는 엄청난 수익을 창출할 수 있는 사업이다. 자본 집약적이지 않으며, 보기 드물게 높은 운영 마진을 자랑한다. 저명한 투자가이자 진실을 가감 없이 얘기할 줄 알았던 마틴 휘트먼Martin Whitman이 생전에 내게 해준 이야기가 있다. 펀드 매니저는 수수료를 낮추는 일을 제외하고는 다방 면에서 경쟁력이 있어야 한다는 조언이었다. 뮤추얼 펀드 회사를 운영하는 경영진은 자산을 계속 축적하기 위한 강력한 우대혜택을 받는다. 그들은 악한 사람들이 아니다. 실익을 중시하는 사업가들로 매출과 마케팅에 관심을 집중한다. 이베이야르처럼 우수한 실적을 달성하는 사람은 시기가 좋을 때 소중한 인력으로 인정받았다. 하지만 시기가 나쁠 때는 쓸데없이 과욕을 부려 전 직원이 보너스를 받지 못할 처지로 내모는 사람으로 취급되기 십상이었다. 귀가 얇은 투자자들이 닷컴 종목을 매수하고 싶어 하는데 왜 투자자들이 원하는 것을 제공하지 않느냐고 한다든가, 왜 꽥꽥대는 오리들에게 먹이를 주지 않냐는 비아냥을 들었다.

이베이야르는 주변의 압박을 여실히 느꼈다. "어떨 때 보면 망령 난 노인네"라며 한 고위 임원이 바로 등 뒤에서 투덜대는 소리를 듣기도 했다. 다른 임원은 소시에테 제네랄의 펀드 상환 일정이 매우 긴박하다는 의견을 내며, 관리할 자산이 바닥나기까지 얼마 남지 않아 그 시점을 '정확히' 파악했다고 주장했다.

사방이 적인 것 같았다. "펀드의 이사회도 제게 적대적이었습니다. 그들이 그러더군요. '왜 남들은 다 보는 걸 못 보는 거죠? 기술, 미디어, 이동통신 종목에 집중해야 한다는 게 보이지 않나요?'" 이에 이베이야르는 변화가 빠르고 기업들이 저마다 비정상적인 평가액으로 위태로운 거래를 하는 섹터에 자신의 투자방식이 어울리지 않는다고 설명했다. 하지만 최근의 변화를 이해하지 못하는 사람으로만 비춰졌다. 신경제New Economy의 경이로운 혁신을 이해하지 못한 퇴물로 보인 것이다.

한편, 이베이야르는 한 차례씩 사람들의 기대에 어긋나는 실적으로 난관을 겪을 거라고 늘 예상했다(과거에 몇 달 동안 저조한 실적을 낸 적이 한 번 있었다). 하지만 3년은 다른 문제였다! "너무 오랫동안 계속되다 보니 스스로 제가 바보 같다는 생각이 자꾸 들었습니다." 그가 솔직하게 속마음을 털어놨다.

시장이 엄청나게 변화하여 그의 투자 스타일이 시장에 맞지 않았다고 할 수 있을까? 헤지 펀드의 전설 줄리안 로버트슨Julian Robertson은 저평가된 종목에 투자하고 과대평가된 종목에 쇼트 포지션(매도 수량이 매수 수량을 초과한 상태-옮긴이)을 취하는 방식으로 20년 동안 경이로운 실적을 거두었다가 2000년 초 그의 펀드를 폐쇄했다. "이성적인 분위기라면 이런 전략이 잘 통하겠지요." 로버트슨이 투덜거렸다. "하지만 수입과 가격을 고려하기보다 분위기에 빨리 편승해 재빨리 종목을 매수하는 비이성적인 시장에서는 논리 같은 건 별로 중요치 않습니다."

그런데도 이베이야르는 분투했다. 이성적인 사고를 포기하지도 퇴직을 고려하지도 않았다. 이성적 판단이 성공요건인 유일한 직업을 찾았다고 그의 어머니가 그에게 말한 적이 있었다. "어머니 말씀이 옳았다고 생각합니다. 더군다나 저는 가치투자의 방법을 유일하게 알고 있었습니다. 다른 쪽으로 눈을 돌릴 수 없었어요."

소시에테 제네랄은 급기야 머리를 굴려 이베이야르를 내보낼 방법을 찾았다. 그의 펀드 회사를 소규모 투자은행인 안홀드 앤드 S. 블라이흐뢰더Arnhold & S. Bleichroeder 투자자문에 매각했다. 펀드에 대해 19.9%의 지분을 보유했던 이베이야르는 1962년부터 해당 회사에서 일했다. 3년 동안 형편없는 실적을 낸 그는 녹초가 되어 교체되는 운동

선수처럼 다른 팀으로 보내졌다.

매각은 우습게도 때가 맞지 않았다. 1999년 10월 매각이 발표되었으며, 2000년 1월 거래가 종료되었다. 그로부터 두 달 후인 3월 10일 닷컴 버블이 터졌다. 이성이 그 자체로 효과를 내자 할인된 종목으로 구성된 포트폴리오가 최상의 효과를 발휘했다. 이에 그의 주력 투자수단은 퍼스트 이글 글로벌 펀드First Eagle Global Fund로 사명을 변경하여 2000년에 49%, 2001년에 31%, 2002년에 42% 나스닥 지수를 능가했다. 모닝스타는 이베이야르를 2001년 인터내셔널 스톡펀드 매니저로 선정했다. 2003년에는 뛰어난 장기성과, 주주 이익에 부합하는 최선의 운영, 남이 가지 않는 길을 가는 용기를 인정받아 모닝스타가 최초로 수여하는 평생공로상을 수상하기도 했다.

투자자들은 시도 때도 없이 마음을 바뀌는 무리라고 할 수 있다. 이베이야르는 한때 고루한 사고방식을 가진 늙은이이자 멍청이로 취급당했다. 그러다 지금은 존경을 한 몸에 받는 현자가 되었다. 그러자 돈이 홍수처럼 밀려 들어와 관리하던 자산이 마침내 거의 1,000억 달러까지 불어났다. "제 이전 상사들은 지금 가치의 5%를 위해 바닥을 친 사업을 매각했습니다." 이베이야르의 말에서 분노와 슬픔, 만족감이 함께 느껴졌다. "누군가 그러더군요. 이내 곧 그들이 나 몰라라 할 것이라고요."

영광의 길에 도달하기까지 온갖 고난을 겪었던 그레이엄은 이베이야르가 고난 속에서 성공을 이룬 이야기를 들더라도 눈 하나 깜짝하지 않을 것이다. 아마 그의 저서 《증권분석》을 펼쳐 로마의 시인 호라티우스Horatius가 남긴 말을 읊어주었을 것이다. "지금은 실패했지만 회복하는 사람도 많을 것이며, 지금은 축하받지만 실패하는 사람도 많을 것이다."

낯선 사람들의 친절

이베이야르는 매사에 옳았지만, 그의 경력에는 오점이 너무도 많이 남았다. 그렇다면 그가 걸어온 길에서 어떤 교훈을 얻을 수 있을까? 다수의 불안정한 힘과 예측 불가능한 위험에 직면했다는 가정하에 무엇보다도 수십 년 동안 투자업계에서 지속적인 성공을 거두기란 여간 어려운 일이 아니라는 것을 이베이야르가 여실히 보여 주었다.

함께 일했던 많은 동료와 달리 이베이야르는 여러 영향력 있는 우위를 가지고 있었다. 먼저 그는 그레이엄이 창시한 가치 지향의 원칙을 우연히 접한 덕분에 분석적 우위를 가지게 되었다. 또한 어떤 고난이 있어도 그 원칙들을 충실히 지켰으며 고평가된 주식의 유혹을 떨쳐냈다. 그뿐만 아니라 동료들의 비난을 견뎌내고, 스스로 의심을 물리치는 의지를 갖췄다. 요컨대, 이베이야르는 지성과 기질 면에서 장기간에 걸쳐 시장을 능가할 준비가 된 소수에 속했다. 그런데 그런 엄청난 강점을 가졌다 해도 진정으로 회복력 있는 투자자가 되기에는 부족했다. 왜일까?

이베이야르가 구조적으로 부적절한 위치에서 펀드를 운영했다는 점이 문제였다. 우선, 이베이야르는 투자자들의 요구에 따라 움직여야 했는데, 투자자들이 일상적으로 주식을 상환할 수 있어서 그들은 주가가 최저치일 때 매수가 아닌 매각을 하라고 요구했다. 투자자들의 오락가락하는 감정과 변덕스러운 판단이 외적인 위협을 초래했고, 그 위협은 전혀 통제되지 않았다. 그다음으로, 기술주에 대한 투자를 거부한 탓에 동료들의 금전적 이익이 줄어든다는 우려의 목소리를 비롯해 회사 내부에서는 압박에 매우 예민하게 반응했다. 더 심하게는 상사들의 만족(또는 불만)을 위해 일했다. 그가 전담한 일은 없었다.

전통적인 가치평가 척도를 버린 광기 어린 시장에서 합리적 의사결정을 내리기란 여간 어려운 일이 아니다. 회사에서 이탈하는 주주들, 저마다 수익 창출 계획을 수립한 동료들, 일이 잘못된 순간에 신의를 저버리는 상사들 등 외적인 압박이 쏟아질 때 감내하기 힘든 고통이 밀려온다. 이베이야르가 겪은 역경의 과정을 보면 알겠지만, 역경에 대한 취약함은 여러 형태로 나타난다. 그래서 금융 회복탄력성도 다면적이어야 한다는 말이 뒤따른다.

버핏과 멍거가 버크셔 해서웨이를 모든 면에서 회복탄력적인 조직으로 구성했다는 사실이 드러나고 있다. 예컨대, 두 사람은 유동성 위기를 겪지 않도록 최소한 200억 달러의 현금보유액을 유지하겠다고 선언했다. 2020년 코로나19가 확산하여 시장이 붕괴했을 때, 버크셔 해서웨이는 1,370억 달러를 보유한 덕분에 유례없는 불확실성에 직면해서도 전혀 흔들리지 않았다. 또한 버핏과 멍거는 혼란이나 인플레이션이 닥친 시기에도 수십 년 동안 번창할 만한 양질의 기업들을 인수한다.

게다가 버크셔 해서웨이는 펀드가 아닌 상장기업이라는 구조적 우위를 가져서 공포에 질린 주주들이 절대로 회수해 갈 수 없는 영구적인 자본에 투자하고 있다. "뮤추얼펀드를 운영하는 경우에는 일시적으로 실적이 좋지 않을 때라도 주주들이 떠나버릴까 봐, 늘 불안합니다." 이베이야르기 말했디. "버핏은 펀드 운영지로 치면 폐쇄형 펀드 운영자입니다. 그래서 그는 상환 때문에 골치 아플 일이 없습니다."

금융 위기를 겪는 동안 버크셔 해서웨이는 2008년 9월부터 2009년 3월까지 주가가 50.7%나 폭락하면서 타격을 입었다. 그렇다 해도 이와 같은 단기간의 시장 변동성은 회사의 장기가치에 전혀 영향을 미치지 않았다. 오히려 버핏은 위기를 이용했다. 월스트리트가 위기에 빠졌을 때 골드만삭스, 제너럴일렉트릭, 뱅크오브아메리카 등 타격을 입은 거대기업들의 우선주를 수십억 달러를 투입해 사들여 버크셔 해서웨이의 가치를 끌어올렸다. 20년이 넘도록 버크셔 해서웨이의 지분을 가지고 있는 가이 스파이어는 버핏이 조직적으로 '최후의 승자'가 되기를 자처했다고 말했다.

테네시 윌리엄스의 명작인 《욕망이라는 이름의 전차 *In A Streetcar Named Desire*》에서 블랑쉬 두보아는 "저는 언제나 낯선 사람의 친절에 의지하며 살아왔어요"라고 말한다. 이 말은 기분 좋은 감성을 불러일으킨다. 실성한 두보아가 자신을 정신병원에 데려가려고 찾아온 의사에게 말하는 장면을 빼고는 말이다. 버핏은 2008년 주주들에게 보내는 서한에서 두보아의 말을 돌려 말하며 약속했다. "찰리와 저는 낯선 사람들의 친절에 의지하는 방법으로 버크셔 해서웨이를 운영하지 않겠습니다. 우리 쪽의 친절에도 의지하지 않겠습니다. 나름의 유동성 문제에 직면할지 모르는 그들의 친절에 의지하여 회사를 운영하지 않겠습니다. 우리는 시장의 폐쇄가 길어지는 것 같은 극단적인 현상들을 비롯한 경제적 단절을 수월하게 견뎌낼 수 있도록 회사를 구성했습니다."

금융 회복탄력성의 획득을 목표로 삼는다면, 블랑쉬가 아니라 버핏의 방식을 복제하는 것이 최선일 것이다. 그래서 우리 또한 낯선 사람들의 친절에 의지하지 않고, 잘 살아가야 한다는 점을 확실히 해야 한다. 이베이야르는 다른 사람들에게 의지하지 않고 펀드 매니저 활동을 할 수 없었다. 그래도 개인 투자자들에게는 상당히 유리한 점이 있었다. 그들은 (아마 자산의 가족을 제외하고) 공격적인 주주들이나 불만스러워하는 비평가들에게 책임질 일이 없었다.

그러면 개인 투자자들은 어떻게 그들의 취약성을 줄이고 회복력을 강화할 수 있을까? 버핏의 선례를 따라 늘 현금보유고를 넉넉히 유지해야 침체기에 주식(또는 그 외의 위태로운 자산)을 팔아치울 수밖에 없는 상황을 피할 수 있다. 또한 부채를 지나치게 사용해서는 안 된다. 이베이야르가 경고했듯이, 부채가 우리의 버티는 힘을 약화시키기 때문이다. 그뿐만 아니라 성장 전망이 매우 밝아 보이지만 안전마진이 전혀 없는 기대주에 투기하고 싶은 유혹을 뿌리쳐야 한다. 재무제표가 부실한 징후를 보이거나 외부자금 조달의 필요성이 어렴풋이 보여 침체기에 자금 지원이 중단될 가능성이 있는 기업들에 관심을 두지 말아야 한다.

여기서 고난도의 일은 하나도 없다. 그래도 우리가 자주 잊어버리는 계율을 진지하게 받아들여야 한다. 낯선 사람들의 친절에 의지하여 살아서는 안 된다.

얼마나 잃을 것인가?

부자가 되기 위해 지나치게 서두르지 않는 것도 도움이 된다. 2014년 '영원한 현역'으로 불렸던 어빙 칸Irving Kahn에게 업계에서 유례가 없을 정도로 오랜 경력을 유지하면서 얻은 가장 중요한 교훈을 알려달라고 요청했다. 당시 108세였던 칸은 1928년부터 월스트리트에서 일한 최고령 펀드 매니저였다. 투자업계에서 칸처럼 온갖 역경을 이겨내며 살아남은 사람은 없었기에 업계는 그를 금융 회복탄력성(또한 생물학적 회복탄력성)의 결정체로 바라보았다.[4] 칸이 너무 노쇠하여 그를 직접 만나진 못했고, 칸의 손자인 앤드류Andrew(가족이 운영하는 투자회사 칸 브라더스Kahn Brothers의 분석가)가 칸에게 내 질문을 읽어준 후 답변을 받아적어 보내주었다. 그 자리가 칸과의 마지막 인터뷰였다는 사실을 나중에 알게 되었다. 그로부터 불과 3개월 후 칸은 109세의 나이로 세상을 떠났다.

칸은 1920년대에 그레이엄의 조교가 되었으며, 수십 년 동안 그레이엄과 각별한 관계를 유지했다. 그래서 칸이 86년 동안 주식시장에서 활동하며 성공을 누리기까지 그레이엄에게서 무엇을 배웠는지 알고 싶었다. 칸의 답변은 명쾌했다. "투자는 다른 무엇보다도 지키는 일입니다. 많은 이익을 노리지 않는 것, 그것을 첫 번째로 생각해야 합니다. 오직 합당한 수익을 올리고 손실을 최소화할 때만 부자가 되고, 주변에 있을지 모를 도박꾼 친구들보다 앞서 나갑니다. 이것은 수면 장애를 치료하기에도 좋은 방법입니다."

칸이 말했듯이, 투자의 비결은 한마디로 표현할 수 있다. 바로, 안전이다. 현명한 투자 결정의 열쇠는 늘 "얼마나 많이 잃을 것인가?"라는 물음에서 시작되었다. 칸은 이렇게 설명했다. "하향세를 생각하는 것은 투자자가 해야 할 가장 중요한 일입니다. 이익 창출을 궁리하기 전에 먼저 이 문제를 다뤄야 합니다. 요즘 사람들이 꽤 빨리 일을 처리할 수 있다는 이유로 자신들을 꽤 똑똑하다고 생각하는 것이 문제입니다."

칸의 방어적인 사고방식을 들여다보니 의과대학 학생들이 머릿속에 주입하는 지침이 떠올랐다. "무엇보다도 환자에게 해를 끼치지 말라." 이를 약간 수정하면 투자자가 유념해야 할 지침이 된다. '무엇보다도 자기 자신을 해하지 말라.' 투자의 성공사례를 설명하자고 하면, 자연스레 게임의 짜릿한 측면에 이끌리기 마련이다. 일어나지 않은 사건들을 두고 계속 경고의 말을 토해내는 것보다 과감한 투자로 수십억 달러를 벌어들인 성공담이 훨씬 더 흥미롭다. 그렇지만 재앙에서 벗어나 회복한다는 것은 여간 어려운 일이 아니기에 재앙을 피하는 일이 훨씬 중요하다. 금융 손실을 회복하기까지 이에 가차 없이 적용되는 산술을 생각하면 이해하기 쉽다. 만약 무분별한 투자로 50%의 손실을 봤다면, 수익률을 100%로 올려야 본전이 된다. 손실률이 높아질수록 원금을 복구하기 위한 수익률이 기하급수적으로 커지기 때문이다.

이베이야르는 그가 가는 길에서 재차 치명적인 위험에서 벗어나 손실을 피했기에 글로벌 투자의 거장으로 우뚝 설 수 있었다. 이는 소위 커미션이 아닌 누락omission이 가져다준 성공이었다. 소시에테 제네랄과 퍼스트 이글에서 활동했던 시절을 회상하며 이베이야르가 말했다. "수십 년간 성공을 거둔 것은 전적으로 우리가 소유하지 않은 덕분입니다. 우리는 1980년대 후반에 일본 주식을 하나도 소유하지 않았습니다. 1990년대 후반 역시 기술주를 하나도 소유하지 않았습니다. 2000~2008년에 이렇다 할 만한 금융주를 보유하지 않았습니다." 이와 같은 세 유형의 재앙을 수십 년에 길쳐 회피했던 능력이 실패가 아닌 성공을 결정짓는 가장 중요한 요소가 되었다.

변하지 않는 것은 없다

이베이야르는 2008년에 펀드 매니저직에서 은퇴하여 퍼스트 이글에서 수석 고문직을 맡았다. 그리고 38세의 오스트레일리아 출신 매튜 매클래넌에게 성화를 넘겨주었다. 매클래넌은 리먼 브라더스가 공중 분해되고 글로벌 금융 시스템이 허물어지기 일주일 전, 퍼스트 이글에서 일을 시작했다. 세계에서 가장 영향력 있는 투자가 중 한 사람인 매클래넌은 현재 1,000억 달러가 넘는 자산을 운용하고 있다(그는 세계에서 가장 사려 깊은 투자가 중 한 사람이기도 하다). 그의 펀드에 투자한 사람만 수백만 명에 달한다.

언뜻 보기에 매클래넌은 전임자들과 특별히 달라 보이지 않는다. 쭈뼛거리는 표정에 어두운 세계관을 가진 이베이야르를 보면, 소설 《곰돌이 푸Winnie the Pooh》에서 우울한 당나귀 캐릭터로 나오는 '이요르'가 떠오른다. 이요르는 지도에 '이요르의 우울한 장소Eeyore's Gloomy Place'라고 표시된 곳에 살고 있다. 이베이야르보다 거의 30년은 젊은 매클래넌은 선한 눈매에서 열정이 발산되고, 느긋한 매력을 풍긴다.

그래도 이베이야르와 매클래넌은 투자가로서 많은 공통점을 가지고 있다. 두 사람은 2008년 처음 만났을 당시 닷컴 버블에 관한 체험담을 함께 나눴다. 골드만삭스에서 가치 지향의 글로벌 투자 포트폴리오를 운영했던 매클래넌은 안전마진이 전혀 없는 광적인 열기 속에서 주식을 사들이지 않았던 내막을 자세히 풀어놓았다. "제가 흔쾌히 사회적 수용성이 부족한 사람이 되었고, 대중과 거리를 두었다는 사실에 이 베이야르는 안도했습니다." 매클래넌이 말했다. "순간의 유행에 참여하지 못한다는 것은 가끔은 외로운 일이지만, 그래서 우리는 채권을 발견했습니다."

게다가 매클래넌의 독특한 배경에서 남들이 가지 않은 길을 가는 의지를 엿볼 수 있다. 측량기술자인 아버지와 물리치료사이자 화가인 어머니가 모험을 찾아 이주한 파푸아뉴기니에서 태어나 생애 첫 6년을 보냈다. 파푸아뉴기니 출신 중 가장 유명한 투자가가 되었다며 매클래넌에게 농담을 던졌더니, 그는 "하나의 예"라며 맞장구쳤다. 그가 "자유사상가"라고 묘사하는 그의 부모님은 "축적하는 것을 관습적인 기호로 표현할 필요가 없다고 생각하는 분들"이었다고 한다. 그의 부모님은 이후 오스트레일리아 열대우림 접경지역에서 전원적인 한 곳의 토지를 매입했는데, 전기시설 설치 허가를 받지 못해 매클래넌은 어린 시절 내내 '평범하면서도 북적북적한 생활'과는 동떨어진 삶 속에서 소위 현대 문명의 이기를 제대로 누리지 못했다.

매클래넌의 집은 책으로 가득했지만, 온수가 나오지 않는 곳이었다. 그래서 오후의 뙤약볕 아래에서 몸을 푼 다음, 나무 밑에서 검은 봉지에 담은 물로 샤워해야 했다. 냉장고도 없었다. 난방은 무쇠 난로에 불을 지펴서 했는데, 연기 때문에 집 밖으로 뛰쳐나오는 일이 다반사였다. "한동안 집에 텔레비전도 없었지요." 매클래넌이 당시를 떠올리며 말했다. "그러다가 텔레비전 한 대가 생겼고, 아버지가 자동차 배터리를 연결해서 작동시켰어요. 그런데 오래 가지 못했습니다. 텔레비전이 생기고 얼마 지나지 않았을 때였어요. 아버지가 집 앞 도로에서 텔레비전 배터리를 연결한 채 차를 후진시키다가 간신히 현관문 앞에서 브레이크를 밟았지요."

매클래넌은 평소 가스등 불빛에 의지해 독서를 하며 많은 시간을 보냈다. 종종 할아버지와 함께 시간을 보내기도 했다. '현실적인 사상가'였던 할아버지는 주식 매입, 와인 수집, 장미 재배 등 다양한 활동을 했고, 지구물리학 탐사에 참여하여 남극대륙에서 의사로 활동했던 일도 이야기해 주곤 했다. 매클래넌은 가족으로부터 지적 탐험에 대한 열정을 물려받았다. 그래서인지 그와 대화할 때면 헤라클레이토스부터 투키디데스, 몽테스키외, 슈뢰딩거까지 위대한 사상가들에 관한 이야기가 넘쳐난다. 정신적 삶은 매클래넌에게 그 무엇에 비교할 수 없는 기쁨을 준다. "무언가를 생각할 때나 진실처럼 보이는 대상을 들여다보는 법을 궁리할 때, 마치 파도를 타는 듯한 즐거움을 느낀답니다."

맥클래넌은 독서에 열중한 덕에 그레이엄과 이베이야르와 마찬가지로 신중한 결론에 도달하게 되었다. 미래란 본디 불확실해서 투자자들은 영구적 손실을 피하고, 세상의 다양한 상태를 견디는 포트폴리오를 구성하는 일에 최대한 집중해야 한다. 매클래닌이 주장하는 바와 같이, 목표를 정의하는 일부터 시작해야 한다. 정립된 목표는 투자를 결정할 때마다 나침반 기능을 한다. 매클래넌은 고대 로마의 철학자 세네카가 남긴 말을 인용하여 강조한다. "어느 항구를 향해 항해하고 있는

지 모르는 사람에게 순풍이란 있을 수 없습니다." 매클래넌에게 목적지
는 분명하다. "우리의 목표는 빨리 부자가 되려고 애쓰지 않는 것입니
다. 회복력 있는 부를 창출하는 것입니다." 이것은 완전히 시장을 이기
겠다는 목표보다 훨씬 더 현명한 목표가 된다.

　매클래넌이 불확실성을 중대한 현상으로 바라보게 된 것은 역사를
공부한 덕분이기도 했다. 특히 1900년대 초, 상대적으로 고요했던 시
기에 깊은 관심이 생겼다. 그가 주장한 바에 따르면, 1908~1911년에
세상을 살펴본 투자자가 미래를 확신할 만한 충분한 이유가 있었다. 당
시 세계 경제가 장기간 전례 없는 성장을 구가하고 있었기 때문이다.
자산의 가치도 합당해 보였다. 인플레이션이 완전히 해소되었다는 믿
음도 널리 퍼졌다. 그렇다면 왜 걱정할까? 이후 세상은 온통 난리가
났다.

　절대로 가라앉지 않는 배로 정평이 났던 타이타닉호는 1912년 첫
항해 중에 거대한 빙산에 부딪혀 침몰하고 말았다. 이 사건은 인간이
자연을 거스르지 못한다는 사실을 일깨워주었다. 보스니아 청년 당원
이 오스트리아 황태자 부부를 암살한 사건은 1914년 제1차 세계대전
이 발발하기까지 연쇄반응을 촉발했다. 전쟁 중에 뉴욕 증권거래소가
4개월 동안 폐쇄되었으며, 유럽의 주요한 거래소들은 대부분 문을 닫
았다. 1918~1919년에는 스페인 독감으로 거의 5,000만 명의 사람
들이 죽음에 이르렀다. 1922년 독일에서 시작된 초인플레이션은 히틀
러가 집권하는 계기가 되었다. 대공황에 뒤이어 1929년 월스트리트가
대폭락하는 사건이 일어났다. 이후 1939~1945년에 제2차 세계대전
이 이어졌다. 결국 고요한 번영의 시기가 30년의 재앙으로 바뀐 것이다.

세계적인 사건들로 인해 재차 타격을 입은 주식시장은 1926~1945년에 한 치 앞을 알 수 없을 정도로 불안정한 상태에서, 한 세대의 투자자들에게 위험에 대한 공포감을 끊임없이 불러일으켰다.[5]

투자자들은 재차 위험한 실수를 저질렀는데, 다가올 시기가 얼마 전 겪은 시기와 다르지 않을 것이라고 추측했다. "미래는 완전히 딴 세상이 될 수도 있어요." 매클래넌이 말했다. "다음 세대는 이전 세대와는 확연히 다른 삶을 경험했습니다."[6] 버핏도 버크셔 해서웨이의 보험 부문에서 수십억 달러의 손실을 보게 만든 9·11 테러 사건 이후 비슷한 이야기를 했다. 2002년 주주들에게 보내는 서한에서 버핏은 실수를 인정했다. "우리는 대규모 테러리즘에 의한 손실 가능성을 간과했거나 무시했습니다. 간단히 말해서, 업계에 있는 우리 모두가 위험 노출의 가능성보다는 경험에 집중함으로써 보험인수와 관련해 근본적인 실수를 저질렀습니다." 매클래넌은 이와 같은 교훈을 염두에 두고 위험 노출에 상당한 주의를 기울이며, 최근의 경험과 전혀 딴판일지 모르는 미래를 매우 신중하게 준비한다.

2017년 여름, 맨해튼에 있는 매클래넌의 사무실에서 우리는 처음으로 대화를 나눴다. 매클래넌은 투자자들에게 노출된 위협들에 관해 자세히 이야기해 주었다. 이를테면, 미국은 2008년 금융 위기 이전의 시기보다 GDP 대비 부채 수준이 상당히 증가했다. 또한 이자율이 너무 떨어져 예금주들의 이익에 불리하게 작용하고 있었다. 사동화의 부상은 사회적·정치적 대격변의 원인이 되었다. 특히 중국이 미국의 라이벌로 부상하면서 지정학적 배경으로 인해 충돌의 위험이 산재했다. 더군다나 낮은 자본비용이 자산 가격을 과열된 수준으로 몰아가서 넓은 안전마진을 제공하는 종목을 찾기 어려웠다. 매클래넌은 이런 현상들을 "취약성과 결점의 형태"라고 표현하며 이를 무시하여 생긴 위험을 "역사가 증명한다"고 했다.

시장에 관한 예측을 '바보의 심부름'으로 바라보는 매클래넌은 다가올 미래를 알고 있는 양 행동하지 않았다. 그러면서도 그는 하워드 막스가 그랬던 것처럼 필수적으로 인식해야 할 것이 있다고 생각한다. "위험의 시장가격은 거대한 사이클을 통과합니다. 2008년 말이나 2009년과 같은 시기에 위험의 가격이 적절해지고 있을 때, 더 많은 자금을 투자하려는 경향이 있습니다. 또한 1999년이나 2007년, 아마도 요즘과 같은 시기에 위험의 가격이 부적절해지는 상황에서는 더 신중해지려고 합니다."

매클래넌은 관련 상황을 샌프란시스코의 단층선(지진이 활발히 일어나는 곳으로 재난의 위험성이 높다-옮긴이) 위에서 살아가는 일에 비유했다. "어쩌면 우리 앞에 기막힌 10년이 놓여 있을지 모릅니다. 다만 지진은 겉으로 드러나지 않지요." 그렇다고 마치 위협이 존재하지 않는 양 행동하는 것은 무모한 짓이다. "미래에 썩 잘 풀리지 않는 문제들이 있다는 점을 인정하고 싶을 뿐입니다." 매클래넌이 내게 말했다. "우리는 인류의 행진에 참여하는 구조를 원하면서도 그 과정에서 위협을 극복하고 싶어 합니다." 그의 말은 투자와 삶에 관한 금언과 같다.

마침내 위협이 드러났을 때, 그것은 지진이 아니라 유행병으로 2020년 초, 시장의 붕괴를 촉발했다. 매클래넌은 팬데믹이 한창일 때 맨해튼을 떠나 그해 6월 코네티컷주 그리니치에서 집을 구했다고 했다. 10년 동안 거의 '멈추지 않는' 성장을 한 후 '안주'의 시기에 갑자기 시장이 붕괴한 탓에 자신의 신념이 확고해졌다고 그는 말했다. 시장이란 본질적으로 예측 불가능하며 복잡한 생태계의 일부라는 뜻이었다. 일다시피 2019년 12월에 코로나19가 비즈니스 사이클을 붕괴시킬 것이라고 주장한 경제 전문가는 아무도 없었다. 그러니 모든 것이 괜찮다고 느껴질 때, 신중한 자세를 확실히 견지하는 것이 회복탄력성을 유지하는 비결이다. 미래는 불확실하고, 시장의 붕괴를 일으킬 사건들이 포함돼 있을지 모르기 때문이다.

매클래넌은 회복력 있는 부를 창출하기 위해 어떻게 포트폴리오를 구성할까? 먼저 글로벌 시장이 경이로움을 이루는 하나의 거대한 블록이라고 머릿속에 그리는 일부터 시작한다. 그런 다음 소유하고 싶지 않은 부분들을 모두 잘라내기 시작해 더 나은 결과를 조각하기 위해 취약성을 높이는 것이라면 무엇이든 더 제거한다. 이 과정에는 매클래넌의 평소 인식이 반영되어 있다. 우리에게 손상을 입힐 만한 것들이 산재하며, 회복력은 그것들을 회피하도록 이끈다는 것이다.

매클래넌은 글로벌 펀드와 국제 펀드를 운용하고 있어서 전 세계 어디에서나 기회를 찾는 유연성을 가지고 있다. 투자자들은 흔히 매클래넌이 '테마형 성장' 중인 '과열 종목군'이라 부르는 것을 우선 찾고 본다. 다시 말해, 2010년 브라질 주식, 2017년 소셜 미디어, 2020년 전기차 종목 등 유행하는 투자 종목을 찾는 것이다. 게다가 최근의 경험에 힘입어 대개 좋은 실적을 내는 종목을 묻지도 따지지도 않고 선정한다. 하지만 성공이 지속될 것이라는 기대감이 확산되면 가격이 폭등하는 결과가 초래된다. 더 나아가 고성장을 하는 영역에서는 결국에 경쟁이 치열해지기 마련이다. 이 대목에서 하워드 막스가 한 말이 떠오른다. "성공은 실패의 씨앗을 품고 있습니다."

회복력 있는 부의 창출을 목표로 삼았다면, 열추적 미사일이 목표물의 열을 추적하듯 유행만 찾아다녀서는 안 된다. 유행하는 자산은 안전 마진이 없는 까닭에 위험이 극도로 높아진다. 이에 매클래넌은 자본의 '무분별한' 흐름을 끊어내는 국가와 섹터들을 비롯하여 일시적 유행으로 보이는 것을 걸러냈다. 사랑받던 브릭스BRICs(브라질, 러시아, 인도, 중국-옮긴이)가 몰락하고 브라질의 경제가 허물어졌을 때, 그러한 습관이 주주들의 방어막이 되었다. 매클래넌은 또한 재산권을 인정하지 않는 정치체제를 가진 국가에 아예 관심을 두지 않았다. 바로 러시아이다.

마찬가지로 매클래넌은 포트폴리오를 취약하게 하는 기업을 솎아낸다. 예를 들어, 특히 기술 변화에 취약한 비즈니스 모델은 선택하지 않는다. 그런 맥락에서 재무 상태가 불투명하고, 레버리지에 지나치게 의존하거나 모험하듯이 무분별한 운영을 하는 기업들을 피한다. 이런 접근법을 견지한 덕분에 엔론과 패니메이Fannie Mae 같은 시한폭탄들은 말할 것도 없고, 금융 위기를 겪는 동안 무너진 은행들 때문에 전혀 피해를 보지 않았다.

매클래넌은 성공한 기업이 영원히 성장한다고 예상하지 않는다. 그보다는 과학 원리에 착안하여 더 어두운 렌즈로 그들을 들여다본다. "'만물'은 쇠퇴하는 길에 있다고 믿게 되었습니다. 진화에 관해 생각해 보면, 지구상에 존재했던 종의 99%가 멸종했습니다. 기업도 예외는 아닙니다."

그는 또한 경제를 하나의 생태계로 바라본다. 현재 정글에 군림한 지배자들은 결국 와해성 기술disruptive technology과 새로운 경쟁자들에 의해 왕좌에서 물러나게 된다. "현재 무너지지 않을 것 같은 탄탄한 기업들이 미래에는 그러지 못합니다." 매클래넌이 설명을 이어갔다. "불확실성이 시스템에 내재하고 있습니다. 그것이 엔트로피entropy입니다. 열역학 제2법칙이지요. 본래 시간이 흐를수록 질서가 깨지는 경향이 있습니다. 그래서 구조와 질을 그대로 유지하기 위해 수많은 에너지가 필요합니다. 그래서 철학적으로 접근해야 합니다. 본래 구조적으로 영원한 것은 존재하지 않으며, 모든 것은 시간이 갈수록 쇠퇴한다는 사실에 경외심을 가져야 합니다."

이러한 깨달음에는 종목 선정과 관련한 심오한 의미가 함축되어 있다. 투자자들은 대부분 급격한 성장 전망세에 있는 매력적인 기업 종목을 보유하고 싶어 한다. 그런데 매클래넌은 방법을 달리하는데, '쇠퇴를 회피하는' 전략에 초점을 맞춘다. 어떤 전략을 활용할까? 복잡한 경쟁요인에 덜 취약해 지속성이 뛰어난 사업을 가려내는 식이다. 소위 반엔트로피 전략을 생각하면 이해하기 쉽다.

그래서 매클래넌이 '지속할 것으로' 예상하는 기업으로 파낙 주식회사FANC Corp.를 들 수 있다. 이 회사는 서보모터servomotor 등 산업용 로봇 제품을 제작하는 일본계 기업으로 세계 산업용 로봇 시장을 선도하고 있다. 미국에서는 파낙 로봇의 제조공정을 거치지 않은 자동차를 찾기 어려울 정도다. 파낙 주식회사는 자사 제품에 익숙한 견고한 고객군을 보유하고 있으며, 그 고객들을 통해 실시간 데이터를 모으고 우세한 시장정보를 활용하여 경쟁기업들보다 앞서 시장을 선점해 나가고 있다. 또한 기술 변화의 희생양이 되기보다는 제조공정에서 자동화 트렌드의 혜택을 톡톡히 누리고 있다. 순현금흐름 등과 관련해서도 견실한 재무 상태를 유지하고 있으며 경영진이 미래를 내다보며 회사를 운영하고 있다. 경영진은 회사가 '영원히 생존하는' 위치에 오르도록 전력을 기울이고 있다고 명쾌히 말한다. 그렇다고 해서 엔트로피의 영향을 전혀 받지 않는다고 보장하지는 못하지만, 파낙을 현 위치에서 끌어내리기 어렵다고 매클래넌은 생각한다.

또 다른 사례로 소비재 기업인 콜게이트-팜올리브Colgate-Palmolive가 있다. 이 회사는 1870년대부터 치약을 판매해 왔으며 전 세계 시장의 49% 이상을 점유하고 있다. 말하자면, 치약은 유효성분이 발암물질로 드러나는 사건이 일어나지 않는 한 와해성 기술에 저항력이 있는 저렴한 생활필수품이다. 2008년이나 2020년처럼 경제가 대혼란에 빠지는 시기에도 지속가능성을 유지하는 기업이라고 매클래넌은 말했다. 또한 파낙 주식회사와 마찬가지로 규모와 고객구속력의 조합이 차액을 늘리고, 잇달아 현금흐름을 향상시키는 효과로 이어졌다고 했다.

콜게이트-팜올리브는 새로움으로 승부를 내는 회사도 아니고, 성을 상품화하여 자극하는 회사도 아니다. 그럼에도 사업모델은 모방하기에 매우 어려워 매클래넌은 이 회사가 "재미없는 희소성"을 가졌다고 말한다. 투자와 관련한 매력이 화려함이 아닌 단조로움에 있다는 발상에서 의외의 고상함이 풍긴다. 수년간 그는 주기적인 하강기에 인수한 임업 회사부터 유니폼 대여 회사에 이르기까지 무수히 많은 미운 오리 새끼들에게서 숨겨진 매력을 찾아냈다. 반면 테슬라Tesla는 딱히 그렇지 않았다.

마찬가지로, 2020년 3월 주식시장이 붕괴하자 매클래넌은 일본 기업 호시자키Hoshizaki에 대한 지분을 늘렸다. 평범하지만 지속 가능한 기업을 절묘하게 선정한 것으로 매클래넌은 이 회사를 두고 "세계 업소용 제빙기 시장의 선도 기업"이라고 표현한다.

또한 주식을 매입할 때는 '쇠퇴에 대한 비용'을 적용해야 한다고 매클래넌은 강조한다. 달리 말해, 회사가 여타의 기업들처럼 결국 '가치가 하락하는 길'에 놓여 있다는 추정을 고려해 가치평가액이 충분히 낮아야 한다는 말이다. 매클래넌은 대개 기업의 내재가치 평가액에서 30%가 낮은 가격에 투자할 종목을 찾는다. 만약 기업이 쇠퇴하지 않고 계속 성장한다면, 쇠퇴에 대한 비용 없이 성장을 달성하는 것이다.

이처럼 철저히 종목을 걸러내는 과정 이후에는 무엇이 남을까? '이례적 지속성, 보수적 관리, 건전한 재무 상태, 저평가된 사업'이라는 회복탄력성의 핵심 요소는 영원한 것은 없다는 다윈주의의 생태계에서조차 번창할 가능성이 크다.

평균적으로 봤을 때, 가치평가액이 거듭 변동됨에 따라 기업 종목들을 걸러내거나 추가하면서 매클래넌은 10년 동안 거의 줄곧 그 지위를 유지했다. 해당 종목이 모두 불완전하고, 일부는 실망스럽다는 점을 그도 인정한다. 그래서 그 종목 중 대략 140개를 소유함으로써 또 다른 단계의 회복탄력성을 추가했다. 그레이엄과 이베이야르처럼 그는 분산투자를 실수와 불운, 알 수 없는 미래에 대응하는 '오류 허용' 전략의 필수 요소로 바라본다.[7]

'좋은 가격에 좋은 사업'을 인수할 기회는 대개 변동성이 큰 상황에서 불규칙하게 발생한다. 그래도 매클래넌은 5년이나 10년을 기다려서라도 가치 있는 회사를 찾을 만큼 충분히 여유를 가진다. 그간 눈여겨본 종목 중 자신의 가치 기준을 넘는 회사를 찾는 것이다. 가격이 너무 높을 때는 굳이 무분별하게 투자하지 않고, 현금이 늘어나도록 두는 절제력을 발휘한다. 사실, 그는 '아니라고 말하는 용기'가 제일 중요하다고 생각해 그러한 용기를 분석가들에게 심어주려고 애쓰고 있다.

시장이 과열되고 좀처럼 할인된 종목이 나타나지 않을 때, 매클래넌은 분명히 이베이야르처럼 용기를 발휘한다. 코로나19로 인한 주가 대폭락이 일어나기 전날인 2020년 2월 19일, 포스트 이글 글로벌 펀드는 자산의 15%를 현금과 국채로 챙겨두었으며 71%만 주식으로 운용하고 있었다. 지난 2017년 그가 가치평가액이 높으면 위험이 발생한다며 우려를 표했던 것도 이유가 있었다. 그는 이렇게 말했다. "사실 투자하기에는 가격이 맞지 않는 시기에 자본이 한 번에 움직이도록 놔두지 않았습니다. 그렇게 해야 침체기의 회복이 수월합니다."

매클래넌은 또한 운용 자산의 14%를 금에 투자했는데, 주식시장의 폭락이나 지정학적 혼란, 지폐 시스템에 대한 신뢰 상실 등에 대한 장기적인 대비책을 세웠다. "정말 최악의 상태로 말하면, 금과 주식은 상극관계입니다." 그가 말했다. "주기율표에서 보면 금은 가장 희소하면서도 연성이 매우 뛰어난 금속원소입니다. 또 녹슬거나 부식되지 않아요. 기업이나 어떤 체제처럼 쇠퇴하지도 않습니다." 그의 일관된 주장에 따르면, 인간이 만든 불안정한 세상에서 금이야말로 그의 전천후 포트폴리오에 '타고난' 회복탄력성을 더해 주었다고 한다. 한마디로 말해, 기업은 없어지지만 금은 오래도록 유지된다.

예상했던 대로 퍼스트 이글 글로벌 펀드는 '금과 현금의 균형 잡힌 자산 배분'에 힘입어 흔들리지 않고 2020년의 혼란기를 잘 버텨냈다. "비가 오기 전, 우산을 준비해야 하는 이유를 잘 보여 주는 모범 사례입니다." 매클래넌이 말했다. "폭풍이 휘몰아치는 와중에 우산을 찾아다 녔다가는 하나도 찾기 어렵습니다. 그래서 사전에 대비하는 자세를 견 지하는 것이 매우 중요합니다." 덕분에 그는 님들이 공포에 띨 때, 폭락 한 주식을 '오히려 매우 합당한 가격에' 인수할 수 있었다. 이와 관련하 여 매클래넌이 의견을 밝혔다. "보수적으로 운영하는 것만으로는 부족 합니다. 현금을 비축해 둬야 해요. 그래야 남들이 선불리 나서지 못할 때 움직일 수 있습니다."

매클래넌이 활용하는 회복탄력적 접근법은 대다수 투자자들의 접 근방식과 극명히 대조된다. 그의 방식대로 체계적으로 취약성을 제거 하는 일에 집중하려면, 투자자들이 보이는 '명백한 행동 결함'을 답습 하지 말아야 한다. 너무 조급한 나머지 적당한 매수가가 형성될 때까지 기다리지 못하는 경우가 좋은 예다. 이는 수년간 주식을 보유하기보다 는 '대여'하는 꼴이다. 게다가 지식의 한계를 인정하지 않고 미래를 예 측할 수 있다는 자기중심적 착각에 굴복한다. 그러다가 수익 창출을 부 러워하고, 좋은 기회를 놓칠까 두려워 판단력이 흐려진 상태에서 맹목 적으로 뛰어든다.

사람들이 이처럼 자멸적인 실수를 범하는 이유를 탐구하게 된 것은 2,400여 년 전 아테네의 장군 투키디데스가 저술한《펠로폰네소스 전 쟁사_History of the Peloponnesian War_》를 읽고 나서였다. 아테네와 스파르타 가 전쟁을 종결한 이유가 "양측이 '순간의 열정'으로 성급하고 자만한 결정을 내려서"라고 매클래넌은 말했다. 아울러 반대 성향인 인내와 겸 손이 갈등을 해소하거나 부를 쌓을 때 우위가 된다고 했다. 거듭 강조 하지만, 취약성을 늘리는 모든 것에 의식적으로 저항하는 가운데 성공의 씨앗이 싹튼다.

매클래넌은 포트폴리오가 오랜 시간에 걸쳐 성장하는 과정을 설명하면서 어린 시절을 떠올렸다. 오스트레일리아에서 자란 그는 어머니가 정원을 가꾸던 모습을 생생히 기억했다. 정원에는 늘 문제가 도사렸다. 날씨는 건조했고 덩굴은 시들었으며 벌레떼가 날아들었다. 그래서 어머니는 왜 늘 고생을 사서 하는지 의문이 들곤 했다. 풀숲이 알아서 자라게 놔두거나 일주일에 한 번 제초작업을 하는 것만으로 만족하셨다면 좀 더 수월했을 수도 있다. 그러나 어머니의 정성으로 30년 동안 주목할 만한 결과가 나왔다. "시간이 흐르는 동안 일어난 일을 지켜보았지요. 시간이 지날수록 정원은 아름다워졌습니다. 선택이 필요한 일이었습니다. 그리고 제 어머니의 일화는 투자와 관련해 좋은 비유라고 생각합니다."

퍼스트 이글 글로벌 펀드는 그의 어머니가 가꾼 정원과 무척 닮았다. 1979년 이베이야르가 글로벌 펀드를 맡은 이래 상승장, 거품, 인플레이션, 전쟁, 주가 대폭락, 금융 위기, 펜데믹 등 너무도 많은 사건이 벌어졌다. 그렇다고 해도 변함없이 절제된 위험 회피 전략을 고수했다. 결과는 어땠을까? 1979년부터 MSCI 지수가 9.35% 상승한 것에 비해 글로벌 펀드는 매년 평균 12.46%의 성장률을 유지했다.[8] 따라서 1979년 글로벌 펀드에 12만 달러를 투자했다면, 투자금이 2020년까지 1,294만 달러로 불어났을 것이다. 만약 MSCI 지수에 투자했다면, 수익은 405만 달러에 그쳐 거의 900만 달러나 차이 났을 것이다. 이는 복리의 효과를 잘 보여 주는 훌륭한 사례다. 작은 이점이 수십 년에 걸쳐 압도적인 승리의 마진margin of victory으로 불어난 것이다. 역설적인 사실은 이베이야르와 매클래넌이 최대의 노력을 기울이지 않고도 경이로운 실적을 달성했다는 점이다. 매클래넌은 위험 완화와 오류 제거, 신중한 누락 행위에 끊임없이 집중한 덕분이라며 성공의 이유를 세시했다. 요컨대, 지지 말고 이기라는 말이다.

삶은 단순하지 않다

그렇다고 해도 번영에 이르는 길에는 고통이 따랐다. 현재 은퇴한 이베이야르는 직장생활이 순탄하지 않았던 시절에 입었던 마음의 상처를 숨기지 않고 드러낸다. 삶을 되돌아보면서 그는 일과 가정생활의 균형을 유지하고자 발버둥 쳤던 모습을 떠올리며 아쉬워했다. 일에 몰두하다 보니 두 딸에게 소홀했다고 한다. 혹 그가 가정에 더 신경을 썼다면, 종목 선정가로서 지금과 같은 성공은 거두지 못했을까? "모르겠습니다. 절대로 알 수 없을 겁니다." 이베이야르가 답했다. "신부님이 옳았어요. 삶은 단순하지 않아요."

그렇기는 하지만 이베이야르는 그간 이룬 것들에 대한 자부심으로 똘똘 뭉쳐 있다. "저를 기쁘게 하는 건 제가 남들보다 좋은 실적을 거두었다는 사실이 아닙니다. 인덱스펀드를 크게 초과해서 오랜 기간 수익을 창출했기 때문이에요." 그가 말했다.

대부분 사람들이 그렇듯 매클래넌 또한 나름대로 인생의 단맛과 쓴맛을 모두 보았다. 엔트로피의 힘과 덧없음이 그의 삶에 어떤 영향을 미쳤는지 그에게 물었더니 다음과 같이 답했다. "아, 알고 계시겠지만 제게는 아내가 있었죠." 이베이야르 부부는 오랜 결혼생활을 정리하고 이혼했다. 그들에게는 세 명의 자식이 있다. 이베이야르는 이후 재혼했으며 넷째 아이를 가졌다.

개인의 삶과 직업에서 새로운 시작과 절묘한 기회가 닥치기 전에는, 늘 극한 고통의 순간들이 있었다고 매클래넌은 말했다. 좋은 예로 1990년대 후반은 그와 이베이야르 같은 투자가들에게 잔인한 시기였다. 매클래넌은 자신의 경험을 털어놓았다. "그럼에도 불구하고 2000년대 초에 황금기가 도래했습니다. 고통을 견뎌낸 후에는 엄청나게 유리한 시기가 왔습니다." 우리 인생과 마찬가지로 시장에서의 성공 또한 고난을 극복하는 능력에 달려 있다.

골드만삭스에서 14년간 일한 매클래넌은 월스트리트에서 난다긴다 하는 인재들과 함께 일했다. 처음에는 그들이 평범한 사람들과는 다른 특출난 능력이라도 가진 것인지 궁금했다. "오랜 시간을 보내며 알게 되었지요. 특별한 재능이 아니라 끊임없이 배우고 발전을 거듭하며 역경에 굴하지 않으면 된다는 것을요." 그는 투자의 귀재들에게서 공통된 특성을 발견했다. "그 사람들은 포기하지 않을 뿐입니다. 암호를 푸는 일에 끊임없이 매료되지요. 그리고 언젠가 꼭 겪게 되는 절망의 시기를 버텨내는 정신력을 가지고 있습니다."

미래가 지금보다 더한 고난, 더한 불안정, 더한 쇠퇴를 불러온다는 점을 매클래넌은 잘 알고 있다. "결국 엔트로피는 우주의 철칙입니다." 그래도 그는 자신을 '비관주의자'가 아닌 '박식한 현실주의자'로 바라본다. "저는 인간의 잠재력을 신봉하지만, 우리가 가는 길에 일관성이 있다고 생각하지 않아요. 종종 발생하는 붕괴로 인해 구멍이 납니다.

따라서 그런 단편적인 와해 요소들을 '견뎌내는' 포트폴리오와 사고방식을 만들어야 해요. 그렇게 한다면, 인류의 행진에서 혜택을 얻을 확률이 더욱 높아질 겁니다."

회복탄력성을 높이는 다섯 가지 규칙

잠시 뒤로 돌아가 투자에서 회복탄력성을 높이는 방법과 관련하여 그레이엄, 칸, 버핏, 이베이야르, 매클래넌에게서 얻은 몇 가지 현실적인 교훈들을 머릿속에 새겨보자.

첫째, 불확실성을 섣불리 보지 말아야 한다. 그레이엄과 칸이 지난 세기에 목격한 모든 혼란을 한번 생각해 보자. 그러면 무질서, 혼돈, 변동성이 시스템에서 발생하는 버그가 아니라 시스템의 일부라는 점이 이해되기 시작한다. 혼란의 계기나 시발점을 예측할 수 없고, 그 본질을 알 수 없어도 혼란을 예상하고 그에 대비해야 충격을 완화할 수 있다. 그럼 어떻게 대비해야 할까? 우리의 취약성을 찾아내 끊임없이 제거하는 것이다(혹은 취약성을 줄이는 것이다). 그래서 나심 니콜라스 탈레브Nassim Nicholas Taleb는 저서 《안티프래질Antifragile》에서 "대상을 해롭게 하는 사건의 발생을 예측하는 것보다 그것이 취약한지 파악하는 게 훨씬 쉽다"고 언급했다.

둘째, 회복탄력성을 높이기 위해, 반드시 부채를 줄이거나 없애고 레버리지를 피해야 한다. 또한 과도한 지출, 낯선 사람들의 친절에 의지하게 만드는 것이라면 모두 피해야 한다. 여기서 두 가지 물음이 생긴다. "나는 어떤 부분이 취약한가? 어떻게 내 취약성을 줄일 수 있을까?" 만약 모든 자금이 하나의 은행, 하나의 위탁매매, 하나의 국가, 하나의 통화, 하나의 자산 클래스, 하나의 펀드에 묶여 있다면, 실탄이 장전된 총을 가지고 노는 꼴이다. 운이 좋으면 단기간에 괜찮은 성과를 낼지도 모른다. 하지만 시간이 갈수록 자신의 취약성이 예기치 못한 사건에 노출될 확률이 높아진다.

셋째, 단기 실적이나 벤치마크 지수를 상회하는 실적에 집착하지 말아야 한다. 대신에 충격에 저항하고 파괴적 힘을 회피하며 게임에서 자리를 유지하는 일에 더 큰 비중을 두어야 한다. 어느 정도의 오름세에 있을 때 경제가 성장하고 생산성이 향상되며 인구가 늘어나고 복리가 마법을 발휘한다. 그렇다 해도 칸이 경고한 것처럼 내림세를 간과하는 여지를 두어서는 안 된다.

넷째, 자만과 안주를 조심해야 한다. 아리스토텔레스가 "부에서 나온 인간상은 성공한 바보의 인간상"이라고 말한 것도 다 이런 이유 때문이다. 개인적으로 내가 확신하는 것이 있다면, 나는 불합리하고 무지하며 자기 기만적이고 남들의 실수를 비웃고는 모두 답습하는 경향이 있다는 사실이다. 특히 미래가 최근의 모습과 다르지 않을 것이라고 믿는 매우 위험한 버릇을 가지고 있다는 점이다.

다섯째, 우리는 박식한 현실주의자로서 위험에 대한 노출을 예리하게 인식하고, 늘 안전마진을 염두에 두어야 한다. 이와 관련하여 중요한 경고를 따라야 한다. 즉, 위험에 대한 인식이 우리를 두렵게 하거나 염세적으로 만들거나 편집증에 빠지도록 만들어서는 안 된다. 그래서 독일의 철학자 니체는 "심연을 너무 오래 들여다보면, 심연도 우리를 들여다본다"는 명언을 남겼다. 매클래넌이 팬데믹을 겪는 동안 설명했듯이, 회복탄력성이 있는 투자자는 회복력이 부족한 투자자들이 동요할 때 역경을 견디는 의지력과 자신감, 미래에 대한 신념을 가지고 기회를 잡는다. 그에 따라 어느 순간 방어는 공격으로 전환되고, 붕괴한 상태에서 수익이 발생한다.

richer,
wiser,
happier

5장

궁극의 정교함, 단순성

> "길고도 험한 여정에서
> 경이로운 실적을 이루는
> 가장 단순한 경로를 찾아라"

마법공식의 창시자, 조엘 그린블라트

simplicity

꼼꼼히 하다가 인생이 모두 지나가 버린다.
단순히 해라, 단순히.

_ **헨리 데이비드 소로** Henry David Thoreau

이 시대의 위대한 역설은 세상이 복잡해질수록
단순성이야말로 성공의 문을 여는 마스터키라는 것이다.

_ **존 보글** John C. Bogle

숨이 턱 막힐 정도로 습한 뉴욕의 날씨. 이 같은 여름날에 도시의 고층 건물 사이에 갇혀 있다면, 아무리 더위에 강한 사람이더라도 열기를 피해 달아나고 싶을 것이다. 한편 부자를 꿈꾸는 사람들은 정장 단추를 꼭 잠근 채 월스트리트를 걸어가고 있다.

헤지펀드 투자자 조엘 그린블라트Joel Greenblatt는 도시에서 160km 떨어진 곳에 피난처를 마련했다. 그린블라트는 햄프턴 해변의 별장에서 일하고 있다. 우리는 별장 뒤편에 있는 우아한 분위기의 테라스 그늘에 앉아 시원한 산들바람을 맞으며 대서양의 장엄한 광경을 음미했다. 그의 별장에 있는 수영장에는 농구대가 설치되어 있었으며, 잔디밭에는 축구 골대가 설치되어 있었다. 우리 뒤쪽으로는 서프보드 몇 개가 벽에 세워져 있었다. 햇살은 해수면 위로 아른거렸다.

볕에 그은 피부에 느긋한 여유가 느껴지는 그린블라트는 청바지에 맨발로 가죽 구두를 신고 있었고, 그의 소매는 걷어 올려져 있었다. 틈만 나면 테니스를 즐기는 그는 환갑을 앞둔 나이에도 군살 없는 몸매와 건강을 자랑했다. 투자의 대가들이라고 해서 꼭 풍부한 사교력을 타고 난다는 법은 없다. 그런데 투자업계에서 대가 중의 대가로 손꼽히는 그린블라트의 행동에서는 묘한 매력이 풍겼으며 온화한 미소가 일품이었다. 무엇보다도 조용한 자신감과 침착함이 돋보였다. 이는 자신의 능력을 인정받고자 하는 흔한 갈망을 넘어서는 태도였다. 그는 자신의 본 모습을 편안히 받아들였는데, 그간에 이루어낸 성과를 모두 알기에 자연스러워 보였다.

그가 달성한 성과의 수준을 고려하면 아마도 그리 놀라운 일은 아니다. 그린블라트의 투자 실적은 업계의 전설로 통한다. 그는 1985년 27세의 어린 나이에 고담 캐피털Gotham Capital을 설립하여 대략 700만 달러의 자산으로 헤지펀드를 운용하기 시작했다. 1989년 로버트 골드스타인Robert Goldstein이 합류하여 30년이 넘도록 동업자로 함께 일하고 있다. 첫 10년 동안은 연간 50%의 수익률(비용 처리 후, 수수료 지급 전 수익률)을 기록했다. 이후 20년 동안 연평균 40%라는 경이로운 수익률을 기록했다. 재치 있는 속임수라고 할 수 있지만, 이를 누적수익률로 계산하면 100만 달러가 8억 3,600만 달러로 불어났다.

고담 캐피털은 5년 후 투자자들의 투자금 중 절반을 되돌려주었다. 10년 후에는 나머지 투자금을 되돌려주었으며, 그에 따라 그린블라트와 골드스타인은 그들의 자산을 운용하는 데 집중할 수 있었다. 펀드 매니저들은 주주들의 변덕스러운 생각에 휘둘리는 경향이 있지만, 아무도 책임질 필요가 없었던 두 사람은 최고의 호사를 누렸다.

자유롭게 호기심이 이끄는 대로 향한 그린블라트는 종잡을 수 없는 길로 향했다. 탁월한 성과를 올리기 위해서는 집중해야 하기에 최고의 투자가들은 대부분 관심의 영역이 좁다. 그런데 그린블라트는 풍요롭고 다채로운 삶을 일구었다. 가정에 충실한 가장인 그는 아내와 다섯 아이, 강아지 두 마리와 함께 살고 있다. 싱가실 정도로 타고난 새능을 가진 작가이기도 한 그는 세 권의 투자 관련서를 저술하기도 했다. 그의 책은 알찬 조언, 가볍고도 재치 넘치는 말솜씨, 상상력이 돋보이는 말장난 등 독특한 형태로 구성되어 있다.[1]

그의 첫 책《주식시장의 영원한 고수익 테마들 *You Can Be a Stock Market Genius*》은 일반 독자들을 대상으로 집필한 것이지만, 시장에서 경쟁 우위를 확보하고자 하는 전문적인 헤지펀드 매니저들의 필독서가 되었다. 두 번째 책《주식시장을 이기는 작은 책 *The Little Book That Beats the Market*》은 자신의 자녀들이 이해할 수 있는 안내서를 쓰겠다는 취지가 뒷받침되었지만, 마이클 프라이스로부터 지난 50년간 발간된 투자서 중 가장 중요한 책이라는 극찬을 받았다. 세 번째 책《소액 투자자를 위한 큰 비밀 *The Big Secret for the Small Investor*》은 별로 호응을 끌지 못했다. 이를 두고 그린블라트는 "아무도 읽지 않았기 때문에 여전히 비밀이다"라고 우스갯소리를 한다.

그린블라트는 1996년부터 컬럼비아 경영대학원에서 '가치 및 특수 상황 투자'를 주제로 강의했다. 지금까지 800명에 이르는 엘리트 계층 MBA 학생들을 가르쳤는데, 시장을 이기는 방법론으로 활용한 지적 프레임워크를 그들에게 전수했다. 그는 강의에 앞서, 그가 전수하는 방법론으로 돈방석에 앉을 수 있다는 이야기부터 시작한다. 그러나 이러한 방향을 추구하는 것은 마치 능력 있는 경주마에게 핸디캡을 주는 요령을 부리는 것과 같다고 충고한다.

그린블라트는 집필과 강의를 통해 두 가지 방향에서 사회 환원을 실천하며 보람을 찾고 있었다. 금융업계는 자기 잇속만 차리는 분위기가 팽배하고, 잘못된 판단과 조언을 따르다 재정 건전성을 무너뜨리는 일이 자주 벌어진다. 이런 영역에서 그린블라트는 이미 효과가 입증된 투자의 지혜를 전수하면서 벤저민 그레이엄, 워런 버핏, 하워드 막스가 전수한 위대한 전통을 이어왔다. 한편으로는 뉴욕시에서 1만 8,000명의 학생을 담당하는 45개의 공립 차터스쿨charter school(대안학교의 성격을 가진 공립학교-옮긴이) 연합체를 결성하는 등 박애주의자로서 중요한 역할을 하기도 했다. 학생들은 대부분 브롱크스와 할렘 같은 지역에 거주하는 저소득 소수 계층 출신이었다.

최근 들어 그린블라트는 다시 외부자금을 운용하기 시작했다. 골드스타인과 함께 롱 포지션(매수한 수량이 매도한 수량을 초과한 상태)과 쇼트 포지션 전략을 취하는 일련의 뮤추얼펀드를 출시했다. 매우 흥미로운 행보로 그들은 스타의 위치로 나아가게 되었다. 사업가 기질이 넘치는 그린블라트는 새로운 벤처를 설립하는 일에서 즐거움을 찾는다. 그렇다 해도 그가 품은 야망은 금융제국을 건설하여 자신의 부를 극대화하는 그림이 아니다. 그는 자신의 신조를 밝혔다. "돈을 벌어서 나쁠 건 없지요. 하지만 저를 앞으로 나아가게 하는 것은 아니에요. 돈은 충분히 있습니다."

그처럼 이기기 위한 전략을 고안하는 게임 플레이어의 기쁨이 그에게는 주요 동기요인이다. "제가 가장 매력을 느끼는 것들을 해결하기 위해 도전하는 즐거움이 있습니다. 세상 모든 사람이 해결하려고 애쓰고 있기 때문에 저는 그 퍼즐을 푸는 과정에서 쾌감을 느낍니다." 실제로 시스템을 허물기 위한 지적인 도전에 거침없이 빨려드는 그의 모습을 보면, 마치 암호해독가처럼 보인다.

나는 그린블라트가 30년이 넘도록 시장의 비밀을 파헤치고 경쟁자들보다 앞서가는 노력을 해오며 발견한 것이 무엇인지 알고 싶었다. (곧 파헤칠 테지만) 그가 전략의 기초로 삼은 원칙은 놀라울 정도로 단순했다. 투자에 대한 그린블라트의 혜안이 남다른 이유가 투자라는 복잡한 게임에서 본질 자체를 꿰뚫는 재능을 가졌기 때문이라는 점도 사실이다. 한 일화를 소개하면, 맨해튼 도심에 소재한 그의 사무실에서 담소를 나눈 적이 있었다. 그는 종목 선정에서 성공하는 비결은 단순한 원칙으로 귀결된다고 말해주었다. "가치가 있는 데다 대폭 할인된 가격으로 거래할 수 있는 것을 알아내는 것입니다." 정말로 그렇게 단순할까? 자, 차차 살펴보자.

그런데 잠시 그 전에 확인해야 할 부분이 있다. 적어도 진실에 가깝다고 할 만한 기본 원칙들을 도출하는 과정이 중요한 이유를 먼저 살펴봐야 한다. 그런 다음 그린블라트를 비롯한 거물 투자가들의 도움을 받아 모든 내용을 명확한 투자원칙으로 좁혀나갈 것이다. 그 원칙들은 앞으로 다가올 수십 년 동안 지속 가능한 궤도를 유지하는 데 도움이 된다. 그렇다면 어떤 부분에 초점을 맞춰야 할까? 과도하게 복잡한 작금의 세상에서 우월한 투자 성과를 달성하기 위한 단순하면서도 논리적이며 신뢰할 만한 방법을, 우리는 찾고 있다.

오컴의 면도날에 숨은 지혜

내가 런던에서 자랐던 1970년대에는 텔레비전 채널 선택권이 기껏해야 세 개로 한정되어 있었다. 그러다 1982년 채널 4Channel 4(영국에 설립된 텔레비전 네트워크)가 다양하고 차별화된 프로그램으로 매일 즐거움을 전달하겠다고 약속하며 새로 개국했다. 반면에 지금 21세기 뉴욕에서는 100개가 넘는 채널을 즐길 수 있다. 그런데도 나는 4년마다 열리는 월드컵에서 영국 축구팀이 탈락하는 장면을 보며 또 속았다고 후회하는 때를 제외하고는 거의 텔레비전을 켜지 않는다.

우리는 흔히 선택권이 늘어날수록 행복해진다고 생각한다. 어느 정도는 사실이라고 할 수 있다. 하지만 이렇게 더해진 복잡성이 너무도 엄청나다는 사실을 알아낸 건 나 혼자만이 아니다. 미국의 심리학자 배리 슈워츠Barry Schwartz는 《점심메뉴 고르기도 어려운 사람들The Paradox of Choice》에서 소비자들이 슈퍼마켓에 진열된 온갖 물품들 앞에서 판단력이 흐려져 좀처럼 결정을 내리지 못하는 현상에 관해 설명한다.

투자와 관련해서도 선택지가 많으면 머릿속이 혼란스러워진다. 개별 종목을 매입해야 할까? 상장지수펀드ETF는 어떨까? 헤지펀드나 뮤추얼펀드는 괜찮을까? 능동적 관리 펀드actively managed funds가 좋을까? 아니면 인덱스펀드가 좋을까? 단순한 투자방식을 선호하는가? 아니면 성장, 가치, 모멘텀, 시장 중립 등의 항목들을 조합한 방식을 선호하는가? 국내주식과 해외주식, 채권, 현금을 비롯해 사모펀드, 벤처 캐피털, 부동산투자신탁REIT, 금, 돈육선물 같은 '대안형' 상품 등 다양한 자산에 자금을 어떻게 분배해야 효과적일까? 이렇게 온갖 생각이 머릿속을 휘젓는다.

현실에서 복잡성을 줄이는 능력은 엄청난 가치가 있다. 613개의 계명이 포함된《구약성서》를 잠시 생각해 보자. 어느 누가 그 모든 계율을 따를 것이며, 어느 누가 그 모든 계율을 기억할 것인가? 이 점이 율법의 핵심인 십계명이 우리에게 필요한 이유일지도 모른다.

대략 2,000년 전 힐렐Hillel이라는 현인이 로마인으로부터 한쪽 다리로 서 있는 동안《구약성서》의 모든 내용을 읊어보라는 요청을 받았다. 그러자 힐렐이 답했다. "그대가 싫어하는 것을 그대의 이웃에게 행하지 말아라. 나머지는 모두 부연 설명이다." 이 핵심적인 계율은《구약성서》에서 "네 이웃을 너 자신처럼 사랑해야 한다Veahavta lereacha kamo"라고 해석된다.

마찬가지로 예수도 모든 계율의 핵심이 무엇인가에 관한 질문을 받고, 압축하고 단순화하는 방법을 택하여 말했다. "네 마음을 다하고 네 목숨을 다하고 네 힘을 다하고 네 생각을 다하여 주님이신 네 하느님을 사랑하여라. 그리고 네 이웃을 네 몸같이 사랑하여라."

이와 마찬가지로 부처가 전한 놀랍도록 간결한 충고가 마음에 와닿는다. "불건전한 것을 삼가라. 선행을 행하여라. 마음을 정화하라." 삶의 지침에 관해 이야기하면서 이 몇 문장 외에 얼마나 더 많은 말이 필요할까? 부처도 힐렐과 예수처럼 인간의 허약함을 깨우친 것으로 보인다. 우리처럼 모자란 사람들이 복잡성에 직면해 쉽게 상처받고 흔들린다는 사실을 말이다. 단순하면서도 기억에 남는 최소한의 지침들이 일반적인 니르바나의 길로 꽤 효과적으로 나아가도록 도와준다는 점을 부처는 알았다.

단순화는 또한 과학과 비즈니스처럼 한층 더 세속적인 영역에서 매우 중요한 전략으로 꼽힌다. 과학자들이 오컴의 면도날Ockham's razor 원리를 자주 인용하는 것도 좋은 사례다. 이 원리는 14세기 영국의 수도사이자 철학자였던 오컴 출신의 윌리엄이 자주 사용해서 그의 이름이 붙었다고 한다. 이 원리는 '똑같은 결과를 내는 두 가지가 경합하고 있을 때, 더 단순한 것이 훨씬 훌륭하다'라는 의미를 함축한다.

오컴의 면도날 이미지에는 매우 중대한 관념이 반영되어 있다. 불필요한 것을 모두 깎아냄으로써 올바른 해답을 찾을 가능성이 커진다는 점이다. 알베르트 아인슈타인도 이 점에 동의하며 모든 물리학 이론은 수학적 설명은 차치하고라도 아이가 이해할 수 있을 정도로 단순해야 한다고 말했다. 핵물리학의 아버지로 불리는 어니스트 러더퍼드 남작Lord Ernest Rutherford도 이와 유사한 결론에 도달하였으며, "술집 여종업원에게 설명할 수 없는 물리학 이론은 훌륭한 물리학 이론이 아니다"라는 말을 남긴 것으로 알려져 있다.[2]

단순성은 업계를 선도하는 기업들의 비즈니스 전략으로도 톡톡히 활용되고 있다. 구글 홈페이지가 모범 사례다. 구글 사이트는 하얀 공간에 구글 로고가 위치하고, 그 아래로 검색어 박스로 간단히 구성되어 있다. 또 스티브 잡스Steve Jobs가 선불교를 수행하며 비움의 미학에 영향받아 애플 제품에 적용한 매끈하고 군더더기 없는 간결함을 생각해보자. 잡스가 밝혔듯이, 그가 추구했던 단순성은 디자인의 영역을 훨씬 뛰어넘었다. "우리가 회사를 운영하는 방식, 제품 디자인, 광고 이 모든 것이 이렇게 귀결됩니다. 단순하게 하자. 정말로 단순하게." 오래전인 1977년으로 거슬러 올라가서 애플이 처음으로 제작한 마케팅 브로슈

어에는 반짝이는 빨간색 사과 사진 위로 의미심장한 태그라인이 실려 있었다. "단순성이란 궁극의 정교함이다."[3]

금융서비스 업계에서는 단순성을 별로 선호하지 않는 경향이 있다. 이런 이유로 부채담보부증권, 구조화 투자수단, 신용파산스왑 같은 '혁신상품'들로 인해 2008년 세계 경제위기가 촉발했다. 얼마 전 작고한 존 보글은 1975년에 뱅가드 그룹을 설립하고 1년 후 최초의 인덱스펀드를 만들었다. 보글은 《월스트리트 성인의 부자 지침서Enough》에서 이렇게 말한 바 있다. "금융기관들은 오컴의 면도날 원리에 정반대되는 방식으로 펀드를 운용한다. 그들은 단순하고 값싼 것보다 복잡하고 비용이 많이 드는 것, 투자자들 대부분이 필요로 하고 바랄 수밖에 없는 것과 정반대되는 것을 장려하는 유인책을 가지고 있다."[4]

2001년 인터뷰를 진행했던 당시, 보글은 자신의 의견보다 더 단순한 것은 있을 수 없다고 지적했다. 운용 비용이 낮은 인덱스펀드가 적극적으로 운용되는 액티브펀드보다 우세해졌는데, 그 이유는 후자가 높은 운영비와 거래비용을 떠안기 때문이라는 것이었다. "금융중개기관(도박판의 딜러 같은 존재)이 있을 때, 그들이 시장수익의 상당수를 가져갑니다." 보글은 설명을 이어갔다. "그래서 인덱스펀드가 이겨야 합니다. 인덱스펀드는 복잡하지 않았어요." 인덱스펀드의 수학적 우위를 근본부터 꿰뚫은 효과가 매우 커서 뱅가드의 자산은 그 후로 6조 2,000억 달러까지 불어났다.[5]

단순성을 매우 중요시하고 주의 깊게 실천하는 전문가로 조쉬 웨이츠킨Josh Waitzkin을 들 수 있다. 웨이츠킨은 체스와 무술, 투자 등의 다양한 분야에서 정점에 오른 인물이다. 그는 어린 시절 우연히 접한 체스에 심취해 미국 주니어 체스 선수권 대회에서 우승을 하기도 했다. 성인이 되어서는 태극권의 세계 챔피언이자 헤지펀드 매니저들의 코치, 작가로도 활발히 활동했으며, 매우 흥미로운 주제로 《배움의 기술The Art of Learning》을 저술하기도 했다.

웨이츠킨은 세계 일류 체스 선수로 활동한 경험에 빗대어 복잡한 문제를 단순한 구성 요소로 분류해야 한다고 강조한다. 예를 들어, 체스를 강연하는 자리에서 그는 다른 모든 것을 제외하고 세 개의 피스(킹 두 개, 폰 한 개)만으로 게임의 기본원리를 파악하도록 돕는다. 태극권도 마찬가지였다. 그는 '가장 간단한 동작', 이를테면 공기 중에 손을 뻗는 식의 동작을 끊임없이 갈고 닦아 세계를 제패했다. 이처럼 '단순화한 동작'을 집요하게 훈련한 그는 점차 '몸과 마음, 호흡의 조화' 같은 무술 전반의 기본원리를 내면화했다. 그리고 결론을 내렸다. "신기한 기술이 아니라 기본 기능이 될 만한 것을 깊이 있게 숙달하면 최고의 위치에 오르게 됩니다."

눈치 빠른 투자자들은 웨이츠킨의 사례를 현명하게 꿰뚫어 소중한 깨달음을 얻는다. 결국 복잡성은 영리한 사람들에게 유혹 같은 함정이 될지도 모른다. 학교에서는 똑똑한 학생들이 복잡한 문제를 해결하고 보상을 받는다. 그래서 투자의 퍼즐에 직면해 복잡한 해법에 끌리는 현상이 전혀 놀라운 일이 아니다. 하지만 금융시장은 무술의 세계와 별반 다르지 않다. 희귀한 기술을 화려하게 선보인다고 성공한다는 보장이 없다. 그보다는 게임의 원리를 확실히 이해하고, 기본 기술을 끊임없이 연마하는 가운데 성공에 다가갈 수 있다. 버핏이 말하지 않았던가. "경영대학원에서는 단순한 행동보다 어렵고 복잡한 행동에 보상을 주지만, 실상 단순한 행동이 더 효과적입니다."

버핏 자신이 바로 단순화의 위대한 스승이다. 1977년 주주들에게 보내는 서한에서 버핏은 종목을 선성하는 네 가지 기준을 펼쳐 보였다. "첫째, 우리가 이해할 수 있고, 둘째, 장기 전망이 밝으며, 셋째, 정직하고 유능한 사람들이 경영하고, 넷째, 매우 매력적인 가격에 매수할 수 있는 기업을 골라야 합니다." 이 기준들이 탁월한 비결로 와닿지 않을지 모르지만, 바람직한 종목 선정 기준에 관한 영원한 진리를 쉽게 거스를 수 없다. 40년이 넘는 시간이 흘렀지만, 버핏이 제시했던 네 가지 필터는 변함없이 적절하고, 유용한 종목 선정 기준으로 유지되고 있다.

세계 최고의 투자가들은 오랜 세월 동안 깨우친 바를 몇 가지 핵심 원칙으로 압축했다. 그들의 그런 능력에 매료되지 않을 수 없다. 지나치게 단순화하는 것도 아니고, 복잡한 문제와 모순되는 현상이 존재하지 않는다고 생각하는 것도 아니다. 끝없이 이어지고, 미묘한 차이가 있는 세부 주제들을 모아서 더는 단순화할 수 없을 때까지 본질적인 것으로 좁혀나가는 것이다. 이 대목에서 미국 연방 대법원의 대법관을 역임한 올리버 웬들 홈스Oliver Wendell Holmes가 남긴 말이 떠오른다. "나는 복잡성 이전에 있는 단순성에 전혀 관심이 없지만, 복잡성을 넘어선 단순성을 위해서라면 내 목숨이라도 내놓을 것이다."[6]

투자의 방법론을 몇 가지 핵심 원칙으로 좁히는 일이 가치 있는 이유는 무엇일까? 우선 우리가 진정으로 확신하는 것이 무엇인지 철저히 분석하게 된다. 강한 신념은 특히 불확실성과 의심, 두려움이 지배하는 격동의 시기에 도움이 된다. 2020년이 시작되고 코로나19가 확산해 몇 달간 일어난 일들을 생각해 보자. 미국에서만 10만 명이 넘는 사망자가 발생했고, 수천만 명이 실업자로 전락했으며, 불과 몇 주 만에 주식시장이 대략 30%나 하락했다.

그런데 이런 일은 사정이 좋을 때 항로를 벗어나는 일처럼 흔히 벌어질 수 있다. 뉴스에서는 불안을 유발하는 소식을 쉴 새 없이 보도하고, 장사꾼들은 끔찍한 투자상품과 의심스러운 전문지식을 경쟁하듯 선전한다. 그러나 투자의 대가들은 나름의 원칙을 견지하며 판단력을 흐리게 만드는 것들에 휘둘리지 않는다. 그린블라트가 자신의 방식을 알려주었다. "제 방식은 단순합니다. 이치에 맞는 것들을 보며, 눈이 오나 비가 오나 변치 않고 고수하는 것입니다. 그게 전부입니다."

윌 다노프의 투자법

보스턴에 소재한 피델리티 인베스트먼트Fidelity Investments 본사에서 윌리엄 다노프와 얘기를 나누다가 단순하면서 확고한 투자 교리의 가치들이 인상 깊게 다가왔다. 타고난 워커홀릭인 다노프는 벌어진 치아를 보이며 활짝 웃고는 냉소적인 유머 감각을 뽐낸다. 그는 우주의 지배자라기보다는 만성피로에 시달리는 중간 관리자에 더 가까워 보였다. 1990년 피델리티 콘트라펀드Fidelity Contrafund의 운영을 맡은 이래 회사를 1,180억 달러 규모의 거대기업으로 성장시켜 한 사람이 운영하는 세계 최대 액티브 공모 펀드로 만들었다. 그는 총 2,000억 달러가 넘는 자금을 운용한다.

거대 펀드로 시장을 능가하는 성과를 달성하기란 불가능에 가까울 정도로 어려운 일이다. 그런데 우리가 만났던 2017년 당시, 다노프는 1년에서 3년, 5년과 10년, 급기야 27년이라는 기간에 S&P 500 지수를 휘젓는 탁월한 실적을 내어 시장의 주목을 받고 있었다. 다노프가 걸어온 길을 엿보며 그가 가진 비법의 미묘한 요소들을 찾아내고 싶어졌다. 그런데 그는 평생 견지해 온 투자철학을 "주식은 순이익을 따라간다"라고, 단 몇 단어로 요약했다.

이 원칙을 머리에 각인한 다노프는 5년 안에 더 큰 기업으로 성장할 것으로 보이는 분야별 최고의 종목들을 끈질기게 찾아다닌다. 왜 그럴까? 앞으로 5년 안에 주당 순이익이 두 배가 된다면, 주가 역시 (대략) 두 배가 될 것이라고 믿기 때문이다. 이처럼 일반화된 원칙은 무시하기 쉬운데, 믿기 어려울 정도로 단순해 보이기 때문이다. 그렇다 해도 기억해야 한다. 투자는 심사위원이 난이도에 따라 점수를 더 주는 올림픽 경기 같은 스포츠가 아니라는 사실을 말이다.

다노프는 당연한 일을 수행하듯이 수익 성장을 예측하는 데 한결같이 집중한다. 이 책에 등장하는 대다수의 투자가들과 달리 그는 평가된 가치가 '터무니없는 수준'이 아닌 이상, 가치평가 수준에 그다지 개의치 않는다. 그가 내게 이렇게 물었다. "주주들을 위해 게임에서 이기고, 위대한 기업을 소유하고 싶나요? 때로는 정당한 대가를 치러야 위대한 기업을 소유할 수 있습니다."

이와 같은 사고방식을 견지한 다노프는 버크셔 해서웨이(1996년 이래 주요 보유지분), 마이크로소프트, 알파벳(2004년 구글의 IPO에 대한 최대 투자자 중 한 사람), 아마존(다노프의 최대 포지션), 페이스북(IPO에서 최대 매수자 중 한 사람) 등 경영 상태가 양호한 시장지배 기업들에 대한 막대한 장기보유 포지션을 축적했다. "꽤 간단한 겁니다." 다노프가 말했다. "제가 투자를 대하는 태도는 '최고의 종목에 투자하는 게 어때?'라는 말로 설명이 되겠네요."

다노프는 커피로 얼룩진 오래된 메모 뭉치를 보여 주며 자신의 사고법을 설명해 주었다. 덕분에 그가 지난 30년 동안 수많은 기업의 관계자들과 만났던 기록을 엿볼 수 있었다. 그는 가장 아끼는 기념품 하나를 꺼내 보여 주기도 했는데, 스타벅스를 세계적인 브랜드로 성장시킨 선지자 하워드 슐츠Howard Schultz를 만난 일에 관해 손글씨로 이리저리 휘갈겨 쓴 두 장의 메모지였다. 다노프와 슐츠는 1992년 6월에 만났다. 그로부터 정확히 일주일 후 회사는 2억 5,000만 달러의 시장가치로 주식시장에 상장했다. 오늘날 스타벅스의 시가총액은 1,200억 달러에 달한다.

다노프는 메모 뭉치에서 당시 슐츠와 만났던 내용을 살펴보며 말했다. "파악해야 할 모든 것이 여기 있습니다. 엄청난 기회에요." 이를테면, 슐츠는 이탈리아에만 커피 전문점이 20만 개 이상 있다는 점을 짚었다. 이와 비교해서 스타벅스는 139개의 점포를 보유하고 있었다. 그런데 시애틀 스타벅스 본사는 창업 비용 25만 달러라는 비용으로 점포 개설을 확대하는 등 다른 도시들에서 공격적으로 사업을 확장하고 있었다. 그로부터 3년이 지나고 점포당 15만 달러의 수익을 창출했다. 이는 초기 투자금 대비 60%의 수익률에 해당했다. "비결은" 다노프가 입을 열었다. "점포당 순수익이 꽤 높아서 회사는 외부자금을 조달하지 않고도 빠른 속도로 성장할 수 있었습니다."

다노프에 따르면, 슐츠를 처음 만났을 때만 해도 그의 진가를 알아

보지 못했는데, 결국 스타벅스는 콘트라펀드가 최대 지분율을 자랑하는 기업이 되었다. 그 과정에서 스타벅스는 이례적으로 높은 성장률을 유지하는 큰 기업에 장기 투자하는 것이 왜 가치 있는 일인지 완벽한 사례가 되었다. 다노프는 차트를 가리키며 스타벅스가 2년에 걸쳐 경이로운 실적을 달성해 온 과정을 설명했다. 스타벅스의 주당순이익은 20년 동안 연간 27.45% 성장했으며, 그 사이 주가는 매년 21.32% 상승했다. 한편, 같은 기간에 주가지수가 매년 7.9% 증가한 반면에 S&P 500 지수의 수익률이 매년 8.4% 성장했다.

다노프는 차트의 곡선을 따라 손가락을 움직이며 어떤 교훈을 얻을 수 있는지 내게 물었다. 이에 "주가는 결국 순수익을 따라가네요"라고 답했더니, 그는 눈을 크게 뜬 채 활짝 웃으며 말했다. "정확합니다! 빙고! 그것이 바로 제가 배운 것입니다. 주식은 순수익을 따라갑니다!"

다노프의 주문은 그다지 심오한 의미로 다가오지는 않는다. 그렇다 해도 다노프는 정도를 지나친 복잡성을 꾸준히 거부해 온 덕에 시장에서 유리한 위치를 차지했다. 그의 지인이자 투자업계에서 통찰력 있는 사상가로 손꼽히는 빌 밀러에 따르면, 다노프는 얽히고설킨 세부사항에 주의를 분산하지 않고, 가장 중요한 물음에 의식적으로 초점을 맞춘다고 한다. 밀러가 말했다. "누군가 제게 이런 이야기를 한 적이 있습니다. 물론 틀린 내용도 있지만요. '보십시오, 저는 그렇게 똑똑한 사람이 아닙니다. 그리고 여기에는 수많은 정보가 있습니다. 저는 기업을 볼 때 스스로 물음을 던집니다. 상황이 더 나아지고 있는가? 아니면 악화하고 있는가? 상황이 나아지고 있으면 그때 돌아가는 상황을 파악하려 합니다.'"

밀러 또한 투자 프로세스를 단순화하는 법을 배웠다. "제가 늘 하던 것 중에서 불필요한 부분을 없애고 있습니다." 밀러가 말했다. 가령, 밀러는 분석하는 기업의 복잡한 세부사항을 이해하기 위해 정교한 금융 모델을 설정하곤 했다. "이제는 모델을 설정하지 않습니다. 그건 어리석은 짓이었어요. 아무런 의미가 없는 일입니다." 이제 그는 사업의 동력이 되는 서너 가지 핵심 이슈에 집중한다. "어느 기업에나 몇 가지 핵심적인 투자변수들이 있습니다. 그 외 나머지는 의미 없는 것들입니다."

대가들의 행동양식은 분명하다. 그들은 하나같이 나름의 방식으로 단순성을 추구했다. 우리는 그들의 선례를 따라가야 한다. 우리 모두 단순하고 지속 가능한 투자 전략을 추구한다. 그러한 전략은 우리가 충분히 이해하고 있으며, 어떤 상황에서도 고집할 정도로 강하게 확신하는 것이다. 이는 매우 중요한 개념이기에 이후에 다시 한번 다루기로 한다. 지금은 그린블라트의 사고방식을 깊이 들여다보고, 투자의 퍼즐을 맞추는 그만의 비결을 찾아보자.

미스터 마켓의 일촉즉발

1970년대 그린블라트가 와튼 스쿨에 재학 중이던 당시, 교수들은 하나같이 시장의 수익률을 뛰어넘으려고 해봤자 아무런 의미가 없다고 강조했다. 효율적 시장 이론efficient-market theory을 지지했던 그들은 공개 가능한 정보는 모두 주가에 반영된다고 주장했다. 그들의 말에 따르면, 합리적인 구매자와 판매자가 거래하기 때문에 주식에 적정한 가치가 반영되어 효율적으로 가격이 산정된다는 것이다. 이는 가격이 할인된 상품을 찾아다녀도 소용없다는 의미다.

효율적 시장 이론은 시적으로 우아한 이론으로 집단의 지성이 작동한다는 근거가 된다. 더 나아가 일반 투자자들을 인덱스펀드로 끌어들이는 긍정적 효과를 발휘했다. 이 이론은 기대에 미치진 못해도 현실적인 개념에 토대를 두고 있는데, 시장을 뛰어넘지 못한다면, 최저 가격으로 시장의 수익률을 따라잡는 데 집중해야 한다. 거의 모든 투자자에게 인덱싱이 가장 합리적이고 단순한 전략이라고 할 수 있다.

하지만 그린블라트는 학교에서 배운 대로 매수하지 않았다. "효율적 시장에 관해 배우고 나서 너무 감정적으로 반응했지요." 그린블라트가 말을 이었다. "그저 기초적인 수준에서 신문을 보고, 시장에서 일어나는 일들을 살펴보니 이해되지 않았던 것 같네요."

우선, 주식의 상승세와 하락세를 볼 때 52주 동안 그 기복이 매우 심하다는 점을 확인할 수 있었다. 2월에 50달러로 거래되다가 11월에 90달러로 수직 상승한다면, 어떻게 양극단에서 정확하게 가격이 정해질 수 있을까? 니프티 피프티처럼 갑자기 투자 열기가 일어나는 인기 종목은 어떠한가? 가령, 알려진 대로라면 모르는 게 없는 사람들이 폴라로이드Polaroid를 1972년에는 150달러나 되는 가격으로 설정했다가 1974년에는 14달러로 설정했을까? 이는 비현실적인 현상으로 보였다.

그린블라트는 시장 전반이 한 극단에서 다른 극단으로 변덕스럽게 요동치는 현상을 지켜봤다. 1972~1974년 시장은 호황의 기쁨에 도취되었다가 폭락으로 끔찍한 혼란을 겪는 양상을 보였다. 머리를 쥐어

짜게 만드는 변동성을 관찰한 그가 지적했듯이, S&P 500 지수는 1996~2000년에 두 배나 상승했다가 2000~2002년에 절반으로 하락했다. 그러다 2002~2007년에 다시 지수가 두 배로 상승했다가 2007~2009년에 절반으로 떨어졌다. 그리고 2009~2017년에 세 배나 상승했다. 시장이 급등하다가 휘청거리고 다시 급락하는 상황에서 투자자들은 논리적이고 효율적으로 주가를 설정할 수 있었을까?

1979년 최우등생으로 졸업한 그린블라트는 와튼 스쿨의 MBA 프로그램에 등록했다. 하지만 정식 교육을 받았다고 해도 시장의 미스터리를 해결하기에는 역부족이었다. 이에 투자 관리 수업을 수강했지만, 이차 파라메트릭quadratic parametric 프로그래밍 같은 난해한 주제와 관련해서 깨달음을 얻지 못했다.

그러다 그는 〈포브스〉를 읽던 중에 막혔던 속이 뻥 뚫리는 기분을 경험했다. 벤저민 그레이엄이 할인된 종목을 선별하기 위해 활용한 전략에 관한 기사를 우연히 접한 것이다. 이를 계기로 《증권분석》과 《현명한 투자자》를 읽게 되었으며, "학교에서 배운 것과 대조되는 것"이라며 소감을 밝힌 바 있다. 시장의 작동방식을 바라보는 그레이엄의 관점이 매우 단순하고 명쾌한 것을 보고 매우 흥분되었다고 그는 말했다.

무엇보다도 그레이엄은 그린블라트에게 삶을 변화시키는 교훈을 전수했다. 이 대목에서 그린블라트가 했던 말에 유념해야 한다. "주식은 회사에 대한 소유권입니다. 회사의 가치를 평가하고, 할인된 가격에 매수하려고 해야 합니다." 그러하기에 특히, 가격과 회사의 가치, 둘 사이에 큰 폭이 존재하는 상황을 찾는 것이 핵심이다. 그러한 폭에서 안전마진이 생기기에, 그린블라트는 (그레이엄과 버핏처럼) 안전마진을 투자에서 가장 중요한 하나의 개념으로 꼽는다.

기업의 가치를 평가하고 평가가치보다 훨씬 저렴한 가격에 매수하는 것을 사명으로 삼아야 한다고 깨닫는 순간, 믿기 어려울 정도의 해방감을 경험하게 된다. "그렇게 단순화하여 늘 염두에 둔다면, 우리가 바라보는 다른 모든 것이 대부분 어리석게 보입니다. 말하자면, 세상과 시장을 보는 방식에 관해 누군가 제게 일러주었던 것들을 거의 제거하는 과정이라고 할까요."

그리스 국가 부채 위기가 발생해 유럽 경제가 위기에 봉착했다는 식의 최신 뉴스를 접했을 때, 투자자들은 대개 당황하기 마련이다. 그러나 그린블라트는 달랐다. "제가 이를 바라보는 방식은, 만약 제가 중서부에서 소매점을 운영하고 있는데, 그리스에서 어떤 불길한 일이 일어났다고 해서, 밑도 끝도 없이 실제 가치의 절반도 안 되는 가격에 제 소매점을 매각할까요? 저는 그렇게 생각하지 않습니다. 맥락을 가지고 '자, 이것은 중요한가? 중요하지 않은가?'의 시각으로 모든 점을 따진다면, 이건 매우 도움이 될 겁니다."

실제로 우리는 금융업계가 상당한 부분에서 무의미한 허상에 휩싸여 있다는 점을 인식하기 시작했다. 가까운 예로, 월스트리트의 경제전문가들과 시장분석가들은 아무도 신뢰할 수 없거나 꾸준히 예측할 수 없는 문제인데도 거시경제의 순풍과 역풍에 관해 거들먹거리며 이야기한다. 미디어전문가들은 단기간에 무작위적이고 무의미하게 발생하는 가격 변동성의 의미에 관해 골똘히 생각한다. 증권회사에 소속된 총명한 분석가들은 다음 분기 수익률을 숫자 하나 틀리지 않게 계산하느라 시간을 낭비한다. 이는 투자자들이 장기간 좋은 실적을 달성하는 일과는 거리가 먼 불합리한 예측 게임이라고 할 수 있다.

학계 전문가들은 남에게 뒤지지 않으려고 난해한 수학 공식을 설명하고, 샤프 지수sharp ratios, 소르티노 지수sortino ratios, 알파alpha, 베타beta처럼 본인들만 아는 용어를 난발하는가 하면, 그밖에 심오한 개념들을 내세워 시장의 혼란에 관해 과학적 근거를 제시하는 듯한 모양새를 취한다. 한편, 투자상담사들은 그런 허세 가득한 개념을 들이밀며 당장이라도 포트폴리오를 세부 조정해야 할 것처럼 고객들을 설득한다. 버핏은 이처럼 난해한 말들로 사람들을 유혹하고, 높은 수수료를 받는 사람들을 조소했다. "하이퍼 헬퍼hyper-helpers라고 불리는 그들은 대개 소수의 사람만이 이해하는 뚱딴지같은 소리를 조언이랍시고 퍼뜨린다"라고 버핏은 말했다.

이와 대조적으로 그레이엄은 '미스터 마켓'에 관해 단순하고도 분명하게 정리했다. 다시 말해, 머리가 뒤죽박죽인 이 캐릭터에 관한 짧은 우화로 투자업계 전반의 개념을 요약해 보여 주었다. 그레이엄은《현명한 투자자》에서 개인회사 지분 1,000달러를 가지고 있다고 상상해 보라고 했다. 우리의 동업자(친절하지만 비합리적인 미스터 마켓)는 매일같이 우리에게 주식의 가치에 대해 말한다. 그의 의견은 그날 그가 얼마나 열망하거나 두려워했는가에 따라 달라진다. 그가 터무니없이 높은 가격을 매길 때 그에게 흔쾌히 주식을 팔 수 있으며, 마찬가지로 그가 제시한 가격이 터무니없이 낮을 때 그에게서 기꺼이 살 수 있다. 나머지 시간에는 가만히 앉아서 미스터 마켓이 한 번 더 분별심을 잃고, 우리가 거절할 수 없는 제안을 하기를 기다린다.

다시 말해, 시장은 신뢰할 수 있는 데다 일관되게 적정한 가격을 설정하는 고성능의 기계가 아니라는 것이다. 시장은 실수가 연발되는 코미디, 어리석은 사람들의 축제라고 할 수 있다. 그린블라트가 말했다. "사람들은 이성을 잃고 감정에 치우칩니다. 논리가 아닌 감성에 기대어 사고팔죠. 그리고 그런 현상이 바로 우리에게 기회가 있다는 것을 보여주는 유일한 이유이기도 합니다. 그러니 원칙에 맞추어 타당하게 기업의 가치를 평가할 방법을 가지고 있다면, 다른 사람들의 감정을 활용할 수 있을 겁니다."

이 대목에서 너무 뻔하지만 중대한 물음이 제기된다. "기업의 가치를 평가할 방법을 알고 있는가?" 이 물음에 대한 답을 두고 감탄할 일도 부끄러워 할 일도 없다. 다만, 이 물음에 대해 솔직한 답을 내야 한다. 스카이다이빙 같은 극한 스포츠나 종목을 선정하는 일에서 자기기만이야말로 가장 큰 대가를 치르게 하는 습관이기 때문이다. "기업의 가치를 평가할 수 있는 사람들은 극히 일부에 불과합니다. 할 수 없다면 혼자서는 투자에 손을 대서는 안 된다고 봅니다." 그린블라트가 말했다. "가치를 계산할 수 없는데 어떻게 머리를 잘 굴려 투자를 할 수 있겠습니까?"[7] 그는 한마디를 덧붙였다. "사람들 대부분이 인덱스를 해야 하는 이유는 자신들이 하는 일을 잘 모르기 때문입니다."

내 경우에는 기업의 가치를 평가하는 일에서 전문지식이나 관심, 그럴 만한 인내심이 없어서 적절한 자격을 가진 외부 전문가에게 일을 맡기는 편이 낫다. 이처럼 스스로 자제를 한 덕분에 고생할 일이 거의 없었다. 이와 관련하여 그린블라트는 《주식시장을 이기는 작은 책》을 통해 지적했다. "자신이 무엇을 찾고 있는지 알지 못한 채, 개별 기업의 주식을 고르는 것은 불붙은 성냥을 가지고 다이너마이트 공장으로 달려가는 것과 같다. 살아남을 수 있을지도 모르지만, 그래도 무모한 짓이다."

몇 년에 한 번씩 나는 잘못하는 일인 줄 알면서도 그 경고를 무시한 채, 개별 기업의 주식을 매수한다. 우선 버크셔 해서웨이의 주식을 장기간 보유할 생각으로 매수했다. 이를 두고 장기간 투자해도 괜찮다고 판단할 만큼 사업이 원활히 이루어지고 있다고 애서 생각하곤 한다. 그리고 입이 열 개라도 할 말이 없는데, (계속 익명으로 남겠지만) 한 유명 투자가가 추천해 준 종목으로 광업과 부동산업을 하는 한 기업에 대해 아주 작은 규모의 지분을 가지고 있다. 상황은 어떻게 되었을까? 지금까지 87%나 폭락했다. 현재로는 그레이엄의 경고를 뼈저리게 곱씹으며 해당 주식을 유지하고 있다. 불붙은 성냥과 다이너마이트에 좀 더 주의를 기울였어야 했다고 후회해도 아무 소용 없다. 세 번째는 세러티지 그로스 프로퍼티스에 투자한 것인데, 2020년 소매용 부동산 섹터가 폭락했을 때 모니시 파브라이의 방식을 복제하여 통념에 반대되는 투자를 했다.

그린블라트는 종목에 따라 네 가지 표준 가치평가 방법을 조합해서 사용한다. 첫째, 할인 현금 수지 분석법으로 장래 예상되는 현금 수입을 현재 가치로 할인해서 투자 여부를 판단한다. 둘째, 유사한 종목의 가격과 비교하여 종목의 상대가치를 평가한다. 셋째, 정통한 매수자가 지급할 만한 액수를 파악하여 인수가치를 예상한다. 넷째, 폐업하고 자산을 매각하는 경우에 얼마의 가치가 있는지 분석하여 청산가치를 계산한다.

이 방법 중에 완벽한 것은 없고, 저마다 한계가 있다. 그런데 그린블라트는 주식이 충분히 저렴해 하향세와 비교해 잠재적 상향세가 확연히 두드러진 경우를 기본 전제로 한다. 할인된 종목의 매수에 바탕이 되는 개념은 아주 단순하다. 그렇지만 실행 프로세스는 단순하지 않은데, 기업의 미래이익과 현금흐름을 예측하는 일처럼 난해한 일들이 따르기 때문이다. 여기서 찰스 멍거가 하워드 막스와 점심식사를 마치고 신랄한 지적을 했던 장면이 떠오른다. "쉽다고 여기지 마세요. 쉽다고 생각하는 사람은 어리석은 겁니다."

그린블라트는 자신의 가치평가 능력이 '보통 수준'에 불과하다고 주장한다. 다만, 시장에서 관찰한 것들을 맥락화하고 일관된 틀에 적용하는 능력은 그의 주된 능력이다. 이와 같은 틀에 신념이 매우 강한 탓에, 그는 컬럼비아대학교 학생들에게 자신 있게 말했다. "만약 여러분이 기업의 가치를 평가하는 일을 괜찮게 해내서 내재가치에서 대폭 할인된 가격으로 매수하고, 현재 가격과 평가 가격 사이의 간격이 메워질 때까지 인내심을 가지고 기다린다면, 결국 시장은 여러분에게 보상할 것입니다.[8]

그런데 문제는 가격과 가치가 일치하는 지점까지 이르는 과정이 얼마나 오래 걸릴지 알 수 없다는 것이다. 그럼에도 그린블라트는 자신한다. "저는 매우 확신합니다. 거의 모든 경우에 시장이 2~3년 안에 그 가치를 인식합니다." 이 점은 금융 우주financial universe의 가장 믿을 만한 법칙 중 하나인 근본적 진리를 암시한다. 단기간으로 보았을 때, 시장은 비이성적이고 빈번히 주식의 가격을 잘못 매기지만, 장기간으로 보았을 때는 놀라울 정도로 이성적이라는 것이다.

불균형한 명제를 기억하라

그린블라트는 와튼 스쿨 졸업 후 스탠퍼드 로스쿨로 향했다. 세속적인 직업을 구하지 않겠다는 것이 주된 이유였다. 그러다 1년 후 중퇴했다. 그의 동료들은 대부분 수많은 사람들의 발걸음으로 다져진 길을 따라 사내 변호사나 투자 은행가가 되었다. 하지만 그는 세속적인 경력을 쌓느라 규모만 클 뿐, 특징 없는 기업에서 일주일의 대부분을 보내고 싶지 않았다. 매일 출퇴근 도장을 찍는 일보다는 진짜 일을 즐기고 싶었다. 마침내 그는 영리한 아이디어로 돈을 벌 수 있는 일을 찾았다.

그 사이 여름, 그린블라트는 베어스턴스에서 아르바이트를 시작했는데 이를 계기로 비교적 새로운 분야에 종사하게 되었다. 바로 옵션거래option trading였다. 그린블라트는 당시를 회상하며 말했다. "말 그대로 거래소에서 앉아 있을 시간이 없었습니다. 프린터에서 출력물을 뽑아 다시 제 책상으로 뛰어가는 일이 반복되었습니다. 그러면서 위험 없는 중개 매매를 실행하고 있었습니다. 출력물을 샅샅이 훑어보면서 거래 기회를 보기 위한 이례적인 현상들을 찾았습니다." 그는 풋옵션과 콜옵션을 이용해 손실 없이 '자동 수익'을 확보할 수 있었다. "월스트리트에서 할 수 있는 일이 보이기 시작했습니다."

그린블라트는 과거 도박에 마음을 뺏긴 적이 있다. 열다섯 살에 개 경주장에 몰래 들어가 그레이하운드에 2달러를 거는 일을 은밀히 즐겼다. 그의 두뇌는 내기에 타고났다. "확률을 계산하는 일이 좋았어요." 그린블라트는 당시를 회상하며 말했다. "의식적으로든 무의식적으로든 투자할 때 늘 확률을 계산합니다. '긍정적인 면은 무엇이고, 부정적인 면은 무엇일까?'라고 말이죠." 투자의 귀재들이 모두 확률적 사고를 하고, 다른 결과가 나올 확률을 신중히 따지는 것 같다고 하니, 그가 답했다. "그렇게 사고하지 않고는 훌륭한 투자가가 될 수 없을 겁니다."

그린블라트는 그 후 3년 동안 신생 투자회사에서 분석가로 일하며 기업 인수와 관련된 위험차익거래risk arbitrage를 담당했다. 그로부터 해당 거래가 끔찍한 확률 게임이라는 사실을 깨닫기까지 오랜 시간이 걸리지 않았다. "만약 기업 인수가 계획대로 진행되면 1달러나 2달러를 벌겠지만, 만약 거래가 예상치 못하게 결렬되면 10달러나 20달러를 잃을 수도 있습니다." 이런 거래는 그레이엄이 아주 값싼 주식을 매수하는 전략, 즉 '1달러나 2달러를 잃고 10달러나 20달러를 버는 전략'에 '정반대'되는 것이었다. 그레이엄의 전략은 바로 안전한 위험과 보상으로 요약된다.

그린블라트는 1985년 그레이엄에게서 배운 원칙들을 적용할 생각으로 고담 캐피털을 설립했다. 당시 700만 달러로 사업을 시작했는데, 와튼 스쿨 동창생의 소개로 만난 인물이자 정크본드를 통해 월스트리트를 제패한 마이클 밀켄Michael Milken이 자본금 대부분을 지원했다. 소문에 따르면, 밀켄은 투자은행인 드렉셀 번햄 램버트Drexel Burnham Lambert에서 일하면서 4년 동안 10억 달러가 넘는 돈을 벌었다고 한다. 그러니 장래가 유망하지만 검증되지 않은 스물일곱 살 청년에게 부차적인 투자는 그리 많은 위험이 따르지 않았다.[9]

그린블라트에 따르면, 고담 캐피털에서 활용한 투자 전략에는 '위험을 감수하기보다 불공평한 투자에서 수익을 창출하는 전략'이 포함되어 있었다. 즉, 확률이 그에게 압도적으로 유리한 방향으로 기울어 있을 때만 투자를 진행했다. 투자 대상이 바뀌면 세부사항 역시 달라지지만, 그는 늘 '손실을 보지 않으며 많은 수익을 창출할 것'이라는 '불균형한' 명제를 따른다. 그가 재치 있게 말했다. "돈을 잃지 않으면, 대부분의 다른 대안들 역시 나쁘지 않습니다."

그린블라트는 많은 거래가 필요하지 않았다. 대개 6~8개의 투자처에 펀드의 80%가 걸려 있었다. 이는 상당한 수준의 집중도라고 할 수 있다. "좋은 기회는 자주 오지 않을 뿐더러 많지도 않습니다. 저는 낮은 허들을 찾았습니다. 다른 사람들도 거래했다면 당연히 매수했을 법한 것들을 찾고 있었습니다."

한편, 그린블라트는 위험차익거래를 했던 경험을 바탕으로 기업분할이나 구조조정, 파산을 비롯하여 그로 인해 발생하는 '고아orphan 종목' 등 투자자들이 간과하는 '특수상황'을 기회로 활용하는 방법을 정립했다. 또한 몸집이 큰 기관투자자들이 매수하지 않기에 유동성 제약이 있는 소규모 종목에 투자했다. 그가 말했다. "사람들이 잘 가지 않는 곳이나 사람들이 관심을 가지지 않는 보기 드문 상황에서 훨씬 수월하게 값싼 종목을 찾을 수 있지요."

그린블라트는 자신의 펀드가 비대해지도록 내버려 두지 않았기에 '색다른 곳'을 탐색할 수 있었다. "금액이 얼마든 우리가 원하는 만큼 늘릴 수 있었습니다. 하지만 그렇게 되면 수익을 줄이게 됩니다." 그가 이유를 말했다. 1994년 고담 캐피털의 자산이 대략 3억 달러에 도달했을 때, 외부 자본을 모두 반환했다. 그랬더니 어디서든 모험을 감행할 수 있을 정도로 펀드는 민첩성을 유지했다.

실제로 고담 캐피털이 성공한 요인을 설명해 달라고 했더니 그린블라트는 첫 번째 요인으로 다음과 같이 말했다. "우리는 되도록이면 몸집을 작게 유지했습니다." 다음으로 그의 포트폴리오가 상당히 집중되었다는 점을 들었다. "그래서 몇 가지 아이디어를 찾기만 하면 됩니다." 세 번째 요인은 무엇일까? 그가 말했다. "우리는 운이 좋았습니다." 고담 캐피털은 오랫동안 놀라울 정도로 별다른 위기를 겪지 않았다고 그는 설명했다. 어느 정도는 운이 좋았기 때문이라는 말이었다. 그가 이어서 말했다. "저 역시 손실을 보고 싶지 않기 때문에 확실히 목표를 높게 잡고 나서 매수를 합니다."

그린블라트의 종목 선정 전략은 일단 괜찮아 보이지 않는 종목에는 으레 손을 대지 않았다는 점을 암시한다. 마찬가지로 특정 기업의 가치를 평가하기 어려운 경우에도 해당 종목에서 손을 뗐다. 그가 말했다. "저 자신도 편안한 길을 가고 싶었습니다. 어쩌면 남들보다 제가 좀 게으른 건지도 모르겠네요. 그게 아니면 적어도 열 개의 장애물을 뛰어넘기보다 한 개의 장애물만 뛰어넘으면 되는 일을 찾고 있는 거겠죠."

드문 경우지만, 시장이 그에게 가장 유리한 방향으로 움직였을 때, 그는 모든 역량을 총동원한다. 이처럼 하늘이 주는 소중한 기회는 1993년에 도착했다. 그린블란트는 꿈의 투자였다고 말했다. "그 안에 모든 것이 있었습니다."

1992년 메리어트 코퍼레이션Marriott Corporation이 두 회사로 분할된다는 발표가 나오면서 그 모든 일이 시작되었다. 당시 메리어트는 부동산 시장의 침체기로 곤경에 처했다고 그린블라트는 말했다. "회사가 세운 다수의 호텔에 발목이 잡혀 매각할 수도 없는 상황이었습니다." 그

즈음 도널드 트럼프Donald Trump의 카지노 호텔 제국을 재건한 바 있는 금융 마법사 스티븐 볼렌바흐Stephen Bollenbach가 메리어트에서 또 다른 기업회생 임무를 맡게 되었다.

메리어트는 두 개의 사업 부문으로 분할되었다. 아름다운 백조와 미운 오리 새끼였다. 주목받는 사업 부문은 호텔 관리로, 풍부하고 예상 가능한 수수료의 창출원이 되었다. 반면에 외면된 사업 부문은 과도한 부채로 부담을 안고 있었다. 이에 볼렌바흐는 날카로운 메스를 들고 회사를 분할하는 절차에 돌입했다.

아름다운 백조에 비유되었던 화려한 사업 부문에 메리어트 인터내셔널Marriott International이라는 새로운 회사명이 새겨졌다. 메리어트 코퍼레이션이 보유한 가치의 85%가 부채 없이 잘 정리되어 재구성되었다. 반면에 매각할 수 없는 호텔들과 약 25억 달러의 부채는 두 번째 사업 부문인 호스트 메리어트Host Marriott가 떠안게 되었다. 누가 봐도 유독성 물질로 이루어져 아무도 가지려 하지 않는 끔찍한 소형 폐기물로 취급받은 것이다. 아름다운 백조(메리어트 인터내셔널)는 노을빛 속으로 자유로이 헤엄쳐 갔으나, 미운 오리 새끼(호스트 메리어트)는 물에 빠져 죽도록 내버려 둔 모양새였다.

그때 그린블라트는 알았다. 투자는 말할 것도 없고, 호스트 메리어트를 분석하려 드는 사람이 거의 없을 것이란 사실을 말이다. "그저 끔찍한 일처럼 보였습니다." 그린블라트가 말했다. "호스트 메리어트는 엄청난 부채를 가지고 있었습니다. 수지가 맞지 않는 사업이었습니다. 아무짝에도 쓸모가 없었어요." 더군다나 규모가 너무 작아서 기관투자자들이 악취를 견뎌내더라도 소유하기에는 무리가 있었다. 기업 분리가 완료되는 대로 메리어트 코퍼레이션의 기존 주주들이 호스트 메리어트의 주식을 받을 예정이었다. 그렇지만 주주들이 연이어 주식을 매각할 것이라고 그린블라트는 확신했다. 그러면 그는 어떻게 했을까? 미운 오리 새끼에게 모든 관심을 집중했다.

"가격이 할인된 종목을 찾는 방법은 남들이 관심을 두지 않는 자산에서 숨겨진 가치를 찾아내는 것입니다." 그린블라트가 해법을 제시했다. 게다가 볼렌바흐가 경영을 맡는다는 사실은 호스트 메리어트가 보이는 모습과 달리 일말의 희망을 띠고 있을지 모른다는 점을 암시하기도 했다. 호스트 메리어트가 정말로 파산할 운명이었다면, 왜 이 영리한 머니메이커가 이 사업을 떠맡으려고 했겠는가? 알고 보니 그는 경영 상황을 호전시킨 대가로 인센티브를 톡톡히 받았다고 한다. 거기에 더해서 메리어트 가족이 호스트 메리어트의 지분 25%를 보유하기로 했다. 그래서 회사 사정에 정통한 내부자들이 이 회사의 성공에 강한 관심을 가졌다.

그린블라트는 호스트 메리어트를 철저히 분석했으며 놀랍도록 많은 가치를 발견했다. 물론, 개장하지 못한 호텔들을 비롯하여 다수의 부실 부동산도 있었다. 반면에 부채가 없는 부동산처럼 가치 있는 자산도 있었다. 특히 주식이 주당 4달러 정도로 놀라울 만큼 저렴했다. 긍정적으로 예측했을 때, 부채가 없는 자산만 해도 주당 6달러의 가치가 있었다. 게다가 부채가 있는 자회사도 상황이 나아진다면, 충분히 가치 있을 것 같았다. "정말 놀라웠어요." 그린블라트가 말했다. "부채 없이 6달러의 가치가 있는 자산을 4달러에 매수했습니다. 게다가 다른 자산들에도 긍정적인 부분이 있었습니다."

그린블라트는 주식을 사들였고, 그가 운영하는 펀드의 자산 중 거의 40%를 호스트 메리어트에 걸었다. 놀랄 만큼 대담한 조치였다. 하지만 활용할 만큼 활용한 나머지, 회사는 고전하고 있었다. 이 와중에 그린블라트는 남들이 놓친 것을 보았다. '불균형한 투자'의 기회에 매료된 것이다.

그레이엄으로부터 받은 가르침과 함께 가장 중요한 것은 안전마진이었다. 우리가 내재가치보다 훨씬 저렴한 가격으로 주식을 구매했다면, 머지않아 다른 투자자들이 그 사실을 알아내고 주식 가격을 끌어올린다. 그린블라트가 말했다. "제가 어떻게 손실을 볼지 알지 못했습니다." 그것이 바로 그가 공격적인 투자를 했던 이유다. "우리는 얼마나 많은 위험을 감수하는가를 바탕으로 포지션에 변화를 줍니다." 그가 이어서 말했다. "저는 돈을 제일 많이 벌 수 있는 것들에 집중하지 않습니다. 돈을 잃지 않는 것들을 더 많이 사들입니다."

그래서 어떻게 됐을까? 1993년 가을, 호스트 메리어트는 독립 기업으로서 사업을 시작했다. 그로부터 4개월이 채 지나지 않아 이 미운 오리 새끼는 의심의 눈길을 잘 견뎌내 날아올랐다. 이로써 그린블라트는 투자금을 세 배로 불릴 수 있었다. 그렇게 빠른 속도로 잘될지는, 그도 예상하지 못했다. 그는 솔직하게 말했다. "그건 행운이었습니다. 물론 이것 역시 우리 스스로 얻을 수 있도록 만들어야 합니다."

이제 좋은 면에만 집중하다가 정작 중요한 사실을 놓치기 전에, 앞서 말한 투자방식을 실행에 옮기는 일이 보는 것과 달리 그리 간단하지 않다는 것을 짚고 넘어가고자 한다. 그린블라트는 먼저 회사가 파산하는 상황에 대한 추가적인 대비책으로 우선주를 매수했다. 더불어 콜

옵션을 이용해 투자를 구조화했다. 더욱이 아무나 할 수 없는 일인데, 냉철한 합리성, 사고의 독립성, 널리 매도되는 기업에 과감히 투자하는 결단력이 어우러져 발휘되어야 했다. 그럼에도 근본 원칙은 단순성 그 자체였을 것이다. 기억하는가? 그린블라트는 가치투자를 다음과 같이 명쾌하게 정의했다. "현금흐름과 관련해 기업의 가치를 계산하고 그보다 적게 내라."

주식시장을 이기는 작은 이론

그린블라트의 투자법은 어느 정도 버핏의 영향으로 발전을 거듭했다. 저평가된 주식을 매수하는 그레이엄의 전략을 버핏이 개선하고 보완하는 과정을 지켜봤기 때문이다. 그린블라트가 설명한 것처럼 버핏은 '간단하고 단순한 방법'을 새로이 추가했는데, 그것은 그를 세계 최고의 부자로 만들어준 비결이었다. "싸게 매수하는 것은 좋은 일입니다. 좋은 기업을 싸게 매수할 수 있다면 더 좋은 일이고요."

버핏은 초창기에 대폭 할인된 가격에 매수한 평범한 기업들을 사고팔면서 부를 쌓았다. 그 과정에서 자산이 불어나면서 그에 걸맞게 확장된 전략이 필요했다. 이에 버핏은 멍거의 영향을 받아 그의 표현대로 "적정한 가격에 훌륭한 기업"을 매수하여 무기한 보유하는 전략으로 방향을 바꾸었다. 1988년 버크셔 해서웨이는 코카콜라Coca-Cola에 6억 5,000만 달러를 투자했는데, 당시에만 해도 과한 가격을 내는 것처럼 보였다.[10] 그러나 곧 코카콜라는 숨은 보물로 드러났다. 왜 그랬을까?

코카콜라가 지속 가능한 경쟁 우위와 높은 투자자본 수익률을 가진 뛰어난 성장기계였기 때문이다. 버크셔 해서웨이는 결국 12년 동안 투자 대비 열두 배를 벌어들였다.

그린블라트는 버핏의 투자법을 연구하여 훌륭한 사업의 구성 요소에 대한 뚜렷한 시각을 확대했다. 이와 관련한 주요 사례가 있었다. 2000년 기업정보 전문기관인 던 앤드 브래드스트리트Dun & Bradstreet의 자회사이자 신용평가 기관인 무디스 코퍼레이션이 분사했다. 그린블라트가 이를 두고 말했다. "딱 보니 무디스의 주가가 저렴한 가격으로 내려갈 것 같지는 않았습니다." 그래도 그린블라트는 복제의 완벽한 본보기를 보여 주었다. 그와 골드스타인은 버핏이 코카콜라 주식을 매수한 사례를 분석하여 투자에 적용했으며, 무디스의 주가가 제값을 할 것으로 판단했다. 그간에 접한 기업 종목 중 어쩌면 무디스가 최고의 종목이 될 수 있겠다고 두 사람은 결론 내렸다.

무디스는 진입장벽이 높고 수익성이 좋은 틈새시장을 지배하던 두 기관 중 하나였다. 무디스는 거의 20년 동안 연 15%의 수익성장률을 기록했다. 코카콜라가 놀라운 자본 수익률을 뽐내었던 반면에 무디스는 여러 대의 책상과 컴퓨터를 구매한 비용 외에 자본을 전혀 투자하지 않고도 빠른 성장세를 보였다. 그린블라트는 무디스의 수익이 줄잡아 10년 동안 연 12%의 성장을 계속하리라 예측했다. 문제는 연간 주당순이익의 21배라는 풍부한 배수로 거래되었던 주식이었다. 그렇다해도 버핏이 코카콜라의 주식을 과감히 사들였던 사실에 비추어 생각하니 무디스의 주식이 여전히 꽤 저렴한 것으로 판단되었다.

이처럼 베일에 가려진 저렴한 종목을 찾아낸 사람이 또 있었을까?

바로, 버핏이었다. 버핏은 무디스 주식의 15%를 매수한 이래 지분의 상당 부분을 20년이 넘도록 보유했다. 그가 처음에 2억 4,800만 달러에 사들였던 주식은 2020년 거의 60억 달러의 기치가 되었다. 반면에 그린블라트는 큰 수익을 챙긴 후, 그 수익금을 더 저렴한 주식에 재배치했다. "우리가 보유했던 종목들을 너무 빨리 팔아버렸습니다." 그린블라트가 말했다. "만약 아주 싸게 매수했다면, 2~3배로 가격이 상승한 다음 설사 그 종목이 여전히 괜찮다 하더라도 마음을 놓고 있기가 어려웠을 겁니다."

그린블라트는 새로이 발굴한 투자법을 베스트셀러 작가로서 더욱 명쾌히 표현하기 위해 무던히 노력했다. "그 과정은 제게 매우 유용했습니다. 제가 시도했던 것을 있는 그대로 매우 단순하게 압축할 수 있었습니다." 그가 깨달은 바는 좋은 기업을 저렴한 가격에 매수하라는 간결한 문장으로 요약되었다. 이는 그레이엄과 버핏이 전수한 투자론의 정수와 맥을 잇는다.

그린블라트가 투자가로 활동해 온 과정은 이 공식이 투자게임에서 승리하는 현명한 방법임을 증명하는 일화로 넘쳐난다. 그래도 그는 암호를 풀었던 과정을 좀 더 엄격히 입증해 보이고자 했다. 그 일환으로 2003년 총 3,500만 달러가 들어간 연구 사업에 착수했다. '싸고 좋은' 기업이 초과수익을 창출한다는 명제를 증명하는 것이 그의 임무였다.

그린블라트는 방대한 데이터를 처리하기 위해 '컴퓨터 기수'를 고용했으며, 그에 따라 사업이 진행되는 과정을 살펴볼 수 있었다. 또한 종목의 할인된 가격과 재무건전성을 즉시 측정하는 도구가 필요했기에 그런 필수적인 특성을 판단하기 위해 다음의 두 지표를 대략적인 기준으로 삼았다. 첫째, 기업은 높은 '이익 수익률'을 가져야 한다. 이익 수익률은 주당 얼마만큼의 순이익을 냈는가를 나타낸다. 둘째, '유형자본 수익률'이 높아야 한다. 이는 고정자산과 운영자본의 수익성을 계산한 것으로 우량기업의 기준이다.[11]

이어서 컴퓨터 전문가가 3,500개의 미국 주식을 분석하여 두 지표를 바탕으로 평가순위를 매겼다. 여기서 합계 점수가 가장 높은 것은 평균 이하의 가격으로 거래되는, 평균 이상의 기업에 해당했다. 그린블라트는 궁금했다. 만약 가상의 투자자가 연초에 해당 주식 중 서른 종목을 매수했다가 1년 후 매각한 다음, 다시 새로운 최상위 종목 30개로 대체한다면 어떤 결과가 나올까? 분석 결과에 따르면, 그 과정이 매년 반복되면서 싸고 좋은 기업에 투자하는 체계적 방법이 생성된다는 예측이 나왔다.[12]

그린블라트는 백 테스트back test(상품 가격 인상 후, 일부를 인상 전 가격으로 팔아 그 영향을 평가하기-옮긴이) 결과에 매우 놀랐다. 1998~2004년 S&P 500 지수의 수익률이 연평균 12.4%였던 데 반해 해당 전략에 따라 연평균 30.8%의 수익이 창출되었다. 수익률에 따라 계산하면, 10만 달러가 960만 달러 이상으로 늘어났다고 할 수 있다. S&P 500 지수의 수익률로 따진 금액이 대략 73만 달러라는 점과 비교하면 그린블라트가 깜짝 놀란 이유가 분명해진다. 오로지 두 지표를 바탕으로 한 종목 선정 전략에 의해 시장이 완전히 선점되었다. 이는 단순성의 효과를 보여 주는 놀랄 만한 증거였다.

그린블라트는 그간에 연구한 결과를 토대로 그의 작은 보물인 《주식시장을 이기는 작은 책》을 저술했다. 그는 (농담을 섞어) '단, 두 개의 단순한 도구'를 이용해 최고의 투자 전문가들을 보기 좋게 이기는 방법을 펼쳐 보였다. 그는 이렇게 설명했다. "주식시장의 천재가 되고 싶다면, 좋은 기업(높은 자본 수익률을 내는 회사)의 주식을 매수하고, 그 주식을 오로지 염가(높은 이익 수익률을 내는 가격)에 매수하는 전략을 고수해야 합니다." 그린블라트는 이렇게 주식시장을 이기는 두 가지 지표를 조합하여 간단한 공식을 창시했으며, 여기에 '마법공식 magic formula'이라는 이름을 붙였다.

마법을 확신하는가?

한 가지 문제가 있다. 안타깝게도 투자자 대부분은 주식시장의 천재가 되지 못한다. 온갖 고민을 거쳐, 마법공식을 적용하여 필요한 조치를 모두 취하고도 좋은 결과를 얻지 못하는 때가 많다.

2005년 《주식시장을 이기는 작은 책》이 출간되고, 그린블라트는 독자들에게 추천한 전략을 그들이 실현하는 게 여간 어려운 일이 아니라는 점을 실감했다. 팀 동료들과 수많은 거래에 관한 정보를 끊임없이 주고받았지만, 그 역시 쉬운 일이 아니었다. "'오, 책 출간에 감사드립니다. 제 경우에 적용할 수 있을까요?'식의 말을 하는 사람들로부터 말 그대로 수백 통의 이메일을 받았습니다." 그린블라트의 말에서 그 고충을 알 수 있었다. 그린블라트는 또한 독자들이 인터넷에 돌아다니는 신뢰하기 어려운 기업 데이터를 이용하거나 마법공식을 잘못 계산해 낭패를 보지 않을까 걱정했다.

그린블라트는 해법을 내놓았다. 그가 개설한 무료 웹사이트(www.magicformulainvesting.com)를 통해 신뢰할 수 있는 데이터를 이용해 두 가지 성공 기준을 충족하는 주식을 가려낼 수 있게 되었다. 그는 "월스트리트에는 이tooth의 요정(이를 선물로 교환해 주는 요정 – 옮긴이)이 없습니다"라는 농담을 종종 던졌지만, 그러면서도 소위 '자애로운' 중개회사를 설립하여 고객들이 마법공식에 따라 사전 승인된 주식에만 투자할 수 있도록 도왔다.

그린블라트는 중개의뢰인들에게 두 가지 선택권을 주었다. 첫 번째 선택권은 '전문가들이 관리하는' 계좌를 개설하는 것으로 미리 정해진 프로세스에 따라 그가 승인한 종목 리스트에서 일정 간격으로 주식을 매수하고 매각한다. 대략 90%의 의뢰인이 자신에게 이익이 되는 옵션을 선택하여 의사결정의 어려움에서 벗어난다. 두 번째 선택권은 DIY 접근방식으로 동일한 종목 리스트에서 권장되는 최소 20개 종목을 선정하고, 매수하거나 매각하는 시기를 직접 결정하는 것이다. 이 같은 방식을 선택한 일부 대담한 사람들은 자신의 판단이 약간의 마법을 발휘하길 기대했다. 하지만 그런 기대는 '자만심'이라는 결과로 돌아왔다.

의뢰인들의 계좌 수천 개를 분석한 그린블라트는 DIY 방식을 선택한 투자자들이 기대 이하의 실적을 낸 것을 확인하고는 충격을 받았다. 2년 동안 이 그룹은 S&P 500 지수의 62.7%에 대비해 59.4%의 누적 수익률을 기록했다. 반면에 전문적으로 관리된 계좌를 가진 그룹은 84.1%의 수익률을 누리면서 S&P 500 지수의 수익률을 거의 25%나 앞질렀다. DIY를 선택한 투자자들이 스스로 결정을 내린 탓에 25% 정도의 실적을 날려버렸다는 사실이 놀라웠다. 그들의 '판단'으로 인해 시장을 압도하는 전략이 시장에서 뒤처지게 만들었다. 자기 태만이 끔찍한 결과로 이어진 꼴이었다.

"그들은 투자자들이 저지르는 실수를 모두 저질렀습니다." 그린블라트가 말했다. "시장이 상승하면 시장에 진입하고, 시장이 하락하면 시장을 빠져나왔습니다. 또 전략이 시장을 압도할 때 시장에 진입하고, 기대만큼 효과가 없을 때 하던 일을 중단했습니다." 이론상으로는 그들이 마법공식의 개념을 확신한 것으로 보인다. 하지만 실제로는 가격이 올라간 종목을 뒤쫓다가 가격이 낮아질 때 그 종목을 버렸다.

엎친 데 덮친 격으로 DIY 방식을 선택한 투자자들은 마법공식이 적용된 종목 리스트에서 비인기 종목들을 꺼린 나머지 그 종목들이 대부분 매력적인 염가 종목들이라는 사실을 인지하지 못했다. 감정적으로도 좀처럼 가장 싼 종목을 매수하지 못했는데, 근시안적 사고로 인해 시장의 암울한 면만 바라보고, 좋지 않은 소식에 판단이 흐려지는 때가 많았다. 불확실성을 두려워한 투자자들은 폭락한 주식이 다시 반등하여 최고 상승 종목이 되는 기회를 놓쳐 버렸다.

이 모든 자기 파괴적 행동은 투자자가 늘 직면하는 가장 골치 아픈 문제를 암시한다. 장기간의 경쟁 우위를 차지하기 위한 영리한 전략을 찾았다고 끝이 아니다. 무엇보다 가장 어려운 시기에 흔들리지 않고, 전략을 실천하는 절제력과 끈기를 함께 갖춰야 한다.

그린블라트가 말했다. "이해하기 쉽고, 굳게 지킬 수 있는 단순한 원칙들을 가지고 있다면, 헤아릴 수 없을 정도로 도움이 됩니다." 이런 태도가 그토록 중요한 이유는 무엇일까? 사고의 명확성을 갖춰야 온갖 심리적 압박, 고난, 유혹을 견딜 수 있기 때문이다. "힘든 사업입니다.

시장은 우리가 원하는 대로 흘러가지 않지요." 그린블라트가 말했다. "주식 가격은 감정에 따라 움직이고, 우리는 사방에서 타격을 받습니다. 전문가들이 하나같이 우리가 틀렸다고 말하는 것을 보게 됩니다. 그것은 비이성적 본능입니다."

손실을 보았거나 몇 년 동안 시장에서 뒤처졌다면, 신념을 유지하기가 더더욱 어렵다. 그때부터 전략이 여전히 효과를 발휘할지, 어떤 것이 근본부터 싹 바뀌었는지 궁금해지기 시작한다. 그런데 영원한 전략이 없다는 것은 변하지 않는 사실이다. 그래서 재정적으로나 심적으로 고통을 겪는 기간은 게임에서 피할 수 없는 부분이다. 아니나 다를까 나약한 사람들은 도중에 실패하고, 강인한 기질을 갖추고 원칙을 고수하는 사람들에게는 기회가 생긴다. 이를 두고 그린블라트가 말했다. "사람들은 성과 부진을 감내해야 합니다. 그 고통이 주는 장점을 하나 꼽자면, 고통이 존재하지 않는다면 누구나 우리가 하는 일을 할 수 있을 거란 겁니다."

그린블라트는 그런 고통의 기간에도 신념이 흔들리지 않는다. 반면에 일반 투자자가 수익 창출 기회를 포기하는 이유를 쉽게 파악할 수 있다. 미국의 대기업 1,000개를 대상으로 한 백 테스트에서 마법공식에 따라 1988~2009년에 연평균 수익률이 19.7%나 발생했다. 이에 비해 S&P 500 지수의 수익률은 9.5%에 불과했다. 승리의 경이로운 마진이 발생한 셈이다. 그런데도 22년의 기간 중 6년 동안 마법공식의 수익률이 S&P 500 지수의 수익률에 미치지 못했으며, 2002년 25.3%, 2008년 38.8%라는 잔인할 정도의 손실을 기록했다. 그토록 출혈이 심한 경우에 동요하지 않기란 정말 어려운 일이다. 그러기에 전략의 거역할 수 없는 논리를 확신하는 그린블라트의 신념을 공유해야 한다.

그린블라트는 그간의 경험에 힘입어 중요한 계시에 이르렀다. "최고의 전략은 최고의 수익을 가져다주는 것이 아닙니다. 그보다는 힘든 시기에도 고수할 수 있는 이상적인 전략입니다." 그 깨달음은 얼마 전 새로운 투자법을 고안하도록 영감을 불러일으켰다. 바로 위험을 줄이고 '고통이 덜한' 과정으로 이끄는 롱-쇼트 전략이다. 극심한 변동성이 점차 줄어들어 적절한 이자율로 수익이 불어나게 하는 것이 그의 목표였다. 그러면 그의 펀드에 투자한 고객들이 '장기간 투자에 성공할 가능성'을 높일 수 있었다.

과감하고 결단력 있는 투자의 천재가 투자업계에 놀라운 진화를 가져왔다. 그의 집중된 접근법은 20년 동안 연 40%의 수익률로 이어졌다. 한편으로 과감한 투자만이 잘하는 것이 아니라 견고하고 변함없는 수익을 올리기 위해 애써야 한다는 점을 상기시킨다. "제가 6~8개 종목을 보유했을 때, 2~3년마다 20~30%의 손실이 며칠 동안 발생했습니다. 흔한 일이었습니다." 그린블라트가 말했다. "계속 유지하기 어려운 전략이죠. 그래서 대부분의 일반 투자자들에게는 적합하지 않지만, 제게는 완벽하게 좋은 전략입니다. 어떤 종목이 20% 또는 30% 떨어지더라도 저는 겁먹지 않습니다. 제가 보유한 종목에 대해 잘 알기 때문입니다."

최근 그린블라트의 팀은 4,000개가 넘는 기업의 가치를 평가하여 싼 가격을 기준으로 순위를 매기고 있다. 그에 따라 롱 포지션의 측면에서는 적정 가격의 추정치보다 할인된 금액으로 거래되는 주식 수백 종목을 매수한다. 그린블라트는 자연스레 두 번째로 싼 종목보다는 가장 싼 종목에 돈을 더 건다. 쇼트 포지션의 측면에서는 프리미엄이 붙은 채 거래되는 수백 개 종목을 신뢰하지 않는다. 다시 말해, 그의 포지션 크기는 가치평가에 따라 결정되어 가장 비싼 종목은 자동으로 가장 큰 쇼트 포지션이 된다. "우리의 근원적인 과제는 가장 값싼 종목을 매수해서 가장 비싸게 매도하는 것입니다. 저는 매우 체계적인 방법으로 진행합니다." 그린블라트가 말했다. "감정은 전혀 개입되지 않습니다." 일부 투자 건이 자신에게 불리하게 돌아갈 것을 알지만, 그는 그저 평균적으로 옳은 길을 찾고 있다.

수백 개나 되는 롱 포지션과 쇼트 포지션을 두고 난해한 전략을 실행하는 것은 쉬운 일이 아니다. 이에 대비해 그린블라트는 스무 명의 재무 분석가와 기술 전문가로 팀을 꾸렸다. 그렇다 해도 그의 전략을 뒷받침하는 원칙들이 변함없이 단순하고도 강력해서 모든 사람이 기억에 잘 담아두게 된다.

여기서 문제는 적정한 가격이 형성되기까지의 여정이 몇 주, 몇 달, 몇 년이 걸릴지 아무도 모른다는 점이다. 그렇다 한들 그린블라트는 흔쾌히 기다린다. 오랜 시간에 걸쳐 효과가 입증된 원칙들이 결국 시장에서 통한다고 믿기 때문이다. "주식이 기업의 소유 지분이고, 제가 해당 기업의 가치를 정확히 평가한다면, 시간이 지나면서 좋은 성과를 냅니다. 못해도 평균 수준은 합니다." 그린블라트가 말했다. "경제 법칙과 중력 법칙은 대체될 수 없어요."

네 가지 단순한 교훈

그린블라트에게서 배운 것들을 떠올려 보면, 다른 무엇보다도 다음의 네 가지 교훈이 가장 인상 깊었다. 첫째, 우리에겐 **최적의 전략이 필요하지 않다.** 우리의 재정 목표를 달성하기에 적절한 합리적인 전략이면 된다. 프로이센 왕국의 군사 사상가인 카를 폰 클라우제비츠Carl von Clausewitz 장군이 "좋은 계획을 망치는 최대의 적은 완벽한 계획을 만들겠다는 꿈이다"라고 말한 것도 다 그런 이유 때문이다.

둘째, 전략은 단순하고 논리적이어서 쉽게 이해할 수 있고, 확고히 믿을 수 있으며 더는 효과가 없을 것 같은 시기에도 고수될 수 있어야 한다. 우리는 전략을 바탕으로 시장의 변동성에 대처하고 손실이 발생하는 어려운 시기를 견뎌낼 수 있어야 한다. 시간이 지날수록 전략이 효과를 발휘하는 이유를 정리해 보는 것도 도움이 된다. 이를 정책 선언문이나 금전 관련 행동강령으로 생각해 보자. 스트레스가 심한 상황에서 이런 문서를 상기하면서 평정심을 회복하고 방향감각을 되찾을 수 있다.

셋째, 자신이 시장을 제패할 만한 기질과 기술을 정말로 갖췄는지 <u>스스로 따져봐야 한다.</u> 그린블라트는 독특한 성격 덕분에 시장에서 현저한 우위를 차지할 수 있었다. 그는 탁월한 분석력으로 복잡한 게임을 해체하여 가장 기본적인 원칙들을 찾아 세운다. 즉, 기업의 가치를 평가하고, 싼 가격에 기업을 매수한 다음, 때를 기다린다. 기업의 가치를 평가할 줄 아는 그는 틀에 박힌 의견이나 권위자들의 말에 흔들리지 않는다. 와튼 스쿨의 교수들이 시장은 효율적이라고 주장하더라도 그의 신념은 절대 변하지 않는다. 한편으로, 그는 권위자들의 주장이 틀렸다는 것을 몇 번이고 증명해 보인다. 인내력, 자신감, 합리성, 절제력 등이 그가 가진 경쟁력이다.

넷째, 시장을 선점하지 않아도 투자에 성공하고 부자가 될 수 있다는 점을 잊지 말아야 한다. 수십 년 동안 존 보글이 지켜봤듯이, 수많은 액티브펀드 운용자들이 인덱스펀드를 넘어서는 장기간의 경쟁 우위를 증명해 보이려다 실패했다. "그 모든 별이 혜성으로 밝혀졌습니다." 보글이 내게 말했다. "마침 하늘에서 잠시 빛을 내었습니다. 그러다 빛을 잃고, 그 재가 천천히 땅으로 떨어져 내렸습니다. 두고 보세요. 그런 일은 거의 늘 일어납니다."

보글은 인덱스펀드를 매수하고 유지해야 '궁극의 단순성'을 실현하는 것이라고 자주 조언했다. 해당하는 인덱스펀드는 미국을 포함한 해외 주식과 채권을 고정된 비율로 보유해 균형 잡힌 것이어야 한다. 요컨대, 자기 파괴적 시도가 시장의 적기와 맞아떨어지는 때는 없다. 게다가 다음에는 뜨거운 주식이나 펀드를 선정할 것이란 환상 또한 실현되는 때도 없다.

이번 장을 정리하면서 보글의 조언에 따라 아내의 퇴직계좌를 운용하기 위해 단일 인덱스펀드에 가입했다. 해당 펀드는 자산의 80%를 주식에, 나머지 20%를 채권에 투자하는 글로벌 펀드였다. 이 펀드가 최적의 전략이라고 장담하지는 않는다. 그래도 아주 만족스럽고, 아내가 오랫동안 펀드를 유지하며 주기적으로 불릴 수 있을 것으로 예상한다. 분산투자, 위험과 보상 사이의 적절한 균형, 세금에 대한 효율성, 이례적으로 낮은 비용, 장기적인 계획 등을 고려해 단순한 전략을 수립한 셈이다. 담대함과 과감함이 부족하지만, 보글이 내게 해준 말처럼 '대단할 필요는 없다'.

개인적으로는 인넥싱의 산술적 논리와 시장을 선점하겠다는 부푼 꿈 사이에서 (잊을 만하면) 고민에 빠진다. 그래도 나는 잘 알고 있다. 우리가 어떤 길을 선택하든지 간에 단순성을 유지하는 것이 득이 된다는 사실을!

richer,
wiser,
happier

6장

정보의
유통 기한

"순간의 만족에 현혹되지 않는 사람이
가장 많은 보상을 얻는다"

타의 추종을 불허하는 투자가, 닉 슬립

information

작은 행복을 포기함으로써 더 큰 행복을 발견할 수 있다면,
지혜로운 사람은 더 큰 행복을 위해 작은 행복을 포기한다.

_《법구경 *The Dhammapada*》 중

닉 슬립Nick Sleep은 조경 건축가가 되는 것이 꿈이었다. 바쁘고 복잡한 일상에서 안식처가 될 공원과 공공건축물을 직접 설계하고 싶었다. 그런 꿈을 안고 에든버러대학교를 졸업한 슬립은 현지의 한 회사에 견습생으로 들어가 조경 일을 배웠다. "지붕창을 설치하고 주차장을 만드는 현장에서 일했습니다. 그리고 제 낭만적인 생각은 산산이 깨졌습니다." 슬립은 몇 달 후 일을 그만두었다.

영국 출신인 슬립은 에든버러에서 거주하고 싶었다. 결혼을 약속한 세리타Serita와 교외에 소재한 소형 아파트 한 채를 사들인 것도 이유가 있었다. "그래서 에든버러에서 유명한 게 무엇인지 알아보기 위해 이곳저곳을 둘러보았습니다." 정보통신기술 분야의 전망이 밝은 듯 보였고, 에든버러가 투자자문업으로도 유명하다는 사실을 알게 되었다. 더불어 《투자신탁 해설Investment Trusts Explained》이라는 책을 읽고, 금융업에 관한 전반적인 사항을 이해할 수 있었다.

슬립은 한 스코틀랜드계 펀드 회사에 수습 직원으로 취직해 투자분석가로서 첫발을 내디뎠다. 당시에는 투자업과 관련한 자격을 제대로 갖추지 못한 상태였다. 그는 대학 시절 지리학을 전공했는데, 주식 종목을 선정하는 일과는 괴리감이 컸다. 게다가 이직해 온 과정을 보면, 그가 정말로 금융업에 종사하고 싶어 했는지 장담하기 어렵다. 그는 백화점업체 해러즈Harrods Ltd.에서 일하기도 했고, IT 회사에서 임시직으로 일하기도 했다(윈드서핑 후원 계약을 성사시킨 적도 있다). 영화배우 같은 외모에 부드러운 목소리를 지닌 그는 일하는 기계라는 틀에 자신을 가두지 않았다.

다행스럽게도 그만의 독특한 사고방식과 딱 맞아떨어지는 분야에 우연히 발을 담그게 되었다. 투자의 대가들이 하나같이 그렇듯, 슬립은 색다른 앵글로 세상을 바라본다. 웰링턴대학에서 10대를 보낼 때 경험한 것을 바탕으로 독특한 관점이 형성되지 않았을까, 그는 생각한다. 웰링턴대학은 빅토리아 여왕Qeen Victoria의 60주년을 기념하는 의미에서 설립된 영국 기숙학교인데, 슬립은 집에서 통학하던 소수에 속했다. 이는 학교 수업을 마친 이후에 '자유로이 돌아다녔다'는 의미다. 동급생 대부분이 500여 평 되는 캠퍼스에서 지냈던 반면, 슬립은 술집에서 아르바이트를 하기도 했다. 슬립이 말했다. "일찍이 남들과 다른 생활을 하는 데 익숙했습니다. 집단 밖에 있는 게 좋았어요."

슬립은 스무 살가량이 되어 로버트 피어시그Robert Pirsig의 저서인 《선과 모터사이클 관리술Zen and the Art of Motorcycle Maintenance: An Inquiry into Values》에 심취했다. 121개 출판사로부터 출간을 거절당했던 이 자전적 형식의 철학 소설은 삶의 '질'에 관한 형이상학적 탐구 과정을 담은 비범한 작품이다. 피어시그는 행동과 판단의 질에 매우 진지하게 접근하여 평범한 일도 정신수양이 되게 하는 사람들을 높이 평가한다. 의자를 고칠 때도, 옷을 꿰맬 때도, 부엌칼을 갈 때도, '추한' 작업법과 '아름답고 질 높은' 작업법이 있다고 밝혔다.

'모터사이클 관리술'은 피어시그에게 삶과 일에서 자아를 초월하는 방법에 대한 이상적인 메타포가 되었다. "당신이 이용하는 진정한 모터사이클은, 바로 당신 자신이라고 불리는 모터사이클입니다." 피어시그는 책에서 다음과 같이 썼다. "'저기 바깥'에 있는 것처럼 보이는 기계와 '여기 안에' 있는 것처럼 보이는 인간은 별개의 두 실체가 아니라오. 이 둘은 질quality을 향해 함께 성장하거나 질로부터 함께 멀어지는 그 무엇이라오."

머릿속에 그림이 그려졌겠지만, 월스트리트에서 큰 야망을 품고 노력하는 사람들은 대부분 모터사이클에 관한 난해하고 수수께끼 같은 말들을 좀처럼 사유하지 못한다. 그럼에도 피어시그의 시각이 슬립의 마음에 깊은 울림을 주었고, 장차 그가 갖추게 될 투자가의 면모를 빚어냈다. 피어시그의 지속적인 영향에 관해 이야기한 이메일에서 슬립은 "모든 것을 질적으로 다루기를 바랍니다. 거기에는 만족과 평화가 있기 때문입니다"라고 말하기도 했다.

그렇다면 이는 투자와 관련하여 어떤 의미가 있을까? 2001년 슬립은 동료인 콰이스 자카리아Qais Zakaria(잭이란 애칭으로 불리기도 한다)와 함께 노마드 투자 조합Nomad Investment Partnership이라는 펀드를 설립했다. 두 사람은 펀드 설립을 '질 높은' 방식의 투자와 사고, 행동에 관한 실험적 테스트로 삼았다. 슬립은 유려한 글솜씨가 돋보이는 유쾌한 분위기의 주주 서한 중 하나에 사색적인 내용을 남겼다. "노마드는 단지

펀드를 관리하는 것 외에 우리에게 훨씬 더 많은 의미가 있습니다. 노마드는 합리적이고 형이상학적이며 영적인 여정에 가깝습니다."

만약 유별나게 고상한 실험에서 깜짝 놀랄 만한 결과가 나오지 않더라도 문제 될 건 없었다. 그런데 노마드는 13년 동안 MSCI 지수의 수익률인 116.9% 대비 921.1%의 수익률을 기록했다.[1] 다시 말하면, 슬립과 자카리아의 펀드는 비교평가지수를 무려 800%나 넘게 앞질렀다. 지수에 100만 달러를 투자했다면 투자금이 217만 달러로 불어났을 것이고, 노마드에 같은 금액을 투자했다면 투자금이 1,021만 달러로 치솟았을 것이다.

슬립과 자카리아는 2014년에 주주들의 돈을 반환하고, 마흔다섯이라는 창창한 나이에 투자업계에서 은퇴했다. 그 이후 그들은 재산을 잘 관리하여 다시 한번 깜짝 놀랄 만한 성공을 거두었는데, 은퇴 후 5년 만에 재산을 대략 세 배로 불렸다. 성격상 세상의 통념에 신경 쓰지 않는 슬립은 거의 전 재산을, 단 세 종목에 투자했다(두 사람은 재산의 70% 정도를 단 한 종목에 투자한 적도 있다).

투자 전문가 중에서 슬립처럼 높은 평가를 받는 사람은 흔치 않다. 빌 밀러는 '완전한 독립'과 '사고의 명료함'에 감탄했다며 노마드에 자산을 투자했다. 슬립과 친분이 있는 가이 스파이어는 "투자업계를 대표하는 심오한 사상가"라며 슬립을 칭송한다. 인터뷰할 투자가를 물색하던 중 모니시 파브라이에게 조언을 구했더니 이런 대답이 돌아왔다. "닉 슬립 만한 사람이 없지요. 그는 늘 고도의 집중력을 발휘해 바닥까지 파헤칩니다. 손해 보는 장사는 아닐 겁니다. 흥미로운 시간이 될 거예요. 하지만 인터뷰에 응하진 않을 겁니다. 슬립은 자신에 관해 잘 애기하지 않는 사람이거든요."

　사실 슬립과 자카리아가 사람들의 눈에 잘 띄지 않은 것도 성공 비결이었다. 두 사람은 펀드를 홍보하는 일에 거의 관심이 없을 뿐만 아니라, 자신들을 알리는 일에도 별 관심이 없었다. 그런 이유로 두 사람에 관해 알려진 바가 거의 없다. 그럼에도 불구하고 지난 몇 년 동안 여러 차례 슬립을 만나 취재했다. 이후 2018년 가을에 런던 킹스 로드King's Road에 소재한 사무실을 방문해 두 사람과 함께 시간을 보냈다. 사무실은 환하고 활기찬 분위기가 풍기는 공간으로, 격식을 차리지 않아서인지 자카리아는 책상도 없이 일했다. 그곳은 바로 두 사람이 말한 소위 '자본주의 모험'이 펼쳐지는 곳이었다.

　두 사람과 대화를 나누고 나니 좋은 사람들이 성공할 수밖에 없다는 훈훈한 교훈을 얻었다. 투자자가 순간의 만족에 빠지지 않으려는 절제와 인내를 발휘할 때, 특별한 혜택을 얻을 수 있다는 교훈도 얻었다. 단기적 사고가 지배하는 초고속 시대에 그처럼 보상에 집착하지 않는 성품이야말로 시장뿐 아니라 삶과 비즈니스에서 성공하기 위한 가장 중요한 요소라고 할 수 있다.

　　　모래 위에 지은 집

　자카리아도 슬립처럼 월스트리트에서 일하게 되리라곤 꿈에도 생각하지 못했다. "솔직히 말씀드리면, 저는 다른 일을 하고 싶었습니다." 자카리아가 옛이야기를 해주었다. "부모님이 허락하셨다면 저는 기상학자가 되었을 겁니다. 참 재밌겠다는 생각이 들었습니다. 그래서 틈만 나면 일기예보를 보고, 나름대로 작성해 보기도 했지요. 부모님은 제가 쓸데없는 짓을 한다고 생각하셨습니다."

1969년 이라크에서 태어난 자카리아는 남들보다 유복한 가정에서 자랐다. 그의 아버지는 이라크 중앙은행에서 일했고, 어머니는 바그다드대학교에서 영양학을 강의했다. 하지만 당시는 정치적 음모와 폭력으로 얼룩진 위태로운 시기였다. "제 가족은 숙청되었습니다." 자카리아가 말했다. 그의 가족은 모든 것을 고향에 남겨두고 이라크를 빠져나왔다. 1972년 가톨릭 자선단체의 도움으로 자카리아의 부모님은 머물 보호시설을 찾았고, 그곳에서 세 자녀를 키웠다. "부모님은 어느 날, 가진 것 하나 없이 고향을 떠나게 되었습니다." 자카리아가 당시 상황을 설명했다. "터키에서 어떤 사람에게 얻은 오렌지색 볼보 외에 말 그대로 빈털터리였습니다."

자카리아의 아버지는 이곳저곳으로 일을 찾아다니다가 하급 회계사로 취직하게 되었다. 바닥부터 다시 시작해야 했지만, 이후 이라크에 기계 부품을 수출하는 사업이 잘 풀리기 시작했다. 부모님은 자카리아가 가업을 이어받아 회사를 운영하면서 삶의 불확실성에 대한 대비책을 충분히 마련하기를 바랐다. "부모님에게는 돈이 매우 중요했습니다." 자카리아가 말했다. "부모님은 돈을 모아야 했어요. 꼭 생활비를 위한 건 아니었어요. 안전과 지위에 관련한 문제였습니다." 자카리아는 수학을 전공하기 위해 1987년 케임브리지대학교로 향했다. 모든 일이 술술 풀리는 듯했다. 하지만 그 해에 아버지의 사업이 파산했다.

알고 보니 자카리아의 아버지는 대출받은 돈으로 주식시장에서 투

기를 했다고 한다. 수상쩍은 주식 시세표에 뜬 최고 인기 종목을 거래
하다가 영업사원의 얄팍한 상술에 넘어가 피라미드 구조에 빠지고 만
것이다. "한 주식중개인이 맨 위부터 맨 아래까지 피라미드 방식에 따
라 주식을 추천했지요." 자카리아가 말했다. "돈을 더 넣을수록 피라미
드에서 더 높이 올라갑니다. 제 아버지는 그리 높이 올라가지 못하셨어
요. 피라미드가 무너졌을 때 모든 걸 잃으셨지요." 자카리아의 가족은
빚더미에 올라앉았다. 수출 사업도 끝이 났다.

그로서는 가슴 아픈 사연을 품은 채 투자업계에 입문했다. "제 아버
지는 제대로 파악한 일로 돈을 버셨고, 잘못 파악한 일로 돈을 잃으셨
습니다. 그리고 파렴치한 사람들 때문에 바닥까지 떨어지셨습니다." 이
런 기억 탓에 자카리아는 영업사원의 홍보나 벼락부자가 된다는 사업
방식을 늘 경계했으며, 마치 '카지노'와 같은 월스트리트에서 늘 의심
을 달고 살게 되었다.

1990년 케임브리지대학교를 졸업한 후 자카리아는 자연스레 투자
게임에 발을 내디뎠다. 그는 아시아 금융시장을 호령했던 홍콩의 쟈뎅
플레밍Jardin Fleming에서 주식분석가로 일을 시작했다. 그때부터
1996년까지는 일이 술술 풀리는 듯했다. 그런데 그의 상사이자 꽤 잘
나가던 펀드 매니저가 고객들의 계좌에 들어갈 수익을 편취한 혐의로
기소되었다. 그 상사는 해고된 것은 말할 것도 없고, 수백만 달러의 벌
금형에 처했다. 회사의 평판은 바닥으로 추락했고, 조직은 재편되어야
했다. 결국 자카리아는 정리해고되었다.

자카리아가 당시의 상황을 설명했다. "여기저기 지인들에게 전화를
돌려서 제가 할 일이 있는지 물었습니다. 말 그대로 뭐라도 해야 할 상

황이었습니다." 그로부터 얼마 후 도이체방크Deutsche Bank에서 주식 중개 데스크를 운용하던 지인이 자카리아의 사정을 딱하게 여겨 아시아 주식을 전문으로 한 '매도 부문'에 자리를 마련해 주었다. 인생이 어떻게 될지 아무도 모른다는 말이 딱 어울리는 상황이었다. 영업사원만 보면 의심이 들고, 유독 증권중개인을 불신했던 자카리아는 은행의 기관 고객들에게 주식 정보를 짚어주는 일로 먹고살게 되었다. "4년 동안 그 짓을 했지요. 지옥 그 자체였습니다." 자카리아는 몸에 맞지 않는 옷을 입고 있던 시기를 떠올렸다. "중개가 쉽게 되는 경우가 없었지만, 그렇다고 아무에게나 팔 일도 아니었습니다."

도이체방크에서 보냈던 시간은 월스트리트에 입성하기 위한 사전 학습이 되었다. "그곳에서 일하다 보면 충격적인 일이 많지요." 자카리아는 도덕적 타협 없이 하기 힘든 일들을 했다. "제게 일을 소개해줬던 친구와 회사 상사가 그러더군요. 이건 아니라는 생각이 들어도 고객이 하겠다는 대로 둬야 한다고요. 굳이 설득하려고 해서는 안 된다고 했습니다. 잘해야 본전이니 고객들이 알아서 하도록 그냥 두어야 한다는 말이었습니다. 그 방식은 소름이 끼칠 정도였습니다. 끔찍했습니다! 고객이 실수를 저지르고 있다면 제대로 알려줘야 한다는 말입니다!" 아마도 상사의 도움이 없었다면 한 달도 안 되어 해고당했을 것이라고 자카리아는 말했다. 그 와중에 위안이 되었던 한 사람이 있었다. 바로 닉 슬립을 만난 것이다.

에든버러에서 투자업에 발을 들이고 3년이 지난 후 슬립은 캐나다 최고의 금융회사이자 수만 명의 직원을 거느린 선 라이프Sun Life에서 투자분석가로 일하기 시작했다. "지옥으로 끌려가는 기분이었어요." 슬립이 고백했다. "에너지 넘치는 회사에서 일해왔다면, 지루하고 단조로운 곳에 적응하기란 어지간해선 힘들지요." 슬립은 몇 달이 지난 후 회사를 나와 1995년에 마라톤 에셋 매니지먼트Marathon Asset Management에 자리를 잡았다. 그리고 그곳에서 10년이 넘는 시간을 보낼 터였다. 마라톤 에셋 매니지먼트는 런던에서 공격적인 성장을 한 투자회사로 대기업들을 앞지르기 위해 고군분투하고 있었다.

슬립은 회사의 공동 설립자인 제레미 호스킹Jeremy Hosking을 멘토로 삼았다. 호스킹은 철도 애호가로도 유명한 인물로 옛 증기기관을 수집하는 별난 취미를 가지고 있다. 슬립이 호스킹을 소개했다. "호스킹은 천상 인습타파주의자입니다. 그는 늘 가장 괄시받는 것만 찾아서 사들입니다. 논쟁도 좋아하고, 난제도 즐기죠." 1997년 아시아 금융 위기가 불어닥쳤을 때, 호스킹과 슬립은 동남아시아 시장에서 쓰레기 더미를 파헤치듯 헐값이 된 주식을 찾아다녔다. 아시아 경제의 기적이 재앙으로 뒤바뀌자 사람들은 대부분 몸을 숨길 곳을 찾아다니는 듯했다. 그와중에 마라톤의 남자들은 예사롭지 않은 아시아계 주식중개인을 발견했다. 그렇게 자카리아가 예상 밖의 동료가 되었다.

슬립과 자카리아는 싱가포르와 홍콩, 필리핀 등의 시장에서 터무니없이 싼 종목을 발굴했고, 그에 관한 의견을 수시로 주고받았다. 중개인들이 대개 매도하기 편한 인기 자산에 관심을 집중하는 반면, 자카리아는 시장에서 괄시를 받아 엄청나게 지렴한 가격으로 거래되는 종목만 보면 흥분을 감추지 못했다. "자카리아는 형편없는 중개인이었습니다. 그의 마음에 든 종목이 우리 마음에는 들었을지 모르지만, 그 외 그누구에게도 어필하지 못했으니까요." 슬립이 말했다. "그래서 상업성이 없었어요. 누구에게도 팔지 못했으니까요." 그래도 버려진 보석을 찾는 자카리아의 눈은 정확했기에, 마라톤에서는 그의 가치를 높이 샀다. 호스킹이 자카리아에게 말했다. "아무에게도 주식을 팔지 못할 때, 우리를 찾아오세요."

기적의 해를 보내는 동안 투자자들은 아시아 시장을 너무 낙관적으로 전망한 나머지 자산 대체비용의 세 배로 거래되는 주식에 돈을 걸었다. 그러다 시장이 위기를 겪는 동안 자산 대체비용의 25% 수준에서 동일 종목을 매수할 수 있게 되었다. 마라톤은 동남아시아에 5억 달러를 투자하여 1년도 채 안 되는 기간에 관련 시장이 반등하면서 큰 수익을 벌어들였다. 이 성과를 두고 자카리아 또한 인정받았다. "아시아 금융 위기 때 바로 자카리아 같은 분석가가 필요했습니다." 슬립이 자카리아를 추켜세웠다. "자카리아는 투자은행을 위해 일하는 영업사원이지만, 실제로 영업사원의 일을 하지 않습니다. 영업사원이 팔려고 하는 것을 팔지 않기 때문이지요." 자카리아가 시류에 편승하지 않는 인물이라는 인식이 점차 확대되었다.

만약 위기에 놓인 월스트리트에 관한 풍자 소설을 쓰려는 작가가 있다면, 1999년 말과 2000년 초반 같은 탐욕의 황금기를 소재로 선택할 것이다. 당시는 기술주와 인터넷주에 대한 열병이 은행가와 중개인, 펀드 매니저, 일반 투자자들의 분별력을 흔들던 시기였다. 수백만 명이 벼락부자가 되고픈 욕망에 휘말렸다. 무서울 게 없는 듯 보였던 사람들은 오로지 좋은 기회를 놓칠까 봐 전전긍긍했다.

도이체방크를 비롯한 경쟁 업체들은 가치평가가 부풀려진 기업들의 IPO를 주관하여 상당한 수익을 냈다. 그 기업들이 오래 유지될 수 있을지 의문스러웠지만, 그들은 그 의심을 무시했다. 소위 평판 좋은 중개업에 종사하는 투자분석가들은 부끄러운 줄 모르고 주식 프로모터stock promotor처럼 행세했다.[2] 또한 중개인들은 과열된 분위기가 식기 전, 부자가 되겠다고 열망하는 투자자들에게 찌꺼기 같은 종목들을 매도해야 한다는 의무감을 가졌다. 최악의 도박판이 그렇게 벌어졌다. 그래도 자카리아는 도박에 참여하지 않았다. "IPO는 하나같이 모두 끔찍했습니다. 저는 이 사실을 사람들에게 알렸습니다."

타이완의 기술 스타트업 기가미디어GigaMedia Ltd.와 관련한 거래는 자카리아의 기억에 영원히 각인되었다. 그 거래는 2년도 채 되지 않아 수익 창출이 그저 머나먼 꿈이 된 사건이었다. 골드만삭스와 도이체방크는 버블이 정점에 달했던 2000년 2월, 기필코 기가미디어의 나스닥 상장을 진행하기로 했다. 자카리아의 말에 따르면, 한 동료가 파리에서 근무하는 한 펀드 매니저에게 연락해 "기가미디어를 꼭 매수해야 할 것 같네요"라고 말했다고 한다. 그리고 그 펀드 매니저는 1억 5,000만 달러의 매매를 주문했다. 그렇지만 문제가 하나 있었다. 주문액이 펀드의 총자산액을 초과한 것이다. 그렇지만 아무도 주의를 기울이지 않는 것 같았다. 그는 자신이 요구한 지분을 회사가 챙겨 주는 것은 물론 주가가 급등할 것이라고 확신했다.

어찌 된 영문인지 기가미디어의 주가는 IPO 당일 27달러에서 88달러까지 치솟으면서, 미미했던 존재의 가치는 40억 달러 이상으로 평가되었다. 그러나 이것은 모두 환상에 그쳤다. 그로부터 몇 주 후, 닷컴 버블이 붕괴하여 기가미디어의 가치는 98%나 폭락했다.

자카리아에게는 받아들이기 힘든 일이었다. 비합리성, 실체가 없는 허상, 벼락부자가 되기 위해 물불 가리지 않는 욕망이 혼재되어 그런 사건이 벌어졌다. "극도의 불안에 시달렸습니다." 자카리아가 말했다. "도이체방크에서 생활하다 보니 건강도 점점 나빠졌습니다. 증권 중개인으로서 기반을 다질 만한 곳이 아니었습니다. 하나 같이 모두 불안정했습니다."

그러다 마라톤이 자카리아를 구조했다. 2000년 4월, 시장에서 인기를 독차지했던 닷컴기업들이 산산이 무너졌을 때, 자카리아는 도이체방크를 빠져나와 슬립이 있는 마라톤 런던 사무실에서 분석가로 일을 시작했다. 이후 버크셔 해서웨이의 연례 주주총회 참석을 위해 슬립과 오마하로 떠났다. "정말 놀라웠어요." 자카리아가 말했다. 워런 버핏과 찰스 멍거가 수십 년 동안 소유할 만한 회사들에 관해 이야기했다. 두 사람은 얼마 전 있었던 어리석은 IPO를 기회로 삼아, 투자 비용으로 이익을 창출할 계획을 수립했다. 자카리아는 말했다. "도박판 같은 것은 전혀 없었습니다. 진짜 사업이었어요!"

버핏을 모델로 삼은 슬립은 마라톤 내에 집중투자펀드를 설치해 달라고 상사들에게 끊임없이 요구했다. 그는 질을 구현한 버핏에게서 깊은 인상을 받았다. 이는 사업에 대한 사고의 깊이에 국한되지 않았다. 버핏이 10만 달러의 연봉을 고수하고 있는 것부터 그가 버크셔 해서웨이 주주들을 대하는 고귀한 방식에 이르기까지, 슬립은 버핏을 롤 모델로 삼았다. "한 극단에서는 버핏처럼 최대한 원칙에 따랐습니다." 슬립이 말했다. "다른 극단에서는 마케팅 중심의 기업들이 펀드 투자를 권유하고 있었지만, 마치 자동차나 세탁기를 판매하는 수준에 그쳤습니다. 그들에게 고객은 안중에도 없었어요."

2001년 슬립의 상사들이 노마드 투자 조합의 설립을 승인하자 슬립은 펀드를 공동 운영하자고 자카리아에게 제안했다. "우리가 늘, 다소 특이한 일을 한다는 점은 분명했습니다." 슬립이 단호하게 말했다. "다른 방식의 투자론과 지침이 있다는 것을 증명하고 싶었습니다. 월스트리트에 떠도는 헛소리를 따를 필요가 없습니다."

개소리에 신경 쓰지 마[3]

슬립과 자카리아는 수수료를 쏟아낼 거대 펀드를 구축하는 일에는 전혀 관심이 없었다. CNBC에 출연해 시장경제의 구루로 소개되거나 〈포브스〉 표지에 사진이 대문짝만하게 실리는 그림도 그리지 않았다. 거대한 성 같은 집, 전용제트기, 요트 같은 것들을 바라는 욕망 또한 품지 않았다. 두 사람의 야망은 단순했다. 장기간 최고의 수익을 창출하고 싶었다.

구체적으로 말해서, 두 사람의 목표는 노마드가 보유한 순자산가치를 열 배로 불리는 것이었다. 슬립은 자신의 사명을 다소 기발한 말로 표현했다. "누군가 '전쟁 중에 무엇을 했습니까?'라고 묻는다면, '우리는 1파운드를 10파운드로 바꿨습니다'라고 대답하고 싶었습니다."

경이로운 수익을 달성하고자 한다면, 슬립과 자카리아가 관심을 집중해야 할 대상이라고 밝힌 것을 살핀다면 도움이 될 것이다. 물론 두 사람이 무시한 부분도 중요하다. 이런 점에서 슬립은 "현명해지는 기술은 간과되는 것을 아는 기술이다"라고 한 철학자 윌리엄 제임스William

James의 말을 자주 인용한다. 슬립과 자카리아는 사회에 만연한 수많은 관행에도 반기를 들었다. "우리가 좋아하지 않는 것들을 제거하고 있을 뿐입니다." 슬립이 말했다.

두 사람은 처음부터 투자자들의 판단력을 흐리는 무의미한 정보들을 모두 무시했다. 정보에도 음식처럼 유통 기한이 있다고 슬립은 강조했다. 그런데 유독 잘 상하는 정보가 있는 반면에 오랫동안 유용하게 유지되는 정보도 있다. 이런 유통 기한의 개념이 그들의 판단력에 귀중한 필터가 되었다.

2020년 5월 슬립과 자카리아를 만나 대화를 나누었다. 머지않아 코로나19가 소비자의 지출, 기업의 수익, 실업, 이자율, 자산 가격 등에 영향을 미칠 것이라는 의혹이 난무하던 시기였다. 〈파이낸셜 타임스Financial Times〉는 미국의 경제 회복이 V나 U자(W나 L자) 또는 부메랑 모양으로 반등할 것이라고 전망했다. 이러한 뉴스 보도는 슬립과 자카리아에게 시장에서 일상적으로 벌어지는 '연속극'에 불과했다. 그런 뉴스들에 관심을 가지기에는 그 내용이 매우 피상적이고 일시적이며 신뢰할 수 없었다.

마찬가지로 그들은 월스트리트에서 쏟아지는 단기 재무 데이터와 추천 정보들도 무시했다. 증권회사들은 장려책으로 투자자들을 자극하고, 무수한 기업들의 다음 분기 주당 수익률과 관련한 믿기 어려운 추정치를 쏟아낸다. 투자자들은 몇 달이면 무의미해질 정보를 갈망한다. 슬립은 그런 중독자들을 경멸의 눈으로 바라본다. 슬립이 보기에 단기적인 사고에 익숙한 대중들은 '가짜 자극'에 끊임없이 반응한다. 이와 관련하여 슬립이 의견을 밝혔다. "헛소리는 믿지도 말고, 듣지도 않도록 각성할 필요가 있습니다."

그런 배설물 속에서 빠져나오기 위한 실용적 방법으로 월스트리트에서 배설되는 매도 측sell-side의 분석을 모두 폐기할 수도 있다. 사카리아가 말했다. "산더미처럼 쌓이죠. 매달 훑어보며 생각합니다. '지루하네.' 그렇게 모두 쓰레기통으로 향합니다. 정말로 모두, 소문에 불과합니다. 아예 읽어볼 필요도 없다고 생각하면 마음이 편안해집니다." 마찬가지로 슬립과 자카리아는 직접 시장을 분석하고 독자적으로 판단한 이래로 자신들에게 매수를 권유해 봐야 아무 의미가 없다고 중개인들에게 말한다.

두 사람은 또한 블룸버그 터미널Bloomberg Terminal 같은 증권거래 소프트웨어를 가능하면 사용하지 않도록 일상적인 시장 활동에서 발을 뺐다. 펀드 매니저들이 여러 대의 모니터에서 눈을 떼지 않고 화면에서 보이는 실시간 데이터와 금융 뉴스를 응시하는 것은 증권가에서 흔히 볼 수 있는 모습이다. 심지어 대략 2만 4,000달러라는 1년 사용료를 내야 하는 블룸버그 터미널은 전문 투자자들 사이에서 지위의 상징으로 통한다. 반면 슬립과 자카리아는 블룸버그 터미널이 설치된 모니터 한 대를 의자도 없는 작은 보조 책상 위에 올려 두었다. "불편할 테니까요." 자카리아가 이유를 설명했다. "닉은 낮은 테이블 위에 올려 두길 원했습니다. 그러면 생각 없이 5분을 보낼 수 있어요. 이내 '아, 허리 아파 죽겠네' 하며 자리를 옮기겠지만요."

시카고에서 활동하는 펀드 매니저 팻 도시Pat Dorsey도 비슷한 의견을 냈다. "투자가가 가장 잘하는 일을 하나 꼽자면, 사무실에 텔레비전과 블룸버그 터미널을 두지 않는 겁니다." 도시가 이런 이야기를 한 적이 있다. "홀로 주가를 보거나 우리 포트폴리오와 관련한 뉴스를 확인하는 것은 굉장한 일이죠. 궁금증을 참지 못하고 곧장 이메일을 확인하는 일 같은 겁니다. 하지만 논리적으로 생각해 보면 생산성과는 거리가 먼 일입니다."

홍수처럼 쏟아지는 정보에 대한 신속한 접근을 중시하는 문화에서 의도적인 단절 행위는 상식에서 벗어나는 태도로 보일지도 모른다. 금융시장에서는 끊임없이 데이터를 모으고, 단기간에 눈에 띌 만한 종목에 투자하는 것이 흔한 모습이다. 그러나 슬립과 자카리아는 이와 같은 일반적인 게임을 거부했다. 두 사람은 (슬립이 만든 말) '추측을 뒤흔들기wiggle guessing'로 보편적인 집착에 동요하지 않고, 평정심을 가지고 생각하고자 했다.

이처럼 동료들 대부분이 중요하게 생각하는 것을 무시하기 위해선 무엇에도 흔들리지 않는 신념을 견지해야 한다. 슬립과 자카리아는 월스트리트에서 쏟아지는 소음을 차단하기로 마음먹고 나니 자유롭고 해방된 기분이 들었다고 한다. "늘 머릿속에서 재잘거리는 소리 같다고나 할까요?" 슬립이 말했다. "듣는 것을 멈춰보세요. 괜찮아질 겁니다." 그렇다면 두 사람은 어떻게 시간을 보낼까? "우리는 지쳐서 얼굴이 창백해질 때까지 연례 보고서를 읽고, 넌더리가 날 때까지 많은 기업을 방문합니다." 슬립이 얼마나 많은 곳을 돌아다녔는지 여권을 보니 알 수 있었다.

슬립과 자카리아는 기업을 분석하고 CEO들을 면담하면서 유통 기한이 긴 통찰을 찾았다. 이런 측면에서 여러 물음에 대한 답을 내려 했다. "이 기업이 10년 또는 20년 후에 도달할 목적지는 어디일까? 그 목적지에 도달할 가능성을 높이기 위해 경영진은 지금 무엇을 하고 있는 가? 이 기업이 이상적인 목적지에 도달하지 못하도록 방해하는 것은 무엇일까?" 이런 사고방식을 두 사람은 '목적시 분석'이라고 부른다.

월스트리트에서는 단기 성과에 집착하는 경향이 팽배해서 "이 기업 의 다음 분기 수익은 얼마나 될까? 이 주식의 연 목표주가가 얼마나 될 까?" 따위의 물음에 대한 답을 찾는 모습이 일반적이다. 반면에 슬립과 자카리아는 기업의 잠재력과 연관된 정보에 집중한다. 이를테면, 다음 과 같은 물음의 답을 구하려고 애쓴다. "이 기업은 저렴한 가격에 우량 상품과 효율적인 서비스를 제공함으로써 고객과의 관계를 강화하고 있는가? CEO는 회사의 장기가치를 높이기 위한 합리적 방법에 따라 자본을 할당하고 있는가? 종업원들에게 임금을 충분히 지급하지 않거 나 공급업체를 차별하고 있지는 않은가? 고객의 신뢰를 저버리고 있 는 않은가? 근시안적 행동으로 미래 발전 가능성을 저해하고 있지는 않은가?"

마찬가지로 목적지 분석이 여러 삶의 영역에서 유용한 도구가 된다 는 점을 유념해야 한다. 이를테면, 노년에 건강한 삶을 목표로 삼았다 면, 목적지에 도달할 확률을 높이기 위해 지금 확인해야 할 정보와 데 이터(영양 섭취, 운동, 스트레스 해소, 건강 검진 등)가 무엇인지 스스로 물어 봐야 할 것이다. 가족과 지인들에게 좋은 사람으로 기억되고 싶다면, 우리가 세상을 떠난 후, 장례식장의 모습이 어떨지 상상해 보고 그들이 나와 함께했던 기억을 소중히 여기도록 지금 어떻게 행동해야 하는지 스스로 물어야 할 것이다. 이처럼 목적지에 초점을 맞추는 태도는 두 사람의 삶에 중대한 영향을 미쳤다. "80세가 되었을 때의 모습을 그려

볼 수도 있겠지요." 슬립이 말했다. "고객들을 공정하게 대우했는지를 생각해 보세요. 내 일을 제대로 했는지, 돈은 제대로 썼는지를 생각해 보세요. 집이나 전용제트기를 얼마나 가졌는지가 중요한 게 아닙니다."

슬립과 자카리아는 우연히 투자업계에 발을 들인 미운 오리 새끼였던 탓에 관습을 벗어난 사고에 자연스레 열려 있었다. 영원한 아웃사이더인 슬립과 자카리아는 모든 것에 의문을 제기했다. 다른 무엇보다도, 금융기관의 수수료가 고객들의 이자수익보다 높아야 한다는 무언의 믿음을 전혀 받아들이지 못했다. 그 결과, 노마드의 수수료 체계는 이례적으로 공정했다. 슬립과 자카리아는 통상 자산의 1~2%를 수수료로 부과하는 방식을 따르지 않고, 매우 적은 수준의 연간 관리 수수료를 부과했다. 또한 두 사람은 펀드의 투자 수익 중 20%를 받았지만, 연 6%의 수익을 달성해야 한다는 조건을 붙였다. 만약 성과가 부진했다면 수수료를 한 푼도 받지 않았다.

그로부터 몇 년이 흐른 후, 두 사람은 자신들의 성과보수를 몇 년간 모아 두기로 하면서 스스로에 대해 한층 더 엄정하게 사전 준비를 했다. 만약 노마드의 연간 수익률이 6% 한계선에 미치지 못한다면, 이전에 벌어들인 수수료를 주주들에게 반환하기로 했다. "고액 연봉은 남의 나라 이야기라는 말을 늘 신조처럼 마음에 품었습니다." 자카리아가 자신의 생각을 밝혔다. "남들이 다 그런다고 해서 우리까지 노상강도처럼 행동할 수는 없지요."

슬립과 자카리아가 그런 태도를 견지한 것은 《선과 모터사이클 관리술》을 읽고 영감을 얻은 덕도 있었다(슬립은 자카리아를 만난 직후에 이 책을 읽어보라고 권했다고 한다). 두 사람은 이 책을 읽은 덕분에 자기 잇속만 차리거나 남을 속이는 등 질적으로 낮은 행동을 하지 않는 결단력을 기를 수 있었다. 자카리아가 신조를 밝혔다. "재빨리 유혹을 떨쳐버려야 솔직한 삶을 살 수 있습니다. 모든 게 질에 관한 문제입니다. 돈은 차후 문제죠. 다른 무엇보다도 올바른 일, 질적인 일, 적절한 일을 하는가에 관한 문제입니다." 슬립이 자카리아의 의견에 더해 생각을 밝혔다. "우리는 주머니에 돈을 챙기는 일에 이끌리지 않았습니다. 그건 절대로 안 됩니다."

"이와 관련해 조금 자극적인 문제가 있습니다." 자카리아가 말했다. "돈과 관련 없는 투자 조직을 구성할 수 있을까요? 언제나 올바른 선택을 하기 위한 문제입니다." 누구나 쉽게 예상할 수 있듯이, 대다수 투자회사에서는 이윤을 극대화하는 것을 우선순위로 삼기에 이해가 상충하는 일이 분명히 발생한다. 예컨대, 투자회사들은 고객들에게 늘 값비싼 상품을 팔면서 변변치 않은 수익을 안겨주는 방식으로 호황을 누린다. 게다가 수수료를 대폭 확대해 연봉과 보너스를 후하게 챙길 수 있어서, 관리하는 자산을 늘리는 일에 과도하게 집착한다. 그래서 자산이 커질수록 투자수익률이 악화되는 경향이 있다는 것은 널리 알려진 사실이다. 하지만 자산관리사들은 대개 과도한 규모의 펀드를 폐쇄하라는 논리적 해결방안을 거부하고 투자를 확대한다.

반면에 노마드는 애초에 자산이 아닌 수익을 극대화하는 기관으로 설립되었다. "우리의 윤리 체계는 다릅니다." 슬립이 설명을 이어갔다. "자산 획득 사업에 종사한다면, 판매 담당자를 고용하고, 법무 담당자도 고용합니다. 또 고객을 관리하는 사람도 필요합니다. 그다음에 관료제를 도입합니다. 그러면서 조직이 커집니다. 모든 걸 조합해서 진정으로 훌륭한 투자 성과를 달성하고자 한다면, 잡다한 것들은 필요치 않습니다. 우리는 그저 좋은 종목을 선정하는 일에 집중했습니다. 그 외에는 다 지엽적인 것들이라고 생각했습니다."

처음부터 두 사람은 영업과 마케팅을 방해요인으로 여겼다. 그런 이유로 미디어에도 일절 회사를 노출하지 않았다. 또한 수익성이 대단한 영리기업을 절대로 만들지 않는다는 것을 최우선 사항으로 삼았기에 투자 의향이 있는 고객의 규모를 중요하게 다루지 않았다. 게다가 두 사람은 노마드의 규모가 사업 수행에 방해요인이 된다면, 기존 주주들에게 수익을 돌려주고 신규 투자자도 받지 않겠다는 점을 분명히 했다. 그에 따라 2004년에 펀드를 설립하고 대략 1억 달러(업계 기준으로는 적은 액수)를 운용하게 되자, 재차 펀드를 폐쇄하고 가입 신청을 받지 않았다. 그러다 추가 자금을 효율적으로 사용하기에 충분히 매력적인 기회를 발견했을 때만 펀드를 재개했다.

두 사람은 적절치 않거나 불쾌한 태도를 보이는 투자자가 있다면, 그가 얼마나 부자인지 상관없이 상담을 거부하고 흔쾌히 돌려보냈다. 자카리아는 식품 포장 기업 테트라팩Tetra Pak의 상속자들을 위해 수십억 달러를 운용하던 사람들과 상담하던 자리에서 벌어졌던 우스운 참극을 떠올리며 조용히 웃었다. 그 투자자문업자들은 고객들의 자금을 펀드에 투자하는 조건으로 노마드의 독점 종목 분석 시스템에 접근할 수 있도록 해달라고 요구했다. 그러자 슬립은 짜증을 참기 어렵다는 신호로 팔짱을 끼며 다리를 꼬았다. 그로부터 15분 후 슬립과 자카리아는 방문객들에게 나가는 문을 알려주었다.

노마드 투자 조합에 가입을 희망하는 사람들은 "5년 이내의 투자 기간을 가지는 사람은 적합하지 않다"는 내용에 동의해야 했다. "그들이 흔히 하는 투자와는 다른 정신적 영역을 두고 싶었습니다." 슬립이 말했다. "우리는 냉혹한 방식으로 수익을 내는, 흔히 볼 수 있는 헤지펀드가 아니었습니다. 우리는 남다른 방식으로 투자 관련 문제들과 씨름하고 있었습니다."

헤지펀드들이 단기간의 성과를 부풀리기 위해 소위 버락부자 전술(슬립이 '투자용 비아그라'라는 말을 붙인 것으로 남성 호르몬을 분출시키는 전략)을 활용하는 것이 일반적이었지만, 노마드는 실제로 그 모든 것을 거부했다. 예컨대, 노마드는 레버리지, 공매도, 옵션이나 선물을 이용한 투기거래를 금기시했다. 또한 거시경제의 흐름에서 숲만 보는 방식의 투자는 전혀 하지 않았으며, 최신 소식에 과민하게 반응하며 거래하는 행위 또한 절대 하지 않았다. 그뿐만 아니라 라이언스LYONs나 프라이즈PRIDEs처럼 남성성을 풍기는 낯선 금융상품에도 손을 대지 않았다. 대신에 슬립과 자카리아는 이른바 '길고도 단순한 게임'이라고 명명했듯이 몇 가지 종목을 집중해서 분석하여 매수하고, 수년간 보유하는 전략을 이용했다.

그런데 이처럼 인내심을 발휘하며 신중히 접근하는 전략은 문화적 이질감을 불러일으켜 거의 구시대 방식처럼 느껴졌다. 투자를 운용하는 기간은 시간이 지날수록 급격히 줄었다. 뱅가드 그룹의 설립자인 존 보글이 1951년 투자업계에 발을 들였을 때만 해도 뮤추얼펀드는 평균 6년 동안 주식을 보유했다. 그러다 2000년에 그 수치는 대략 1년으로 줄어들었다. 이를 두고 보글은 "장기 투자를 하는 지혜가 단기 투기를 하는 어리석은 행위"로 바뀌었다고 경고한 바 있다. 2006년 슬립이 주주들에게 보낸 글을 보면, 노마드가 주식을 보유한 기간이 평균 7년이었던 반면, 투자자들이 노마드의 포트폴리오(버크셔 해서웨이 주식이 제외된 포트폴리오)에 있던 미국 주식을 보유한 평균 기간은 51일이었다고 한다.

슬립과 자카리아는 단기 실적주의shortermism로 문화가 바뀌는 양상을 보고 충격을 받았다. 슬립은 주주들에게 쓴 글에서 "영구 자본에 손을 댄 사람들의 마음이 바뀔 때마다 사회의 기본적인 구성 요소들이 무너집니다"라고 했다. 노마드는 이와는 정반대되는 접근법을 선택하여 성공할 수 있었다. "《성경》 말씀처럼 우리는 모래보다는 반석 위에 집을 짓고자 합니다." 슬립이 말했다. "영원히 버티고 존재할 것을 세우려는 것입니다."[4]

반석 위에 지은 집

슬립과 자카리아가 펀드 이름을 '노마드'라고 지은 것은 가치를 찾아서 어디든 간다는 의지를 다지기 위해서였다. 그렇다고 특정한 지수를 따라잡거나 상대적인 기준에 기초해 좋은 성과를 내려고 하지 않았다. 그보다는 다른 누군가의 성과에 좌우되지 않고, 뛰어나면서도 절대적인 수익을 실현하려고 애썼다. 두 사람은 주어진 과제를 수행하기 위해 지구상에서 가장 인기 없는 후미진 곳을 찾아다녔다.

펀드는 2001년 9월 10일에 거래를 개시했다. 쌍둥이 빌딩이 공격받기 하루 전날이었다. 투자자들이 테러리즘과 전쟁, 경제 붕괴와 관련한 헤아릴 수 없는 위협에 직면하면서 시장은 충격 그 자체가 되었다. 시장의 침체에 더해 닷컴 버블이 터지고 나서 투자자들은 충격에서 헤어나지 못했다. 슬립과 자카리아는 혼란이 일어난 와중에 과감히 투자를 진행했는데, 일시적으로 침체되어 남들이 지레 겁을 먹고 소유하길 꺼린 종목들을 주로 겨냥했다.

일례로 필리핀에서 현지 최대 시멘트 업체인 유니온 시멘트Union Cement의 주가가 30센트에서 2센트 아래로 급락하자 두 사람은 해당 종목에 투자를 진행했다. 시장에 비관론이 팽배해 자산 대체비용이 1/4 수준으로 낮아진 것이다. 태국에서는 주가가 12달러에서 1달러로 폭락한 신문사 〈마티촌Matichon〉에 투자했다. 이 회사는 0.75배의 수익으로 거래되었으며, 두 사람이 지급한 금액 대비 약 세 배의 가치가 있었다. 미국에서는 현지 최대 전화회사이자 98%의 가치를 상실한 루슨트 테크놀로지스Lucent Technologies의 우선주를 매수했다. 이 거래는 전형적인 '담배꽁초cigarbutts(길을 가다 담배꽁초를 주우면 한 모금은 빨 수 있다는 개념-옮긴이)' 전략을 적용한 사례였다. 우량 종목은 아니어도 너무 저렴해서 주가가 잠시 상승할 때 종목을 팔아치우는 투자기법을 활용한 것이다. 이와 같이 위기를 기회로 활용하여 수익을 창출하면서 2003년 말, 노마드의 순자산가치는 두 배로 늘었다.

그러다 불안감이 점차 사라지고 시장이 살아나자 저가 종목의 공급이 축소되었다. 이에 슬립과 자카리아는 몇 남지 않은 절망적인 지역으로 대담한 모험을 감행했다. 두 사람은 2004년 남아프리카에서 국경을 넘어 짐바브웨로 넘어갔다. 짐바브웨는 로버트 무가베Robert Mugabe 대통령의 독재로 경제가 붕괴하여 혼란에 빠진 상태였다. 현지 통화는 휴지조각이 되었고, 모든 사유농지는 국유화되었으며 시위대의 약탈 행위가 이어졌다. 그럼에도 의연한 태도를 잃지 않았던 슬립과 자카리아는 짐바브웨 주식 네 가지 종목을 매수했다. 해당 종목들은 거의 가치가 없다고 보일 정도였기에 독점할 수 있었다. 시멘트 제조업체인 짐켐Zimcem은 자산 대체비용의 1/70 수준으로 짐바브웨의 수도 하라레Harare에 있는 증권거래소에 매각되었다.

슬립은 노마드 주주들에게 보내는 서한에서 핵심을 짚었다. "고객들이 싫어할 겁니다. 회계감사 부서도 싫어할 겁니다. 컨설턴트들도 싫어할 거예요. 마케팅 부서도 마찬가지겠지요. 그러나 정말 흔치 않은 투자 기회입니다. 비교할 부분도 없습니다. 이보다 더 좋을 순 없습니다."

노마드는 짐바브웨 증권거래소에서 거래가 완전히 중단된 저가 종목들의 가치를 얼마간 제로zero로 잡았다. 경제는 여전히 재앙 그 자체였다. 그렇더라도 노마드가 짐바브웨 주식을 모두 처분했던 2013년에 주가가 3~8배 상승했다. 이를 기념해 슬립과 자카리아는 짐바브웨 정부가 초인플레이션이 정점이었던 시기에 발행했다가 종잇조각으로 전락한 짐바브웨 달러를 각 주주에게 100조씩 나눠주었다.

노마드가 그토록 터무니없이 저렴한 종목을 타당한 사업 기회로 활용한 것은 당시의 상황들을 고려하면 이해가 된다. 하지만 그 전략에도 한 가지 결점이 있었다. 그와 같은 종목들이 반등하고 더는 저렴하다고 볼 수 없을 때, 해당 종목들을 매각하고 다시 저렴한 종목들을 찾아 나서야 했다. 그런데 그들이 승리를 재연하러 나섰을 때, 시장에 특별한 종목이 없는 경우에는 어떻게 했을까? 재투자 위험을 해소하는 분명한 해법은 오랫동안 복리를 발생시킬 만한 질 높은 종목을 매수하고 보유하는 것이다.

이 두 번째 전략은 값비싼 실수를 한 덕분에 생겨났다. 2002년 노마드는 역대 최대 규모의 투자를 했는데, 사업을 지나치게 확장한 닷에 빚더미에 앉은 영국의 버스 운영 기업 스테이지코치Stagecoach에 투자했다. 당시 이곳의 주가는 2파운드 85펜스에서 14펜스까지 폭락한 상태였지만, 슬립과 자카리아는 주가가 금세 60펜스가 될 것이라고 판단했다. 어떤 면에서 보면, 두 사람은 스테이지코치의 설립자에 의해 호전되던 상황에 베팅했다. 스테이지코치의 설립자는 동종업계 기업의 차장 출신으로 회사를 매우 능숙하게 운영하여 스코틀랜드 최고의 갑부가 된 인물이다. 은퇴한 것이나 다름없던 생활을 정리하고 사업을 되살리고자 나선 그는 그간 방치되었던 캐시카우cash cow(고수익 상품 또는 효자 상품-옮긴이)에 다시 집중했다. 다름 아닌 영국 버스 운행사업이었다. 그의 전략은 효력을 발휘했다. 주가는 대략 90펜스로 상승했으며, 슬립과 자카리아는 주식의 가치가 여섯 배 올랐다는 사실에 자축했다. 하지만 스테이지코치는 두 사람이 파악한 수준보다 훨씬 더 괜찮은 종목이었다. 스테이지코치의 주가는 2007년 3파운드 68펜스까지 도달했다. "조금 부끄럽기도 했습니다." 슬립이 솔직히 말했다. "틀에 갇혔던 겁니다. 담배꽁초 전략이 통하겠다는 정도로만 생각했던 거예요."

미래를 전망할 줄 아는 경영자가 운영하는 기업은 시간이 흐르는 동안 끊임없이 수익을 창출한다. 슬립과 자카리아는 그런 측면에서 신뢰할 만한 기업들을 물색하기 시작했다. 슬립이 말했다. "장기간의 안목에서 합리적인 사고를 하는 사람이 필요합니다. 하도급 계약으로 자본 배분에 대한 의사결정을 그들에게 맡길 수 있습니다. 우리가 굳이 지분을 매수하고 매도할 필요가 없습니다." 두 사람은 또한 이례적으로 긴 수명을 가진 기업들의 성공요인을 분석하였으며, 하나의 비즈니스 모델로 최대의 효과를 거둘 수 있다며 고무적인 결론에 도달했다. 두 사람이 하는 말로 '공유된 규모의 경제'였다.

슬립과 자카리아가 이 비즈니스 모델을 채택하도록 계기를 마련해준 기업이 있었다. 바로 미국의 대형 유통업체로 창고형 매장을 운영하는 코스트코 홀세일Costco Wholesale이었다. 코스트코는 두 사람이 비즈니스에서 실현하려고 한 모든 것을 가진 기업이었다. 두 사람이 처음으로 코스트코에 투자했던 2002년, 회사의 낮은 이윤에 대한 우려가 팽배한 가운데 주가는 55달러에서 30달러로 폭락했다. 그 와중에 두 사람은 고객 서비스에 높은 가치를 부여하는 코스트코에서 저평가되었던 강점을 발견했다. 그 당시 고객들은 연 회원권 비용으로 45달러를 내고, 신뢰할 만한 최저가 상품이 가득한 창고에 입장할 수 있었다. 일반 슈퍼마켓이 흔히 마진율을 30%로 책정한다면, 코스트코는 15%의 마진율을 고집했다. 코스트코가 꽤 공정하게 거래한 덕분에 회원들은 저가 품목을 찾아 다른 곳을 돌아다닐 필요가 없었다. 제품 가격을 올리고 이윤을 대폭 늘릴 만도 했지만, 그렇게 했다면 고객의 신뢰도를 해치는 결과가 초래되었을 것이다.

월스트리트의 회의론자들이 보기에 이러한 너그러움은 엄정하지 않고 경쟁력도 없어 보였다. 마치 기업이 집산주의를 따르는 것처럼 보였다. 하지만 슬립과 자카리아는 코스트코의 관대한 정책에서 장기적인 안목을 발견했다. 만족한 고객들은 다시 코스트코 매장을 찾아 이전보다 많은 돈을 지출했고, 그에 따라 엄청난 매출이 발생했다. 회사가 성장하면서 공급업체들과 더 좋은 조건으로 거래할 수 있게 되었고, 잘 알려진 바와 같이 최소화한 비용을 유지할 수 있었다. 그에 따라 가격을 훨씬 더 낮춰 소비자들과 규모의 경제를 공유했다. 두 사람이 추정한 바에 따르면, 코스트코가 가져가는 회비 1달러 대비, 회원들은 5달러를 절약했다. 이와 같은 가격억제 정책의 효과는 선순환을 불러일으켰다.

잘나가던 대기업들은 종국에 평범함의 길로 향한다. 하지만 코스트코가 고객들과 혜택을 기꺼이 공유하는 모습은 규모가 경쟁 우위가 되어서 마진을 대폭 확대해 경쟁기업들보다 앞설 수 있다는 점을 보여준다. 1983년 설립된 코스트코는 성과를 모두 거머쥐지 않고, 고객들에게 되돌려주면서 계속 성장했다. 노마드의 투자자들에게 쓴 서한에서 슬립은 이렇게 설명했다. "회사는 가맹점의 수명을 늘리기 위해 이윤 획득을 미루고 있습니다. 물론 월스트리트는 요즈음 수익 창출을 즐기지만, 그건 단기간의 결과에 집착하는 모습에 불과합니다."

슬립과 자카리아는 코스트코에 대한 존경심이 커지면서, 회사에 대한 투자를 계속 확대했다. 그러면서 2005년 노마드의 자산 중 1/6을 투자하기에 이르렀다. 오늘날 코스트코는 두 사람의 개인 포트폴리오에서 린치핀linchpin(비유적으로 핵심이나 구심점을 의미한다─옮긴이) 중 하나로 남아 있다. 두 사람이 코스트코의 주식을 보유한 18년 동안 주가는 30달러에서 대략 380달러까지 상승하면서 엄청난 이익을 냈다. 그렇다 해도 두 사람은 (코스트코가 바람직한 목적지를 향해 계속 나아갈 가능성이 있다는 전제하에) 당장 주식을 매각할 일은 없다.

슬립과 자카리아는 시장에서 활발히 활동하지 않은 덕에 한 가지 혜택을 누렸다. 바로 읽고 생각하고 배우는 것들에 관해 충분히 대화할 시간을 가질 수 있었다. 슬립은 다양한 지식 체계 (경영의 역사부터 종교, 신경과학, 스포츠에 이르기까지) 사이를 가볍게 오가며, 공통의 주제와 패턴을 찾는 정신적 기민함을 가졌다. 슬립의 표현으로 "엄청나게 총명한" 자카리아는 지식의 폭은 좁지만, 매우 깊이 파고드는 성향을 가지고 있다. 두 사람은 어떤 비즈니스 모델이 가장 효과적인가를 주제로 자주 의견을 주고받는다. 그 활동의 일환으로 사무실에 있는 화이트보드에 관련 목록을 기록한다. 그 과정에서 두 사람은 기업의 장기 생존 가능성을 높이는 데 규모의 경제 공유 모델보다 효과적인 모델은 없다는 확신이 생겨났다.

이와 관련하여 월마트의 1970년대 연례 보고서를 분석한 결과, 월마트가 코스트코와 공통점이 꽤 많다는 사실을 확인했다. 마찬가지로 델 컴퓨터Dell Computer, 사우스웨스트 항공Southwest Airline, 테스코Tesco 등 장수하는 승자 기업도 비슷한 길을 따랐다. 이처럼 최고의 효율을 발휘하는 기업들은 비용을 낮게 유지했으며, 절감된 비용 대부분을 소비자들에게 돌려주었다. 그럼 소비자들은 재구매로 그들에게 화답했다.

같은 맥락에서 버핏이 선호하는 기업에 속하는 가이코GEICO와 네브래스카 퍼니처 마트Nebraska Furniture Mart는 회사가 성장함에 따라 비용을 끌어내렸다. 그에 따라 고객들도 비용을 대폭 절감하였으며, 회사는 경쟁기업들이 넘볼 수 없는 격차를 만들었다. 1세기 전, 헨리 포드Henry Ford도 유사한 전략을 활용했다. 포드는 대량생산이 가능한 조립 라인의 이점을 이용해 1908년 850달러였던 대중용 자동차 모델 T의 가격을 1925년 300달러 아래로 떨어뜨렸다. "그래서 새로운 비즈니스 모델이 아닌 겁니다." 슬립이 말했다. "다만, 복음을 전파하는 정도의 열정을 가지고 실천해 나가야 합니다."

이와 같은 기업에서는 대개 고용된 사람들이 아니라 통찰력 있는 설립자들이 고유의 문화를 형성한다. 그들은 아주 세밀한 부분까지 열정적으로 들여다보는 성향으로 고객 경험을 개선하고, 호황기에도 비용을 낮추며 당장 우세한 수익률을 요구하는 외부의 압박에 흔들리지 않고 미래에 대비해 투자한다. 이와 같은 전설적 인물들로 월마트의 설립자 샘 월튼Sam Walton, 코스트코의 설립자이자 회장 제임스 시네갈James Sinegal, 사우스웨스트 항공의 공동 창업자 허브 켈러허Herb Kelleher, 네브레스카 퍼니처 마트의 설립자 로즈 블럼킨Rose Blumkin 등이 있다. 러시아 출신 이민자로 여섯 살에 일을 시작해 100세 생일 이후까지 활동한 로즈 블럼킨은 "싸게 팔고, 진실을 말하고, 아무도 속이지 말라"는 세 가지 계명을 충실히 따라서 북아메리카 최대 가정용 가구매장을 운영했다.

슬립과 자카리아는 이 단일 비즈니스 모델의 마법을 파악하자마자 그들의 펀드에 최우선적으로 적용했다. 담배꽁초 전략의 매력이 시들해졌기에 두 사람은 고객들과 규모의 경제를 공유하는 소수의 기업에 집중했다. 삶에서 진정한 깨달음을 얻는 일이 얼마나 흔치 않은 일인지 두 사람은 절실히 알고 있었다. 슬립이 말했다. "이것이야말로 삶에서 얻을 수 있는 단 하나의 귀중한 개념입니다. 우리가 이런 방식으로 많은 통찰을 얻지는 않을 테니까요. 그 밖의 다른 것들은 꽤 질이 낮습니다. 그렇지 않나요?"

슬립과 자카리아는 비슷한 부류의 기업들로 포트폴리오를 구성했다. 먼저 번화가의 일반적인 상점들보다 비용 우위를 가진 영국 패션 전자상거래 기업 아소스ASOS에 노마드의 자산 15%를 투자했는데, 이후 주가가 3파운드에서 70파운드까지 치솟았다. 이어서 영국의 기업가 로드 해리스Lord Harris가 설립한 침대 판매업체 카펫라이트Carpetright에 투자했다. 로드 해리스는 심각한 난독증으로 고생했지만, 아버지가 운영하던 작은 가게를 열다섯 살에 물려받아 결국 유럽 각지에 수백 개의 매장을 열었다. 한편, 노마드는 세계 최대 저가 항공사인 에어아시아AirAsia의 최대 해외 주주가 되었다. 그다음으로 규모의 경제를 공유하여 성장을 실현하는 대표적 기업, 아마존닷컴Amazon.com이 있었다.

슬립이 1997년 아마존을 처음 접했을 때만 해도 아마존은 주식시장 상장을 준비하던 신생 인터넷 서점이었다. 아마존의 설립자 제프 베이조스Jeff Bazos는 당시 런던에서 진행한 프레젠테이션에서 수익이 미비했던 신생 업체가 어떻게 (거의) 무한할 정도의 선택권을 제공하는지, 어떻게 물리적 점포의 운영비용을 들이지 않고 비용의 우위를 점하는지, 어떻게 여타 사업에서 현금흐름을 재창출하는지 설명했다. 이에 슬립은 마라톤 사무실로 급히 돌아가 상사에게 이렇게 말했다. "정말 환상적이라고밖에 할 말이 없네요. 어마어마할 거예요."

슬립과 자카리아가 아마존의 경쟁 우위를 파악하기까지 수년이 걸렸다. 그리고 마침내 그 비결을 알게 되었다. 베이조스는 포드, 월튼, 시네갈 같은 사람들이 신성시한 전철을 밟았다. 그리고 인터넷은 베이조스가 활용한 고전적 전략의 효율을 극대화했다.

두 사람에 따르면, 베이조스는 비용을 절감하기 위해 극단적으로 운영한 것으로 유명하다. 심지어 아마존은 사옥의 자판기 전구를 모조리 제거하여 연간 2만 달러를 절약하기도 했다고 슬립은 말했다. 베이조스는 고객을 위해 돈과 시간을 절약해야 한다는 강박관념에 사로잡혀 살았다. 그는 또한 인내를 가지고 미래를 위해 투자했으며, 단기간에 결실을 보겠다고 생각하지 않고, 장기적 안목에서 새로운 비즈니스의 씨앗을 뿌렸다. 거기에 더해 매년 가격할인 행사를 진행하고, 배송보조금을 지원하는 식으로 수억 달러를 투자했다. 이는 소위 만족 지연deferred gratification(심리학자 월터 미셸Walter Mischel의 마시멜로 실험을 통해 유명해진 개념으로 장기적 이익을 얻기 위해 단기적 욕구 만족을 포기하는 경향-옮긴이)을 완벽히 보여 준 사례였다.

예상대로, 월스트리트는 아마존이 발표한 미비한 수준의 수익을 두고 못마땅한 분위기였으며, 베이조스가 인내를 가지고 놀라운 성장의 초석을 다지고 있다는 사실을 인식하지 못했다. 2005년 아마존 주주들에게 보내는 서한에서 베이조스는 이렇게 설명했다. "효율성을 개선하고 규모의 경제를 지속해서 추구하여 그 효과를 고객들에게 낮은 가격의 형태로 꾸준히 돌려주어야 합니다. 그래야 장기적으로 훨씬 많은 잉여현금흐름이 발생하고, 그에 따라 훨씬 가치 있는 아마존닷컴이 되는 선순환이 일어납니다." 슬립과 자카리아는 이렇게 자신들의 회사와 맥을 같이 하는 기업을 발견했다.

그해 베이조스는 연회비 79달러만 내면 이틀 만에 상품을 무료 배송해 주는 아마존 프라임 회원제 서비스를 시행했다. 이후 그는 무료 영화와 텔레비전 프로그램 대여, 무제한 사진 저장 공간 제공에 이르기까지 다양한 서비스로 고객들을 만족시켰다. 단기적으로는 그처럼 넘치는 혜택과 비용 절감이 수익을 저해하는 요인이 되었다. 반면에 장기적으로는 고객의 충성도를 강화하고, 소비 지출을 자극하는 요인이 되었다. 베이조스가 프라임 서비스의 시행을 발표하자마자 슬립과 자카리아는 바로 개념을 파악했다. 아마존 프라임 서비스는 코스트코의 회원제 서비스와 같은 것이었다. "세상에, 이럴 수가! 그들이 여기서 어떤 게임을 하고 있는지 정확히 알 수 있었습니다." 슬립이 당시의 느낌을 말했다. "아마존은 어느 순간 빠른 속도로 코스트코가 되었습니다."

노마드는 2005년에 아마존의 주식을 주당 약 30달러에 공격적으로 사들였다. 이후 2006년에 슬립과 자카리아는 마라톤을 떠나면서 노마드를 완전히 독립적인 펀드로 전환했으며, 특유의 신념으로 더 많은 기회를 활용할 계기를 마련했다. 그에 따라 두 사람은 펀드 자산의 20%를 아마존에 투자했으며, 주주들로부터 한도를 넘어도 된다는 허락을 받았다(고객의 25%는 한 종목에 과도하게 집중하는 것에 불안을 느껴 투자를 취소했다).

한편으로 아마존에 대한 회의론 또한 계속 꿈틀댔다. 2008년 세계 금융 위기가 한창이던 시기에 슬립은 뉴욕에서 열린 한 행사에 참석했다. 행사 자리에서 조지 소로스는 금융 위기가 파멸을 초래할 것이라고 경고했다. 역사상 가장 성공한 트레이더로 손꼽히는 소로스는 세상이 무너지고 있을 때 공매도를 진행한 단 하나의 종목을 지명했다. 바로 '아마존'이었다.

그날 점심식사 시간, 슬립은 빌 밀러를 붙잡고 대화를 나누었다. 밀러가 운영한 뮤추얼펀드가 아마존의 최대 외부 주주였고, 밀러가 남들보다 먼저 아마존의 강점을 파악하여 아마존 지분을 15%나 매입한 바 있었다. 그런데 밀러는 펀드에서 이탈하는 투자자들이 상환 요청을 한 탓에 지분을 줄일 수밖에 없었다고 했다. 이에 슬립은 그날 저녁, 런던에 있는 자카리아에게 연락해 물었다. "우리가 방향을 잘 잡았다고 확신하나요? 여기 사람들은 모두 다른 방향으로 가고 있네요." 궁극에 회사가 찬란한 빛을 볼 것이란 확신을 두 사람은 전혀 느낄 수 없었다. 그런데 만약 두 사람이 종목을 잘못 분석했다면 어떻게 되었을까? 두 사람이 뭔가를 놓쳤고, 의혹을 가졌던 사람들이 옳았다면 어떻게 되었을까? 슬립이 심정을 털어놓았다. "우리는 훌륭한 존재이거나, 아니면 정말로 폐물이겠지요."

2008년 아마존이 시장가치의 거의 절반을 상실한 사이, 노마드의 가치는 45.3%나 폭락했다. 슬립과 자카리아는 분수에 맞는 장소(맥도날드)에서 긴급회의를 가졌다. 시장이 계속 붕괴한다면, 노마드의 미래가 위태로울 것인가를 두고서 두 사람은 대화를 이어갔다. 그러다 형편없는 월스트리트 회사에서 분석가로서의 삶을 마칠 생각을 하니 두려움이 밀려왔다.

그래도 두 사람은 흔들리지 않았다. 남들은 공포에 빠져 있는 사이, 두 사람은 시장의 대혼란을 이용해 포트폴리오를 개선해 나갔고, 아마존, 코스트코, 아소스, 버크셔 해서웨이 같은 질 높은 기업들에 역량을 집중했다. 그러다 시장이 반등하자, 그 보상은 입이 떡 벌어질 정도로 엄청났다. 노마드는 2009~2013년 동안 404%의 성장을 하며 되살아났다.

2014년 초, 슬립과 자카리아는 노마드 투자 조합을 해산했다. 노마드는 그때까지 자산을 대략 30억 달러까지 늘리면서 천문학적인 액수를 벌어들일 만한 규모에 도달했다. 하지만 이것은 두 사람의 대담한 모험에서 목적이 되지 않았다. "많은 펀드가 시작부터 높은 배당을 목표로 삼습니다." 슬립이 말했다. "우리를 만족시키는 것은 배당이 아닙니다. 우리가 발견한 것은 투자 문제를 해결해 가는 과정에서 생기는 만족감입니다. 그 과정에서 배우고, 해결책을 깨닫게 되는 만큼 일을 제대로 하게 됩니다. 이 모든 것은 개인의 내면에 자리 잡는 목표입니다. 이후 배당은 (만족감을 주는) 부차적인 결과입니다."

다만 자카리아는 일이 챗바퀴 돌 듯이 반복될 것 같아 불안했다. "우리의 머리에서 더는 나올 게 없다는 생각이 들었습니다." 자카리아가 털어놨다. "모든 각도에서 생각해 봤습니다. 우리가 중요하게 생각하는 것에 대해서도 따져봤습니다. 아무것도 남지 않았다는 말이 옳다는 생각이 들더군요." 그래서 두 사람은 남은 절반의 인생을 자선활동에 바쳐야겠다는 생각으로 은퇴했다. 슬립은 버핏에게 보낸 편지에서 노마드의 성공에 큰 역할을 해준 것에 감사한다는 말을 전했다. 이에 버핏이 화답했다. "자네와 잭은 올바른 선택을 했네. 예상컨대, 이제 막 인생이 시작되었다는 것을 알게 될 걸세."

노마드는 13년도 안 되는 기간에 수수료 부과 전 921% 성장이라는 믿기 어려운 결과를 냈다. 이는 1파운드를 10파운드로 만들겠다는 목표에 약간 미달하는 수치였다. 이 결과가 나오기까지 2005년 이래, 열 배로 성장한 아마존이 핵심 역할을 했다. 어느 순간 아마존의 주식이 펀드 자산의 40%가량을 차지할 정도로 성장한 것이다.

자카리아는 은퇴 후에도 여섯 종목을 계속 보유했다. 대부분이 노마드의 포트폴리오에서 가장 정성을 들였던 종목이었다. 보유지분이 가장 많았던 아마존은 2020년에 주당 3,000달러를 돌파했다. 그에 따라 아마존의 시장가치가 1조 5,000억 달러에 이르렀으며 베이조스는 세계 최대 부호가 되었다. 포트폴리오에 있던 아마존 주식을 절대로 매도하지 않았던 자가리아는 자산의 70%가량을 단 하나의 주식에 건 쏠이 되었다. 나머지 자산은 코스트코, 버크셔 해서웨이, 부후닷컴 Boohoo.com이라는 온라인 패션업체에 거의 투자했다. 종종 포트폴리오를 들여다볼 때마다 궁금증이 일었다고 자카리아는 말했다. "닉이라면 어떻게 했을까요? 저는 '닉이라면 아무 일도 하지 않았을 거야'라고 생각했습니다. 그리고 이렇게 하기로 합니다. '좋아, 6개월만 더 있으면 끝이야.'"

슬립은 은퇴 후 어떻게 했을까? 슬립은 자산 대부분을 단 세 종목에 투자했다. 아마존, 코스트코, 버크셔 해서웨이였다. "그들의 방식대로 미래에 투자하는 기업이 흔치 않습니다." 슬립이 말했다. "그들은 월스트리트에 관심이 없습니다. 최신 경향과 유행에도 관심이 없습니다. 장기간 올바른 일을 할 뿐입니다." 세 종목으로 구성된 포트폴리오에 변화가 생겨도 슬립은 신경 쓰지 않았다. 세 종목 모두 바람직한 목적지에 도달할 가능성이 크면 그만이었다.

그런데 2018년 아마존이 계속 성장하면서, 슬립이 보유한 순자산 중 아마존 주식이 70% 이상을 차지하게 되었다. 슬립은 걱정하기 시작했다. 아마존의 시장가치가 3조 달러에서 4조 달러로 올라갈 수 있을까? 아니면 아마존의 탁월한 성과에도 한계가 있을까? 확신이 들지 않았다. 이에 슬립은 (13년을 보내고) 단 하루 만에 주당 1,500달러로 지분의 절반을 매도했다. 기분이 어땠을까? "꺼림칙했지요." 슬립이 속내를 털어놨다. "너무 혼란스러웠습니다. 끔찍했어요. 잘한 일인지 확신이 들지 않았습니다."

슬립은 아마존 주식을 팔아 뜻밖의 수익을 창출했으며, 우발적으로 생긴 소득을 어떻게 투자해야 할지 결정하지 못해 잠시 인내심을 가지고 수천만 달러를 현금으로 쥐고 있었다. 2020년 슬립을 만나 들은 바에 따르면, 그는 자신의 네 번째 종목이자 과거 노마드가 지분을 보유했던 패션 전자상거래 업체 아소스에 자금을 투자했다고 한다. 그가 아소스의 주식을 매수하고 나서 해당 종목의 주가는 두 배로 뛰었다. 한마디로 말해, 삶은 여전히 달콤하다.

지속가능성에 관한 다섯 가지 원칙

지금까지 살펴본 바로는 슬립과 자카리아의 대담한 모험에서 다섯 가지 교훈을 얻을 수 있다. 첫째, 두 사람은 비즈니스와 투자, 삶에서 질을 추구하는 것을 지침으로 삼는 태도와 관련하여 설득력 있는 본보기를 보여 준다. 질을 모호하고 주관적인 개념으로 단정하기 쉽지만, 그것을 추구하는 접근법은 다양한 사안을 두고 의사결정을 할 때마다 놀라울 정도로 유용한 생각의 필터가 된다. 좋은 사례로, 슬립과 자카리아에게 낮은 연간 관리 수수료는 노마드의 운영비용을 간신히 충당할 수 있는 수준이었지만, 그들의 실적과 상관없이 높은 수수료를 책정하여 부를 늘리는 것보다 질 높은 선택이었다는 점은 분명했다.

둘째, 대상이 무엇이든지 간에, 수명이 짧은 것은 제쳐두고 장기간의 지속가능성이 있는 것에 집중하는 전략을 택했다. 이 원칙은 두 사람이 가장 큰 비중을 두는 정보뿐만 아니라 선호하는 장수 기업들에도 적용되었다.

셋째, 공유된 규모의 경제라는 단일한 비즈니스 모델이 장기간 지속 가능한 부를 창출하는 등 선순환을 불러온다는 것을 깨달아야 한다. 이 위대한 통찰을 얻은 슬립과 자카리아는 비슷한 길을 따르는 질 높은 몇몇 기업들에 초점을 맞춰 엄청난 수익을 창출했다. 그런데 역설적으로, 수백 개의 종목을 보유하기보다 소수의 종목(보통 열 개 종목 정도)에 집중하는 편이 덜 위험하다고 두 사람은 주장했다. 오히려 수많은 종목을 보유하는 식의 일반적인 전략으로는 깜짝 놀랄 만한 수익을 창출할 일은 어지간해서 일어나지 않는다. 슬립은 다음과 같이 말했다. "우리가 아는 게 많지 않다는 사실을 알았습니다. 그러니 소수 종목만 보유하는 것이 우리에게 맞는 일이었지요. 우리가 이해하고 있고, 실제로도 잘 아는 유일한 종목들이기 때문입니다."

두 사람이 최고라고 평가하며 가장 선호한 기업들(아마존, 코스트코, 버크셔 해서웨이)이 코로나19로 인한 혼란기에도 회복탄력성을 발휘한 사실은 전혀 놀랄 일이 아니다. 결국에 두 사람은 규모의 경제를 바탕으로 고객들에게 가격에 대한 특별한 가치를 제공하게 되었다. 자카리아가 설명했다. "보셨다시피, 특히 아마존과 코스트코의 경우, 위기에 의해 사업의 질이 향상되었습니다. 경제 상황이 어려워질수록 비용 우위를 가진 이 기업들에 더 유리한 환경이 조성되었습니다."

넷째, 흔히 자기 이익을 우선시하는 탐욕스러운 자본주의 시장에서도 비윤리적이거나 부도덕한 행위는 필요치 않다. 금융 위기를 겪는 동안 슬립은 경쟁이 과열되어 나타나는 파괴적 현상에 관해 이렇게 말했다. "게임에서는 승리가 최우선이며, 수단을 가리지 않는 경향이 있습니다." 슬립과 자카리아는 노마드를 운영하면서 계몽된 형태의 자본주의를 구현하고자 했다.

두 사람이 자신들보다 주주들에게 유리한 수수료 체계를 마련한 것도 그런 이유에서였다. 그들은 서로를 배려하기도 했는데, 이를테면 자카리아는 투자회사의 지분을 동등하게 나누기보다 슬립이 51%를 보유해야 한다고 주장했다. 의견이 충돌하는 상황에는 최종 판단을 슬립에게 믿고 맡겼다. 슬립의 말에 따르면, 권총을 장전해 탁자 너머로 건네며 "날 쏘고 싶으면 쏴도 좋아"라고 말하는 동료를 함부로 대하는 것은 상상 못 할 일이다. 슬립이 덧붙여 말했다. "우리 사이에는 배려가 있습니다. 성공에 있어 매우 중요하다고 생각합니다." 두 사람은 펀드를 청산한 후에도 계속 사무실을 함께 사용하는 것으로 알려져 있다. 슬립이 말한 대로 '올바른 행동이 긴 수명을 가지는 것'이다.

자선활동을 매우 중요시하는 태도를 보면, 두 사람이 추구하는 순화된 형태의 자본주의가 기존의 자본주의와 확연히 구별된다는 사실을 알 수 있다. "노마드를 운영하며 도달해야 할 곳을 찾자마자 우리가 당장 해야 할 일이 분명해졌습니다. 노마드가 벌어들인 돈을 사회에 환원하는 것이었습니다." 슬립이 이어서 말했다. "너무 많은 돈을 벌어들이는 것을 탐탁지 않게 생각하면, 우리가 처할 위험의 확률이 줄어듭니다. 게다가 좋은 점도 있지요. 기부하는 기쁨입니다."

자카리아와 아내 모린Maureen은 런던 수학 연구소London Mathematical Laboratory, 왕립학회Royal Society, 왕립 신경장애 병원Royal Hospital for Neuro-disability을 비롯하여 의료 및 과학연구 분야의 발전을 도모하는 자선단체들을 후원하고 있다. 한편, 슬립은 온사이드 유스 존OnSide

Youth Zone이라는 자선단체를 후원하고 있다. 이 단체는 빈곤 지역 아이들이 사회에 적응하고, 새로운 기술을 습득하도록 편안한 안식처를 제공한다. 자신과 자카리아의 주요 관심사가 "아주 긴 시간 동안 최대한 많은 선을 베푸는 일"로 바뀌었다고 슬립은 말했다.

그렇긴 해도 슬립은 모든 세속적인 즐거움을 포기하지는 않았다. 자동차 경주를 즐기는 그는 1965년식 쉘비 머스탱 GT350과 1967년식 롤라 T70을 타고 종종 레이스에 참여한다. 딸 제스Jess와 함께 베이징에서 파리(몽골과 시베리아를 경유)까지 36일간의 랠리에 참여하기도 했다.

다섯째, 단기 성과주의와 즉각적인 만족을 중시하는 세상에서 이와는 정반대의 방향으로 계속 나아가는 사람들이 엄청난 우위를 점하게 된다. 이는 비즈니스와 투자뿐만 아니라 인간관계, 건강, 경력 등 삶에서 중요한 모든 것에 적용된다.

우리가 지금 살아가고 있는 환경에서 만족을 지연시키는 것은 여간 어려운 일이 아니다. 한없이 다양한 음식, 정보, 시간을 허비하기 좋은 텔레비전 프로그램, 온갖 형태의 음란물, 혹은 어떤 형태로든 순간의 욕망을 채우는 것들이 세상에 넘쳐난다. 또한 쉴새 없이 쏟아지는 이메일 폭탄과 문자 메시지, 페이스북 포스트, 트위터 알림 등으로 인해 우리의 주의 지속 시간이 짧아지고 있다. 투자 분야도 마찬가지다. 휴대폰에서 키를 몇 번 누르기만 하면, 즉시 주식시장에 들어갔다 나왔다 할 수 있다.

우리는 모두 나름대로 이런 기술적·사회적 변혁에 적응하려고 애쓰고 있다. 태생이 즐거움을 찾는 존재인 우리는 나중에 지급할 비용이 얼마이든지 간에(혹은 남들이 지급할 비용에 상관없이) 당장 만족감을 주는 것이라면, 그것에 이끌리는 경향이 있다. 이런 경향은 재정적자부터 억제되지 않는 에너지 소비량에 이르기까지 개인의 삶뿐만 아니라 집단에서도 분명히 나타난다.

"모두 만족 지연에 관한 문제입니다." 슬립이 말했다. "일상생활에서 혹은 일터에서 저지르는 여러 실수들을 보면, 대개 단기간의 해법 같은 것이나 단기간에 많은 것을 얻으려 하다가 벌어지는 일이라는 것을 알 수 있습니다. 주식시장에서는 사람들에게 유독 그런 경향이 강하게 나타납니다."

억제되지 않는 충동이 투자자의 수익 창출을 저해하는 순간을 한번 떠올려 보자. 사람들은 불안감을 조성하고 불필요한 우려를 불러일으키는 뉴스 소재에 현혹되어 감정적으로 의사결정을 내리는 경향이 있다. 남들을 따라 인기가 급상승한 자산(가격이 너무 높게 책정된 자산)을 비싼 가격에 매수하는 때도 많다. 1~2년 만에 (수익률이 저조한) 펀드를 팔아 치우거나 오랜 기간 복리를 남길 생각을 하지 않고 성공주식winning stock을 조급하게 매도하는 사람들도 많다. 이런 충동에 흔들리지 않는 능력이야말로 '엄청난 초능력' 같은 것이라고 슬립은 말한다. "성공할 만한 것을 찾았다면 거기에 큰 비중을 둘 필요가 있습니다."

슬립과 자카리아는 충동을 지혜롭게 억제하는 사람들이다. 그렇다면 두 사람은 어떻게 코스트코를 18년 동안, 또 아마존을 16년 동안 보유했을까? 그 사이 아마존 주식은 30달러에서 3,000달러 이상으로 치솟았다. 만족을 지연시키고 장기간의 결과를 우선순위로 삼아 이익을 창출하는 근본 진리를, 두 사람은 알았다. 그런데 이 원칙을 머리로

만 이해해서는 소용없다. 두 사람은 머리로 이해한 것은 물론 내면에 장기간의 안목을 지탱하는 흔들림 없는 생태계를 구축했다.

우선 노마드의 투자자 내부분은 광범위한 투자 기간을 두고 영리를 추구하지 않았다(마치 대학에 기부금을 내는 것 같았다). 슬립은 주주들에게 보내는 서한에서 투자자들의 인내와 배려에 대한 고마움을 그 어떤 말로도 표현할 수 없다고 말했다(슬립은 이런 식으로 주주들에게 올바른 사고방식을 함양했다). 노마드는 또한 베이조스와 버핏처럼 장기적 안목이 뛰어나며 관행을 따르지 않는 동시대 사람들이 운영하는 기업에 투자했다. 슬립과 자카리아가 런던의 킹스 로드에 있는 중국 한약방 윗층에 평온한 사무실을 마련했듯이, 거대한 투자 중심지에서 정신없이 바쁘게 살아가는 삶과 거리를 둔 것도 성공의 요인이 되었다. 그리고 두 사람은 영업을 지원하는 증권분석가 및 재무설계사들처럼 매일 펀드 실적을 확인하느라 스크린에서 눈을 떼지 못하는 사람들을 멀리함으로써 사업에 도움이 되지 않는 요소를 사전에 차단했다. 덧붙여 시장에서 벌어지는 극단적 사건과 흥분되는 일에 관심을 두지 않고, 은둔자나 수도승 같은 사람의 사고방식을 가지려고 애썼다.

우리가 장기간 지속하는 성공을 달성하고자 한다면, 슬립과 자카리아의 사례를 본받아 우리를 충동적으로 행동하게 만드는 힘을 체계적으로 억제해야 한다. 미디어에서는 하루가 멀다 하고 시장의 조정과 붕괴에 관한 이야기를 쏟아낸다. 이런 상황에서 나는 슬립과 자카리아의 방법론을 머릿속에 새기고, 그런 식의 무의미한 이야기들을 무시하고 넘겨버린다. 그리고 내가 투자한 종목의 실적을 확인하지 않고 몇 주를 보내곤 한다.[5] 아무 일도 하지 않는 것을 기본자세로 삼은 셈이다. 이런 이유로 내 포토폴리오는 인덱스펀드 두 개와 가치 지향에 초점을 둔 헤지펀드 하나가 거의 전부를 차지하고 있다. 모두 20년 이상 보유한 것들이다. 과거의 실수를 돌이켜보면, 성급하게 결정을 하거나 남들의 수익 창출을 부러워한 나머지, 빨리 부자가 되는 길을 제시하는 사기업이나 개별 종목에 도박을 거는 등 샛길로 빠진 탓에 큰 대가를 치르기도 했다. 이 대목에서 역설적인 교훈은 느리게 가는 길이 결국에 더 빠르게 목적지에 다다르기 마련이라는 점이다.

내가 존경하는 투자가들은 (대가답게) 성급히 움직이지 않는다. 그들이 게을러서가 아니라 인내의 혜택을 잘 알고 있기 때문이다. 하워드 막스가 내게 이런 얘기를 한 적이 있다. "실적은 사거나 파는 일에서 생기지 않습니다. 보유하는 일에서 생깁니다. '우리는 목요일에만 거래를 합니다'라고 하면, 과연 회사에 도움이 될지 늘 궁금했지요. 주중 4일간은 앉아서 생각하는 시간만 갖습니다."

이처럼 천천히 접근하는 사고방식을 누구보다 잘 실천한 투자가로 토마스 루소Thomas Russo를 들 수 있다. 루소는 펜실베이니아주 랭커스터에 소재한 투자자문회사 가드너 루소 앤드 가드너Gardner Russo & Gardner를 운영하고 있으며, 30년이 넘도록 시장을 능가하는 수익을 창출한 것으로 유명하다. "저 자신을 농부라고 부릅니다." 루소가 말했다. "월스트리트는 사냥꾼들 천지입니다. 그들은 큰 짐승을 찾아 나서지요. 사냥감을 죽여서 가져오면 성대한 잔치가 열리고, 온 세상이 제 것인 양 되지요. 그러면 그들은 다시 다음 사냥감을 찾습니다. 반면 저는 씨앗을 뿌리고 재배하는 데 모든 시간을 씁니다." 버크셔 해서웨이, 브라운-포맨Brown-Forman, 네슬레Nestlé를 비롯해 그가 가장 많은 지분을 보유한 종목들은 모두 1980년대부터 지금까지 쭉 보유해 온 것들이다. 몇 년 전 그가 57세의 나이였을 때, 버크셔 해서웨이와 네슬레의 주식을 남은 평생 보유할 것 같냐고 그에게 물어보았다. 그러자 그는 주저하지 않고 대답했다. "네, 그럴 것 같네요."

루소는 슬립과 자카리아처럼 지연된 보상의 효과를 깨달은 덕에 투자가로 명성을 얻었다. 그가 보유한 종목들에는 공통된 특징이 하나 있다. 그가 '고통을 수용하는 능력'이라고 부르는 역량이다. 말하자면, 해당 기업들은 '매우 긴 시간' 동안 투자하며 그로 인해 일찍이 손실을 봐야 하는 고통을 수년간 감수한다. 루소가 말했듯이, 우리는 대개 '오늘 희생하고, 내일 보상을 얻는' 접근법을 사용해 유리한 혜택을 얻는다.

그런데 이처럼 변치 않는 원칙이 비즈니스와 투자뿐만 아니라 우리 삶의 모든 영역에 적용된다는 사실이 매우 흥미로웠다. 운동이나 다이어트를 할 때, 시험공부나 철야작업을 할 때, 저축 혹은 은퇴 준비를 위해 투자를 할 때 그 효과를 확인할 수 있다. 각각의 경우, 단기간에는 달갑지 않은 것을 수용하거나 참아냄으로써 결국에는 혜택을 얻는다. 슬립은 반대의 관점에서 의견을 냈다. "지금 하는 일이 우리를 불행하게 만들지만 단기간의 관점에서 그럴싸해 보이는 상황이 거의 늘 있지요." 과음이나 과식하는 경우, 거짓말을 하거나 무언가를 훔치는 일처럼 슬립은 사람들이 흔히 저지르는 위험한 일을 예로 들어 설명했다. 그가 이어서 말했다. "그 순간에는 모든 게 좋은 생각인 것처럼 보입니다. 보상도 주어집니다. 그럼 꽤 서두르게 되지요. 하지만 결국에는 먼 훗날의 것을 빌려오는 것입니다."

이 모든 내용은 새로운 것이 아니다. 《창세기Genesis》에서 쌍둥이 형에서 Esau(순간의 만족감 때문에 잘 속는 사람)는 값싼 죽을 얻는 대가로 장자권을 쌍둥이 동생 야곱Jacob에게 팔아버린다. 반면에 야곱의 아들 요셉Joseph은 7년간의 풍년에 엄청난 양의 곡식을 모아두었다가 이후 다가올 7년간의 흉년에 이집트를 구하는 지혜를 발휘했다. 그로부터 수천 년이 지난 지금 우리는 비슷한 선택의 상황에 끊임없이 부딪힌다. 현재와 미래, 순간의 만족과 지연된 만족 사이에서 늘 결정을 내려야 한다.

인간은 필연적으로 소멸하는 존재이기에 선택의 순간이 여간 어려운 일로 다가오는 것이 아니다. 그렇다 해도 자카리아는 남들이 유혹에 굴복하는 동안, 고행을 견뎌내고 순간의 만족을 거부하기 위해 노력하는 상황을 즐긴다고 한다. 여기서 불교의 훌륭한 가르침이 떠오른다. 불건전하고 서투르게 행동하지 않은 결과로 얻는 미묘한 보상을, 소위 '후회하지 않는 삶의 기쁨'이라고 한다. 이와 마찬가지로 랍비 예후다 아슐라그Yehuda Ashlag와 필립 버그Philip Berg 같은 신비주의자들은 영원한 행복을 얻는 유일한 길, 즉 만족감과 자유가 부정적인 성향에 저항하는 방법이라고 가르친다. 버그는 《평신도를 위한 카발라Kabbalah for the Layman》에서 "유대교 신비주의자들Kabbalist은 가장 쉬운 길이나 빠른 해결책, 순간의 만족을 선택하기보다는 가장 어려운 길을 선택한다"고 했다. 이 대목이 언뜻 이해되지 않을 수 있지만, 만족감에 이르는 길과 관련한 매우 중요한 진실이 담겨 있다.

슐럽은 '단기간에 자신에게 보상을 주는 실험'을 해보면 도움이 된다고 말한다. 순간의 만족을 무시한 덕분에 누리게 될 모든 놀라운 혜택을 누려보라는 말이다. 그렇게 하다 보면, 미루는 행위가 만족감과 연결되어서 지연된 만족을 수용하려는 경향이 강화된다. 이와 관련해 슬럽이 말한다. "사람들은 만족을 느낄수록 삶이 더 풍요로워진다는 것을 알게 될 겁니다. 그래서 저 역시 즉각적인 만족을 차단하고, 지연된 만족을 느낄 수 있도록 노력한답니다."

richer,
wiser,
happier

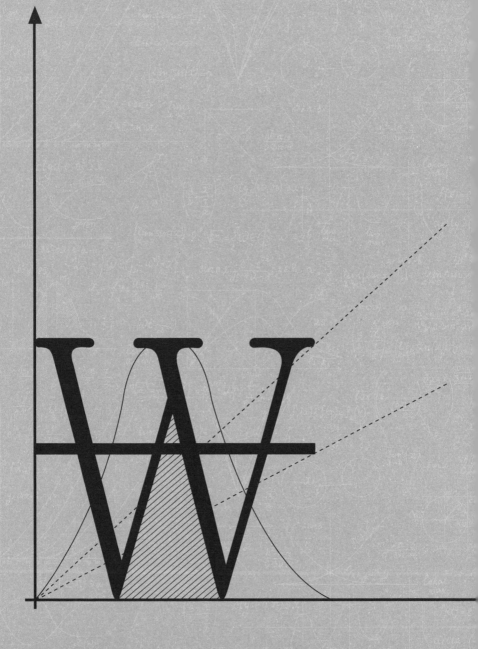

7장

탁월한 성과를
만드는 습관

habit

내 생각에 사람들은 습관이 얼마나 중요한지 잘 모르는 것 같다.

중년이 되었을 때 습관을 바꾸기가 얼마나 어려운지,

그래서 어릴 때 올바른 습관을 들이는 게 얼마나 중요한지 과소평가한다.

심지어 나이가 들수록 습관의 중요성을 더욱 과소평가하는 것 같다.

_ **워런 버핏**

1990년 스물여덟 살이었던 톰 게이너Tom Gayner는 체중이 86kg 나갔다. 사람들이 그를 올림픽 비치발리볼 금메달리스트로 착각할 일은 전혀 없었다. 그런데도 게이너는 자신의 몸무게가 '적당한 수준'이었다고 말했다. 그 해에 게이너는 일자리를 구했다. 버지니아주 리치먼드에 소재한 보험회사 마켈 코퍼레이션Markel Corporation에서 투자 포트폴리오를 운영하는 일이었다. 투자는 주로 읽고 생각하고 숫자를 다루는 일로, 앉아서 하는 스포츠라고 할 수 있다. 게이너는 그런 면에서 타고난 인물이었다. 열 살도 안 된 소년 시절, 그는 할머니와 함께 텔레비전 앞에 앉아 루이스 루카이저Louis Rukeyser가 진행하던 〈월스트리트 위크Wall Street Week〉를 보는 것이 금요일 저녁의 즐거움이었다.

앉아서 사고하는 재능은 나이가 들면서 의도치 않은 결과로 이어졌다. 그의 체중은 점점 불어나 90kg을 넘어갔다. 이에 다이어트를 결심한 게이너는 20년 동안 매년 체중을 500g씩 줄이겠다고 주변 친구들과 동료들에게 선언했다. 이는 지키지 못할 약속을 별생각 없이 내뱉은 것처럼 보였다. 그런데 여러 연구 결과에 따르면, 미국인 남성의 경우, 성인 초기부터 중년에 이르기까지 매년 평균 0.5~1kg의 체중이 불어난다고 한다. 복리의 대가인 게이너는 작은 이점(또는 작은 단점)이 장기간 쌓이는 과정을 알았다. 그래서 그는 삶에 유해한 습관을 바꾸기 시작했다.

게이너가 어린 시절의 이야기를 꺼냈다. 예를 들면, (대략 계산했을 때) 그는 1년에 도넛을 200개 정도 먹었다고 한다. 식단을 조절하는 동안 사람들 대부분은 (도넛이 주는) 해로운 만족을 완전히 포기하고, 한동안 열심히 다이어트를 하다가 (열에 아홉은) 다시 도넛을 즐기는 삶으로 돌아간다. 그러나 게이너는 달랐다. 그는 도넛을 1년에 스무 개는 먹을 것이라고 당당히 말했다. 그렇다 해도 전반적으로 볼 때, 그는 건강한 다이어트를 계속하며 훌륭한 결과를 냈다. 수년간 그를 알고 지내며 몇 차례 식사도 함께했다. 뉴욕에 있는 복고풍의 클럽에서 점심식사를 한 적도 있고(그는 연어를 곁들인 시저 샐러드에 설탕을 넣지 않은 아이스티를 주문했다), 그의 사무실에서 두어 번 먹은 적도 있다(우리는 샐러드와 어류를 주로 먹었다). 그리고 그의 집으로 저녁식사 초대를 받기도 했다(그는 페스토를 곁들인 맛있는 연어 요리를 해주었다. 방울양배추에 와인을 곁들였고, 후식으로 아이스크림을 먹었다). 삶의 다른 면에서도 그러했듯이 다이어트 식단의 영양 면에서도 게이너의 전략은 완벽함이 아니라 '올바른 방향을 잡는 것'이었다. 이에 관해 그가 말했다. "저는 대체로 최적을 추구하는 사람이 아니라 만족을 추구하는 사람에 가깝습니다."

게이너는 운동을 할 때도 이와 유사한 접근법을 활용했다. "저는 운동에 전혀 소질이 없었습니다." 게이너가 자신의 이야기를 꺼냈다. "제 운동 실력이 정점에 올랐던 건 중학교 1학년이 되어 교회에서 농구를 했던 때입니다." 쉰 살이 되기 전까지 달리기를 한 거리를 모두 합해도 1.6km가 채 되지 않는다고 그는 고백했다. 어느 날 항공기 좌석에 앉아 신문을 펼치니 "당신은 달리기를 싫어하나요?"라는 기사글이 눈에 들어왔고, 속으로 이렇게 말했다고 한다. '그래요. 저는 달리기를 싫어합니다.' 해당 기사는 28일간의 운동 프로그램에 관한 내용이었다. 몸에 무리가 가지 않게끔 구성된 프로그램이어서 한번 참여해 보기로 했다. 첫 일주일간은 하루에 최대 5분을 뛰어야 했다. 두 번째 주에는 하루 10분, 세 번째 주에는 15분, 네 번째 주에는 20분으로 뛰는 시간을 늘려갔다. 게이너가 설명했다. "아이가 걷는 법을 배우듯 저도 달리는 법을 배웠습니다." 그로부터 5년이 지난 지금도 그는 여전히 일주일에 5일을 달린다. 그는 대개 새벽 5시 30분이나 6시에 하루를 시작하는데, 사람들이 흔히 침대에서 사치스러운 시간을 보낼 때, 그는 30분 동안 5km를 뛴다. "제가 뛰는 속도는 그럴싸해 보일 뿐이에요. 저는 보기보다 느리답니다."

게이너는 현재 세계 각지에서 보험 및 투자 운용 등을 영위하는 금융지주회사 마켈 코퍼레이션의 공동 CEO를 맡고 있다. 100m 달리기 기록을 세울 일은 없겠지만, 달리기 습관은 끊임없는 업무 스트레스를 해소하고 체력을 유지하는 데 도움이 된다. 1만 7,000명의 직원은 말할 것도 없고, 전체 지분을 보유한 열아홉 개의 회사, 210억 달러에 달하는 주식과 채권을 관리하는 일은 그 자체로 스트레스일 수밖에 없다. "회사 직원들과 주식, 채권 이런 것들에 대한 책임을 지는 임원이나 자산관리사는 일주일에 7일, 하루 24시간 내내 게임을 하고 있다고 볼 수 있습니다. 비수기도 없고, 쉬는 날도 없습니다." 게이너가 말했다. "그렇기에 건강과 수면, 운동, 일과 삶의 적절한 균형, 가족 및 동료들과 함께 보내는 시간에 관심을 가져야 하고, 이를 위한 습관을 평소에 만드는 것이 매우 중요하다고 봅니다. 그러한 습관 때문에 원하는 결과를 얻는다는 보장은 없지만, 확률은 높일 수 있습니다."

게이너가 일관된 원칙을 철저히 지킨다는 사실이 인상 깊었다. 흔히 며칠 동안 불타올랐다가 다시 식어버리는 것이 일반적이다. 나도 운동을 하겠다고 케틀 벨과 줄넘기 줄을 샀지만, 3일 이상 해본 적이 없다. 그것들은 나로 하여금 죄책감을 느끼게 만드는 기능밖에 하지 않았다. 그런데 게이너는 꾸준함을 유지했다. 완벽하지는 않았지만, 늘 올바른 방향으로 향했다. 매사에 '철저히 중간 수준'을 유지하는 것이 비결이라고 그는 말했다. "하룻밤 만에 변화를 꾀했다면, 꾸준하지 못했겠지요. 적당히, 조금씩 변화해 간다면 꾸준함을 유지할 수 있습니다."

게이너는 또한 잘못된 방향으로 멀리 빗나가지 않도록 주의를 기울였다. 사무실 근처 호숫가를 빠른 걸음으로 걷고 나서, 그는 애플워치의 측정 기록을 내게 보여 주며 '하루 30분 운동 요건'을 충족하고 있다는 것을 확실히 했다. 이와 마찬가지로 (체중계가 없는 상황이 아니라면) 하루도 빼놓지 않고 체중을 측정한다. "휴가를 보내고 나서는 좀 더 열심히 운동하거나 얼마간 음식을 유의해서 먹으려고 노력합니다. 잘못된 방향으로 가도록 내버려두지 않는다면, 중심을 유지하기가 훨씬 쉬워집니다. 그렇게 하면 대개 삶을 살아가면서 노력을 얼마나 하는지를 알 수 있습니다."

그처럼 철저히 중간 수준을 유지하고, 끊임없이 반복하는 전략은 확실히 효과적이다.[1] 2017년 게이너를 인터뷰했던 당시, 게이너의 체중은 88kg으로 27년 전보다 적게 나가는 수준이었다. 체중 증가 속도면에서 내가 게이너를 큰 차이로 입도했다. 일상 습관과 관련해 사소한 차이가 수십 년 후에 얼마나 큰 결과를 가져오는지 여실히 드러났다.[2]

이 모든 사항은 투자와 삶에 적용되는 중요한 원칙을 암시한다. 압도적인 승리는 사소하고도 점진적인 발전과 개선이 장기간 지속되어 이루어진 결과라는 것이다. "위대한 성공의 비결을 알고 싶나요? 조금씩이라도 어제보다 나은 오늘을 만들면 됩니다." 게이너가 말했다. "그런 일을 시작하기 위한 방법은 다양합니다. 하지만 핵심은 반복하는 데 있습니다."

최대 이익을 축적하는 비법

게이너는 자신의 철학을 투자에 그대로 적용했다. 주식시장에서는 단기간에 한몫을 잡겠다는 생각으로 투자하거나 특정 전략을 맹신한 나머지 변덕을 부리는 투자자들이 많다. 적절한 식이요법을 찾아 꾸준히 실천하는 것이 아니라 때마다 유행하는 방식을 곧이곧대로 따르는 사람들과 흡사 닮았다. 꾸준함의 원리를 터득한 게이너는 30년 동안 변치 않은 네 가지 원칙을 바탕으로 '한 종목 선정 전략'을 고수하고 있다. 그 전략을 토대로 올바른 방향을 설정하고 '어리석은 행위'를 자제할 수 있다. 비유하면, 네 가지 원칙은 사고를 방지하는 '가드레일' 같은 것이다.

그에 따르면 첫째, 자본 수익률이 양호하고 레버리지 비율이 낮아 수익성이 좋은 사업을 물색해야 한다. 둘째, 경영진의 재능과 진실성에 동일한 잣대가 적용되어야 한다. 셋째, 회사가 이익을 상당한 수익률로 재투자할 기회를 충분히 보유해야 한다. 넷째, 합리적인 가격에 주식을 매수할 수 있어야 한다.

게이너는 네 가지 원칙에 부합하는 종목을 찾을 때, 매도와 관련한 과세 문제를 뒤로 미루는 동시에 무기한 이자가 불어나도록 '아주 오랜 시간을 두고' 투자를 운용할 방법을 찾는다. 버크셔 해서웨이는 그가 1990년 마켈에서 일할 때, 처음으로 매수했던 종목이었다. 당시 그의 지분은 6억 달러를 훌쩍 넘겨 눈덩이처럼 불어났다. 버핏이 버크셔 해서웨이에 투자했던 사례도 눈여겨볼 만하다. 1965년 버핏이 버크셔 해서웨이의 경영권을 인수했을 때만 해도 큰 실수를 저지른 듯했다. 기울어가는 방직업체였던 버크셔 해서웨이는 머지않아 업계에서 영원히 사라질 운명에 처해 있었다. 그런데 이후 회사의 자산을 더 나은 종목에 재투자한 이래, 주가는 대략 15달러에서 33만 달러까지 치솟았다. "유리한 상황이라고 한다면 재투자 결정을 내린 사람이 천재였다는 점"이라고 게이너는 말했다. 게이너가 보기에 버크셔 해서웨이는 네 가지 기준 중 세 번째 원칙이 가장 중요하다는 점을 여실히 보여 주었다. 바로 '재투자의 역학'이었다.

게이너가 두 번째로 큰 지분을 보유한 회사는 미국의 중고차 소매업체 카맥스CarMax였다. 게이너는 1990년대 후반부터 카맥스의 주식을 보유했다. 당시 카맥스는 중고차를 정찰제로 판매한다는 참신한 아이디어를 갖춘 소규모 업체로 구매자들을 속이며 흥정하는 인습을 깨고 있었다. 퀘이커 교도로 자란 게이너는 1850년대에 한 퀘이커 교도가 설립한 메이시스Macy's 백화점을 떠올렸다. 메이시스 백화점은 당시 정찰제 판매를 운영하여 교활한 영업사원이 고객을 속인다는 의심을 없앴다. 카맥스의 경우, 투명성과 공정성을 거래의 원칙으로 삼은 점을 고려해 볼 때, 메이시스와 유사한 경쟁 우위를 누린 게 아닐까? 더 나아가 당시 카맥스의 주식은 매우 저렴했으며 프랜차이즈 제도를 도입하는 등 수익을 재투자할 기회가 넘쳐났다. 게이너가 카맥스의 주식을 매수한 이래 카맥스의 판매점은 8개에서 200개로 늘어났으며, 주가는 60배가 넘게 폭등했다.

게이너의 포트폴리오는 브룩필드 에셋 매니지먼트Brookfield Asset Management, 월트 디즈니 컴퍼니Walt Disney Company, 디아지오Diageo, 비자카드Visa, 홈 디포Home Depot 같은 신뢰할 수 있는 복리 머신들로 채워져 있다. 이들은 모두 창조적 파괴의 위협에 흔들리지 않는 장기 투자 유망 종목들이다. 좋은 예로, 디아지오가 200년의 역사를 자랑하는 스카치 위스키 브랜드 조니 워커Johnnie Walker를 소유했다는 사실이 게이너에게는 믿음직스러웠다. "꽤 오래 갈 것처럼 보였어요. 저는 삶에서 그런 것들을 찾으려고 애를 씁니다." 게이너는 해당 종목들로 거래할 생각을 하지 않고, 현 상황을 고수하며 종목이 성장하기를 기다린다. "좋은 것을 찾아 계속 유지하는 사람이 최고의 부자가 된다는 것을 경험으로 알게 되었습니다. 좀처럼 만족하지 못하고 광적으로 행동하며 매번 실패하는 사람들은, 늘 다음 상승 종목을 쫓아다닙니다."

(지나치게 방어적으로 보일지 모르지만) 게이너는 대체로 100개 종목을 보유한다. 다만, 전체 자산 중 2/3를 상위 20개 포지션에 배치하여 적

절히 공격적인 전략을 취한다. 게이너가 아마존이나 알파벳, 페이스북 같은 기술주를 바라보는 태도도 별반 다르지 않았다. 이 종목들과 관련해 지속하는 경쟁 우위를 파악하기까지 오랜 시간이 걸렸지만, 뒤늦게라도 이 종목들이 네 가지 투자 기준을 충족한다는 점을 깨달았다. 다만 이 종목들은 여전히 저렴하지 않았으며, 그 가치를 정확히 평가할 수 없었다. 이에 그는 점진적인 접근법을 택했다. 요컨대, '착실하게' 큰 포지션을 축적해 가는 한편, 달러평균원가법(주식 가격에 상관없이 일정 기간마다 동일한 금액을 증권에 투자하는 방법 – 옮긴이)을 고수하여 불필요한 지출의 위험을 줄였다. 실수하지 않는 한 재앙을 초래할 일은 없었다.

그처럼 재앙 회피를 최우선으로 생각하는 것을 보니 채권왕으로 알려진 제프리 건들라흐Jeffrey Gundlach가 탁월한 통찰력을 발휘한 모습이 떠올랐다. 더블라인 캐피털DoubleLine Capital의 CEO이자 명석한 억만장자인 건들라흐는 투자 시기를 두고 30% 정도는 잘못된 판단을 내렸다고 한다. 그래서 그는 투자를 하기 전, 늘 핵심적인 물음을 던진다. "만약 이것이 잘못된 판단이라면, 그 결과는 어떻게 될까?" 이 물음을 던진 다음, 무슨 일이 있어도 파멸을 가져올 결과가 없도록 투자 포트폴리오를 구성했다. "치명적인 실수를 하지 마세요." 건들라흐가 내게 말했다. "그것이 장기지속성에 가장 기본이 되는 요소입니다. 종국에 가서는 사업의 성패가 달려 있습니다. 장기지속성이 열쇠입니다."

게이너는 지속성에 초점을 맞춰 포트폴리오를 구성했다. 아마존이나 구글, 페이스북 같은 종목이 늘어난다면, 수익성도 한층 더 좋아질 터였다. 그런데 그의 투자 전략은 식사와 운동에 대한 접근법과 비슷했는데, 최적의 투자 포트폴리오를 구축하겠다는 것은 아니었다. 그보다는 일관되고 지속적인 효과가 나타나도록 했다. 30년간 이어진 운용법의 누적 효과는 믿기 어려울 정도였다. '대참사를 줄일 확률을 높일 만한 속도'로 (서두르는 일 없이) 장기간 복리 효과를 잘 활용했다.

반면에 게이너는 투자 경력에서 두 차례나 오점을 남겼는데, 그가 구성했던 포트폴리오가 1999년에 10.3%, 2008년에 34% 하락했다. 첫 번째 시기에는 기술주가 미친 듯이 인기몰이를 했을 때, 공매도를 하는 실수를 저질렀다. 두 번째 시기에는 (금융 위기로 인해) 그가 보유했던 종목 중 일부가 생각했던 것보다 훨씬 더 레버리지에 의존했던 사실이 드러났다. 게이너의 아내이자 마켈 산하 주택 사업 부문의 CEO로 있는 수잔Susan에 따르면, 게이너에게는 그 두 차례 시기가 '자기 회의와 절망'으로 가득한 '영혼의 암흑기'였다고 한다. 그렇더라도 그는 살아남아 결국 꾸준한 상승 궤도를 유지했다.

결과는 놀라웠다. 1990~2019년 게이너의 주식 포트폴리오는 S&P 500 지수의 11.4%에 대비해 연평균 12.5%의 수익률을 기록했다. 늘어난 수익률에 따라 포트폴리오에 투자된 100만 달러가 3,420만 달러로 불어났다. 만약 S&P 500 지수에 투자했다면 투자금은 2,550만 달러가 되었을 것이다. 이는 적절한 우위를 장기간 유지하여 얼마나 많은 가치를 창출하는지 잘 보여 주는 사례라고 할 수 있다.

"합리성을 유지한다면, 자신의 백분위 등급이 얼마나 올라가는지 놀라운 경험을 하게 됩니다." 게이너가 말했다. "저는 일등을 한 적이 한 번도 없습니다. 늘 꾸준히 했을 뿐입니다. 제 아버지가 말씀하신 것처럼, 최고의 능력은 진실성입니다.[3] 계속 반복되는 가운데 이탈자들이 생기는 반면, 저는 여전히 경기에 남게 됩니다. 게다가 경쟁이 점차 느슨해진 이유만으로 최고가 되는 과정은 놀라움 그 자체입니다."

마켈이라는 기업 자체는 꽤 멀리 여정을 이어갔다. 그 여정은 게이너가 걸어온 길과 별반 다르지 않았다. 1930년에 설립된 이래 1986년 주식시장에 상장했을 때만 해도 마켈은 대략 4,000만 달러의 시장가치를 가진 이름 없는 특수보험 전문회사였다. 금융지주회사인 마켈은 게이너를 고용하여 버크셔 해서웨이와 같은 비즈니스 모델을 구축하고자 했다(게이너는 수년간 분석가와 주식중개인으로서 마켈의 행보를 지켜봐 왔다). 마켈에 자리를 잡은 게이너는 보험 운용 부문에서 프리미엄을 확보했으며, 그런 '플로트float(회사가 받는 보험료와 지급하는 보험금 사이에 생기는 차이로, 주식이나 채권 등을 매수할 자금으로 활용된다. 버핏이 보험사를 인수해 플로트를 조달한 것이 좋은 예다-옮긴이)'를 활용해 주식을 매수했다. 이는 버핏이 보험사를 운용해 얻은 플로트를 투자에 활용한 사례와 같은 맥락에 있다. 그런데 게이너는 복제라는 말을 달갑게 생각하지 않는다. 그 효과를 관찰하고 자신의 환경에 맞게 '재조합'하지 않고, 단순히 버핏의 방식을 따랐다는 의미가 내포될까 우려하기 때문이다.

결과는 어떻게 되었을까? 게이너가 마켈의 1997년 연례 보고서를 꺼내더니 당시 회사의 총자산이 5,730만 달러였다는 사실을 내게 직접 보여 주었다. 2019년 말, 마켈의 총자산은 37억 4,000만 달러까지 늘어났다. 마켈의 시장가치는 대략 14억 달러까지 상승했으며, 2020년 〈포천〉 선정 500대 기업 중 335위에 올랐다. "여기까지 참 잘 달려왔어요." 게이너가 말했다. "같은 길이고, 같은 궤도입니다. 그게 복리입니다."

순자산의 절반 이상을 주식으로 보유한 게이너도 그렇지만, 마켈의 주주들 역시 환호할 만한 이유가 있었다. 마켈의 주식은 IPO 당시 주당 8달러 33센트에 거래되었다. 이후 2019년 말 주가가 1,143달러까지 도달했다. 137배의 주식 성장률을 달성한 것이다.

게이너가 경이로운 기록을 세우기까지의 과정은 극단적인 전략을 쓰지 않아도 장기간에 놀라운 실적을 올릴 수 있다는 점을 시사한다. 그는 반대의 관점에서 이렇게 말했다. "사람들은 자기 자신을 극단으로 내몰아 고통에 빠트립니다." 게이너가 변함없이 적당한 수준의 방법론을 고수한 자세는 공자, 아리스토텔레스, 부처, 마이모니데스 등 역사상 최고의 현인들에게 인정받을 만했다.

고대 그리스 철학자 아리스토텔레스는 지금으로부터 2,400여 년 전, 극단과 극단의 중간 지점인 '중용'을 실천해야 탁월성과 지속적인 행복을 누릴 수 있다고 주장했다. 그래서 술과 음식, 성관계와 관련된 육체적 즐거움을 두고, 과욕과 절제 사이에서 중용의 덕을 실천해야 한다고 가르쳤다. 마찬가지로, 위험에 직면했을 때 소심함과 무모함이라는 양극단 사이에서 적절한 방향을 잡아야 한다고 조언했다. "모든 것을 두려워해 피하기만 하고, 어떤 것에도 자신의 입장을 고수하지 않는 사람은 비겁해진다. 반면 어떤 것도 두려워하지 않고 모든 위험을 감수하는 사람은 무모해진다."[4]

게이너는 비겁하지도 무모하지도 않았다. 식단 관리부터 포트폴리오를 구축하는 방식까지 그가 하는 모든 일이 합리적이고 균형감 있게 보였다. 그가 투자와 삶에 적용하는 중도적 접근법은 풍부한 보상을 얻는 비결이자 우리 같은 일반 사람들도 반복할 수 있는 실천법이다. 그간에 인터뷰했던 찰스 멍거, 에드워드 소프, 빌 밀러 등 저명한 투자가들은 지적 능력이 대단해서 우리와는 다른 세상에 있는 사람들 같았다. 게이너 또한 매우 총명하지만, 그가 가진 실제 무기는 지적인 것이 아니라 행동에 관한 것이다. 그는 동종 업계에 있는 영리한 동료들과 자신을 비교하며 이런 이야기를 했다. "저는 절제와 끈기, 꾸준함으로 지적 능력의 부족함을 채운답니다."

그렇다 해도 자칫 게이너를 과소평가할 수도 있다. 쾌활하고 겸손한 성격의 게이너를 보면, 흔히 거액을 다루는 금융가들에게서 풍길 만한 자부심과 화려한 면모는 보이지 않는다. 그는 연비가 좋은 도요타 프리우스를 몰고, 살기 좋은 보통의 주택가에 거주한다. 그리고 그는 고등학교 시절의 여자친구와 '아주 행복한 결혼생활'을 하고 있다고 자부한다. 그는 열다섯 살에 장로교 목사의 딸인 아내를 만나 열아홉에 결혼했다. 첫 데이트를 하기로 한 날, 부모님이 그와 그의 여자친구를 뉴저지주 세일럼의 작은 마을에 데려다주었다. 뉴저지주는 그의 어린 시절 추억이 있는 곳으로 인근에 있던 핫도그 판매점에서 두 사람은 첫 데이트를 했다.

다시 말해, 게이너에게서 호화롭거나 거창해 보이는 구석이 전혀 보이지 않는다는 말이다. 그렇다 해도 투자업계에서 그를 넘어서는 롤 모델을 찾기란 매우 어려울 것이다. 결국, '만족하며, 천천히 그리고 꾸준히' 부를 축적하는 전략의 효과는 특별한 능력이나 위험을 무릅쓰는 저돌성이 아니라 일반적인 상식과 함께 잘 길러진 습관에 따라 달라진다. 일반 투자자들이 그에게 부자가 되는 비결을 물었는데, 그는 누구나 알 법한 평범한 답을 했다. "버는 것보다 적게 소비하세요. 수익이 생기면 그만큼 투자하세요. 이 두 가지만 잘하면 실패할 일은 없습니다." 그는 이어서 말했다. "자산보다 적게 쓰고 있다면, 당신은 이미 부자입니다."

게이너는 비용을 관리하는 측면에서 엄청난 신중을 기한다. 그 일환으로 비용을 최소화하고, 세금 효율성을 극대화하는 방식으로 마켈의 투자사업을 운용한다. 이는 무분별한 거래를 줄이고, 수수료가 부담되는 금융상품을 매수하지 않는 식으로 누구나 모방하여 실천할 수 있는 비용 우위 전략이다. 게이너는 개인적인 삶에서도 절약을 실천하는데, 그의 말대로 퀘이커 교도로 어린 시절을 보내는 동안 절약하는 습관이 몸에 배었다고 한다. 그래서 매년 보상금으로 수백만 달러를 벌어들이면서도 공항에서 음식을 사 먹는 법이 없고, 하루에 외식을 두 번 이상 하는 일 또한 좀처럼 없다.

절약이 재정적 성공 방정식의 필수 요소라고 한다면, 근면 또한 매우 중요한 요소라고 할 수 있다. 게이너는 버지니아대학교 학부생으로 수학하던 시절에 틀에 박힌 태도로 그럭저럭 학교생활을 했다. 지금은 어떨까? 별로 그렇지 않다. 그는 대개 아침 7시쯤 회사에 도착해 업무를 챙긴다. 아침 시간에 생산성이 가장 잘 발휘되기 때문이다. 그는 또한 집중을 방해하는 요인들을 미리 제거한다. "조용히 일할 수 있는 환경을 조성했습니다." 그가 말했다. "계속 제 방에 계셨지요? 제 전화기가 몇 번이나 울리던가요?"

게이너가 사용하는 컴퓨터에는 한 장의 포스트잇이 붙어 있다. 그리고 이렇게 적혀 있다. "나는 삶에서 실패를 거듭 되풀이했다. 이것이 내가 성공한 이유다." 농구의 신 마이클 조던 Michael Jordan 이 한 말이다. 조던은 고등학교 2학년 때만 해도 학교 대표팀 선발에서 탈락하곤 했지만, 초인적인 근면함과 의지력을 발휘해 역대 최고 팀의 일원이 되고야

말았다. "결과를 통제할 수는 없지요." 게이너가 내게 말했다. "그래도 노력과 헌신을 통제하고, 당면한 일에 자신을 온전히 쏟아부을 수는 있습니다. 그러면 무슨 일이 일어나도 일어납니다."

그를 다시 인터뷰했던 2020년, 미국은 폭동과 팬데믹으로 고통을 겪고 있었다. 그래도 게이너는 평소대로 절제하며 부단히 노력하는 데 삶의 초점을 맞췄고, 그런 태도로 자신의 투자 프로세스를 고수하며 직원들에게 본보기가 되었다. "꾸준히 한 발씩 내딛으세요." 그가 내게 방법을 알려주었다. "그렇게 제 삶 전체를 인도했습니다. 그런데 지금 변해야 할 이유가 있을까요?"

게이너처럼 부단히 정진하는 전략의 또 다른 특이점은 '끊임없이' 배우려는 열정과 노력이다. 이를 잘 보여 주듯이, 그는 습관의 형성을 주제로 다룬 과학 서적부터 위인들의 전기, 또 평소 좋아하는 마크 트웨인Mark Twain의 소설까지 닥치는 대로 책을 읽는다. 세상에는 지혜로운 사람들이 수없이 많은데, 그들과 연결되는 '노드node(신경망을 구성하는 하나의 단위-옮긴이)'로서 자신을 바라본다. 끊임없이 탐구하며 지식을 확장하고 역량을 증진하도록 돕는 사람들이 바로 그들이라는 말이다.

이후 순서에서 다시 소개하겠지만, 명망 있는 자산관리사인 찰스 아크레Charles Akre 덕분에 게이너는 사업 성공의 가장 중요한 요인으로서 재투자의 개념을 재정립하게 되었다. 천부적인 헤지펀드 매니저인 조쉬 타라소프Josh Tarasoff는 아마존 주식을 보유해야 하는 이유를 깨닫게 해 주었다. 또한 게이너는 수년간 버핏과 함께 워싱턴 포스트 컴퍼니Washington Post Company의 이사회에서 활동했다. 이를 계기로 버핏이 가진 경쟁 우위의 본질적 요소가 '고집과 인내'라는 잊지 못한 교훈을 얻기도 했다. "버핏의 에너지는 도저히 믿기지 않을 정도이지요. 아침부터 서두르는 그는 절대 멈추지 않는 에너자이지 버니_{Energizer Bunny} 같습니다. 대단한 활동력이에요."

게이너가 수많은 주류 투자가들의 신망을 받는 것은 우연이 아니다. "제가 건실한 사람이란 게, 내세울 만한 장점입니다." 게이너가 소신을 밝혔다. "저는 사람들을 돕고자 애를 씁니다. 늘 올바른 일을 하려고 합니다. 그렇게 하니 저를 싫어하기보다는 응원하는 친구들과 동료들, 동업자들의 경이로운 네트워크가 생겼습니다. 그런 네트워크가 우리를 도와줍니다. 우리에게 오로지 도움을 주는 사람들입니다." 그런데 우리는 간혹 인정사정 보지 않고, 정상까지 쭉 올라가야 한다고 생각한다. 게이너는 다른 관점에서 바라보았다. 변함없이 친절과 배려를 실천하다 보면, 눈에 잘 띄지 않는 이익이 생긴다고 설명했다. 그의 설명을 들으니 그처럼 과소평가되는 점이 '좋은 사람 효과_{mensch effect}'라는 생각이 들었다. 좋은 예로, 아쿠아마린 펀드_{Aquamarine Fund}를 운용하는 가이 스파이어는 평소 사람들을 돕는 일에 힘을 많이 쏟는데, 마찬가지로 그의 주위에도 그를 돕고자 하는 사람들이 포진해 있다. 스파이어는 소위 '호의의 복리'로 그런 현상이 일어난다고 설명한다.

지속 가능한 성공을 달성하고자 한다면, 존경받을 만한 행동을 하는 편이 훨씬 도움이 된다고 게이너는 확신한다. 적어도 신뢰가 생기면 함께 사업을 하려는 사람이 늘어난다는 의미였다. "간혹 수단과 방법을 가리지 않고 약자를 괴롭히고 협박하며 약삭빠르게 행동하여 일정 기간 대단한 경력을 쌓아 성공의 정점에 도달하는 사람들도 있습니다."

게이너가 성공에 관한 신조를 밝혔다. "그렇지만 그런 성공은 항상 쓸모가 없어집니다. 늘 그렇지요. 한동안 지속하는 경우가 있지만, 종국에는 그렇게 됩니다. 반면 성공을 거듭 되풀이하는 사람들은 신뢰가 높은 사람들일 겁니다."

게이너가 어떻게 그리 많은 것들을 성취했는지 여러 이유를 찾던 중, 닉 슬립이 내게 알려주었던 개념이 떠올랐다. 바로 '한계이익의 축적'이었다. 이 말은 영국의 전설적인 사이클 코치인 데이브 브레일스퍼드 경Sir David Brailsford이 만들었다. 브레일스퍼드 경의 지휘 아래, 영국 사이클 대표단은 저지할 수 없는 팀이 되어 베이징 올림픽과 런던 올림픽에서 다수의 금메달을 획득했다. 여기에 대단한 혁신이 있었던 것이 아니라 매일 조금씩 개선한 것들이 합쳐져 경쟁자들이 넘볼 수 없는 강팀이 되었다는 점에 주목해야 한다. 요컨대, 영국 사이클 대표단의 선수들은 사이클 바퀴의 접지력을 높이기 위해 타이어를 알코올로 닦았고, 전기로 체온을 올리는 오버팬츠를 입어 근육의 온도를 적정 수준으로 유지했다. 또한 의사들에게 청결하게 손 씻는 법을 배워 질병의 위험을 줄였을 뿐만 아니라 장기간의 경기 시에 개인 맞춤형 베개를 사용해 수면의 질을 높였다.

MBA 학위를 취득한 브레일스퍼드 경은 일본의 장기 경영 전략이자 도요타Toyota의 유례 없는 성공에 뿌리가 된 카이젠Kaizen(자기비평을 통한 향상을 추구한다는 의미의 일본어 - 옮긴이)에 깊이 매료되었다. 〈하버드 비즈니스 리뷰Harvard Business Review〉를 통해 브레일스퍼드 경은 다음과 같이 설명했다. "크게 생각하지 말고 잘게 쪼개서 생각하고, 한계이득을 축적해 가는 지속적 개선의 철학을 도입해야 한다는 생각이 강하게 들더군요. 완벽함은 머리에서 지우세요. 꾸준한 진전에 초점을 맞추고, 개선되는 요소들을 통합하세요."

열렬한 사이클리스트인 슬립은 최고의 기업들이 하나 같이 최내의 한계이득을 확보하고자 혈안이 되어 있다고 말했다. 또한 카펫라이트의 설립자 로드 해리스는 낡은 가격표의 양쪽 면을 재사용하여 여기저기서 비용을 절감했다. "특별한 비법이 있는 게 아닙니다." 슬립이 로드 해리스의 사례를 들어 설명했다. "사소한 것들을 놓치지 않도록 신경을 쓰고, 그것들을 한데 모아야 합니다."

게이너가 성공한 비결은 멀리서 찾을 필요가 없다. 사소한 것들을 모두 챙기기란 여간 어려운 일이 아니지만, 영국 사이클 대표단 선수들이 각자 수면 베개를 가지고 다녔듯이, 일상의 사소한 것들이 몸에 배도록 하는 것이다. 이에 게이너는 이른 아침에 일어나 일찍 출근한다. 식사 시간에는 접시에 샐러드를 가득 담고 도넛은 모자란 듯 적게 담는다. 그리고 매일 달리기와 요가를 하며, 집중이 잘 되는 조용한 사무실에서 일한다. 또한 투자를 할 때는 오랜 시간 효과가 입증된 네 가지 원칙에 부합하는 종목만 선정하며, 투자 비용을 가능한 최저로 유지한다. 그는 늘 버는 것보다 적게 쓴다. 잠시도 만족할 줄 모르고 책을 손에서 놓지 않으며, 다른 투자가들의 철학을 분석하여 영리하게 자신의 것으로 만든다. 기도하는 삶을 사는 그는 신앙으로 정서적 힘을 끌어내며, 신뢰와 호의로 사람들을 대한다.

이 같은 활동은 어느 하나 대단한 것이 없다. 단, 잊지 말아야 한다. 한계이익은 모여야 효과를 발휘한다. 게다가 영리한 습관에 의해 창출되는 보통 수준의 이득이 오랜 시간에 걸쳐 계속 불어난다. 단기적으로 보면, 사소한 활동으로 차츰 개선되는 모습이 대수롭지 않게 보인다. 하지만 시간은 나쁜 습관의 적이자 좋은 습관의 친구다. 1년이 지나고 2년이 지나도, 10년이 지나고 20년이 지나도 꾸준히 실천할 때, 깜짝 놀랄 만한 누적 효과가 나타난다. 실제로 게이너가 돋보이는 이유는 없어서는 안 될 성격 하나를 갖췄기 때문이다. 말하자면, 게이너는 꾸준함의 달인이다.

특별한 비법이나 천재의 지능을 갖추지 않아도 된다니 다행이다. 올바른 방향으로 끊임없이 나아가게 하는 현명한 습관을 만들기만 하면 된다. 즉, 시간이 흐를수록 한계이득이 불어나는 습관을 몸에 익혀야 한다. 게이너는 우리가 나아갈 방향을 제시해 주었다. 이제 세계 최고의 투자가들이 어떤 습관을 몸에 익혀 탁월한 성과를 달성하고 지속하는 우위를 확보했는지 살펴보자.

하루하루를 치열하게

2000년 투자업계의 슈퍼스타 제프리 비닉Jeffrey Vinik을 인터뷰했다. 비닉은 33세라는 젊은 나이에 세계 최대 뮤추얼펀드로 유명한 마젤란펀드Magellan Fund를 운용하게 되었다. 피델리티 콘트라펀드의 관리자인 윌 다노프는 피델리티에서 그들의 세대를 통틀어 '최고의 펀드 매니저'라고 극찬하며, 비닉을 '투자 신동'에 비유했다.

비닉은 마젤란에서 4년 동안 S&P 500 지수를 능가하는 실적을 올렸다. 그러다 시기에 맞지 않게 채권 투자를 고집하다가 좋지 않은 분위기에서 회사를 나오게 되었다. 이후 헤지펀드를 설립했는데, 마지막 행보가 놀라웠다. 우리가 대화를 나누었던 시점에 그의 회사 비닉 에셋 매니지민트Vinik Asset Managment가 수십억 달러를 투자사들에게 돌려주려던 참이었다. 그렇게 비닉은 자산을 관리하며 가족과 여유로운 시간을 보낼 수 있었다. 그때까지 그는 12년 동안 줄곧 펀드 매니저로 일했으며, 연평균 32%라는 놀라운 수익률을 달성했다.

그처럼 성공할 수 있었던 이유를 물었더니 비닉은 두 가지 이유를 들어 설명했다. "첫째로 펀드 매니저로 일하는 동안 투자에 늘 일관된 접근법을 적용했습니다. 적당한 가치평가로 거래되고 있어 수익 전망이 괜찮은 개별 종목들에 집중했어요." 비닉은 얼마 전 요식업 종목으로 엄청난 돈을 벌어들였다고 했다. "1년에 수익률이 20% 성장하지만, 열두 배의 수익률로 팔리고 있지요. 이게 진짜 쇼입니다. 이게 돈 버는 방법이에요." 다시 생각해 보니, 비닉의 이야기는 조엘 그린블라트의 투자론과 관련해 완벽한 사례였다. 복잡성을 없애고 단순화된 본질에 접근하여 가장 기본적인 원칙들을 몇 번이고, 일관되게 적용하라는 말이었다.

비닉은 이어서 두 번째 이유를 설명했다. "12년 동안 꾸준히 했던 게 또 있지요. 정말로 고된 일입니다. 분석해야 할 종목이 늘어날수록 검토해야 할 현금흐름표도 늘어납니다. 그것을 모두 분석해야 합니다. 그러다 보면 괜찮은 아이디어가 점차 생기고, 좋은 실적을 올릴 일도 늘어납니다. 열심히 하는 사람을 이길 수 없습니다."

그럼 비닉의 일과는 어떨까? "보통 아침 6시 45분이면 회사에 있습니다." 비닉이 일상에 관한 이야기를 해주었다. "대체로 오후 5시면 퇴근합니다. 그래서 가족과 많은 시간을 함께할 수 있습니다. 밤에 아이들이 잠든 후에는 두세 시간 동안 독서를 합니다." 비닉은 회사 서류와 업계 간행물 더미에 파묻혀 지냈는데, 월스트리트에서 나온 분석자료만큼은 놓치지 않고 읽으려고 애썼다. 이런 활동은 현상에 관한 기억에 도움이 되었다. "제 방식을 말씀드리자면, 말 그대로 수천여 기업들을 두고 어떤 일이 벌어지고 있는지 머릿속에서 끊임없이 정보를 추적하는 겁니다." 이런 식으로 그는 남들이 놓칠 만한 미묘한 변화를 감지할 준비가 늘 되어 있었다. 예를 들면, 시장에서 주목받지 못하던 종목의 순환 주기를 파악해 곧 주가가 상승할 것으로 예상했고, 예상대로 수익률이 급등했을 때가 바로 전환점이었다.

비닉의 재능을 극찬했던 다노프는 장기간 주식을 보유하는 쪽에 중점을 둔다는 점에서 비닉과는 투자 성향이 달랐지만, 삶을 치열하게 산다는 점에서는 같았다. "자산 관리 일은 발품을 파는 일입니다. 되도록 많은 분석가와 소통하고, 되도록 많은 연례 보고서를 읽어야 합니다. 하면 할수록 더 나아지는 일입니다." 다노프가 소신을 밝혔다. "미치도록 경쟁력이 있죠." 다노프는 1990년부터 콘트라펀드를 운영했다. 그런데 그의 별난 성향 탓에 시장을 선점하고 주주들을 위해 자산의 가치를 높이고자 하는 갈증은 좀처럼 해소되지 않았다. "솔직하게 얘기해서 다른 펀드 매니저들은 신경도 쓰지 않는 부분이죠." 다노프가 말했다. "대부분이 수수료를 보고 일하지요. 아니면 명예 때문인데, 제가 더 신경을 쓰는 부분입니다."

다노프는 1993년에 한 부부로부터 받은 편지를 내게 읽어주었다. 부부는 한 살짜리 아들의 대학 교육을 위해 다노프의 펀드에 투자했던 사람들이었다. "제 아들 사진을 함께 보냅니다. 힘들게 번 돈을 선생님께 맡기는 사람들이 여기 있다는 걸 알려드리고 싶었습니다." 다노프에게 책임감이란 성과에 대한 책임, 누려움, 좋은 본보기가 되어야 한다는 바람이 모인 것으로 강력한 동기요인이 되었다. 그가 힘주어 말했다. "매일매일 치열해야 합니다."[5]

투자의 대가들은 저마다 다른 성취동기를 가졌겠지만, 철저하게 징신력을 관리한다는 면에서 공통점을 가진 것 같다. 끊임없이 지적 우위를 가지려고 애쓰는 것도 그들의 공통된 특징이다. 더 빠르게, 더 많이, 더 유용한 정보를 얻거나 이미 세상에 공개된 정보에서 미묘한 차이를 발견하는 것이다. 그렇게 열심히 얻은 정보는 시간이 지나면서 조합되어 뜻밖의 결실로 돌아온다.

다노프는 매년 수백여 기업들의 경영진을 만나는데, 2004년 4월 '죽어가던' 닷컴기업 애스크닷컴Ask.com의 경영진과 면담을 진행하며 작성한 내용을 내게 보여 주었다. 애스크의 임원들은 거침없이 질주하는 구글에 압사되고 있다고 말했다. 다노프가 구글을 주의 깊게 관찰하게 된 순간이었다. "그제야 구글이 특별한 회사라는 걸 알아차렸습니다." 그러한 통찰을 토대로 2004년 8월 구글의 공동 창립자인 세르게이 브린Sergey Brin과 에릭 슈미트Eric Schmidt를 만나고서 구글의 잠재력이 엄청나다는 사실을 깨달았다. 다노프에 따르면, 구글의 수익률은 몇 달마다 두 배로 늘어났으며 25%의 영업마진을 비롯해 높은 현금보유액과 낮은 부채비율을 자랑했다. "특히 지금 많은 유니콘 기업들이 수익을 내지 못하는 상황을 봤을 때, 당시 구글의 재무 실적은 이례적인 결과였지요." 그달 말, 구글이 주식시장에 상장했지만, 펀드 매니저 대부분은 구글에 대한 투자를 꺼렸다. 반면에 다노프는 구글의 최대 투자자 중 한 사람이 되었다. 그로부터 16년이 지난 지금, 구글(여러 구글 자회사들이 모여 설립된 지금의 알파벳)은 여전히 최고의 수익성을 자랑하는 최대 투자처로 남아 있다.

고객 자산 7조 3,000억 달러를 운용하는 회사에서 슈퍼스타로 통하는 다노프는 쉴 틈 없이 사람들을 만난다. 그에게 차별성이 있는 이유는 자신을 쉴새 없이 다그치며, 늘 발로 뛰고 그런 장점을 활용한다는 데 있다. 2010년 출장차 팰로앨토에 갔을 때, 다노프는 촘촘히 계획했던 일정에 틈이 생긴 걸 발견하고 신경이 쓰였다. "수요일 오후 4시 30분 이후에는 왜 아무도 만나지 않는 거지?" 다노프가 동료들에게 물었다. "아마 테슬라 쪽 사람들을 만나야 할 거야." 나중에 생각났지만, 다노프는 이미 어둑해진 12월 말의 오후에 자금난에 시달리던 자동차 회사를 찾았다. 예정에 없던 일정이었지만, 몇 분도 안 되어 테슬라의 창립자 일론 머스크Elon Musk가 카리스마를 풍기며 나타났다. 머스크는 미국이 다시 자부심을 가지도록 멋진 자동차를 만들겠다는 포부를 밝혔다. 이에 깊은 인상을 받은 다노프는 일찍이 테슬라에 투자했다(수익성이 극도로 좋은 투자였다). 이처럼 운이 좋았던 출장 이후 10년이 되도록 그는 여전히 테슬라 주식을 보유하고 있다.

비닉뿐만 아니라 다노프도 피터 린치의 수제자가 된 것은 우연이 아니었다. 피터 린치는 마젤란펀드를 13년 동안 운용하여 세계 최대의 뮤추얼펀드로 키워내 월스트리트의 영웅으로 불리는 인물이다. 린치를 인터뷰했던 건 20년 전이었다. 린치는 매일 수많은 종목을 분석하게끔 자신을 이끄는 단순한 논리에 관해 설명해 주었다. "하루에 열 개 기업을 분석하면 그중에 경영상황이 좋은 기업 한 곳은 발견할 수 있을 겁니다." 린치가 내게 말했다. "20개를 분석하면 두 곳은 발견할 수 있겠지요." 린치는 가장 잘했던 투자를 떠올리며 말했나. "1982년에 100명의 사람이 열린 마음으로 크라이슬러를 방문했다면, 99명이 크라이슬러에 투자했을 겁니다(당시 크라이슬러는 파산할 것으로 전망되었지만, 린치는 크라이슬러에 공격적인 투자를 했다 – 옮긴이)."

다시 한번 말하지만, 지금까지 소개한 사례들은 시간이 갈수록 미비한 이점들이 기적처럼 더해지는 누적 효과와 관련 있다. 린치가 굳이 방문했던 회사, 다노프가 고집스럽게 빈 시간대를 채웠던 일정, 비닉이 아이들을 재운 후 스스로를 다그치며 두세 시간 동안 독서를 마쳤던 일이 모두 성공요인이 되었다. 한 사람의 성공을 예측하는 일은 그리 어렵지 않다. 대개 목표를 향한 지칠 줄 모르는 열정에서 성공의 징조가 보인다.

빌 밀러는 투자업계에 발을 들이고 얼마 지나지 않아 린치에게 조언을 구했다. 린치에게서 돌아온 답은 가슴에 깊이 새길 만했다. 그에 따르면, 투자업계는 경제적 이익과 지적인 성취를 이룬다는 측면에서 보람을 느낄 수 있어 똑똑한 사람들이 지나치게 많이 몰려드는 곳이다. "일에서 그들을 능가하는 것 외에 그들을 이길 방법은 없어요." 린치가 말했다. "똑똑한 사람은 쌔고 쌨기 때문이지요." 린치는 아침 6시 30분에 카풀로 출근하면서 투자 관련 자료를 읽고, 저녁식사 후에도, 주말에도 일한다(게다가 수년째 휴가도 가지 않았다). 린치는 이런 노력으로 남들보다 앞서간다고 밀러에게 말했다. 그러자 밀러가 나이를 먹으면 여유를 가져도 되는지 물었고, 린치가 이렇게 답했다. "그렇지 않아요. 이런 업종에서는 두 가지 기어밖에 사용하지 못해요. 가장 높은 기어로 속도를 높이던가 아니면 멈춰야겠지요." 밀러가 고개를 끄덕였다. "그게 기본적으로 맞지요. 집중력을 높여야 해요."

2004년 마틴 휘트먼Martin Whitman이 90세였을 때였다. 2008년 세계 금융 위기를 겪으면서 그 이후에 왜 그리 실적이 저조했는지 휘트먼에게 물어보았다. 가치투자의 대가라고 하는 사람에게 흔치 않은 일이 일어난 이유가 궁금했다. "나이를 먹고 돈을 많이 버니 게을러졌네요." 휘트먼이 이어서 말했다. "2007년에 정말로 알고 있었지만, 실천하지 않았어요. 주택 관련 주식을 팔았어야 했는데, 투자기법에 충실하지 않았어요. 부지런하고 신중해야 했는데, 2008년에 그렇게 하지 못했습니다."

휘트먼의 솔직한 모습이 존경스러웠지만, 그의 고백에 머릿속이 복잡해졌다. 수년 동안 그의 조언을 따라 투자했고, 결과에 만족해서 어머니의 예금 대부분을 그의 회사에 맡겼기 때문이었다. 그래도 그가 자기 만족감에 빠졌던 여파가 내게는 미치지 않았다. 휘트먼은 금융 위기에 부실하게 대처했던 일을 되새기며 입을 열었다. "지적으로 만족스럽지 않았지만, 달라질 건 그다지 없지요. 내 자식들이 덜 번다고 해서 무슨 차이가 있을까요?" 그에게 신중함과 성실함이 부족해서 내 어머니에게는 엄청난 차이가 생길 수 있다고 말하고 싶었지만, 엄두가 나지 않았다.

가족의 헌신

세상에는 똑똑한 경쟁자들이 넘쳐난다. 그런데 일에서 앞선다고 경쟁에서 이긴다는 보장은 없다. 무엇보다 생각의 속도에서 경쟁자들을 앞서야 한다. 그래서 아무리 경험이 풍부한 투자가라고 해도 끊임없이 배우고 공부해야 한다. 세상의 변화 속도가 상당히 빨라져서 바로바로 지식을 업데이트하지 못하면 경쟁에서 뒤처지는 법이다. 멍거가 자주 언급하듯이, 버핏에게서 가장 본받을 점은 고령에도 불구하고, 여전히 '학습 기계'로 건재하다는 사실이다(버핏은 지금도 여전히 종종 사무실 문을 닫아 놓고 혼자 대여섯 시간 동안 독서를 한다고 한다).

이를 두고 룬치스 에셋 매니지먼트Lountzis Asset Management의 폴 룬치스Paul Lountzis 회장이 말했다. "오랜 시간 동안 우리 자신을 어느 정도까지 발전시킬 수 있는가에 대한 완벽한 본보기를 버핏이 보여 주었습니다." 30년 동안 버크셔 해서웨이의 연례회의에 참석해 온 룬치스는 진화를 거듭하는 버핏의 능력을 보고 경외심을 느낀다고 한다. 버핏은 저렴한 종목에 투자를 시작해서 이후 그보다 더 나은 종목들로 투자를 확대했다. 그러고 나서 전체 기업을 인수했으며, 나중에는 중국과 이스라엘 같은 해외시장에 투자를 감행했다. 이처럼 진화를 거듭했기에 80대 후반에 그의 경력을 통틀어 가장 수익성 좋은 종목을 선정하게 되었다. 바로 애플에 투자한 것이다. 애플을 통해 벌어들인 이익은 800억 달러가 훌쩍 넘었다. "버핏은 자신의 신조와 원칙에 충실한 데 그치지 않고, 그 당시의 경제 및 투자 환경에 적용했습니다." 룬치스가 힘주어 말했다. "입을 다물 수 없을 정도예요. 세상에 그렇게 할 수 있는 사람이 몇이나 될까요?"

룬치스도 끊임없는 학습을 실천하는 사람으로서, 공부하는 습관이 몸에 밴 덕분에 열악한 환경에서 빠져나와 자산관리사로 명성을 얻게 되었다. 1960년에 태어난 룬치스는 펜실베이니아주에서 거주하는 그리스 이민자 가정에서 자랐다. 그의 부모님은 바텐더 일과 재봉질로 생계를 유지하며 다섯 아이를 키웠다. "제 아버지는 팁으로 받은 돈을 주방 탁자에 올려 두시곤 했어요. 어머니는 그 돈으로 먹을거리를 사셨고요." 룬치스가 어린 시절을 떠올렸다. "제 부모님은 희생만 하셨습니다. 어머니는 지인에게서 신발을 얻어 신으셨지요. 본인 신발을 돈 주고 사신 적이 없었어요." 룬치스의 부모님은 결혼생활 초기에 이미 아이가 셋이나 있었다. 그 당시 부모님 수중에 있던 돈은 30달러에 불과했다.

룬치스는 여덟 살이 되어 설거지하는 일로 돈을 벌기 시작했다. 나중에는 맥도날드에서 청소부로 일했으며, 올브라이트대학교에 입학하고서는 쉴 틈 없이 아르바이트를 하며 주변에 빚을 지지 않고 생활했다. 그 때문에 대학을 졸업하기까지 8년이나 걸렸다.

룬치스는 학업과 더불어 투자와 관련된 공부를 했다. "투자에 빠져 살았지요." 그는 열세 살에 버핏에 관한 책을 읽었다. 그리고 이듬해 벤저민 그레이엄의 《현명한 투자자》를 읽고 깊은 감명을 받았다. 이후에는 필립 피셔 Philip Fisher가 1958년 50세 때 쓴 주식투자의 고전 《위대한 기업에 투자하라 Common Stocks and Uncommon Profits》에 심취했는데, 이 책에서 정보 우위를 획득하는 수단으로서 '소문'을 조사하는 방법을 접했다. "이 두 권의 책을 읽고 기초를 다졌습니다." 룬치스가 말했다. "두 책 모두 50~60번을 읽었어요."

따뜻하고 활기찬 성격의 그는 성인이 된 네 아이 그리고 40년 가까이 자신의 곁을 지켜 준 아내 켈리Kelly에 대한 각별한 애정을 자랑했다. 한편으로, 그가 살아온 삶의 대부분은 투자가로서 성장하기 위해 지식을 강박적으로 갈망해 온 모습으로 대변된다. "매일 4~7시간을 독서에 투자합니다." 룬치스가 평소 독서에 얼마나 많은 시간을 투자하는지 이야기해 주었다. "저는 취미가 없어요. 평생 골프를 친 적이 없습니다. 이게 제 방식이에요. 더 똑똑해지고, 더 배우기 위해 늘 노력한답니다."

룬치스는 사회적 기능이 주의력을 분산시킨다고 생각한다. "저는 사람들을 좋아합니다. 하지만 지적으로 학습하지 않고 성장하지 않는다면, 또 배우고자 하는 의욕을 가지지 않는다면, 차라리 다른 곳에 있는 편이 낫습니다." 이는 그가 아내를 소중히 생각하는 이유와도 관련 있다. "아내는 제게 부담을 주지 않아요. 아내는 저를 이해하고, 제 본연의 모습을 지키도록 도와준답니다. 누가 저 같은 사람과 결혼하겠어요?" 룬치스는 극단주의에 대한 고집을 꺾지 않았다. "무언가에 숙달되려면 자나 깨나 몰두해야 합니다. 한 번에 모든 걸 잘할 수 있다고 말하는 사람도 있겠지만, 불가능한 일이에요. 테니스를 치지 않고서 로저 페더러Roger Feder 같은 위대한 선수가 될 수는 없단 말입니다. 시간과 노력 없이는 불가능한 일입니다."

룬치스는 대가들의 투자 전략과 지혜를 끊임없이 본받아 자신의 것으로 만든다. 나이키의 공동 창업자인 필 나이트Phil Knight 같은 기업가들에 관한 책을 즐겨 읽는 것도 그런 이유에서다. "필 나이트에 관한 책을 모두 찾아 읽었습니다. 빠져나오기 힘든 매력이 있더군요." 그는 또한 개인 서버에 금융의 귀재들이 출연하는 동영상 수천 개를 저장해 두었고, 이를 바탕으로 투자와 시장에 관해 사고하며 세상이 나아가는 방향을 예측한다. 동영상에서는 모니시 파브라이와 스탠리 드러켄밀러Stanely Druckenmiller 같은 헤지펀드 매니저들, 마이클 모리츠Michael Moritz와 짐 괴츠Jim Goetz 같은 벤처 자본가들, 레온 블랙Leon Black과 스티븐 슈워츠먼Stephen Schwarzman 같은 사모펀드 업계의 예언가들이 등장한다. 공식 석상에 모습을 잘 드러내지 않는 멍거와 관련한 영상을 비롯해 버핏에 관한 동영상만 500편 이상에 달한다고 그는 말했다. 그는 두 사람이 참석했던 연례회의 보고서를 수십 편이나 가지고 있다. 룬치스가 말했다. "버핏과 멍거는 그냥 똑똑한 사람들이 아닙니다. 두 사람은 천재입니다."

룬치스는 거의 매일 자신의 체육관에서 펠로톤Peloton 실내 자전거를 타면서 영상을 시청한다. 밤이 되면 침대에 누워 영상을 보다가 스르륵 잠이 든다. 영상을 볼 때마다 그는 근원적인 물음을 던진다. "나는 무엇을 잃고 있는가? 아무도 하지 않는 일을 누가 하고 있는가? 어떻게 해야 더 발전할 수 있을까?" 룬치스는 다른 투자가들의 방식을 절대로 답습하지 않겠다는 목표를 세웠다. "다른 투자가들의 방식을 그대로 따라 하지 마세요. 나는 그들이 아니잖아요." 룬치스가 소신을 밝혔다. "습득하고 각색하고 자신의 프로세스에 맞춰 조정하세요."

그의 학습욕은 분야를 가리지 않지만, 그가 이처럼 강력한 학습 기계가 된 데는 이유가 있었다. 강박적으로 반복하는 습관을 기른 덕분이었다. 버핏이 1988년 플로리다대학교에서 강연한 영상을 열다섯 차례나 보고, 설명 자료를 다섯 번 이상 읽었다는 사실만 보더라도 그의 학습욕이 어느 정도인지 짐작할 수 있다. 마찬가지로 버크셔 해서웨이의 1993년 연례 보고서를 두고도 그는 무척이나 몰두했다. 주식의 위험성을 평가할 때 고려해야 할 다섯 가지 주요 요소들을 순서대로 외워 말할 수 있을 정도였다. 버크셔 해서웨이의 연례회의에 참석하려고 거의 30년 동안 오마하를 방문한 것도, 같은 책을 수십 번이나 반복해 읽는 것도 모두 반복하는 습관 덕분이었다. 수없이 반복하다 보면, 여러 기본 원리가 머릿속에 각인되는 효과가 일어난다고 그는 말했다. 매일 기도문이나 확언을 반복할 때 생기는 효과와는 다른 차원이다.

생각해 보니 오늘날 반복의 가치가 지나치게 과소평가되는 것 같았다. 책을 한두 권 정해서 자주 읽고, 자신의 일부로 만드는 것이 옳다는 생각이 들었다. 나는 거의 매일 《조하르_Zohar_》(유대교 신비주의인 카발라의 근본 경전-옮긴이)를 읽는다. 이 외에 마르쿠스 아우렐리우스_Marcus Aurelius_의 《명상록_Meditations_》, 랍비 예후다 아슐라그의 《진리의 지혜_The Wisdom of Truth_》, 달라이 라마_Dalai Lama_와 데스몬드 투투_Desmond Tutu_ 대주교의 《기쁨의 발견_The Book of Joy_》 등이 있다.

룬치스는 세월이 흘러도 변치 않는 투자원칙이 몸에 깊이 배도록 하여 자신의 본질이 되도록 한다. 그렇게 자신만의 맞춤형 프로세스를 따라 철저히 분석한 열다섯 개 정도의 종목들로 포트폴리오를 구성한다.[6] 그래서 그가 주로 집중하는 기업의 리더들은 대개 창의성과 적응력, 예지력, 불굴의 용기를 갖추고 있다. 전례 없는 혼란으로 인해 지배적 위치에 있는 기업들도 위협을 받는 시대에 그 어느 때보다 이와 같은 리더의 요건이 중요시되고 있다. "문제는 재무제표를 봐서는 적응력이나 용기 같은 '질적' 요소들을 측정할 수 없다는 것입니다. 재무제표에서는 과거에 대한 양적 기록만 확인할 수 있습니다."

룬치스가 찾아낸 해법은 숫자를 다루는 회계사보다는 사건을 파헤치는 기자처럼 행동하는 것이다. "많은 기업이 무서운 속도로 변화하고 있는 반면에, 시대의 변화에 뒤처지고 있는 곳도 많습니다. 그래서 주변을 둘러보고 수치 너머에 존재하는 통찰을 찾아야 합니다." 룬치스가 당부했다. "따라서 현장에 나가야 합니다. 나가서 경쟁업체와 고객들, 전 직원들과 대화해야 합니다. 그런 다음 최상위 순위에 들어가기 위한 퍼즐을 맞춰야 합니다." 룬치스는 이 개념을 늘 머릿속에 떠올리며 퇴임한 CEO를 비롯해 '독특하고 차별화된 식견을' 가진 전문가들을 직접 면담한다.

그렇게 면담으로 만난 로라 게리츠Laura Geritz는 룬치스 못지않은 대단한 학습 기계이다. 그런데 게리츠는 룬치스와는 다른 유형의 정보 우위를 구축했다. 룬치스가 주로 미국 시장에서 투자 활동을 하는 반면, 게리츠는 해외 시장에서 활동하는 대표적인 투자가라고 할 수 있다. 최고의 투자가를 찾아 세계 곳곳을 돌아다니는 게리츠는 1년에 반 이상을 해외에서 보낸다. 그러다 보니 마흔여덟의 나이에 이미 75개국을 여행했다. 론듀어 글로벌 어드바이저Rondure Global Advisors CEO이자 최고투자책임자CIO로 있는 게리츠는 직접 운영하는 두 개의 뮤추얼펀드 주주들에 대해 깊은 사명감을 느끼고 있다. 그러면서도 자신의 재산을 축적하는 일에는 그다지 관심이 없다. "지금 상태로도 충분해요"라는 말이 게이츠의 성향을 잘 보여 준다. 지적 탐구를 즐기는 게리츠는 다른 무엇보다도 '배움에 대한 열정'을 동력으로 삼아 앞으로 나아가는 인물이다.

하나같이 명문 경영대학원을 나온 남성들 위주의 업계에서 게리츠는 고정관념의 틀을 깨고 있다. 진정한 독창가인 게리츠는 제약이 없는 자유시의 시적 리듬을 즐기듯이 '비정형적' 투자방식을 선호한다. 게리츠는 펀드 업계 사람들과 애초에 성향이 달랐다. 집안사람들을 보더라도 농부와 공장 노동자들이 대부분이었다. 게리츠의 아버지는 소규모 대학에서 문학 교수직을 맡고 있었으며, 그녀의 고향 집은《인 콜드 블러드In Cold Blood》의 서두를 여는 배경이 되는 곳이자 게리츠가 '캔자스 서부의 작은 시골 마을'이라고 묘사한 곳에 있다. 미국 중서부 지역 출신이자 자그마한 체구에 온화하고 겸손한 태도를 지닌 게리츠에게 호전적인 모습은 보이지 않는다. 그런데도 현재 자신이 위치한 곳까지 여정을 이어온 과정에서 믿기 힘든 추진력과 결단력을 발휘했다.

게리츠는 캔자스대학교에서 정치학과 역사학을 전공했지만, 매일 〈월스트리트저널〉을 즐겨 읽었다. 열아홉 살에 처음으로 투자자금을 모아서 마틴 휘트먼이 운용하던 펀드의 지분을 매입했다. 그러다 투자를 직업으로 삼는 미래를 그렸던 게리츠는 자신을 차별화하는 기술을 습득하지 않고선 절대로 일을 시작할 수 없다는 판단에 도달했다. 그런 판단에 따라 동아시아 언어 및 문화를 전공해 석사 학위를 취득했으며, 일본에서 1년 동안 거주하면서 일본어를 유창하게 구사하게 되었다. 그 덕분에 아메리칸 센추리 인베스트먼트American Century Investments에 입사해 2개 국어를 구사하는 고객 담당자로 일하게 되었다. 그로부터 2년 후 회사의 펀드 운용 팀에서 분석가로 일할 기회를 얻었다(지원자가 1만 2,000명이나 몰린 자리였다). 이후 미국계 뮤추얼펀드 와사치 어드바이저Wasatch Advisor에서 10년을 일했으며, 이머징 마켓emerging market

과 프론티어 마켓frontier market(향후 성장 잠재력이 커서 제2의 신흥시장으로 불린다-옮긴이)에 전문화된 펀드 매니저로 명성을 떨치며 시장의 평균 수익률을 초과 달성했다. 그러다 회사를 그만두고, 2016년 창업을 계기로 소위 '매우 소란스러운 방'에서 자신과 함께 일할 분석가 세 사람을 고용했다.

2017년 게리츠와 처음으로 대화를 나누었다. 그녀의 펀드가 출범한 지 겨우 2주가 지났을 때였다. 그런데도 이미 러시아, 터키, 일본, 한국 등에 연구 출장을 다녀온 뒤였다. 그녀는 6만 9,000여 개 종목을 검토하여 글로벌 시장에서 가격이 괜찮은 최우량 종목 또는 가격이 매우 저렴한 우량 종목을 발굴하기 위해 해당 종목이 있는 시장을 직접 방문한다. "주로 남들이 가지 않는 곳으로 갑니다." 게리츠가 소신을 밝혔다. "남들과 다른 길을 택해 최고가 되는 것은 순리를 거슬러야 가능한 일이죠." 게리츠를 가장 흥분하게 만들었던 시장은 터키였다. 그곳에서 30여 개 기업의 관계자들을 만났는데, 자신처럼 기분이 들뜬 투자자가 많지 않은 이유를 파악하기까지 그리 오래 걸리지 않았다.

독재자의 본색을 드러낸 터키 대통령은 방이 1,100개가 넘는 대통령궁을 지어 자신의 공적을 치하했다. 얼마 전 대통령을 겨냥한 군사 쿠데타가 실패했으며, 대통령은 국가비상사태를 선포하여 반격을 가했다. 그에 따라 수천 명에 이르는 군인과 경찰, 판사들이 구속되었고, 신문과 방송 등 언론사 역시 폐쇄되었으며, 반정부 인사들은 테러리스트로 낙인찍혔다. 이어서 이스탄불 국제공항에서 발생한 폭탄 테러 사건을 비롯해 자살 폭탄 테러가 연이어 발생한 탓에 터키에 대한 국가 평판에 흠집이 났다. 그 결과 관광산업이 붕괴하였으며, 통화가치는 급락했다. 그뿐만이 아니었다. 인플레이션이 심해지고 부채는 급증했다. 외국인 투자자들은 터키에서 발을 빼버렸다.

그렇다 해도 이전에 터키를 수차례 방문했넌 게리츠는 남들이 보지 못한 미묘한 것들을 발견했다. 몇 년 전, 터키의 경제적 미래에 대해 낙관했던 시기에 게리츠는 이스탄불에서 개최된 투자 컨퍼런스에 참석했다. 그 당시 행사를 개최한 호텔은 하룻밤 숙박료로 1,200달러를 요구했고, 게리츠는 호텔에 머물지 않겠다며 그 요구를 거절했다고 한다. "이번에는 호텔에서 하룻밤 숙박비로 70달러를 요청했어요." 게리츠가 말했다. "제 생각에는 비관적 분위기가 극에 달한 것으로 보여요." 외국 뉴스 보도가 암시하듯이, 하루하루 흘러가는 현실을 보면 여간 두려운 게 아니었다. 그러나 게리츠의 관점은 달랐다. "현장에서 두려워할 이유가 없어요. 터키는 세계에서 가장 친근한 국가 중 하나예요."

게리츠에게 존재한 현실과 인식의 간극은 터키에 소재한 최상위 기업 세 곳에 장기적 안목으로 투자할 기회로 채워졌다. 터키 최대 식료품 체인, 주류 방위업체, 업계를 지배하는 사탕 제조업체가 그 주인공들이었다. 해당 기업들은 모두 지속 가능한 경쟁 우위, 신뢰할 만한 현금흐름, 높은 투자자본 수익률, 견고한 대차대조표(가장 중요한 요건)를 갖췄다. 거기에 더해 종목의 가격이 매우 저렴하여 영구적 자본손실이 발생할 가능성이 없었다. 개발시장에서 발생하는 위험을 고려할 때, 늘 위험 완화를 최우선 요건으로 삼아야 한다. 그래서 게리츠가 보유한 기업 종목들은 대부분 순현금을 보유하고 있어서, 공급받을 자본이 고갈되고 열등한 기업들이 쇠퇴하는 끔찍한 시기를 잘 버텨낼 수 있다. "사실상 생존한 기업들에 투자하고 있어요." 게리츠가 말했다. "저는 초우량기업 종목들을 매수하지만, 주로 타격을 입은 국가의 종목을 매수합니다."

꿋꿋이 세계 곳곳을 누비는 게리츠는 지역주의에 매몰된 투자자들보다 '누적 우위'를 쌓았다. "세계 곳곳을 다닐 때마다 다양한 패턴이 눈에 들어온답니다." 외국에 나가면 신용이 팽창하거나 축소하면서, 혹은 낙관론이 확대되거나 감소되면서 국가마다 발생하는 호황과 불황의 주기 등을 파악할 수 있다고 게리츠는 말한다. 또한 그런 패턴을 인식한 덕분에 이머징 마켓과 프론티어 마켓에서 겪을 수 있는 엄청난 붕괴를 회피할 수 있다. 좋은 예로, 외국 자본이 홍수처럼 밀려들고, 정부가 초과 지출을 하며 가격이 걷잡을 수 없이 치솟는 시기에 브라질 주식을 매도했다. 과도함의 징후가 불길하게도 익숙하게 느껴졌던 까닭이다. "호텔 숙박료가 하룻밤에 천 달러에 육박한 건 일도 아니에요." 게리츠가 당시를 떠올리며 말했다. "생각해 보니 공항에서 피자 한 조각 먹는 데 35달러를 썼네요."

게리츠는 나이지리아에서도 유사한 경고의 징후를 발견했다. "아프리카를 최고의 투자 대상지라고 확신한 외국인들이 몰려들었어요." 게리츠는 현상을 경계하며 판단했다. "그런 영화를 본 적이 있어요. 가치 평가액이 하늘 무서운 줄 모르고 치솟았고, 너나 할 것 없이 시장을 선호했죠. 그 광경을 브라질에서도 목격했습니다."

게리츠는 여행을 떠날 때마다 목적지에 대해 깊이 이해하고자 사전에 연구계획을 세운다고 한다. "방문할 국가에 관한 책을 최소 세 권은 읽으려고 합니다." 게리츠가 말했다. "우간다에 갈 때면 작은 여행 가방에 옷을 가득 채우고, 거대한 배낭에 스무 권 정도의 책을 넣겠죠?" 게리츠가 웃으며 말했다.

론듀어에서 게리츠와 직원들은 몇 주에 한 번씩 모여 읽었던 책을 두고 토론한다. "마지막으로 읽은 책은 《손 템플턴의 가치 투자 전략Investing the Templeton Way》이었어요. 이 책을 여러 번 읽었습니다. 한편으로 《그릿Grit》이나 《창조적 두뇌The Creative Brain》 같은 책도 있을지 몰라요." 게리츠는 지난 13년 동안 주요 주제를 하나(때로는 두 개) 정한 다음, 1년 동안 깊이 있게 고찰했다. 그간 즐거운 기대감에 선택했던 주제는 아프리카, 중동, 물리학, 석유 등이었다. 2019년 점심식사를 하며 게리츠와 대화를 나누었다. 게리츠에게 관심을 두고 있는 주제에 관해 물었더니 답이 돌아왔다. "아, 제 마음이 가는 대로 한답니다! 지금은 바이킹부터 시작해서 탐험가에 관한 책을 모조리 읽고 있어요."

일주일에 책을 두서너 권씩 읽는 게이츠는 좀처럼 신문기사에 주의력을 뺏기는 일이 없다. 자신의 블룸버그 터미널에 실시간으로 올라오는 소식은 쳐다보지도 않는다. "세상의 10분 전 모습을 떠올리느니 차라리 《로봇의 부상Rise of Robots》을 읽고 지금으로부터 10년 후 세상이 어떤 모습일지 상상하는 편이 낫습니다." 이는 게리츠 자신의 신념에 기반한 지적인 투자론이라고 할 수 있다. 깊이 있는 독서와 광범위한 여행이 폭넓은 관점을 형성하는 요인이 되어 (뭐라고 꼬집어 말할 수 없어도) 매우 특별한 우위로 이어졌다. "그저 사무실에 앉아 허구한 날 회사 재정만 들여다봐서는 한계에 부딪혀요." 게리츠가 말을 이었다. "우리 일이 선형적이지는 않죠."

게리츠는 매주 금요일을 '창의력 자극의 날'로 정해서 동료들이 원하는 대로 시간을 보내도록 하는 등 자유분방하게 사고하는 시간을 제도로 정착시키고자 했다. 그녀는 대개 솔트레이크시티에 있는 개울가에 앉아 그날을 보내곤 한다. 그곳에서 편안히 책을 읽거나 잡지에 기고할 글을 쓰는데, 이는 여행에서 얻은 아이디어를 종합하고 정리하는 그녀만의 방식이다. 이런 점에서 솔트레이크시티가 있는 유타주에 보금자리를 만드는 것이 유용하다고 생각한다. "인적이 드문 곳에 있으면 생각을 하게 되죠." 팬데믹을 겪는 동안 한 차례 지진이 발생한 데다, 여러 차례 공사가 진행된 탓에 거주하던 아파트에서는 '깊은 사고'를 제대로 할 수 없었다. 이에 게리츠는 아이다호주 외곽지역에 개울 딸린 조용한 집을 임대한 다음, 마흔다섯 권의 책과 함께 자신을 격리한 채 만족스러운 시간을 보냈다.

한편, 게리츠는 사색할 만한 곳을 찾아 멀리 돌아다닌다. 그렇게 찾아다닌 곳 중에는 오스트레일리아에 있는 (여덟 가구밖에 거주하지 않는) 섬도 있었다. "먹을거리를 챙겨서 보트를 타고 들어가야 합니다. 인터넷은 없어요. 그러나 음악이 있고, 아름다운 바다 풍경이 있고, 책이 있지요."

게리츠는 간간이 해외에 거처를 마련해 현지 문화에 한껏 몰입하는가 하면, 현지 사람들의 생활과 지출, 소비 방식을 분석한다. 또 분석하려는 시장 중심지 인근에서 임대 비용이 저렴한 별장을 빌려 지역 거점으로 활용하기도 한다. 그렇게 수년 동안 탄자니아, 케냐, 영국, 프랑스, 네덜란드, 두바이, 아부다비, 태국, 싱가포르, 일본 등 다양한 국가에 머물렀다.

몇 년 전, 일본의 부동산 가격이 하락했을 때, 게리츠는 기회를 잡았다. 고대 왕조의 수도였던 교토 중심지에 있는 다세대 주택을 매매한 것이다(큰 돌이 마당 한가운데를 차지하고 있었는데, 현지 사람들이 '뱀신'을 숭배하기 위해 둔 것으로, 치울 수 없다고 했다). 이렇게 교토를 거점으로 삼아 아시아 곳곳에 소재한 기업들을 살펴보았다. 게리츠는 1년에 한 달 이상 교토에서 시간을 보낸다. 미국과 일본 중 어느 곳을 집으로 생각하는지 묻자, 게리츠가 답했다. "솔직히 일본이에요."

보통 사람들은 소속감과 동질감을 느낄 수 있는 곳에서 살고 싶어 한다. 이와 달리 '완벽하고도 완전한 아웃사이더'를 향한 갈망이 게리츠의 의식에 자연스럽게 자리했다. "투자자에게 중요한 자질 중 하나는 관찰력입니다. 일본에서는 그게 다릅니다. 관찰자가 되는 거죠. 현지 사회의 일원이 될 정도로 현지에 융화되는 일이 절대로 없기 때문이에요."

게리츠는 일본 같은 색다른 국가에서 투자를 성공시키기 위해 선입견은 한쪽으로 치워두고, 현지 사람들의 관점에서 문화를 관찰할 수밖에 없었다. 예컨대, 미국 기업들은 주주들의 이익을 가장 중요시하는 반면에 일본 기업들은 고객을 가장 우선시하고, 이어서 직원들과 동업자들, 사회 전반을 우선순위로 삼는다고 한다.

서양의 활동 투자자들이 자본을 더 생산적으로 배치하거나 부채를 더 늘려서 수익을 끌어올리라며 공연히 일본 기업 CEO들을 설득하려 드는 때가 많다. 그렇지만 게리츠에 따르면, 일본인들은 지진과 쓰나미, 전쟁, 유행병 같은 위협에도 불구하고, 생존하는 기업(때로는 수 세기 동안 지속 가능한 기업)을 세우는 데 촉각을 곤두세운다. "그건 즉각적인 만족감을 선호하는 문화가 아니에요." 게리츠가 말했다. 지속 가능한 부를 쌓는 경향을 고려할 때, 일본인들의 보수주의가 그녀의 성향과 맞아떨어졌다.

게리츠는 수년 동안 세계를 여행한 덕분에 자신의 한없는 호기심을 충족할 수 있었다. 하지만 여기에는 희생이 따른다. "멈춰선 안 됩니다." 게리츠가 이어서 말했다. "잠시라도 멈춘다면, 경쟁력을 잃는 것이죠. 이건 투자자들 덕분입니다. 그 시간이 그들의 미래이기 때문이에요." 게리츠가 솔직한 생각을 밝혔다. "사람들은 흔히 스키장에서 스키를 타거나 친구들과 함께 시간을 보내지요. 그런 단순한 취미가 제게는 매우 힘든 일입니다. 제 머릿속은 주식과 해외 시장에 관한 것들로 가득하기 때문이에요."

가족에 대해서는 어떨까? "제게 아이는 없지만, 사랑하는 남편이 있습니다. 남편은 제가 하는 일의 특성과 그 사정에 대해 잘 알고 있어요. 그는 제게 든든한 지원군이에요." 남편 롭Robb은 미국 출신으로 고등학교 시절에 만났다고 한다. 현재 그는 운동기구 제조업체의 해외 영업 부문에서 일하고 있다. 덕분에 그는 게리츠의 잦은 연구 출장에 쉽게 동행할 수 있다. 하지만 두 사람은 직업상 장기간 떨어져 지낼 수밖에 없다. 남편은 주로 교토에 소재한 집에서 생활하고, 게리츠는 대부분 유타주에 있는 집에서 생활한다고 한다.

스트레스가 심한 투자업종에서 일하려면 온전히 일에 집중해야 한다는 사실을 게리츠는 처음부터 알고 있었다. 그래서 육아에 관한 생각을 접었다. "이 일은 도전과도 같은 것이었고, 일찍이 여자의 몸으로 이 사업에 뛰어드는 것만으로도 고된 일이었습니다. 업계에서 남성들에게 뒤지지 않기 위해서라도 아이를 가지는 것은 최선이 아니라는 것을 깨달았어요." 게리츠는 오전 8시부터 오후 5시까지 아이를 돌보느라 업무를 보지 못했던 한 여성을 떠올렸다. "회사가 허용할 수 있는 한도를 훨씬 넘어섰기 때문에 회사가 그녀를 절대로 승진시키지 않을 것이란 얘기가 돌았어요. 성공한 사람은 아침 6시부터 밤 10시까지 사무실에서 자리를 지키고, 그러고서 토요일과 일요일에도 회사에 나온 사람이었습니다."

게리츠는 경력을 쌓은 후에 아이를 가져도 되겠다고 생각했지만, 남편은 그때까지도 꽤 망설였다. "이미 때를 놓쳐버렸어요." 게리츠는 이 사안에 대해 후회하고 있을까? "종종 후회스럽기도 해요. 그렇지만 저는 제 일을 무척 사랑한답니다. 아주 많은 일을 하고 있고, 그래서 희생했다고 생각하지 않습니다."

덜어냄의 기술

오래된 친구이자 〈월스트리트저널〉의 객원 금융 칼럼니스트인 제이슨 츠바이크Jason Zweig가 내게 보낸 글이 있다. "멍거와 밀러, 버핏을 생각해 보세요. 자신을 더 나은 사람으로 만들지 않는 일에는 1초도 쓰지 않고, 눈곱만큼도 에너지를 쓰지 않으며 그에 대해서 생각도 하지 않는 사람들이죠. 그들이 가진 기술은 자기 자신에 대한 정직함이에요. 자신의 본모습에 대해, 자신의 부족한 부분에 대해 자기 자신을 속이지 않아요. 이처럼 자신에게 정직할 수 있다는 것이 비법의 한 요소가 되어야 합니다. 너무도 어렵고 큰 고통이 따르는 일이지만, 정말 중요한 일이에요."

종목 선정 기술이든 의술이든 어학 능력이든 어떤 오묘한 기술을 통달하려고 할 때는 늘 이런 개념을 유념해야 할 것이다. 내가 가장 존경하는 인물 중 한 사람이자 저명한 신경학과 교수, 탁월한 저술가로 일생을 살다간 올리버 색스Oliver Sacks는 굵은 글씨체로 "안 돼NO!"라고 적은 노란색 간판을 집 안에 붙여놓았다고 한다. 색스가 회고록에서 설명한 바에 따르면, "초대에 응하지 말아야 한다는 다짐을 상기해 글을 쓸 시간을 빼앗기지 않으려고" 그 방법을 사용했다고 한다. 도교의 시조로 불리는 사상가 노자는 지혜에 이르는 길에는 불필요한 행동을 '덜어내는' 태도가 포함된다고 가르쳤다. "학문을 연구하는 것은 매일 지식을 보태는 것이요, 도를 닦는 것은 매일 지식을 덜어내는 것이다."

덜어냄의 기술은 특히 우리의 정신이 쉽게 산만해지는 정보 과잉의 시대에 헤아릴 수 없을 정도로 중요하다. 이러한 환경에 노출된 우리는 귀에 거슬리는 정치 뉴스, 소셜 미디어의 알림, 자동 알람 등 집중력을 흐트러뜨리는 소음 공해 속에서 살고 있다. 이와 관련하여 프랭클린 포어Franklin Foer는 저서 《생각을 빼앗긴 세계In World Without Mind》에서 경고의 메시지를 던졌다. "우리는 늘 알림 소리를 듣고 소식을 받고 미끼를 무는데, 이 때문에 사색의 가능성 같은 것이 가로막힌다. 개인적으로도 사색의 가능성이 파괴되는 것은 우리 인류에게 실존적 위협이다."

이런 환경은 또한 투자의 성공을 가로막는다. 그래서 게리츠는 자주 회사에서 모습을 감춘 채 교토에 있는 산속 폭포 옆에 앉아 책을 읽거나 글을 쓰며 사색에 잠긴다. 세쿼이아 펀드에서 경이로운 수익을 창출한 빌·루안이 (그의 표현대로) "은신처"에서 연락을 해온 적이 있다. 뉴욕시에 소재한 어느 호텔의 스위트룸에 있었던 루안은 근처 사무실 동료들과 연락을 끊은 채 혼자 업무를 했다. 주의력결핍 과다행동장애ADHD

를 가진 가이 스파이어는 가족과 함께 맨해튼을 떠나 취리히의 어느 조용한 동네로 이사했다. 스파이어의 집은 산만해지기 쉬운 머릿속을 '평온한 연못'처럼 다스리기에 좋은 곳이다. 그의 사무실은 트램을 타고 이동하면 될 정도로 집에서 가까운 거리에 있다. 스파이어는 사무실에 있는 서재에서 전화나 컴퓨터를 하지 않는 것을 그만의 철칙으로 삼았으며, 일부러 사무실을 사색하기 좋은 구조로 꾸며놓았다.

1,000억 원이 넘는 자산을 운용하는 투자팀의 수장인 매튜 매클래넌은 매일 매시간을 회의와 전화 통화로 채울 수 있다. "저는 제 하루를 매우 바쁘게 만들 수 있어요." 매클래넌이 말했다. "대신에 생산적이지 않은 분주함을 없애야 해요. 지속적인 성찰을 위한 창을 만드는 일이 매우 중요하다고 생각합니다." 매클래넌은 오전에는 약속을 잡지 않고, 금요일에는 되도록 일정을 줄이며, 주중에도 퇴근 이후의 시간을 매우 체계적으로 할애한다. 그는 또한 마음을 비우는 방법으로 규칙적으로 운동하고, 주말에는 대개 자연 속을 걷는다. 이에 관해 매클래넌이 설명했다. "정신없이 바쁘게 흘러가는 환경에서 이따금 한발 물러나는 것은 일상에 매우 큰 도움이 된답니다."

요컨대, 사람들이 주의력을 빼앗기는 환경에서 정신적 혼란과 기술적 침입, 과잉자극을 덜어냄으로써 우리는 우위를 차지할 수 있다. 다만, 사람들은 저마다 다른 방식을 선택한다. 루안은 맨해튼 중심지에서 고요한 은신처를 발견했다. 30년 동안 엄청난 차액을 창출하여 시장의 수익률을 능가한 찰스 아크레는 버지니아주의 시골 지역이라면 평온하게 사고할 수 있는 곳이라고 판단했다. 그의 회사 아크레 캐피털 매니지먼트Akre Capital Management가 신호등 하나만 달랑 있는 작은 마을에 본거지를 둔 것은 모두 그런 이유 때문이다. 아크레는 블루리지 산맥Blue Ridge Mountains을 마주하고 있는 자택에 거주한다. "사슴은 물론이고 여우, 코요테, 야생 칠면조까지 볼 수 있어요." 아크레가 집에 관한 얘기를 꺼냈다. "아름다운 곳이에요. 영혼이 맑아지는 곳이죠. 그곳에 살면서 얻은 혜택이 있다면, 어리석고 의미 없는 것들과 거리를 둔다는 느낌이 들어서 시장과 세상에서 일어나는 일에 관해 초조해 하지 않는다는 것이죠. 그저 신경을 쓰지 않는 겁니다."

이처럼 아크레는 정신을 산란하게 만드는 것들과 거리를 두고, 초점을 좁게 맞춘다. 주로 양호하게 운영되는 몇몇 기업들을 인수하는데, 해당 종목들은 자본투자수익률이 매력적인 데다가 잉여현금흐름을 높은 수익률로 거듭 재투자할 수 있는 것들이다. 이후에는 자제력을 발휘하는 일만 남는다. 해당 종목들을 그대로 내버려두는 것이다. 그렇게 아크레는 마켈 주식을 27년 동안 보유했고, 자산을 100배 이상 불렸다. 같은 방법으로 버크셔 해서웨이 주식을 42년 동안 보유했다. 보유한 종목 중 지분율이 가장 높은 아메리칸 타워 코퍼레이션American Tower Corporation은 주당 79센트였던 주가가 2002년 이래 대략 260달러까지 상승했다. 아크레는 평온한 곳에서 느긋한 삶을 즐기며 다른 투자자들의 '탁월한 아이디어'에 영향을 받지 않도록 자신을 '보호하고', 자신과 맞는 일에 '온전히 몰입'할 수 있다고 한다.

이 모든 사례에서 부와 행복의 법칙이라고 할 만한 몇 가지 실질적 교훈이 도출된다. 첫째, 성공하고 충만한 삶을 살기 위해 자신이 가장 관심을 가지는 것이 무엇인지 판단하고, 자신이 가장 잘하는 일에 있어서 자기 자신에게 솔직해야 한다. 둘째, 우리를 올바른 방향에서 끊임없이 성장시키는 습관을 몸에 배도록 하고, 잘못된 방향으로 이끄는 습관은 덜어내야 한다. 반복되는 일상의 일부가 되어야 하는 이로운 습관을 목록으로 작성해도 도움이 된다. 반대로 버려야 할 습관을 목록으로 작성하여 우리가 습관적으로 주의를 딴 데로 돌리거나 우리 자신을 깎아내리는 행위를 할 때마다 상기해도 좋다. 게이너의 사례가 시사하듯이, 완벽함을 추구해야 한다는 말이 아니라 지속 가능하고 올바른 방향으로 이끄는 습관을 만들려고 노력해야 한다는 점이 핵심이다.

엘리트 대테러부대 네이비실의 지휘관 출신인 헤지펀드 매니저 마이클 자파타Michael Zapata는 집중의 필요성에 관해 깊이 고민했다. "자신이 삶에서 소중히 여기는 것이 무엇인지 알아야 합니다." 자파타가 설명을 이어갔다. "제게 소중한 것들은, 순서대로 말씀드리면, 첫째는 신이고, 둘째는 가족, 셋째는 펀드입니다." 이렇게 우선순위를 명확히 설정해야 자신에게 가장 중요한 것에 '초점을 맞춰' 시간과 정력을 쏟을 방법을 바르게 결정할 수 있다. "이런 대화조차도 우선순위 목록 밖에 있는 것입니다. 그게 가족, 펀드, 신의 순서로 바뀌진 않을 테니까요." 자파타는 계속 설명했다. "그렇다 해도 그런 우선순위를 가지는 것도 괜찮습니다. 자신의 우선순위를 내팽개치지만 않으면 됩니다. 자신의 삶에 영향을 미치지 않도록 해야 합니다."

너무 극단적으로 보일 수도 있다. 그렇지만 사람들은 대개 삶을 너무도 복잡하게 만드는 실수를 범한다. 매사를 수박 겉핥기식으로 하다 보면, 머릿속이 피상적이고 이질적인 것들로 채워진다. 지금까지 투자의 대가들이 보여 준 것처럼 불필요한 것들을 덜어내고, 깊이 깨우쳐야 비로소 지속 가능한 탁월함에 이를 수 있다.

richer,
wiser,
happier

8장

어리석은 실수만
피해도 승산이 있다

> "뒤집어 생각하게.
> 언제나 뒤집어서!"

워런 버핏이 가장 신뢰하는 조언자, 찰스 멍거

collection

우매한 자는 가는 곳마다 자신의 우매함을 드러낸다.
_《성경》 10장 3절

사람들은 똑똑해지려고 노력한다.
나는 그저 멍청해지지 않으려고 노력한다.
그런데 그게 사람들이 생각하는 것보다 힘들다.

_ 찰스 멍거

찰스 멍거Charles Munger와의 10분 인터뷰를 위해 5,000km를 이동한 적이 있다. 멍거를 맞이하려고 한 시간 일찍 목적지에 도착한 나는 신경을 곤두세운 채 그와의 조우를 기다렸다. 때는 2017년 2월 15일, 로스앤젤레스 시내에서 데일리 저널 코퍼레이션Daily Journal Corporation의 주주총회가 열리는 자리였다. 이름 없는 신문사의 이사회 의장으로 있는 멍거는 억만장자이자 버크셔 해서웨이의 부회장 그리고 버핏과 40년이 넘도록 일해온 파트너로 더 잘 알려져 있다. 1924년에 태어난 멍거는 현존하는 가장 위대한 투자가의 동료이자 가장 성공한 가치투자자로 손꼽힌다.

DJCO의 주주총회가 시작되기 전에 멍거의 허락을 구하고 잠시 대화를 나누었다. 그사이에 회의실 밖의 복도는 멍거의 열성 팬들로 가득 메워졌다. 그 사람들 틈에는 리 루, 모니시 파브라이, 프랑수아 로숑, 휘트니 틸슨Whitney Tilson, 크리스토퍼 데이비스Christopher Davis, 프랜시스 추 등 저명한 투자가들도 있었다. 당시 DJCO의 주주총회가 사람들의 관심 밖이었다는 사실은 두고두고 농담거리가 되었다. 참석자들은 건물에 들어서자마자 보유주식 수를 묻는 서류에 서명한다. 그런데 제대로 작성된 서류를 찾아보기 힘들었다. 참석자들은 대부분 나처럼 먼 길을 찾아온 사람들이었다. 93세의 우상이 전하는 신랄한 위트와 지혜를 느껴보는 것이 그들의 유일한 목적이었다.

멍거와의 면담을 기다리는 동안 흥분과 긴장이 함께 몰려왔다. 특유의 명쾌함과 더불어 결함과 결점을 귀신같이 알아챌 정도로 엄청난 총명함을 자랑하는 노인으로 평판이 자자하니 그럴 만도 했다. 버핏이 멍거를 평가한 내용도 그 사실을 뒷받침한다. "찰리는 현존하는 그 어떤 사람보다 빠르고 정확하게 거래를 분석하고 평가할 수 있습니다." 버핏은 또한 멍거에 대해 "세계 최고의 30초 컨설턴트"라고 언급하며, "당신이 문장을 끝내기도 전에 그는 모든 문제의 본질을 꿰뚫는다"고 말했다. 마이크로소프트의 공동 창업자인 빌 게이츠는 "멍거는 내가 만난 사람 중에 가장 폭넓게 사고하는 사람이다"라고 말했다.

멍거의 사고방식은 영웅을 숭배하지 않는 사람들조차 경외심을 가지게 만든다. 멍거가 총명함이라는 부분에서 버핏을 뛰어넘었다고 말하는 파브라이는 캘리포니아공과대학Caltech의 가장 큰 두뇌로 통했던 노벨상 수상자 옆에서 연설하던 멍거를 떠올리며 웃음을 지었다. "그분은 아무것도 모르는 꼬맹이 같았어요. 딱 봐도 비교가 되었을 겁니다. 한쪽에는 바보가, 다른 한쪽에는 진짜 두뇌가 있었죠." 파브라이에 따르면, 멍거는 타고난 재능 덕분에 남들보다 한참 앞서갔다. 멍거는 매주 몇 권의 책을 읽고, 그 내용을 분석하고 종합한 다음에 수많은 지식 분야를 열렬히 넘나들었다. 믿을 수 없는 내공에 다양한 분야의 지식이 더해져, 그를 300년은 살아온 것처럼 보이게 했다.

내가 멍거를 만나기 전, 긴장한 데는 이유가 있었다. 멍거가 무례하리만큼 무뚝뚝하다는 것을 그의 열렬한 추종사들도 인정할 것이다. 이와 관련하여 추가 동료 자산관리사의 일화를 이야기해 주었다. 추의 동료는 종종 오마하와 캘리포니아를 방문해 멍거의 연설을 들었다고 한다. 그러던 어느 날 엘리베이터에 있는 멍거에게 뛰어가 외쳤다고 한다. "찰리, 당신은 제게 하나의 영감이 되었어요! 오랜 기간 당신에게서 많은 것을 배웠습니다!" 그러자 멍거는 "그래서요?"라고 한마디만 남기고 고개를 돌렸다고 한다. 멍거는 곧바로 자리를 떠났다.

빌 밀러는 뉴욕 거리에서 우연히 멍거를 마주친 일을 떠올리며 말했다. "'찰리!'하고 불렀죠. 그가 저를 봤고, '누구세요?'라고 묻더군요." 이에 밀러는 행동경제학 관련 행사에서 만난 적이 있다며 멍거의 기억을 되살려주었다. "아마 '아, 그렇군요!'라고 한 것 같네요. 그러고는 부인에게 '빌과 잠시 함께 걸을 테니 먼저 호텔에 들어가 있어요'라고 말하더군요. 이런저런 얘기를 하며, 한 시간쯤 함께 걸었던 것 같습니다. '누구세요?' 이 말을 떠올릴 때마다 저는 웃음이 나옵니다."

무엇보다 2008년 파브라이, 가이 스파이어와 함께한 점심식사 자리에서 버핏이 소개한 일화가 가장 인상에 남는다. 왼쪽 눈이 의안인 멍거가 차량국을 찾았는데, 어떤 운 나쁜 관료가 멍거에게 불미스럽게도 "한쪽 눈은 여전히 괜찮으시지요?"라고 말하는 실수를 저질렀다. 그러자 멍거가 답했다. "아니요. 새로운 걸 끼웠지요."

세간에 알려진 평판과 달리 멍거는 친절하고 배려심이 많은 사람이라며 파브라이가 내게 힘주어 말했다. "찰리는 아주 온화하고 사려 깊은 사람입니다. 겉으로 보기엔 강해 보이지만, 겪어보면 찰리처럼 멋진 사람도 없어요." 이에 변호사이자 자선가인 멍거의 딸 몰리는 아버지가 부드러워졌다는 말을 덧붙였다. "아버지에게는 직설적이고 날카로운 면모가 있죠. 그런 성격이 젊은 시절에 굳어진 것 같아요."

그렇다고 해도 나는 멍거와의 짧은 만남을 두고 단단히 준비했다. 수십 년 동안 멍거가 했던 강연과 저술 활동, 그가 사색한 내용을 조사하다 보니 그가 늘 실천했던 한 가지를 발견하게 되었다. 멍거는 어리석은 생각, 멍청한 행동, 파생적인 실수, 일반적인 어리석음에 관한 행동을 줄이려고 부단히 노력했다. 이런 태도를 복제하는 것이 현명하다는 사실을 모르는 사람은 없을 것이다.

일화를 하나 소개하자면, 2015년으로 거슬러 올라가 한 주주와 만난 자리에서 멍거는 시장이 매우 효율적이어서 누구도 시장을 능가할 수 없다고 하는 망상이 학계에 만연하다며 조소했다. "그게 헛소리란 걸 알았어요." 멍거가 덧붙여 말했다. "에덴동산에 말하는 뱀이 있었다는 말을 절대 믿지 않았습니다. 제게는 헛소리를 감지하는 재능이 있어요. 남들에게 없는 엄청난 식견 같은 걸 가지고 있지 않아요. 남들보다 조금 더 꾸준히, 바보 같은 짓을 하지 않으려고 했던 것뿐이에요. 다른 사람들은 똑똑해지기 위해 애쓰고 있지요. 저는 오로지 바보 같은 짓을 하지 않으려고 애쓰고 있습니다. 바보 같은 짓만 하지 않아도 인생에서 성공할 수 있습니다. 이것은 사람들이 흔히 생각하는 것보다 훨씬 어려운 일이에요."

세상에서 가장 똑똑한 사람이, 결국 어리석은 행동을 피하는 일에 주력한다는 사실은 상당히 신선하고도 역설적인 교훈으로 다가온다.

앞으로 살펴보겠지만, 그 방법론이 우리 삶과 시장에 놀라운 영향을 미치는 전략이라는 점을 짚고 넘어간다.

바보 같은 짓을 하지 않고 살아가는 법

회의실 문이 열리고 멍거가 저음의 쉰 목소리로 나를 반겼다. "만나서 반갑소. 앉으세요." 앉고 보니 투자계의 현인과 거의 무릎을 맞대고 있었다. 몇몇 사람들이 방을 나가며 웅성거렸지만, 멍거는 소란스러운 소리에 별로 신경을 쓰지 않고 인터뷰에 응했다. 멍거는 흰 머리에 도수 높은 안경을 쓰고 있었다. 그가 입은 검은 정장은 그의 여위고 노쇠한 몸에 헐렁하게 걸쳐 있는 듯 보였다. 멍거는 놀라울 정도로 자애로운 태도로 인터뷰에 응해주었다.

담소를 나눌 시간도 없어 나는 바로 본론으로 들어갔다. 나는 먼저 "어리석음을 축소하는 분야의 그랜드 마스터"라며 멍거를 치켜세웠다. 이어서 흔한 실수와 예상 가능한 불합리의 패턴을 피하고자, 왜 그토록 신경을 많이 쓰는지 물었다. "그 방법이 효과적이기 때문이에요." 멍거가 대답했다. "효과가 있습니다. 문제를 거꾸로 푸는 방식은 예상과 다른 것이죠. 우리는 똑똑해지려고 애쓰지만, 쉬운 일이 아니에요. 두루 살피며 모든 재앙을 확인하고, 무엇이 원인일지 고민하며 문제를 피하려고 애쓴다면, 그것이 바로 기회를 찾고, 문제를 피하는 가장 단순한 방법으로 밝혀집니다."

멍거는 독일의 위대한 대수학자 카를 구스타프 야코비 Carl Gustav

Jacobi의 영향을 받아 문제를 거꾸로 푸는 방식을 사용하게 되었다. 널리 알려진 바와 같이 야코비는 "뒤집어 생각하게, 언제나 뒤집어 생각하게"라고 자주 말했다고 한다. 멍거는 또한 생물학자이자 친구인 개릿 하딘Garrett Hardin의 도움을 받아 뒤집어 생각하는 습관을 갈고 닦았다고 내게 말해주었다. 부실한 사고의 심각한 영향력에 깊은 관심을 가진 하딘은 멍거와 함께 관련 내용을 나누었다. "누군가가 인도India를 어떻게 도울지 물을 때, '어떻게 해야 인도를 붕괴시킬 수 있을까?'라는 물음을 떠올리면 된다는 말입니다. 이게 하딘이 가졌던 기본적인 생각이에요. 인도를 파괴하기 위해 할 수 있는 모든 일을 따져본 다음, 그것을 뒤집어 생각하는 겁니다. 그리고 '이제 그 일들을 하지 않으면 돼'라고 말합니다. 이렇게 뒤집어서 생각하는 방식이 확 와닿지 않을 수 있지만, 실제로 효과가 있지요. 이는 문제를 분석하기에 한층 더 완벽한 방법이에요."

멍거는 1986년 자녀들이 다녔던 로스앤젤레스의 어느 학교에서 졸업식 연설을 한 적이 있다. 당시 멍거는 성공과 행복의 비결에 관해 단조롭고 흔해 빠진 이야기를 하기보다는 '뒤집어 생각하기'의 원칙을 적용하는 법을 설명하여 졸업생들에게 영감을 주었다. 멍거는 먼저 졸업생들에게 '비참한 삶으로 향하는 처방'을 쭉 들려주었다. 신뢰를 주지 못 하는 행동, 타협을 피하는 행동, 분노에서 빠져나오지 못 하는 행동, 복수할 기회를 노리는 행동, 시기심에 사로잡히는 행동, 화학약품에 의존하는 행동, 알코올에 중독되는 행동, 교만하게 기존의 믿음을 고수하는 행동, 삶의 싸움터에서 불운을 맛보고 끝내 포기하는 행동 등이었다.

이와 같은 사고방식을 결혼을 결정하거나 특정 종목을 매수하는 등

실생활의 문제를 해결하는 데 어떻게 적용하는지 멍거에게 물어보았다. 그러자 멍거는 '이렇게 하면 내가 얼마나 근사해질까?' 대신 '이렇게 하면 내가 불행해질까?'라고 물음을 던져보라고 말했다. "잘못된 것을 찾아내 그것을 피하려고 하는 일은 좋은 것을 찾아내 그것을 얻으려고 하는 일과는 차원이 다릅니다. 물론 삶에서 양쪽 모두를 고려해야 하지만, 뒤집어 생각하는 방법으로 문제를 찾아 그것을 피하려고 애쓴다면, 수많은 혼란에서 벗어날 수 있습니다. 이것이 인생 처방이에요. 말하자면 비행기가 이륙하기 전에 점검하는 체크리스트와 같은 것입니다."

이와 마찬가지로 잘 운용된 펀드에 투자를 고려하고 있다면, "재앙이 닥치기 직전에 있는 엉터리 펀드에 무턱대고 투자해도 될까?"라는 물음으로 시작할 것이다. 이런 식으로 질문을 던지면, 투자자들이 한결같이 간과하는 결점들을 쭉 나열할 수 있다. 이를테면, 터무니없는 수수료, 가장 인기 있고 값비싼 시장 섹터에 노출된 위험성, 변동이 심해 도무지 감이 잡히지 않는 수익률 등을 꼽을 수 있을 것이다.

이는 어리석음에 대한 보호장치로 멍거에게서 배울 첫 번째 멘탈 트릭mental trick이다. 즉, 끔찍한 결과를 상상하고, 어떤 판단이 그런 비참한 운명을 초래하는지 스스로 물어보면서 문제를 뒤집어 분석하고, 자기 파괴적 행동을 절제한다. 멍거가 말했다. "많은 사람이 상을 받는 일에만 너무 집중한 나머지, 상을 받는 것을 방해할지 모르는 어리석음에 관해서는 생각조차 하지 않습니다."

버핏과 멍거는 뒤집어 생각하는 방법으로 예측할 수 있는 재앙과 예측 불가능한 재앙을 피했다. 2009년 버크셔 해서웨이 주주들에게 보내는 서한에서 버핏은 "우리가 하지 않는 일What We Don't Do"이라는 제목으로 뒤집어 생각하기의 기술에 관해 한참 논했다. 예를 들어, 버핏은 주주들에게 자신의 의견을 다음과 같이 밝혔다. "찰리와 저는 제품이 아무리 흥미롭더라도 미래를 평가할 수 없는 기업을 피하고, 그 대신에 향후 수십 년 동안의 이익 전망에 대해 합리적인 예측이 가능한 기업 종목들을 고수합니다." 버크셔 해서웨이는 막대한 현금을 보유하고 있으며, 경기침체 기간에도 '탄원자'가 될 이유가 없다.

그간에 만난 투자의 대가들은 버핏과 멍거처럼 하지 말아야 할 것에 관해 명확한 관점을 견지하고 있다. 피델리티 저가주 펀드Fidelity Low-Priced Stock Fund의 대표 펀드 매니저인 조엘 틸링해스트Joel Tillinghast는 1989년 피드로우 펀드를 출범한 이래 연간 3.7%를 상회하는 수익률로 러셀 2000 지수Russell 2000 Index를 능가했다. 이를 두고 〈피델리티 인베스터Fidelity Investor〉의 편집장인 짐 로웰Jim Lowell은 "세대를 통틀어 가장 재능 있는 종목 선정가"라며 틸링해스트에 대한 칭찬을 아끼지 않았다. 보스턴에서 인터뷰를 진행하며 틸링해스트에게 성공 전략에 관해 설명해 달라고 요청했다. 이에 그는 자신이 피하는 것들을 쭉 열거하며 답했다. 이를테면, 그는 개발 단계에 있는 생명공학 분야의 주식을 가까이하지 않는데, 그에게 최악의 결과를 안겨줄 가능성을 잘 알고 있기 때문이다. 또한 그 미래가 매우 불투명해 유효한 이익 예측을 할 수 없다고 한다. 더군다나 생명공학 분야의 주식은 변동성이 너무 커서 자칫 감정에 기대어 투자하기 쉽다. "생명공학 주식을 거래했다간 미쳐버릴 겁니다." 틸링해스트가 말했다. "그래서 생명공학 주식은 손대지 않을 겁니다."

마음이 여린 수학 천재이자 400억 달러가 넘는 자산을 운용하는 틸링해스트는 그간에 방어적 원칙과 실천법을 차고 넘칠 정도로 많이 개발했다. 그 덕분에 거의 모든 경쟁사를 제치고 그 위치를 오랫동안 유지했다. 우선 틸링해스트는 하지 말아야 할 일을 하지 말라고 당부했다. "비용을 너무 많이 쓰지 마세요. 낙후되기 쉽고 망하기 쉬운 사업은 하지 마세요. 사기꾼이나 바보와 함께 투자하지 마세요. 이해하지 못하는 것에 투자하지 마세요."

틸링해스트는 또한 경기순환의 영향을 심하게 받는 종목이나 부채가 많은 종목, 또는 일시적으로 유행하는 종목에 손대지 않는다. 이런 측면에서 그는 홍보에 치중한 운용과 공격적인 회계를 위험신호로 본다. 특별한 식견이나 기술이 없다고 판단한 영역에도 발을 들이지 않는데, 무지한 부분을 가까이하지 않는 것보다 중요한 일은 없기 때문이다. 그는 또한 보유한 자산에 관해 '공개적'으로 말하거나 '너무 자주' 언급하지 않도록 스스로 자제하는데, 판단이 틀렸을 때 사실을 인정하고 마음을 바꾸기 어려워지기 때문이다. 그뿐만 아니라 부담스러운 거래비용과 세금이 발생해 수익이 감소할 수 있다는 이유로 주식을 적극적으로 거래하고픈 충동을 억제한다.

이처럼 실망스러운 결과를 초래하는 원인들을 모두 제거하고 나면 무엇이 남을까? 정직한 사람들이 운영하는 종목 중 정상적이며 저평가된 종목, 이에 더해 재정이 안정적이고 장기 성장하는 종목들로 꾸려진 포트폴리오가 남는다. 일례로 그가 '가장 놀라운' 종목으로 꼽는 몬스터 베버리지 Monster Beverage는 1,000배 주식이 되었다.

틸링해스트의 성공사례를 통해 '실패하기 딱 좋은 방법을 이해하는 혜택'을 누리게 된다. 투자자 대부분이 일을 망치는 이유를 생각하고, 그와 같은 일을 하지 않으면 된다. "우월해지고 싶다면, 그건 어려운 일이에요." 그가 말했다. "반면에 하지 말아야 할 일을 하지 않는 건 통제하기도 달성하기도 쉽습니다. 저는 7kg을 빼겠다고 하지 않습니다. 그렇지만 도넛을 먹지 않겠다고 하면 그건 제게 쉬운 일입니다."

마지막으로, 문제를 거꾸로 풀어가는 멍거의 접근법은 개인의 삶에서 스스로 초래한 혼란을 전환할 때도 효과적이다. 이런 점에서 마켈의 공동 CEO인 톰 게이너가 아내 없이 번화가로 모험을 떠나는 남편의 본보기를 보여 준다. "저는 사랑스러운 여자와 결혼했습니다." 게이너가 아내의 영향력을 설명했다. "아내 없이 저 혼자 술집에서 과도한 알코올의 영향을 받으며 앉아 있다는 것은, 선을 넘는 유혹의 상황이 만들어졌다는 의미입니다." 게이너는 "그것을 어떻게 하면 피할 수 있을까?"라고 물음을 던지는 방법으로 '멍거의 뒤집어 생각하는 기법'을 적용하라고 조언했다. 그 물음에 합당한 답은 "열 잔보다는 두 잔을 마시는 것"이라고 게이너는 말했다.

우리의 목표가 대단한 종목 선정가가 되는 일이든 훌륭한 배우자가되는 일이든 간에, 먼저 끔찍한 결과를 초래하는 방법에 관해 스스로물음을 던지면 도움이 된다. 그리고 뒤집어 생각해야 한다.

찰스 멍거가 수집하는 것

억만장자들이 대개 예술품이나 구형 자동차, 경주마 등을 수집하는 것과 달리 멍거는 자신이 어리석은 일, 우둔함, 슬기롭지 못한 일을 수집하는 사람이라고 설명한다. 그의 딸 몰리는 어린 시절을 떠올리며 아버지가 교훈적인 이야기를 자주 들려주었다고 했다. 멍거는 몰리에게 주로 어리석은 일을 저지르는 사람들에 관해 이야기했는데, 그중에는 도덕적 판단 능력에 관한 이야기도 있었다. 사랑을 듬뿍 받고 자라 어마어마한 재산을 상속받게 될 자식이 아버지로부터 듣는 피 맺힌 원한 이야기는 멍거가 전하고자 하는 교훈의 의미를 여실히 드러낸다. 이를 두고 몰리가 말했다. "어리석은 행동은 자기 파괴적인 일이고, 이기적인 행동이에요."

이처럼 다른 사람의 어리석은 행동을 적극적으로 수집하는 습관은 바보 같은 짓을 피하는 데 매우 유용한 해결책이 된다. 사실, 이 기발한 방법은 어리석은 행동을 피하기 위해 멍거로부터 배워야 할 두 번째 기법이다. 멍거는 이 기법을 활용해 끊임없이 즐거움과 통찰을 얻는다. 이처럼 그만의 괴팍한 취미활동으로 자신의 전략에서 떼어낸 '멍청한' 행동을 모두 목록으로 정리한다. 멍거가 내게 말했다. "이 기법을 활용한다면 누구나 효과를 볼 수 있지만, 특정한 기질을 가지지 않으면 할 수 없는 일입니다. 내가 하는 대부분의 일은 IQ로 하는 게 아닙니다. 그중에는 기질도 있고, 태도도 있습니다. 어느 정도는 선천적인 것들입니다. 태어날 때부터 손과 눈의 빠른 협응력을 가졌다거나 테니스에 재능을 타고난 경우처럼 말입니다."

어리석은 투자행위는 너무도 많아 무엇을 골라야 할지 모를 정도이다. 예를 들어, 멍거는 시장의 예측에 귀 기울이는 경향을 비웃었으며, 금융의 이슈로 점을 치는 무모한 시도를 고대에 양의 내장을 들여다보고 미래를 예언했던 기술에 비교했다. 멍거는 또 다른 흔한 실수를 소개했다. "순환 주기가 절정에 도달했을 때, 주기를 타는 기업을 인수하는 것입니다. 많은 사람이 늘 그렇게 합니다. 물론 투자 전문가들도 수수료를 줄 멍청한 것을 사도록 사람들을 부추깁니다. 이 순진한 투자자들은 그저 회사가 상승세에 있다는 이유로 상승세가 계속 유지될 것이라고 믿습니다. 이는 투자자들이 흔히 저지르는 어리석은 행동입니다."

멍거는 자신이 저지른 어리석음의 사례도 수집한다. 2017년 버크셔 해서웨이의 주주총회에 참석해 멍거의 연설을 들었던 기억이 떠오른다. 당시 멍거는 자신과 버핏이 매수 종목을 누락하는 실수를 저질러 값비싼 대가를 치른 사례 두 가지를 솔직히 공개했다. "우리는 구글 주식을 매수하지 않아 주주들을 실망케 했습니다." 멍거가 자신의 연설을 듣는 4만여 주주들 앞에서 고백했다. "다 잡은 물고기였지만, 우리는 월마트도 놓쳐버렸습니다."

우리는 대개 남의 눈을 피해 실수를 묻어두려는 경향이 있다. 실수를 인정하려 하지 않는 때도 많다. 하지만 멍거가 본보기를 보여 주었듯이, 자신의 실수를 솔직하게 들여다볼수록 실수를 반복할 일이 줄어든다. 그래서 멍거가 버크셔 해서웨이 주주들에게 했던 말을 되새길 필요가 있다. "저는 자신이 완전한 멍청이라는 것을 인정하는 사람들을 좋아합니다. 제가 알기로는 자신의 실수를 자꾸 상기해야 다음에 더 나은 성과를 낼 수 있습니다. 이 경이로운 비결을 체화해야 합니다." 사실, 이는 우리 자신의 어리석음을 억제하는 활동에서 멍거로부터 배워야 할 세 번째 기법이다.

그렇다고 해도 멍거는 불필요한 자책은 하지 않는다. 오히려 실수를 인정하고 교훈을 얻으며 회의감에 빠지지 않고 앞으로 나아간다. "우리가 활동적이었기에 몇 가지 실수가 있었습니다. 그것들을 모두 기억해야 합니다." 멍거가 밀했다. "우리는 상대의 경험을 통해 많은 것을 배웠습니다. 비용 대비 그것이 훨씬 쉽기 때문이에요. 물론 기억하고 싶지 않은 경험을 통해서도 많은 것을 배웠습니다." 버크셔 해서웨이 또한 쓰라린 실수를 저지르기도 했다. 1993년 성장 잠재력을 믿고 신발업체 덱스터슈Dexter Shoe를 인수했지만, 얼마 지나지 않아 중국의 저가 경쟁업체로 인해 경쟁력을 잃고 말았다. 그렇지만 이런 실수를 했다고 해서 원대한 계획에 치명적인 영향을 받은 적은 없다.

이런 점에서 재앙을 피하는 일이 중요한 이유를 깊숙이 내면화해야 한다. 미니애폴리스에 기반을 둔 자산운용사 DGI Disciplined Growth Investor의 설립자인 프레드 마틴Fred Martin이 그 본보기를 잘 보여 준다. 마틴은 자산을 운용하는 일부터 자신의 전용기를 움직이는 일에 이르기까지 삶 전반에 그 개념이 우선순위로 스며들게 했다. 또한 마틴은 멍거처럼 다른 사람들의 실수를 분석하는 일을 주요 활동으로 삼았다. "다른 사람의 실수를 분석하면서 긴장할 이유가 없습니다." 마틴이 말했다. "그저 배운다고 생각하세요." 이런 사고방식은 마틴이 미국 해군 장교로 베트남 전쟁에 4년 동안 참전하는 동안 생존 전략이 되었다. 막을 수 있었던 실수가 초래하는 참혹하고 끔찍한 결과를 직접 목격한 셈이다.

마틴은 다트머스대학교 경영대학원을 졸업한 후 1969년 해군에 입대했다. 같은 달에 미국 해군 전함 프랭크 E. 에반스Frank E. Evans가 남중국해에서 호주 항공모함과 충돌했다. 사건이 벌어진 시각은 새벽

3시로, 에반스 함의 함장은 잠을 자고 있었고, 경험이 부족한 장교 두 사람이 당직을 서고 있었다고 한다. 에반스 함이 항로를 벗어나는 바람에 결국 충돌하여 선체가 갈라졌고 끝내 침몰했다. 승조원의 상당수가 함 내에 갇혀 있는 상황에서 에반스 함의 함수 절반이 몇 분 만에 가라앉았다. 이 사고로 총 72명이 사망했고, 장교 네 명이 군법회의에 회부되었다. 수사는 "개인의 판단 착오가 원인일 수 있다"는 결론으로 종결되었다.

마틴은 갈라진 선박 잔해 사진을 보는 동안, 공포에 휩싸였다. "배가 절반만 남아 있었어요. 정말 끔찍한 사진입니다. 말 그대로 용접공이 용접봉으로 배의 절반을 잘라낸 듯했습니다." 그런데 이 재앙이 잊히지 않았던 이유는 그에게도 같은 사건이 일어날 수 있었던 까닭이다. 당시 다른 구축함을 탔던 마틴은 중위로 진급해 해군 역사상 최연소 장교로 항해를 지휘하게 되었다. 스물네 살의 나이에, 함장이 잠을 잘 때마다 승조원 240명의 생명을 책임지게 되었다. 마틴이 에반스 함의 두 장교를 어떻게 잊을 수 있겠는가? 실수로 배를 침몰시킨 '불쌍한 아이들'을 어떻게 잊을 수 있겠는가?

매일 밤 당직을 섰던 마틴은 잠이 부족해 쓰러질 지경이었다. 통신장비가 울려대고, 잊을 만하면 엔진실에서 이런저런 문제로 그를 호출했다. 배는 어둠 속에서 바다를 가르며 증기를 내뿜고 있었다. "끔찍한 실수를 저지르기에 딱 좋은 상황이었어요." 마틴이 당시를 회상하며 말했다. "누구라도 어떻게든 버티려고 애썼을 겁니다." 그러다 보니 습관이 하나 생겼는데, 배가 방향을 틀기 전, 갑판 가장자리로 나가 항로에 장애물이 없는지 직접 눈으로 확인했다. "방향을 돌리기 전에 확인해야 하는 그 단순한 규칙은 훈련으로 배우는 것이 아니었지만, 반드시 지켜야 하는 것이었습니다." 마틴이 말했다. 현재 70대가 된 마틴은 과거를 회상하며 조심성이 몸속 깊숙이 배었다는 사실을 실감했다.

마틴은 1973년 해군을 떠났다. "제게는 인생이 달린 문제였습니다." 마틴이 당시를 떠올렸다. 주식시장은 오래전부터 마틴을 매료시켰다. 그는 열두 살 때 처음으로 주식을 매수했으며, 심지어 함정으로 한 뭉음씩 배달되었던 〈월스트리트저널〉을 구독하기도 했다. 이후 그는 미니애폴리스에 있는 한 은행에서 주식분석가로 일하게 되었다. 그런데 그가 새로이 발을 들인 업종의 종사자들에게서 경계심이 부족하다는 사실을 깨닫기까지 그리 오래 걸리지 않았다. 한편, 마틴의 아버지는 뛰어난 영업력으로 주식중개인으로서 성공했지만, 그를 고용했던 증권회사가 파산하면서 그 해에 50만 달러를 잃게 되었다. 아버지는 무분별하게 한 종목에만 자산을 쏟아부었고, 주식이 붕괴하는 위험신호를 모두 놓쳐버렸다고 한다.

그로부터 몇 년이 지나 마틴의 아버지는 아들이 추천해 준 주식에 투자하여 상당한 수익을 냈다. 하지만 이를 두고 아버지와 전화 통화를 하던 중, 마틴은 아버지가 '훌륭한 사람'이지만 '형편없는 투자자'라는 사실을 아주 명확히 깨달았다. "아버지는 지나치게 활동적이고 충동적인 데다 늘 한 방을 노리셨습니다. 그리고 지나치게 잘 흥분하셨죠. 그래서 자신이 무슨 일을 하고 있는지 본인도 모르셨다는 걸 알았습니다."

마틴의 투자 경력은 합리성이 바닥을 치던 집단 흥분의 시기에 시작되었다. 니프티 피프티가 주도하던 시장은 1973년 비이성적으로 과열되었다. 당시 마틴은 주식의 가치평가가 현실과 동떨어진 상황을 목격했다. 이에 수익성이 전혀 없는 인기주를 분석한 후 가치가 거의 없다는 사실을 상사에게 보고한 적이 있었다. "상사는 그건 믿음주라며 걱정하지 말라고 하더군요. 물론 그 주식은 망했습니다." 1974년 시장이 붕괴하자 '잘되던 종목들'이 싹 걸러져 사라졌다고 마틴은 말했다. 그런데 가격과 가치 사이의 관련성이 종전과는 정반대로 돌아섰다는 것을 알 수 있었다. "기가 막힌 매수 기회였습니다. 투자할 용기만 있으면 그만이었습니다." 평소 저축을 게을리하지 않았던 마틴은 보유 자금을 투자해 그의 첫 '텐베거 10 bagger(수익률이 열 배 이상 상승한 주식 종목-옮긴이)였던 플라이트세이프티 인터내셔널 FlightSafety International을 비롯해 할인된 종목을 대거 사들였다.

시장의 어리석음이 낳은 값진 경험 덕분에 마틴은 바다에서 얻은 교훈을 더더욱 가슴에 새기게 되었다. 치명적인 결과를 초래할 만한 명백한 실수를 방지하는 것보다 중요한 일은 없다는 것이다. 그런데도 이후 수십 년 동안 마틴은 같은 패턴을 계속 목격했다. 부주의로 인한 위험이 불필요한 재앙을 초래한 사례는 너무나도 흔했다.

예를 들면, 1990년대 말 인터넷과 정보통신 광풍이 불었던 시기에 일부 고객이 배를 갈아타고 짐 올슐라거 Jim Oelschlager를 따라 평생 모은 돈을 모두 투자했다. 고위험 투자기법을 활용하는 기술주 전도사인 올슐라거는 전성기에 300억 달러가 넘는 자산을 모았다. 그는 주로 시스코 시스템즈 Cisco Systems처럼 비싼 가격으로 고공비행하는 종목들 위주의 펀드만 집중적으로 운용했다. 2000년 거품이 붕괴했을 때, 시스코는 4,000억 달러의 시장가치를 상실하고 말았다. 마틴이 우려했듯이, 그처럼 매우 공격적인 펀드에 과도하게 노출되었던 열혈 투자자들은 '희생양'으로 전락했다.

또 다른 고객은 전화를 걸어와 '매년 어김없이' 12%의 수익을 보장할 수 있는지 마틴에게 물었다. 이에 마틴은 그런 수준의 일관성을 약속하기에는 주식의 변동성이 너무 크다고 고객에게 답했다. 이와 관련하여 마틴은 말했다. "고객이 말하더군요. '아, 뉴욕에 있는 메이도프라는 천재는 그의 방식을 누구에게도 말해주지 않겠지만, 시계처럼 정확히 12%를 안겨주는데요.'" 그렇게 그 고객은 역사상 최대의 금융사기(폰지사기)를 저지른 버나드 메이도프Bernie Madoff에게 평생 저축한 돈을 맡겼다. 이 대목에서 얻을 수 있는 교훈은 무엇일까? 마틴이 설명했다. "자신의 방식을 말하지 않고, 혹 말하더라도 우리가 그 사람의 방식을 이해할 수 없다면, 그것은 아마도 최고의 선택은 아니라는 뜻입니다." 마틴에게 위험 관리의 황금률은 간단하다. '바로 자신이 소유한 것이 무엇인지 알아야 한다'는 것이다.

마틴이 보기에 재앙에 대한 최선의 방어는 투자의 핵심 원칙을 이해한 다음, 금융시장에 존재하는 중력의 법칙을 절대로 위반하지 않는 기초 훈련을 하는 것이다. 가장 본질적인 법칙은 언제나 자산을 그 가치보다 낮은 가격에 매수하고, 그로 인해 발생하는 안전마진을 유지하는 것이다. 《벤저민 그레이엄과 성장주의 힘Benjamin Graham and the Power of Growth Stocks》의 공동 저자이기도 한 마틴은 책을 통해 경고한다. "당신은 망할 것이다. 문제는 당신이 회복할 수 있는가이다. 그레이엄이 말하는 안전마진의 개념은 우리의 실수를 억제해서 그 실수가 너무 커지지 않도록 하는 데 도움이 된다. 이것이 회복하는 방법이다."

마틴은 우리가 위험을 회피해야 한다고 주장하지 않는다. 그는 이렇게 말한다. "수익을 달성하려면, 위험을 무릅써야 합니다." 다만, 그러한 위험은 항상 '고려된' 것이어야 한다. 60억 달러를 운용하고, 개별 계좌 개설에 최소 1,500만 달러를 필요조건으로 삼는 마틴은 중소 규모의 기업들이 빠른 속도로 성장하는 활기찬 틈새시장에 전문화되어 있다. 그러면서도 그는 현재와 7년 후의 내재가치 추정치를 바탕으로 저렴 하거나 공정한 가격에 투자해야 한다고 주장한다. 이는 기업의 내재가 치와 시장가치가 시간이 지나면서 비슷해진다는 '신조'에 따른 것이다. "주식에는 두 가지 수익원이 있습니다." 마틴이 설명을 이어갔다. "하나 는 내재가치의 성장이고, 다른 하나는 주가 및 기저 사업의 실제 가치, 이 둘 사이에 생기는 유사한 지점입니다." 그러한 지점이 언제 발생할 지 마틴도 알지 못한다. 단, 그가 종목을 보유하는 기간은 평균 10년 이다.

마틴은 향후 7년 동안 높은 기대 수익률을 올릴 정도로 가격이 충분 히 저렴할 때만 주식을 매수한다. 중형주는 최소한 연간 12%의 수익 률이 기대될 때 매수하며, 소형주는 최소한 연간 15%의 수익률이 기 대될 때 매수한다. 이것이 왜 중요할까? 이처럼 표준화된 요건을 기준 으로 충분히 매력적인 제의일 때만 주식을 체계적으로 매수하게 되기 때문이다. 마틴이 군대에서 배웠듯이, 프로세스를 고수하는 자세가 필 수적인 보호장치다. "이 프로세스를 늘 지켜야 합니다. 그래야 곤경에 서 벗어날 수 있습니다."[1] 이처럼 몇 가지 표준 관행과 한결같은 규칙 을 채택해야 한다는 생각은 어리석음을 줄이기 위한 네 번째 기법이라 고 할 수 있다. 버핏과 멍거는 형식적인 제약 없이도 그들의 규율을 유 지하겠지만, 우리는 그들이 아니라는 사실을 잊지 말자.

한편, 마틴은 재앙에 대한 대비책으로 '마치 신앙처럼' 견지하는 규칙이 있다. 이를테면, 그는 주식을 매수할 때 절대로 자산의 3% 이상을 투자하지 않으며, 대개 45~50개 종목을 보유한다. 너무 보수적인가? 물론 그렇다. 그렇지만 그만의 규칙을 고수했기에 수십 년 동안 많은 투자 수익을 창출해 주가지수의 수익률을 능가했으며, 끝없는 재앙을 피할 수 있었다.

투자가로서 재능이 타고난 빌 애크먼과 로버트 골드팝Robert Goldfarb이 밸리언트 제약Valeant Pharmaceuticals에 막대한 투자를 한 사례를 생각해 보자. 이 회사는 회계 부정 및 부당한 약품 가격 책정 의혹에 휩싸여 95%의 주식 가치를 상실했다. 세쿼이아 펀드 자산 중 30%가 넘는 자산을 밸리언트에 투자한 골드팝은 한 번의 실수로 인해 그간의 명성에 흠집을 입고, 불명예스럽게 자리에서 물러났다. 애크먼은 40억 달러를 날렸다. "그가 명석한 사람이라는 것은 분명한 사실입니다." 마틴이 말했다. "하지만, 보세요. 그건 아마추어를 위한 시간이었습니다. 그는 그런 유형의 극단적인 포지션을 취할 필요가 없었습니다." 마틴에게 있어서 '정말 괜찮은 사람들'과 관련된 '금융 재앙'을 분석하는 것은 매우 유익한 일이다. "이런 사업이 얼마나 어려운지 사람들에게 늘 상기시키고 싶기 때문입니다. 투자에서 겸손이 중요한 자세라는 점은 아무리 강조해도 부족합니다. 언제나, 항상 자신의 한계를 생각하세요."

위험에 대한 신중한 태도는 투자 외의 영역에서도 필요하다. 이런 점에서 멍거는 치명적 결과를 초래할 행동은 피하라고 자주 조언한다. 그리고 이런 말을 한 적이 있다. "인간을 파멸로 몰고 가는 세 가지가 있다. 약물, 술, 레버리지다!"

마틴이 해군 장교와 자산관리사, 숙련된 조종사로 무탈히 인생을 유지한 것은 우연이 아니다. 그는 '재앙이 자신을 파멸시키지 않도록 해야 한다'는 근본적인 우선순위를 끊임없이 검토하고 실천하고 있다. 요즘에는 가격이 대략 1,400만 달러에서 525만 달러로 폭락한 이후 구매한 걸프스트림 제트기를 운전하고 있다. "기가 막히게 멋지답니다." 마틴이 말했다. "뜨거운 국물에 데고 나서 찬물도 홀홀 불어 마시는 사람처럼 운전한답니다." 그는 자신뿐만 아니라 회사의 수석 조종사를 포함해 '하늘에서 가장 소심한 두 겁쟁이'라고 부른다.

두 사람은 오랜 세월 동안 안전을 유지하기 위해 '철칙'을 고수했다. "둘 중 누구라도 비행 중에 속이 든든하지 않거나 더부룩할 때, 주저하지 않고 비행을 그만하자고 말합니다. 이것을 두고 누구도 왈가왈부하지 않습니다." 마틴은 플로리다에서 진행될 주요 고객과의 중요한 면담을 연기했던 일을 떠올렸다. 그의 비행기가 운항 중에 연료가 부족해 시동이 꺼질 위험에 있었기 때문이다. 마틴이 말했다. "안전의 한계를 무너뜨리고 싶지 않았습니다. 약속된 시간에 늦는 것과 비행기가 추락해 죽는 것은 전혀 다른 문제입니다."

마틴은 그 규칙을 자신의 투자 프로세스에도 핵심 원칙으로 적용했다. 이를테면, 그가 선정한 종목을 매수하기 전에, 이를 거부할 수 있는 권한을 신뢰할 만한 동료 둘에게 부여했다. 이는 자신감이 넘쳐 잘못된 판단을 하지 않도록 사전에 체계적으로 방지하는 또 하나의 보호 수단이 되었다.

자신의 오류를 기꺼이 인정하는 마틴의 태도는 자신의 실수로부터 자신을 보호할 뿐 아니라 다른 투자자들의 실패로부터 이익을 얻도록 하는 등 많은 도움이 되었다. 한때 수십억 달러를 운용했고, 막대한 수수료를 수취했던 헤지펀드가 운용 실적이 저조해 폐쇄되었다. 소식을 들은 마틴은 존재하지 않는 회사에 급습하여 50만 달러나 되었던 '호화로운' 사무용 가구를 2만 5,000달러에 사들였다. 마틴은 그날을 떠올리며 말했다. "최후에 남는 사람이 되어야 합니다. 그 가치를 절대로 잊지 마세요."[2]

어리석음을 피하는 일곱 가지 기법

우리는 투자자로 활동하며 수많은 문제에 직면한다. 그중에서 가장 골치 아픈 것은 합리적 의사결정을 내릴 준비가 되어 있지 않다는 것이다. 두려움과 탐욕, 질투, 조급함과 같은 감정으로 인해 우리의 판단력이 흐려지는 때가 많다. 이 외에도 현실을 왜곡하는 편견, 교묘한 광고문구에 쉽게 속는 성격, 동료의 압력, 오류가 있거나 불완전한 정보를 따르는 습관에 의해 잘못된 판단을 한다. 이와 관련하여 진화생물학자 로버트 트리버스Robert Trivers는 저서 《우리는 왜 자신을 속이도록 진화했을까The Folly of Fools》에서 "우리의 경이로운 지각기관은 우리가 모은 정보를 체계적으로 왜곡하도록 한다"고 했다. 1990년대에 멍거는 "인간 오판의 심리학The Psychology of Human Misjudgement"이라는 제목으로 진행한 세 차례의 강연에서 비슷한 문제를 다뤘다.

닉 슬립이 "역대 가장 훌륭한 투자 연설"이라고 묘사했듯이, 멍거의 연설에는 새로운 분야를 탐구하는 열정이 넘쳐흘렀다. 심리학 강연을 들은 적이 없던 멍거는 주제와 관련한 교재 세 권을 읽고 우리의 사고에 기능 불량을 일으키는 스물다섯 가지 '심리 경향'을 목록으로 정리한 다음, 자존감이 지나친 경향, 헛소리를 늘어놓는 경향, 고통을 피하려는 심리적 거부와 같은 용어를 붙여 기억을 환기했다(학계 심리학자들은 자신들의 주제를 찰스 멍거가 이해하지 못했다며 저돌적으로 비판하기도 했다).

멍거가 '일반적인 사고의 오류'를 정리하여 모아둔 것은 그 자신과 우리가 실생활에서 피해야 할 위험에 대한 체크리스트의 기능을 한다. "여기서 비결을 말하자면, 우선 목록에 대해 이해하고 스스로 숙달하는 것입니다." 슬립이 말했다. "이런 내용에 관해 이야기하는 것은 어렵지 않지만, 내면화하는 것은 그렇지 않지요. 그건 매우 힘든 일입니다. 심리적으로 매우 오래 유지되는 이점이 있다는 면에서 내면화는 필수입니다."

멍거는 '인지와 행동을 변화시키는' 동기의 영향력을 두고, 사람들이 흔히 그 중요성을 과소평가하는 경향에 대해 먼저 언급한다. 특히, 가장 존경하는 벤저민 프랭클린이 타인을 설득할 때는 지성보다 이익에 호소해야 한다고 했던 사례를 인용하곤 한다. 이 대목에서 멍거가 남긴 글이 인상적이다. "이 금언은 지혜로운 지침으로 아주 간단하고도 훌륭한 삶의 예방책으로 이어진다. 동기의 영향력에 관해 생각할 때는 다른 건 절대로, 절대로 생각하지 말아라."

동기는 직원들의 의욕을 고취하는 일이든 가장 다루기 힘든 상대를 달래는 일이든, 삶의 모든 영역에서 중심축이 된다. 멍거는 소비에트 연방이 공산주의 지도자들로 인해 고통받았던 사례를 들어 '보상에 관한 어리석은 무지'로 인해 그들 스스로 생산적 노동의 동기를 잃도록 했다고 지적했다. 또한 그는 판매원에게 '동기로 인한 편향'이 생길 수 있다고 경고하며, '괜찮은 사람인데도 원하는 것을 얻기 위해 자기도 모르게 부도덕한 행동'을 하는 때가 있다고 말했다. 멍거는 이에 대한 해결책으로 이렇게 조언한다. "전문가의 조언을 경계해야 합니다. 조언자에게 이익이 될 때는 더욱 경계해야 합니다."

금융업계는 이해가 상충하는 일이 넘쳐나는 곳이라 상품을 팔러 다니거나 조언을 해주는 사람이라면, (동기의 영향력 때문에) 정신이 비뚤어지는 일을 경계해야 한다. 가령, 펀드나 연금보험을 구매할 마음이 있다면, '조언자'가 해당 상품을 추천하여 정확히 어떤 보상을 받는지 파악해야 한다. 마찬가지로 펀드 매니저의 동기가 우리가 가질 최고의 이익과 적절히 맞아떨어지는지 따져야 한다.

1988년 소규모 펀드로 소형주에 대규모 투자를 감행해 소위 대박을 터트린 카우프만 펀드Kaufman Fund에 관해 비판적인 기사를 쓴 적이 있다. 놀라운 수익과 끊임없는 광고로 카우프만은 또 다른 괴물로 변신했다. 60억 달러에 달하는 자산으로 더는 소형주에 공격적인 투자를 할 수 없었는데, 그로 인한 결과는 좋지 않았다. S&P 500 지수보다 50%p 이상 뒤처졌는데도 두 명의 펀드 매니저는 여전히 3년간 1억 8,600만 달러의 수수료를 그러모았다. 한 펀드 매니저는 자신의 돈은 펀드에 한 푼도 넣지 않았다고 내게 시인하기도 했다. 수년이 지나도 여전히 펀드가 1.98%라는 지독한 수수료 지급 비율을 부과하는 것을 보고 놀라지도 않았다. 75억 달러의 자산을 가진 카우프만 펀드는 환상적인 수수료 기계이다. 규모의 경제를 고려해 더 적은 비용을 부과하면 더 공정해질 수 있을까? 물론이다. 하지만 누가 혜택을 얻을까? 주주들뿐이다.

이와는 대조적으로 마틴은 소형주에 대규모 투자를 하는 경우, 주주들의 수익을 떨어뜨릴 수밖에 없다는 사실을 오래전에 인정했다. 이에 그는 해당 영역에 투자된 회사의 자산이 4억 달러에 불과했던 2006년 신규 투자자들에게 소형주 포트폴리오를 폐쇄했다. 이처럼 자제력을 발휘한 탓에 수천만 달러에 이르는 비용이 손실되었지만, 기존 고객들에게 만족할 만한 서비스를 제공했다. 이 사례에서 투자자들이 동기를 형성하는 과정이 잘 드러난다. 시장가치가 5,000억 달러를 훌쩍 넘는 버크셔 해서웨이의 부회장인 멍거는 10만 달러의 급여만 받는다. DJCO의 회장으로서는 급여를 전혀 받지 않는다. 게다가 실적에서 수익을 가져갈 뿐 수수료를 받지 않는다.[3]

'동기가 비뚤어진' 사람들을 피하는 한편, 사심이 없고 존경할 만한 사람과 함께 일해야 하는 이유를 멍거는 자주 설명한다. 2008~2009년의 금융 위기 당시 월스트리트 투자 고수들은 신용등급이 깨끗한 듯 보이는 악성 채권을 발행하려고 서브프라임 모기지를 재포장하는 일에 관여했다. 멍거는 재앙을 촉발한 탐욕에 끔찍한 충격을 받았다고 말했다. 저속한 행위를 합리화하는 것은 어려운 일이 아니다. 특히 그런 행위는 합법적인 일이고, 같은 배를 탄 사람들이 있을 때 더욱 그러하다. 멍거는 "내 체면을 깎아 먹는 일입니다"라는 말을 늘 마음에 새기며 한층 높은 도덕적 기준을 권고한다.

멍거가 경계하기를 강조하는 또 다른 인지적 위험은, 빠르게 결정을 내려 '재빨리 의심을 회피하는 경향'이다. 이 인지 편향은 주로 스트레스로 인해 촉발되는 습관이다. 이는 고대 선조들이 임박한 위협에 직면하여 결단력 있게 행동해야 했다는 점에서 진화론적 의미가 있다. 그렇지만, 투자자들을 성급한 결론에 이르게 만드는 정신적 지름길은 종종 재앙으로 끝난다. 엎친 데 덮친 격으로, 우리는 또한 멍거가 '불일치 회피 성향'이라고 명명한 것에 희생된다. (성급히 결론에 도달했을지라도) 우리의 결론에 이의를 제기할 새로운 정보와 통찰을 거부하게 되는 것이다.

멍거는 명쾌한 비유를 들어 설명한다. "정자 한 마리가 난자 안으로 들어가고 나면 바로 보호막이 생겨 다른 정자들이 침투하지 못합니다. 인간의 마음이 그런 유형의 결과를 몹시 지향하는 경향이 있습니다." 우리의 관점을 다시 살펴서 마음을 바꾸길 주저하는 태도는 합리적 사고를 가로막는 가장 심각한 장애 중 하나이다. 우리는 열린 마음을 유지하지 않고, 의식적으로든 무의식적으로든 우리가 믿는 것을 강화하는 정보를 우선적으로 처리하려는 경향이 있다.

우리의 기존 신념에 맹목적으로 집착하는 오류는 다른 몇 가지 심리 경향에 의해 악화될 수 있다. 예컨대, 자존감 과잉 성향은 자신의 재능과 의견, 판단을 과대평가하도록 우리에게 영향을 미친다. 또 과도한 낙관주의 경향은 모든 게 잘 돌아가고 스스로 똑똑하다고 느낄 때, 투자 업무에서 자만하는 등 부주의한 행동을 하도록 유도한다. 고통을 피하려는 심리적 거부는 감내하기에는 현실이 너무 고통스러울 때, 사실을 왜곡하게 한다. 이런 심리 성향을 파악하면, 왜 그토록 많은 투자자가 필요한 능력과 기질을 갖추지 못했는데도 결국에 주가지수의 수익률을 앞지를 수 있다고 하거나 비용을 통제할 수 있다고 확신하는지 그 이유를 이해할 수 있다. 멍거는 고대 그리스의 웅변가 데모스테네스Demosthenes가 남긴 말을 인용하곤 한다. "자기기만보다 쉬운 것은 없다. 사람은 자기가 바라는 것을 두고 그게 진실이기를 바란다."

인간의 마음이 그처럼 교묘한 속임수 같은 것이라면, 우리는 어떻게 합리적인 투자 판단을 할 수 있을까? 먼저, 이처럼 은밀한 위협이 존재한다는 사실을 인정해야 한다. "투자자가 당면한 가장 큰 문제이자 최대의 적은 바로 자기 자신일 수 있다"는 벤저민 그레이엄의 주장을 깊이 생각해야 한다.

우리는 또한 우리 자신만의 독특한 심리적 성향을 경계해야 한다. 이는 우리의 판단을 너무 뻔하게 왜곡할 수 있다. 걱정이 많은 하워드 막스가 내게 말했다. "우리의 사고가 희망사항으로 인해 심하게 왜곡된다면, 확률 배정이 우리에게 유리한 쪽으로 편향되겠지요. 우리가 두려움에 빠지면 부정적으로 편향될 테고요. '이건 내 예측이고, 틀릴 수도 있어요'라고 하는 사람은 없습니다. 그래도 '이건 내 예상이며 내 감정적 편향에 의해 왜곡될 가능성을 알아둬야 합니다'라고 말해야 합니다. 그리고 이에 저항해야 하죠. 제게는 상황이 나빠지더라도 뒤꽁무니를 빼지 않는다는 것을 의미합니다."

멍거는 불합리성을 경계하는 나름의 방법을 가지고 있다. 찰스 다윈, 알베르트 아인슈타인, 리처드 파인만 같은 과학자들의 '극단적 객관성'을 모방하는 방법이다. 문제를 해결해 가는 방법에 관해 그들에게서 무엇을 배울 수 있는지 물었다. "그들은 모두 자기 자신에게 매우 엄격합니다. 그들은 어리석음을 줄이려고 애썼습니다. 또한 문제를 제대로 살피고 있는지 주의를 기울였어요. 그들은 소위, '주의 지속 시간'이 길었습니다. 그리고 그들은 어리석음을 피하기 위해 노력하고, 노력하고, 또 노력했습니다."

위대한 과학자들은 자신이 가장 소중히 여기는 믿음이 틀렸다는 것을 반증하는 근거를 찾으려고 노력했다. 멍거는 이러한 끈질긴 결단력을 우러러본다. 이처럼 다양한 형태를 띠는 정신적 습관은 어리석음을 경계하기 위해 습득해야 할 다섯 번째 기법이다.

이와 관련한 대표적인 예로, 다윈은 자신의 기독교 신앙이나 다른 자연주의자들 사이에 널리 퍼진 일반 통념을 받아들이지 않았다. 이는 그가 도출한 진화에 관한 충격적인 결론을 가로막는 방해요인이었다. 다윈은 1859년에 출간한《종의 기원On the Origin of Species》의 서문에서 성경에서 얻은 신성불가침의 믿음을 버리며 분명히 말했다. "내가 할 수 있는 한 가장 신중히 연구하고 냉정하게 판단하고 나서, 자연주의자 대부분이 품고 있는 관점 그리고 내가 품었던 관점, 다시 말해, 각 종이 독립적으로 창조되었다는 관점이 잘못되었다는 것을 믿어 의심치 않게 되었다."

우리 자신의 오류를 기꺼이 찾아내려는 마음은 헤아릴 수 없을 정도로 유리하게 작용한다. 멍거는 견고한 신념을 잘 제거하고 나서 자신을 칭찬하는 방법으로 그 의지를 키웠다. 그러면 '무지를 제거한 것'이 부끄러움이 아니라 만족의 원천이 된다. 멍거가 한때 언급했던 내용에 주목할 필요가 있다. "버크셔 해서웨이가 어느 정도의 진전을 이루었다면, 그것은 대부분 워런과 제가 우리가 가장 선호하는 아이디어를 깨는 일을 매우 잘했기 때문입니다."

멍거와 버핏이 가장 좋아하는 아이디어를 파괴하여 더 나은 아이디어를 창출할 길을 열었던 1972년은 버크셔 해서웨이에게 유의미한 한

해였다. 그에 따라 향후 50년 동안 펼쳐질 버크셔 해서웨이의 진로가 극적으로 바뀔 터였다. 사실인즉, 1972년 버핏과 멍거는 캘리포니아 명품 초콜릿 제조업체 씨즈캔디See's Candies를 3,000만 달러(순유형자산의 네 배에 이르는 프리미엄 가격)에 인수할 기회를 맞이했다. 멍거는 씨즈캔디의 브랜드 영향력과 헌신적인 고객층, 가격을 올릴 역량을 고려할 때 인수가격이 합당하다고 보았다. 하지만 버핏은 주로 평범한 수준의 기업에 투자하여 거액을 벌어들인 구두쇠로서 손실을 보기 어려울 정도의 낮은 가격을 선호했다. 이 '담배꽁초' 전략은 가장 존경하는 멘토인 그레이엄에게서 전수 받은 것이었다. 그렇다면 그런 버핏이 어떻게 '담배꽁초' 전략을 포기하고 질적인 부분에 투자했을까?

버크셔 해서웨이의 2014년 연례 보고서로 되돌아가 버핏은 과거를 회상하며 말했다. "제 엉뚱한 경고로 엄청난 인수가 무산될 뻔했습니다. 하지만 운 좋게도 매도자는 결국 2,500만 달러에 회사를 넘기기로 했습니다." 가격이 10만 달러라도 높았다면 자신과 버핏은 씨즈에서 손을 뗐을 것이라고 멍거는 말했다. "그 당시에 우리는 그렇게 바보 같았습니다." 1972년 이래, 씨즈캔디는 대략 20억 달러의 세전 이익을 벌어들였다. 이처럼 경쟁력이 뛰어난 기업에는 투자 금액을 높일 가치가 있었으며, 이에 관한 두 사람의 새로운 믿음이 입증되었다.

멍거와 버핏의 깨달음은 모든 것을 변화시켰다. 두 사람은 이를 바탕으로 코카콜라 같은 세계적인 기업에도 투자하게 되었다. 또한 브랜드 충성도와 우수한 경영을 비롯한 무형자산에 대한 진가를 이해하는 수준도 높아져 금속 가공 기업인 이스카ISCAR와 금속 제조업체 프리시전 캐스트파츠Precision Castparts 같은 기업을 아주 높은 프리미엄을 내고 인수하기에 이르렀다. 2014년 연례 보고서에서 버핏은 담배꽁초 전략에 중독된 자신을 치유하고, 지금의 버크셔 해서웨이가 있기까지 그 설계도를 완성한 멍거의 공로를 인정했다. "멍거가 제게 제시한 청사진은 단순했습니다. 훌륭한 가격에 적당한 회사 주식을 사는 법을 머릿속에서 지우고, 적당한 가격에 훌륭한 회사 주식을 사라는 말이었습니다."

만약 버핏과 멍거가 자신들의 신념에 이의를 제기하는 노력을 하지 않았다면, 그간의 성과는 실현되지 않았을 것이다. 멍거는 늘 투자부터 정치에 이르기까지 모든 분야와 관련한 '오래된 이념'에 거부의 뜻을 보이며, 인간의 인지를 극도로 왜곡하는 것이라고 맹비난했다. 버핏이 직업을 바꾸라고 설득하기 전까지 법조계 생활을 했던 멍거는 의식적으로 반론을 찾는 훈련을 했으며, 그래서 반론을 자신의 관점으로 정확히 표현할 줄 알았다. 그는 또한 〈뉴욕 타임스〉에 글을 기고하는 뉴욕시립대학교 폴 크루그먼aul Krugman 교수를 비롯하여 의견은 다르더라도 주장에 설득력 있는 사상가들의 글을 빠짐없이 찾아 읽는다. 사람들은 흔히 자신의 사회적·정치적 편견을 상기시키는 언론매체를 선호한다. 이와 달리 나는 멍거를 본받아 나 자신의 편향에 반하는 〈월스트리트저널〉의 칼럼을 읽는 등 간단한 의식 확대 훈련을 하기로 마음먹었다.

실생활에서 우리의 미약한 생각과 태만한 편견을 그냥 지나치지 않는 방법이 하나 있다면, 거침없이 반박할 줄 아는 지적인 스파링 파트너를 찾는 것이다. 이런 측면에서 버핏이 예전에 했던 말에 주목할 필요가 있다. "인간이 가장 잘하는 일은 기존의 견해가 온전히 유지되도록 새로운 정보를 모두 걸러내는 것이다. 모든 사람이 이런 재능을 제대로 익힌 것 같다. 그러면 우리는 어떻게 그에 대비해 우리 자신을 지킬 수 있을까?" 그는 답을 냈다. "자신의 뜻을 굽히지 않으며 극도로 논리적인 파트너의 존재야말로 우리가 가질 수 있는 최고의 매커니즘일 것이다." 버핏은 가장 이상적인 단짝이자 동업자인 멍거가 자신의 투자 아이디어를 수도 없이 거부했던 일을 들며, 멍거를 "지긋지긋한 반대자the abominable no-man"라고 부른다.

토론 파트너가 있으면 본질적인 이점이 생기며, 생각을 정리해 설득력 있는 사례를 만들 수 있다고 멍거는 지적한다. 파브라이는 멍거에게 스파이어를 소개하며 "찰리, 제 모든 아이디어를 튕겨내는 사람이 바로 이 사람입니다"라고 말했던 기억을 떠올렸다. 자신이 너무 멍청해서 파브라이가 원숭이에게 말을 거는 편이·낫다며 스파이어는 농담을 던졌다. "그랬더니 찰리가 바로 '원숭이는 일을 하지 않을 겁니다'라고 하더군요. 그는 매우 진지했어요. 마치 모세Moses가 네 번째 계명을 전하는 모습 같았죠."

투자의 대가들은 나름의 방식으로 상반된 의견에 귀를 열어둔다. 시카고에 기반을 둔 해리스 어소시에이츠Harris Associates의 펀드 매니저이자 가치투자자로 유명한 빌 나이그렌Bill Nygren은 억만장자 헤지펀드 매니저 마이클 스타인하트Michael Steinhardt를 만났던 일을 떠올렸다. "스타인하트는 월스트리트 분석가 두 명을 사무실로 불렀다고 했어요. 가장 큰 황소와 가장 큰 곰이라고 할까요(주식시장에서는 상승장을 황소, 하락장을 곰에 비유한다－옮긴이)? 세 사람은 점심식사를 하며 하나의 개념을 두고 각자의 의견을 이야기했다고 합니다. 그가 늘 궁금해했던 게 있어요. 가장 하락세에 있는 사람이 주식을 매수하기 전에 무슨 생각을 하는지, 반대로 가장 상승세에 있는 사람은 주식을 매도하기 전에 무슨 생각을 하는지 알고 싶어 했습니다."

스테인하트로부터 영감을 얻은 나이그렌은 주식을 매수하기 전, 늘 '악마의 변호사 평가devil's advocate review(악마의 변호사는 본래 가톨릭에서 나온 개념으로 일부러 반대 입장을 취하는 사람 또는 선의의 비판자 입장을 취하는 사람을 말한다—옮긴이)'를 진행한다. 이를테면, 그의 팀에 소속된 한 분석가는 상승장의 사례를 두고 의견을 제시하고, 또 다른 분석가는 가장 큰 하락세의 사례들을 수집하는 역할을 한다. 반대편에 투자하는 상황을 잘 이해하여 올바른 결정을 하도록 가능성을 높이는 방식이다.

이미 보유한 주식을 객관적으로 평가하는 일이 여간 어려운 일이 아니라는 점을 나이그렌은 잘 알고 있다. 이는 어느 정도 소유 효과로 인해 일어나는 현상이다. 소유 효과란 우리가 주식을 소유했든 맥주잔을 소유했든지 간에 우리가 소유한 것에 의미가 부여되어 그것을 소유하지 않았을 때보다 과대평가하는 인지 편향을 말한다. 이런 편향에 대응하기 위해 나이그렌은 지분율이 가장 높은 종목별로 악마의 변호사 평가를 시행한다. 적어도 1년에 한 번은 팀 구성원들이 주식을 재평가하고, 해당 주식을 매도해야 하는 이유를 입증할 책임을 부여받는다.

정신의 오류를 방지하는 영민한 전략으로 중대한 투자 결정을 내리기 전에 '사전부검'을 진행하는 방법도 있다. 말하자면, 미래를 예견하여 가상의 질문을 던진다. "이 결정은 왜 재앙으로 판명되었을까?" 사전부검은 본래 응용 심리학자인 게리 클라인Gary Klein 박사가 고안한 전략적 사고법으로 사전에 문제를 파악하여 과신의 위험을 줄이는 방법이다. 이는 의사결정 과정에서 공식 단계에 해당하며, 불리한 사항과 잠재적 위협을 되새기게 한다는 점에서 투자자들에게 가치 있는 보호 장치가 된다.

나는 2016년 컬럼비아 경영대학원에서 고급 투자 연구advanced investment research 강의를 들었다. 내 지인이자 당시 스펜서 캐피털 홀딩스Spencer Capital Holdings 회장이었던 켄 슈빈 스타인Ken Shubin Stein이 10년 동안 해당 강의를 맡고 있었다. 헤지펀드 매니저가 되기 전, 박사 학위를 받은 그는 자신의 MBA 학생들에게 투자에 실패하고 3년을 보내는 상상을 해본 다음, 죽음의 원인을 설명하는 신문기사를 작성해 보라고 권한다. 수업에 참여한 어떤 저명한 투자가에 따르면, 그의 패밀리 오피스family office(재산이 많고 세력을 가진 사람이 자기 자산 운용을 위해 설립한 자산운용사-옮긴이)에서는 투자를 진행하기 전에 늘 최종 예방책으로 사전부검을 시행하고, 간략히 내용을 정리한다고 한다. 이 과정에서 심각히 고려해야 할 사항들이 드러나고, 사전부검을 하지 않았다면 진행했을 투자 건 중 1/3이 철회된다고 한다.

인지 편향의 파괴적 효과를 줄이기 위해 예방책을 활용하는 면에서 슈빈 스타인보다 더 신중한 사람을 만나보지 못했다. 그에게는 폭넓은 경험이 도움이 되었다. 펀드 매니저로 20년을 보낸 그는 직원이 400명이 넘는 투자자문회사를 설립하기에 이르렀다. 한편으로 과학에도 푹 빠졌던 그는 분자 유전학 연구를 했고, 외과의 수련을 받았으며 국제 뇌진탕 학회International Concussion Society를 공동 설립하기도 했다. 그러다 뇌에 관심이 깊어져 2018년 투자사업을 그만두고, 신경과 전문의가 되었다.

슈빈 스타인은 제아무리 똑똑하고 자기 자신을 잘 알더라도 인지 편향으로부터 실질적인 면역력을 가질 수는 없다고 경고한다. 누구나 인지 편향에서 벗어날 수 없다는 사실을 인정하는 것이 우선이다. 다만, 그 사실을 안다고 해서 우리 사고에 대한 무의식적인 영향력으로부터 우리를 지킬 수 있는 것은 아니다. 수천 년 동안 인간의 뇌에 의문의 성향들이 뿌리박혔지만, 슈빈 스타인은 실생활에서 합리적 의사결정 능력을 확연히 높이는 방법들을 제시한다.

슈빈 스타인은 먼저 시간을 내어 멍거가 "인간 오판의 심리학" 연설에서 언급한 일반적인 인지 오류 목록을 다시 작성해 보라고 권한다. 멍거의 연설 내용을 그대로 옮기지 말고, 자신의 방식대로 표현하는 것이 가장 효과적이다. 그러면 멍거의 통찰을 마음속 깊이 자리 잡도록 하여 자신의 것으로 만들 수 있다. 또한 과거의 투자로 저질렀던 실수를 복기하고, 특히 자신이 취약한 경향을 강조하는 방식으로 멍거의 체크리스트를 개인화해도 도움이 된다. "자신의 두뇌가 어떻게 작동하는지, 자신이 어떤 부분에서 강하고, 어떤 부분에서 어려움을 겪는지 파악해야 합니다." 슈빈 스타인이 설명을 이어갔다. 가령, 슈빈 스타인은 '권위 편향'에 매우 취약한 나머지 그가 존경하는 권위자들이 보유한 주식을 무작정 믿고 보는 경향이 있었다. 그래서 이런 편향을 방지하는 차원에서 "내가 직접 그 일을 맡아 했는가? 내가 독립적으로 모든 것을 확인했는가?"라는 두 가지 물음을 자신의 인지 체크리스트에 추가했다.

멍거와 마찬가지로 그 역시 투자분석에 대한 '과학적 접근법'을 지지한다. 이는 반증주의의 사고 체계를 채택하고, 항상 자신의 추측을 반증하려고 애쓰며 공격에 맞설 수 있는지 확인하는 것을 의미한다. 그래서 그는 "왜 내가 틀릴 수 있을까?"라는 물음을 자주 던졌다. 그는 또한 '선택 가능한 경쟁가설'을 분석해야 한다고 강조했다. 경쟁가설은 CIA 최고의 정보분석 전문가이자 《CIA 심리학Psychology of Intelligence Analysis》의 저자인 리처즈 휴어 주니어Richards J. Heuer, Jr.가 고안한 방법론을 말한다. 슈빈 스타인은 "하나의 증거가 여러 가설을 뒷받침할 수 있다"는 휴즈의 통찰을 잊지 말아야 한다고 학생들에게 당부했다.

휴어는 다수의 경쟁적인 가설을 동시에 평가하기 위한 여덟 단계를 개발하여 CIA의 정보분석 활동에 큰 영향을 미쳤다. 휴어처럼 문제를 철저히 분석할 정도의 인내심을 발휘하는 사람은 흔치 않다. 다만 그가 제안하듯이, 체계적인 분석 프로세스를 갖추고 논리적으로 사고할 줄 알아야 '인지적 한계'를 극복할 수 있다. 이를 위해 악마의 변호사 평가를 진행하고, 사전부검을 시행해야 한다. 나아가 우리가 가진 가장 큰 편향과 과거의 실수를 상기하도록 인지 체크리스트를 작성해야 한다. 이같이 엄격한 분석 기법을 활용하면, 열린 사고를 갖추게 되며, 그렇지 않았을 때 지나칠 수 있는 위험을 고려하는 데 도움이 된다.

마찬가지로 슈빈 스타인도 분석하는 모든 기업에 대해 '상승세-하락세 분석'을 시행해야 한다고 학생들을 가르쳤다. 이 또한 기본적인 절차로 두 주제문(긍정적인 것과 부정적인 것)을 작성하는 활동이 수반된다. 이러한 기법들을 일상에서 늘 활용하는 것이 핵심이다. 이처럼 체계적이고 분석적인 절차를 택하려는 노력은 어리석음을 피하기 위한 여섯 번째 전략이다.

마지막으로, 합리적 의사결정 능력이 심각하게 훼손되는 정도를 고려하여 감정으로부터 자신을 보호하는 실용적인 방법이 필요하다. 멍거는 연설 중에 스트레스, 우울, 증오, 질투 같은 감정들이 '역기능적' 사고를 불러일으키고, 인지 편향을 강화하는 과정을 설명한 바 있다. 예를 들면, 특히 주가가 급락하고 있을 때 극심한 스트레스와 혼란은 대중 심리를 따르고, 독립적인 사고를 포기하려는 충동을 강화시키기도 한다. 숫자에서 안전을 찾는 욕구는 진화론적 의미가 있다. 하지만 투자자들에게 군집 행위는 재앙을 초래하기도 해서 시장에 거품이 끼었을 때 매수를 하고, 시장이 공포감에 사로잡혔을 때 매도를 하게 만든다. 멍거가 대중 심리를 레밍 떼lemmings(먹이를 찾아 집단으로 이동해 다니다가 많은 수가 한꺼번에 죽기도 한다-옮긴이)에 비유한 이유가 있었다. "대중의 광기, 즉 레밍을 닮은 인간의 성향은 뛰어난 사람들이 저지르는 매우 어리석은 생각과 행동에 대한 근거가 됩니다."

2015년 〈연간 심리학 평론Annual Review of Psychology〉에 감정이 의사결정에 미치는 영향에 관한 35년간의 과학적 연구 조사 결과가 실렸다. 연구자들은 내용을 종합했을 때 도출되는 대단히 중요한 결론이 있다며, 의사를 결정하는 데 있어 감정은 강력하고도 예측할 수 있는 매우 큰 영향을 준다고 밝혔다. 좋은 예로, 도박에 대한 의사결정을 연구한 연구자들은 슬픔이 고위험 고보상 선택 경향을 높이지만, 불안은 저위험 저보상 선택 경향을 높인다는 점을 발견했다. 다시 말해, 우리의 감정 성향과 기분이 우리가 보는 것, 우리가 위험에 연계되는 과정을 일상적으로 왜곡한다.

슈빈 스타인은 이러한 연구 결과를 바탕으로 '자신이 의사결정을 하기에 올바른 육체적·정신적 상태'에 있는가를 점검하고, 문제를 예방하는 습관을 키웠다. 이러한 습관은 시장에서는 물론 삶의 모든 영역에서 재앙을 초래할 만한 의사결정을 예방하는 행동으로서 가치가 있다.

이처럼 굶주림hunger, 분노anger, 외로움loneliness, 피로tiredness, 고통pain, 스트레스stress가 그릇된 결정을 하게 만드는 공통의 전제조건이라는 것을 과학 문헌에서 확인할 수 있다. 이에 슈빈 스타인은 이 요인들의 줄임말인 HALT-PS를 하나의 신호로 삼아 그릇된 판단을 할 것 같을 때 잠시 일을 멈추고, 자신의 두뇌가 적절히 기능할 수 있는 상태에 이를 때까지 중요한 의사결정을 잠시 미룬다.[4] 이것이 피할 수 있는 어리석음을 줄이는 일곱 번째 기법이다.

2008~2009년의 금융 위기 때, 슈빈 스타인은 모진 시련을 겪었다. 매수해야 할 시점에 투자자 대부분이 손을 뗐다. 그의 사업은 위태로웠다. 펀드 매니저로 일한 이래 처음으로 난관을 맞은 그는 깊은 자괴감에 빠졌다. 이에 더해 가장 가까운 친구들이 보트 사고로 자식을 잃었다. 이와 같은 고통의 시간은 건강한 생활방식을 몸에 익히도록 '부추겼다'. 이는 정서적 균형을 유지하고 스트레스가 극심한 상황에서도 명확히 사고하는 데 도움이 되었다.

"알다시피 두뇌의 건강과 그 기능을 높이는 데는 네 가지 방법이 있습니다." 슈빈 스타인이 말했다. "명상, 운동, 수면, 영양 섭취입니다." 모든 수단을 동원하기로 마음먹은 그는 운동에 매진했다. 그랬더니 숙면할 수 있었다. 어류와 채소, 과일도 많이 먹었다. 종종 초콜릿 쿠키가 잔뜩 박힌 바닐라 아이스크림을 마구 먹으며 스트레스를 해소하곤 했는데, 이런 습관은 물론이고 '최악의 성향들'을 모두 정리했다. 여기서 끝이 아니다. 투자의 대가들이 성공 비결로 꼽듯이, 일상에서 명상하는 습관을 길렀다.

슈빈 스타인에 따르면, 이렇게 '고효율을 유지하는 습관'은 끊임없이 실천할 때 '복리 효과'가 나타난다고 한다. 그가 이어서 설명했다. "특정한 날에만 필요에 따라 명상을 하는 것이 아닙니다. 일상에서 명상하는 습관은 우리가 난관을 극복하고 그에 대비하는 자세를 유지할 수 있도록 도와줍니다. 습관이 몸에 배면 준비가 수월합니다. 예방의학과 비슷한 것이죠." 스타인의 말에는 (우리 대부분이 간과하고 있는) 매우 중요한 의미가 내포되어 있다. 이러한 건강한 습관을 들이기 가장 좋은 시기란 혼란을 겪을 때가 아니라 그 '전'이라는 점이다.

문제가 닥쳤을 때 다른 무엇보다도 우리의 감정 상태가 '우리를 실패로 이끌 가능성'이 있는지 인식해야 한다고 슈빈 스타인은 말했다. 그는 스트레스나 분노, 압박에 시달릴 때면 잠시 휴식을 취하려고 노력한다고 말했다. 제대로 쉬고 영양을 섭취하는 동안, 감정 상태는 '의사결정을 신중하게 할 수 있는 중립 상태'로 돌아간다. 의사결정을 잠시 미루는 식의 해결책도 도움이 되었다. "사적인 일이든 공적인 일이든 상황이 심각해질수록 일을 덜 하려고 합니다. 저는 삶을 단순화하려고 노력합니다. 제 스케줄러를 확인한 다음, 많은 활동을 잠시 중단합니다. 잘 먹고 명상하는 동안 체계적으로 사고할 수 있는 시간을 계획하기 위해서입니다."

2020년 슈빈 스타인은 한 병원의 중환자실에서 의사로 자원봉사를 했다. 병동은 산소호흡기를 달고 죽어가는 코로나19 환자들로 발 디딜 틈이 없었다. "말 그대로 전쟁터를 방불케 했지요." 그가 말했다. "우리는 중요한 일을 하고 있었지만, 우리 자신의 생명 또한 위태로웠습니다. 우리 가족까지 위험에 빠뜨릴 수 있다고 생각하니 끔찍했어요." 며칠 전, 그의 아내가 첫 아이를 출산하며, 가족을 보호하기 위해 거처를 호텔로 옮긴 뒤였다.

그처럼 악몽의 한가운데에서 슈빈 스타인은 감정 조절에 도움이 되는 습관을 모두 활용했다. 투자업에 종사하는 동안에 영양가 높은 식단을 챙기고, 규칙적으로 운동했던 것이 도움이 되었다. 또한 잠시 시간을 내 명상을 했는데, 때로는 화장실에서 10초 동안 호흡을 가다듬고서 중환자실로 돌아가곤 했다. 무엇보다도 그는 '내면의 상태'를 날카롭게 인지해 가려고 노력했다. 그렇게 해서 두려움, 불안, 분노, 외로움 같은 감정으로 인해 환자를 돌보고 환자의 가족들과 소통하는 능력이 떨어지지 않도록 유의했다.

HALT-PS 점검항목은 정말 효과적이었다. 이를 꾸준히 활용해 온 그는 개인 방호장비를 입고 있는 동안에도 자신의 감정 상태는 어떠한지, 육체적 고통을 무력화하는 데 효과가 있는지 측정했다. 그가 설명했다. "일단 자신이 최상의 컨디션에 있지 않다는 사실을 인식하면, 의식적으로 보상할 수 있습니다." 즉, 병원에서 더 많은 주의를 기울여 자신의 판단을 재확인하고, 온 힘을 다해 환자들을 돌볼 수 있다는 말이다.

그가 흔치 않은 문제들을 겪어 왔지만, 그의 경험에는 우리가 습득해야 할 교훈이 있다. 우리도 우리의 감정 상태에 판단력과 성과를 저해할 여지가 있는지 확인하기 위해 스스로를 인식해야 하며 솔직해져야 한다. 그래야 신중하게 일을 진행해 갈 수 있다.

더 넓게는 차분히 회복력을 발휘하는 생활방식을 익혀야 한다. 가령 멍거는 서재에서 책을 읽든, 친구들과 브릿지 게임을 하든, 혹은 야외에서 골프를 치거나 낚시를 하든 삶의 균형을 유지하고 행복감을 충만하게 하는 활동에 시간을 아끼지 않았다. 그는 또한 일상에서 여유를 가시고 명상을 할 수 있도록 늘 일정을 깔끔하게 관리했다. 일정의 세부 내용은 저마다 다르겠지만, 누구에게나 평정심을 유지하는 습관과 취미가 필요하다.

그런데 사실, 멍거는 대다수 사람들과 달리 자신의 감정을 억제하려고 애쓰지 않는다. 뛰어난 투자가는 감정적이지 않다고 한 막스의 말에 동의하는지 물었더니 멍거가 대답했다. "네. 물론입니다." 투자할 때 초조하거나 두려움을 느낀 적은 없는지 물었을 때는 "아니오"라는 답이 돌아왔다. 그렇다면 멍거는 그런 감정을 느끼지 않기 때문에 그에 맞설 필요가 없는 것일까? 이번에도 "아니오"라는 답이 돌아왔다.

멍거는 주변 일에 쉽게 동요하지 않고, 초연하고 무심한 태도로 집중하는 자유를 누린다. 그에게 있어 투자의 성공 확률이 유리한지 아닌지는 중요한 문제가 아니다. 금융 위기를 겪는 동안 은행주들이 곤두박질쳤을 때, 웰스 파고Wells Fargo(미국의 다국적 금융서비스 기업-옮긴이)의 주가는 "40년에 한 번 올 기회"라고 표현될 정도로 헐값으로 떨어졌다고 멍거는 판단했다. 이에 2009년 3월 주가가 '최저치'를 기록했을 때, DJCO를 위해 웰스 파고의 주식을 매입했다. 이를 두고 그는 합리성과 건전한 판단력의 완벽한 사례라고 말했다. 감정에 휘둘리지 않는 태도를 견지하는 투자자는 소수에 불과하지만, 멍거에게는 타고난 장점이라고 할 수 있다. "버핏도 그렇게 생겨 먹은 사람입니다." 멍거가 말했다.

해로운 감정들은 삶의 즐거움을 해치는 것이기에 멍거는 그런 감정들을 제어하는 법을 배웠다. "미친 듯이 화내는 것, 미친 듯이 분개하는 것, 그런 것들을 모두 피하세요." 멍거가 내게 말했다. "저는 그런 감정이 설치도록 놔두지 않습니다. 그런 감정이 나오도록 놔두지 않아요." 질투도 마찬가지다. 멍거는 일곱 가지 죄악 중 질투가 가장 어리석은 죄라고 생각한다. 질투는 아무런 쾌락도 주지 않을 뿐더러 비참한 감정만 느끼게 한다는 이유에서였다. 그는 또한 자기 자신을 희생양으로 바라보는 경향을 경멸하며, 불평불만이 많은 태도를 용납하지 않는다. 자기 파괴적인 감정들을 완화하기 위한 과정이 있는지 물었더니 멍거가 답했다. "분노해 봐야 어리석은 짓이라는 것을 알고 있습니다. 분개해 봐야 어리석은 짓이라는 것도 알고 있습니다. 그리고 자기 연민에 빠져 봐야 어리석은 짓이라는 것도 알고 있습니다. 그래서 저는 그런 짓을 하지 않습니다. 저는 매일, 온종일 어리석은 짓을 하지 않으려고 애쓰고 있습니다."

평생의 고훈

인터뷰가 끝날 무렵 멍거는 자신의 지팡이를 다시 쥐고, 천천히 DJCO 사무실 로비를 가로질러 임시 단상으로 걸어갔다. 멍거의 모습이 보이자 청중의 박수갈채가 쏟아졌다. 단상 위로 향한 멍거는 혼자서 계단 두 개를 오르는 것도 버거워했다. 그는 가쁘게 숨을 내쉬며 자리에 앉아 자신의 추종자들로 넘치는 강연장을 둘러보았다. 좌석은 모두 차서 많은 사람이 서 있어야 했다. 멍거는 미소를 지으며 올해는 더 많은 사람이 참석했다고 말했다. 많은 사람이 참석한 것은 이 자리가 마지막 기회라고 생각했기 때문이라고 그는 말했다.

멍거는 투자의 대가인 동시에 사람들의 이목을 끄는 능력이 있었다. 그래서 그는 평생에 걸쳐 얻은 교훈을 사람들과 한껏 나누고자 했다. "여러분은 이단자입니다." 멍거가 분위기를 풀려고 말했다. "여러분 중에 먼 길을 오신 분도 계시니 오랜 시간을 함께할까 합니다." 그로부터 두 시간이 넘도록 그는 마흔 개가 넘는 질문을 받으며, 주식시장은 말할 것도 없고 결혼에 관한 이야기까지 세상 모든 일을 두고 가벼운 농담을 던지며 지혜를 전했다.

이후 직업에 관한 조언을 해달라는 요청에 멍거가 의견을 밝혔다. "자신이 비범한 재능을 발휘할 수 있는 분야로 진출해야 합니다. 키가 160cm도 안 되면서 2m가 넘는 사람들과 농구 경기를 하려는 사람은 없겠지요. 자신의 장점이 발휘되는 분야를 찾아야 합니다. 그리고 자신이 매우 흥미를 느끼는 분야여야 합니다."

이어서 중국에 관한 질문을 받자 멍거는 중국의 경제변혁을 높이 평가하면서도 많은 중국인이 도박을 즐긴다며 아쉬워했다. "너무 많은 중국인이 도박을 즐깁니다. 그들은 실제로 운을 믿습니다. 지금 그렇게 하는 건 어리석은 짓이에요. 믿지 말아야 할 게 운입니다. 우리가 믿어야 하는 건 확률이에요." 멍거는 카지노나 경마장 도박에는 전혀 관심이 없다. 이를 두고 멍거가 말했다. "확률이 제게 불리하게 돌아간다면, 저는 그런 게임은 하지 않습니다."

멍거의 투자 파트너십이 50%가 넘는 투자 손실을 보았던 1973~1974년, 당시의 주식시장 붕괴에 관한 질문에 그는 세 가지 경우에 버크셔 해서웨이의 주가가 반 토막이 되었다고 꼭 집어 말했다. "장기적 관점에서 이 게임에 참여할 셈이라면, 너무 야단을 피우지 말고 50% 하락을 잘 다뤄야 합니다. 제가 얻은 교훈을 여러분께 전달하자면, 침착하고 우아하게 50% 하락을 다룰 수 있도록 여러분의 삶을 진두지휘하세요. 그것을 피하려 들지 마세요. 결국 닥칠 일입니다. 사실 그런 일이 없다면 이렇게 적극적으로 대처하라고 하지도 않겠지요."

분산투자에 관한 질문에는 어떤 답이 돌아왔을까? 분산투자는 "아무것도 모르는 사람들에게는 괜찮은 원칙"이라고 멍거는 말했다. 그렇지만 그가 선호하는 전략은 따로 있다. 자주 오는 기회는 아니지만, 이익이 발생할 확률이 손실이 발생할 확률보다 큰 때를 기다리는 것이다. 일단 기회가 오면, '진취적인 자세'로 그 기회를 붙잡는 것이 그의 방식이다. 멍거는 가족이 소유한 재산을 거의 버크셔 해서웨이와 코스트코, 리 루가 선별한 중국 주식 포트폴리오에 투자했다고 말했다. 이 세 종목에 대한 투자가 실패할 확률은 '제로'에 가깝다고 멍거는 말했다.

마지막으로 인덱스펀드에 관한 질문을 받은 멍거는 투자업종이 인덱스펀드로 인해 큰 타격을 입은 이야기를 꺼냈다. 액티브펀드 매니저들의 상당수는 시간이 지나면서 주가지수 수익률을 초과하지 못할 것이다. 이는 그들이 가치를 창출하지 못하면서 보상으로 수수료를 쓸어 담는다는 의미이다. "정직하고 분별 있는 사람들은 자신들이 제대로 전달할 수 없는 상품을 판매하고 있다는 사실을 알지요." 멍거가 입을 열었다. "대개는 그 사실을 부정하면서 상품을 취급하고 있습니다. 그 상황은 이해가 됩니다. 다만 저는 제 무덤을 파고 싶진 않습니다."

주주총회가 막바지에 이르자 사람들이 흩어지기 시작했다. 하지만 멍거는 자리를 지키고 있었다. 곧이어 독실한 추종자 수십 명이 그의 주변으로 모여들었다. 그리고 그는 질문에 답하면서 두 시간을 더 보냈다. 그러고는 씨즈 땅콩 캔디 상자를 열었다. 기분 좋게 땅콩을 씹던 멍거는 즐거워하는 그의 팬들에게 상자를 건넸다. 그가 앉아 있는 자리에서 1m 정도 떨어져 서 있던 나는 그에게서 눈을 떼지 않고, 간간이 평소 궁금했던 것들에 관해 물었다. 그를 보며 가장 깊은 인상을 받았던 것은 '영혼의 관대함'이었다. 이 병약한 스승이 제자들에게 보이는 인내와 관심, 친절한 행동을 보고 매우 감동했다.

멍거는 금융계를 개척해 온 여정을 되돌아보았다. 그가 승리의 규모가 아닌 승리를 이끈 방식을 가장 소중히 했다는 점이 분명해졌다. 그가 버핏과 함께 '일생일대의 거래'를 기꺼이 거부했던 시절이 있는데, 코담배 제조업체를 인수할 기회를 차버린 것이었다. 당시 단 한 가지가 마음에 걸렸는데, 회사가 발암물질이 포함된 중독성 제품을 팔아 부를 축적했다는 사실이었다. 결국 프리츠커 Pritzker 일가가 단념하지 않고, 그 보기 추악한 보물을 인수했으며 30억 달러의 이익을 창출했다. 그렇지만 멍거는 전혀 후회하지 않는다. "그걸로 크게 한몫 잡느니, 우리가 들여다보는 것이 치명적인 제품이라는 사실을 아는 편이 낫습니다." 멍거가 소신을 밝혔다. "우리가 그런 거래를 해야 할 이유가 있을까요?"

멍거에게 목표란 수단과 방법을 가리지 않고 쟁취하는 것이 아니었다. "아버지에게 돈은 매우 중요한 것이었어요." 멍거의 딸 몰리는 아버지에 관해 이렇게 말했다. "그러나 부정행위로 이기는 것, 혹은 생존을 위한 투쟁에서 이기고 지는 것, 아버지는 결코 그런 문제를 고려하지 않았어요." 재닛 로우 Janet Lowe가 멍거의 투자 인생에 관해 저술한 《찰리 멍거 자네가 옳아! *Danm Right!*》에서 버핏이 작성한 서문을 보면 몰리의 이야기가 더 깊이 와닿는다. "41년 동안 나는 찰리가 누군가를 이용하려 드는 모습을 단 한 번도 본 적이 없다. 그는 모두 알고 있다는 듯이 나나 다른 사람들이 더 나은 거래 결과를 만들도록 이끌었으며, 일이 틀어질 때면 늘 순전히 자신의 탓으로 돌렸고, 반대로 일이 잘 풀릴 때면 자신의 공로를 내세우지 않았다. 그는 관대함이 무엇인지 누구보다 잘 알고 있다."

멍거는 전통의 가치가 주입된 계몽된 형태의 자본주의를 구현한다. 이런 점에서 그는 비용을 늦게 지급하여 공급업체들에 횡포를 부리는 식의 비열한 방법을 탐탁지 않게 여긴다. "제 인생관은 윈윈 win-win 입니다." 멍거가 입을 열었다. "공급업체들이 저를 믿고, 저 또한 그들을 믿는 관계가 되면 좋겠습니다. 그들에게서 뜯어낼 만큼 뜯어내는 일은 하고 싶지 않습니다." 그렇지만 공정하지 않은 방식으로 부를 쌓는 사람들이 많은 현실에서 그는 어떻게 공정성에 대한 신념을 실현할까?

이 물음을 두고 멍거는 억만장자이자 미디어 거물이었던 섬너 레드스톤 Sumner Redstone 에 관한 이야기를 꺼냈다. 레드스톤은 남다른 경쟁심으로 도전의 연속인 인생을 살았다. 맨손으로 미디어 업계에 뛰어들어 바이어컴 Viacom 과 CBS를 인수하여 미디어 황제로 명성을 떨쳤던 인물이다. "그의 아내들과 아이들은 말할 것도 없고, 그를 좋아한 사람은 거의 없었습니다." 멍거가 레드스톤에 관해 이야기했다. "섬너 레드스톤과 저는 하버드대학교 로스쿨을 졸업했습니다. 대략 1년 정도 차이가 납니다. 레드스톤이 저보다 더 많은 돈을 벌었습니다. 그래서 그가 더 성공했다고 말할지 모르겠지만, 저는 그렇게 보지 않습니다. 이건 금융시장에 한정된 이야기라고 생각하지 않아요. 저는 평생 제가 되고 싶지 않은 모습을 말할 때, 섬너 레드스톤을 예로 듭니다."

행복한 삶을 영위하는 방법에 관해 그와 비핏에게서 무엇을 배울 수 있는지 묻자 그는 자신과 버핏이 맺은 관계의 질, 예의 바르고 신뢰할 수 있는 사람과 동업자가 되는 기쁨에 관해 설명했다. "워런은 제게 대단한 동업자였습니다. 저 또한 워런에게 좋은 동업자였고요. 좋은 동업자를 만나고 싶다면, 좋은 동업자가 되세요. 매우 단순한 시스템으로, 이 시스템은 아주 잘 작동했습니다." 결혼에도 같은 원칙이 적용된다고 멍거는 말했다. "좋은 배우자를 만나고 싶다면, 그럴 자격이 있어야 합니다."

최선의 노력을 다했음에도 불구하고 멍거는 고통을 자신의 몫으로 견뎌냈다. 그의 첫째 아들 테디Teddy가 백혈병 투병 중에 아홉 살의 나이로 세상을 떠난 일은 평행 잊히지 않았다. "천천히 다가온 비참한 죽음이었습니다. 결국 죽음이 다가온 것을 알았고, 아들에게는 줄곧 거짓말을 했습니다. 고통 그 자체였습니다." 그는 이혼도 했다. 한쪽 눈도 잃었다. 게다가 두 번째 아내 낸시Nancy가 52년간의 결혼생활 끝에 유명을 달리했다. "삶은 역경의 연속입니다. 다만 각각의 역경이 못되게 구는 어떤 것이라기보다는 올바르게 행동하기 위한 기회라는 개념으로 바라보는 것이 아주, 아주 좋은 생각입니다." 멍거가 말을 이어갔다. "고난이 다가오면 그대로 받아들이는 것 같습니다. 축복 또한 다가오면 받아들입니다. 그 가운데 최선을 다해 퍼즐을 푸는 것을 즐기세요."

유머 감각을 가지는 것 또한 인생을 살아가는 데 도움이 된다. DJCO의 주주총회에서 멍거가 연애 실패담을 소개할 때, 늘 회의의 하이라이트를 장식한다. 80년 전으로 거슬러 올라가 고등학생 시절, 깡마른 데다 키도 작았던 멍거는 신입생 때 '금발의 여신'을 댄스파티에 초대했다. 그녀에게 깊은 인상을 주고 싶은 마음에, 멍거는 담배를 피울 줄 아는 척했다. "그녀는 망사 드레스를 입고 있었고, 저는 그녀에게 불을 붙이고 말았지요." 멍거가 이야기를 이어갔다. "머리를 빨리 굴려, 그녀에게 코카콜라를 부었습니다. 머지않아 불이 꺼지더군요. 그리고 그날 이후로 금발의 여신을 만나지 못했습니다."

멍거는 다섯 시간 동안 쉬지 않고 이야기보따리를 풀어놓은 후에야, 또 다른 회의 일정이 있다는 이야기를 꺼냈다. 나는 그에게 팔을 내밀어, 그가 단상에서 조심히 내려올 수 있도록 도왔다. 회의실을 나가는 그의 뒷모습을 보니 경외심이 솟구쳤다. 위대한 현인이 준 가르침이 깊은 여운을 남겼다.

더 부유하게, 더 현명하게, 더 행복하게

> "오직 작은 종잇조각을 사서 부자가 되어야
> 삶에서 성공했다고 말할 수 있다면, 그것은 진정 실패한 삶이다.
> 인생이란 약삭빠르게 부를 축적하는 일만으로는 충분히 채울 수 없다."
>
> _찰스 멍거

과거 한 기자가 밥 말리Bab Marley에게 물었다. "말리 씨는 부자인가요?" 그러자 이 음악가는 조심스럽게 답했다. "기자님이 말하는 부는 무엇을 의미하나요?" 기자는 구체적으로 물었다. "말리 씨는 많은 것을 소유하고 있지 않나요? 은행에 많은 돈이 있지요?" 이에 말리는 다시 질문으로 대답을 대신했다. "돈이 기자님을 부유하게 만드나요? 저는 그런 유의 부유함은 없습니다. 제게 부란 제 삶 그 자체예요, 영원히."

지난 반세기 동안 나는 세계 최고의 투자가들을 찾아다녔다. 그들을 인터뷰하고, 그들의 삶을 들여다보는 데 엄청난 시간과 에너지를 쏟아부었다. 그 기나긴 여정에서 나는 사람을 부유하게 만드는 것은 과연 무엇일지 깊이 생각해 보았다. 겉으로 봐서는 내가 인터뷰한 투자가들이 최후의 승자들이다. 그들은 하나 같이 거의 상상할 수 없는 수준으로 소위 대박을 터트렸으며, 그 덕분에 으리으리한 저택과 요트, 개인 전용기는 말할 것도 없고, 미술품부터 경주용 자동차에 이르기까지 세계 최고의 수집품들을 소유하게 되었다. 하지만 이러한 것들이 실제로 그들에게 어떤 의미가 있을지 궁금해졌다. 얼마나 소유해야 만족이 될까? 삶에 있어서 물질적 풍요가 진정한 풍요의 핵심이 아니라면, 무엇이 진정한 풍요로움에 다다르게 해줄까?

그 모든 골동품과 전리품은 당연히 기대한 만큼 기쁨을 준다. 다만 그러한 것들이 그다지 많지 않다. 존 템플턴 경은 과거에 이렇게 썼다. "유형의 자산은 위안을 주지만, 행복이나 유용함에는 별 도움이 되지 않는다. 실제 오류 중 하나는 행복이 외부의 상황과 환경에 달려 있다는 통속적인 관념이다." 그의 말에는 틀린 구석이 거의 없었다. 행복에 이르는 데 있어, 육체적 쾌락은 일시적이며 신뢰할 수 없는 길로 우리를 이끈다. 이는 선불교 승려가 되어 깨달음을 얻어야만 알 수 있는 것이 아니다. 그래도 한 가지 사실을 짚고 넘어가겠다. 햇살이 반짝이는 바하마, 세계적인 부호들이 모여 사는 그곳의 아름다운 저택에서 살기로 한 것은 템플턴 경 그 자신의 선택이었다. 그의 선택은 외부환경이 어느 정도 우리의 행복감에 영향을 미친다는 점을 암시한다.

삶의 환희가 물씬 풍기는 전설의 도박사이자 세계 최고의 투자가인 에드워드 소프는 행복해질 확률을 높이도록 삶을 가장 잘 구성하는 법을 두고 특유의 합리적 사고를 했다. 그가 삶을 풍요롭게 만들고자 내린 결정은 캘리포니아주 뉴포트 비치의 해변에서 태평양 위로 장엄한 일몰을 볼 수 있는 집을 사는 것이었다. "말할 것도 없이, 최고의 장소입니다. 즐겁게 시간을 보낼 수 있는 곳이죠." 소프가 자신의 집을 소개했다. "스모그와 쓰레기, 변덕스러운 날씨에 짜증 나는 소음까지. 게다가 다른 장소로 이동할라치면 온갖 고생을 해야 합니다. 그렇게 혼잡하고 정신없는 도시에서 살아아 할 이유가 있을까요? 저는 화장하고 쾌적한 곳에서 살겠습니다. 야외에서 마음 편히 운동할 수 있고, 자연의 아름다움을 만끽할 수 있지요. 해변을 따라 도보여행도 할 수 있고, 바다로 나갈 수도 있지요. 스쿠버 다이빙도 할 수 있습니다."

박봉의 수학 교수로 인생의 첫발을 내딛던 소프는 투자에 성공해 호사를 누리는 것에 감사한다. 정말 아끼는 소유물이 있는지 넌지시 그에게 물었더니, 그는 활짝 웃으며 이렇게 답했다. "제 테슬라를 맘껏 즐깁니다. 세상 최고의 차입니다." 그렇더라도 그는 더 많은 돈, 더 많은 집, 더 많은 차, 그 외 더 많은 것을 축적해야 더 행복해진다는 망상에 사로잡히는 법이 없었다. "누구와 함께 시간을 보내는가는 아마 삶에서 가장 중요한 일이겠지요." 55년의 결혼생활 끝에 홀아비가 되었다가 재혼한 경력이 있는 소프는 이렇게 말했다. "물건을 쌓아두기만 하는 사람들은 이해하지 못합니다. 그런 사람들은 많은 걸 소유하겠지만, 평생 그것들을 쫓다가 인생을 모두 날려버릴 겁니다."

소프가 알려주듯이, 대개 돈과 소유물을 지나치게 쫓다가 정작 중요한 것을 보지 못할 때 문제가 발생한다. 소프는 헤지펀드 매니저로 활동하면서 거뜬히 주주들을 현혹해 더 많은 것을 챙길 수도 있었다. 그러나 그는 그렇게 하지 않았다. 그보다는 만약 자신이 고객이라면, '공정하고 합리적'으로 생각하는 게 어떤 것일지 스스로 물음을 던졌다. 그런 다음, 그는 자신의 고객이 벌어가야 자신도 벌 수 있는 보상책을 마련했다. "일반적으로 일관성도 없는 데다 남을 신경 쓰지 않고 터무니없는 짓을 하며 남에게서 뜯어내기만 하는 사람들이 우위에 있는 것 같습니다." 소프가 이어서 말했다. "반면에 제 경우는 사람들이 원하는 것을 얻는 데 우위가 있는 것 같습니다. 죽은 생물체에서 더 많은 먹을거리를 뜯어낼 수 있을 겁니다. 하지만 그건 진정한 풍요가 아닌데, 사람들은 이를 깨닫지도 못합니다. 그러다 모든 게 끝나고 나서야 인생을 허비했다는 것을 알게 됩니다."

이 모든 사항은 우리에게 경각심을 불러일으킨다. 돈 때문에 기꺼이 모든 것을 희생할 것인지 깊이 인식해야 한다는 말이다. 이를테면, 가족이나 친구들과 소중한 관계를 유지하는 일, 재능과 포부를 단념하면서까지 성취해야 하는 것, 물질적으로 도움 되지 않는 경험을 즐기는 일, 종종 이익을 위해 버려야 하는 가치 따위가 있을 것이다.

살아오면서 내린 선택 중에 후회스러운 것이 있는지 소프에게 물어보니 간단한 답이 돌아왔다. "제가 세운 원칙에 따른 선택에는 그 어떤 후회도 하지 않습니다." 결국 인생의 성공과 충만한 삶에는 자존감이 한 축을 차지하고 있으며, 올바르게 행동하고 다른 사람들에게 해를 입히지 않으려고 노력하는 가운데 그러한 자존감이 형성된다는 점을 다시금 일깨우게 된다. 우리가 어떤 결점을 가졌든 얼마나 많은 실패를 했든 상관없이, 우리는 그러한 노력을 끊임없이 이어가야 한다.

탁월한 식견과 경험을 함께 나눈 이 시대 최고의 투자가들이 극도의 인내와 관대함을 발휘하며, 열린 마음으로 도와주었기에 이 책이 세상에 나올 수 있었다. 나는 그들과 며칠을 함께 보내기도 했고, 수년간 인연을 이어가며 많은 대화를 나누었다. 그 대화의 기록에는 그들이 투자와 삶에서 겪은 고난을 극복한 지혜와 새로운 도전을 승리로 이끈 전략들이 가득하다. 그 보석 같은 이야기들은 내게 최면을 걸어, 내 안의 잠재력을 깨워주었다. 현명한 투자법, 단순하고도 합리적인 사고방식, 역경을 이겨낸 용기와 행복하고 충만한 삶의 가능성을 높이는 마음가짐까지, 비즈니스와 인생에 있어 가장 가치 있는 교훈을 공유해 준 40인의 투자가들에게 깊은 감사의 마음을 전한다.

위대한 투자가들의 뛰어난 투자론과 삶의 철학으로 이 책은 빛을 띠게 되었다. 이들의 이름을 일일이 열거하기에 지면이 모자랄 정도다. 찰리 멍거, 에드워드 소프, 하워드 막스, 조엘 그린블라트, 빌 밀러, 모니시 파브라이, 톰 게이너, 가이 스파이어, 프레드 마틴, 켄 슈빈 스타인, 매튜 매클래넌, 제프리 건들라흐, 프랜시스 추, 토마스 루소, 찰스 아크레, 리 루, 피터 린치, 팻 도시, 마이클 프라이스, 메이슨 호킨스, 빌 애크먼, 제프리 비닉, 마리오 가벨리, 로라 게리츠, 브라이언 맥마혼Brian McMahon, 헨리 엘렌보겐Henry Ellenbogen, 도널드 야크만Donald Yacktman, 빌 나이그렌, 폴 룬치스, 제이슨 카프, 윌리엄 다노프, 프랑수아 로숑, 존 스피어스John Spears, 조엘 틸링해스트, 콰이스 자카리아, 닉 슬립, 폴 아이작Paul Isaac, 마이클 자파타, 폴 야블롱Paul Yablon, 휘트니 틸슨, 프랑수아 마리 보이칙, 사라 케터러Sarah Ketterer, 크리스토퍼 데이비스, 람데오 아그라왈Raamdeo Agrawal, 아놀드 반 덴 버그Arnold Van Den Berg, 마리코 고든Mariko Gordon, 장 마리 이베이야르 그리고 존 템플턴 경, 어빙 칸, 빌 루안, 마틴 휘트먼, 존 보글까지, 이 모든 분께 진심으로 감사드린다.

지치지 않는 열정이 무엇인지 몸소 실천하고 보여준 저작권 담당자 짐 리바인Jim Levine에게 말로 표현할 수 없을 정도로 감사하다. 리바인보다 좋은 파트너는 세상 어디에도 없을 것이다. 예리한 지성, 사려 깊은 편집, 완벽주의로 대표되는 스크리브너Scribner 출판사의 편집장 릭 호간Rick Horgand에게도 감사의 마음을 전한다. 내 원고를 받아준 스크리브너의 난 그레이엄Nan Graham, 로즈 립펠Roz Lippel, 콜린 해리슨Colin Harrison에게도 감사드린다. 이 책의 작업에 참여한 스크리브너 최고의 팀, 스티브 볼트Steve Boldt, 댄 커디Dan Cuddy, 베켓 루에다Beckett Rueda,

자야 미셸리Jaya Miceli에게도 감사의 마음을 전한다. 내가 좋아하는 작가들의 신성한 고향, 스크리브너에서 내 책이 출간되는 놀라운 특권을 누렸다.

그간 나에게 아낌없는 지원과 지지를 보내준 지인과 동료가 너무 많아서 한 분 한 분 만나 뵙고 인사드리지 못해 죄송한 마음이다. 그래도 생각나는 대로 감사의 마음을 전하고자 한다. 먼저 오랜 친구이자 나의 챔피언인 가이 스파이어에게 특별히 고맙다는 말을 전한다. 사람들을 돕고, 친선을 확대하는 일에서 삶의 기쁨을 찾는 스파이어는, 특히 모니시 파브라이, 켄 슈빈 스타인, 닉 슬립을 소개해 주는 등 이 책을 집필하는 데 많은 도움을 주었다. 그리고 특출난 작가인 존 거트너에게 특별히 감사드린다. 거트너는 내게 정신적 지지를 아끼지 않았을 뿐 아니라 내 책의 기획안을 작성하는 데 많은 도움을 주었다.

한 사람 한 사람이 특별한 가족의 구성원으로 속하게 된 것은 내 인생 최고의 행운이다. 큰형 앤드루 그린Andrew Green, 사랑스러운 형수님 제니퍼 허슐Jennifer Hirschl 그리고 처가 식구들 마빈 쿠퍼Marvin Cooper, 조안나 쿠퍼Johanna Cooper, 낸시 쿠퍼Nancy Cooper, 브루스 멜처Bruce Meltzer에게 특별히 감사의 마음을 전한다.

마지막으로 이 모든 걸 가능하게 해준 우리 가족에게 이 책을 바치고 싶다. 어머니 메릴린 그린Merilyn Green은 내게 어떤 어려움에도 오뚝이처럼 일어서는 강인함을 가르쳐준 분으로, 언제나 지지를 아끼지 않았다. 작고하신 아버지 배리 그린Barry Green은 내가 언어에 대해 애정을 가지고, 투자에 열정을 가지도록 동기를 불러일으켜 주셨다. 내 아들 헨리 그린Henry Green은 내게 없어서는 안 될 문학적 동반자로서 이 책의 모든 과정에서 그 역할을 다해주었다. 헨리는 이 책의 배경 자료를 철저히 조사하여 내게 알려주었고, 내가 진행한 인터뷰 내용을 꼼꼼히 기록하는 동시에 사실관계들을 확인해 주는 등 집필 작업을 도왔다. 내 딸 매들린 그린Madeleine Green은 나와 정서적으로 끈끈하게 연결되어, 언제나 나를 격려해 주었다. 다음으로 이 세상 누구보다도 나를 친절히 보살펴주는 내 아내 로런 쿠퍼Lauren Cooper에게 진심으로 고맙다고 말하고 싶다.

프롤로그

1. 러니언이 발표한 단편 명작 중 하나이자 뮤지컬 〈아가씨와 건달들Guys and Dolls〉의 원
    작인 〈사라 브라운 양의 서사시The Idyll of Miss Sarah Brown〉에 나오는 이야기. '스카이'
    라고 불리는 뉴욕 최고의 도박꾼이자 극의 주인공은 자만심의 위험에 관해 아버지로
    부터 값진 충고를 얻는다. 투자자라면 내면에 각인해야 할 경고였다. "아들아." 노인이
    말한다. "얼마나 멀리 떨어진 곳을 여행하든, 네가 얼마나 똑똑해지든, 늘 잊지 말아야
    할 게 있어. 어느 날, 어디선가 네 앞에 나타나 봉인도 채 뜯지 않은 카드 한 벌을 보
    여 주는 작자가 있을 거야. 이 작자는 박스에서 스페이드 잭 카드가 튀어나올 거고 그
    러면 네 귀에 사이다를 붓자며 내기를 제안할 거야. 하지만 아들아." 노인은 말을 잇는
    다. "그 작자와 내기를 해서는 안 된다. 네가 이길 거라는 확신이 크면 클수록 네 귀에
    사이다가 넘칠 가능성이 크기 때문이야."

2. 소프는 코로나19로 인해 자신이 죽게 될 확률을 어떻게 계산했을까? "87세 노인 남
    성들을 무작위로 추출하여 진행한 조사에서 바이러스에 감염된다면 사망 가능성이
    대략 20%에 이르렀습니다." 소프가 내게 말했다. "수많은 87세 남성 노인들이 심각한
    지병을 앓고 있지만, 저는 그렇지 않기 때문에 제가 죽을 위험성은 낮습니다. 저는 동
    반질환(한 환자가 두 가지 만성질환을 앓는 상태-옮긴이)을 가지고 있지 않습니다. 게다가
    건강에 매우 신경을 쓰고 있답니다. 그리고 저는 제 나이에 딱 맞는 건강 상태입니다.
    그래서 제가 바이러스로 죽을 확률이 2~4%라고 계산했습니다. 하지만 이것도 여전
    히 높은 수치죠."

1장 | 워런 버핏을 복제한 남자

1. 파브라이의 물음에 대한 답은 무엇일까? 내게는 영원히 풀리지 않는 아리송한 수수께
   끼다.

2. 1999년 설립 초기, 그의 초창기 파트너십(파브라이 인베스트먼트 펀드)에 투자한 경우
   를 추정했다. 이 펀드는 2018년 3월 31일까지 유지되었다. 파브라이는 초기 투자자
   들에게 원금 손실액 보존을 보장했다. 이것이 부담될 정도로 너그러운 정책이라는 것
   을 깨닫고, 펀드를 폐쇄한 다음, 파브라이 인베스트먼트 펀드 2와 합병했다. 여기서 수
   익률 변동이 걷잡을 수 없이 심했다는 사실에 주목해야 한다. 예를 들어, 2020년 전
   반기에 15.1%의 손실로 어려움을 겪다가 S&P 500 지수의 218.4% 수익률에 대비
   해 수익률이 671.3%까지 올라갔다. 그가 가진 장점 중 하나는 매우 고통스럽고 어려
   운 상황에서도 전혀 흔들리지 않는다는 점이다.

3. 1949년에 출간된 《현명한 투자자》를 두고 버핏은 "역대 최고의 투자서"라고 평가했다.

4. 파브라이는 또한 부동산 투자 실적이 '거의 완벽한' 수준인 버핏이 개인 포트폴리오에
   세리티지 지분을 소유한 점이 마음에 들었다. "우리는 그의 접근법을 복제하는 데 그
   치지 않습니다." 파브라이가 내게 말했다. "지급한 가격의 1/5이나 1/6을 그의 포지션
   으로 취급한 것도 직접 복제하고 있습니다." 고백하자면, 복제 전문가를 복제하여 나
   역시 팬데믹 위기가 한창이던 시기에 세리티지에 투자했다.

5. 대다수의 헤지펀드는 수익의 20%에 더해 2%의 관리 수수료를 부과한다. 이는 파브
   라이가 "앞면이 나오면 성공이고, 뒷면이 나와도 큰 실패가 아닌 동전 던지기 같은 결
   과"라고 설명하는 보수 체계이다. 가령, 펀드가 수익 10%를 달성하면, 주주들은 (수수
   료를 제외한 후) 6.4%의 수익만 가져간다. 이처럼 과도한 마찰비용으로 인해 헤지펀드
   투자자들은 장기적으로 시장을 침체시키는 계층이 되는 운명에 처한다. 이와는 대조
   적으로 파브라이가 10%의 수익을 달성한다면, 그의 주주들은 9%의 수익을 받는다.
   2008~2009년 금융 위기 이후로 몇 년간 그는 수수료를 한 푼도 받지 않았다. 그 당
   시 파브라이는 내게 이렇게 말했다. "신선한 공기와 물, 땅콩을 먹고 살아왔지요. 양고
   기와 카레를 먹을 준비가 되었습니다." 2017년 축제일이 찾아왔다. 그의 주력 펀드가
   92.2%의 수익률을 달성했으며, 그는 성과보수로 4,000만 달러 이상 벌어들였다.

6. 파브라이는 어디서 투자 아이디어를 얻었을까? 버핏, 테드 웨슐러Ted Weschler, 세스
   클라르만Seth Klarman, 데이비드 아인호른David Einhorn 같은 일류 투자가들의 포트폴
   리오를 분석하여 아이디어를 차용한다. 파브라이는 그들이 가장 선호하는 서너 개의

종목(헤지펀드 매니저들이 매 분기에 제출한 13F 보고서13F filings에 공개된 종목들)을 훑어보며 투자가들이 마음에 들어 한 이유를 알아내려고 애쓴다. 처음에는 웨슐러와 아인호른이 제너럴 모터스General Motors를 선호한 이유를 이해하지 못했다. 명백한 실패작으로 보였다. 그러다 한 달 반을 집중한 끝에 이유를 알아냈다. 그들의 투자는 수익성이 엄청난 자동차 종목, 무엇보다 특히 피아트 크라이슬러Fiat Chrysler로 이어졌다.

7. 사실을 그대로 전달하기 위해 스파이어가 나의 가장 친한 친구 중 한 사람이라는 사실을 언급할 수밖에 없다. 나는 스파이어의 헤지펀드 아쿠아마린에 20년 동안 투자했다. 또한 그의 펀드에 관한 연례 보고서를 몇 차례 작성했다. 나는 그의 투자회사 이사회의 고문이기도 하다. 게다가 그의 회고록《워런 버핏과의 점심식사, 가치투자자로 거듭나다The Education of a Value Investor》의 집필을 돕기도 했다. 달리 말해서, 나는 스파이어에 대한 매우 면밀한 관찰자이지만, 공정한 관찰자는 아니다.

8. 아내와 두 딸을 데리고 버핏을 만난 이후 파브라이는 이혼했다.

9. 게린은 1972년에 42%, 1974년에 34.4%의 손실을 봤으며, 투자자들까지 큰 손해를 보게 되었다. 그렇기는 하지만 9년에 걸친 복리 수익률은 수수료를 제외하고 23.6%였다.

10. 파브라이는 인도 같은 저개발 시장에서 투자하는 경우 해당 방침에 예외를 둔다. 이 경우에 경영진을 신뢰해도 될지는 직접 판단하려고 한다.

11. 짐작했겠지만, 스와미 비베카난다는 투자로 찬란한 영광을 누리는 방법에 대해 말하고 있지 않았다. 그보다는 요가전문가 지망생들에게 '영적 거인'이 되는 법을 설파하고 있었다. 깨작거리는 습관을 완전히 버리고, 단 하나의 목적에 집중하라고 그는 충고했다. "극도의 인내심, 극도의 의지를 갖춰야 성공합니다. '대양을 마셔버릴 테야.' 불굴의 영혼이 말합니다. '내 마음대로 산들을 바스러뜨릴 거야.' 이런 유형의 에너지, 이런 유형의 의지를 다져야 합니다. 부단히 정진하세요. 그러면 목표에 도달할 겁니다."

12. 2018년 말, 파브라이의 가족은 닥샤나 재단에 2,700만 달러 이상 기부했다. 외부 최대 기부자는 페어박스 파이낸셜 홀딩스Fairfax Financial Holdings의 CEO 프렘 왓사Prem Watsa와 인도에서 두 번째 부자로 꼽히는 라다키샨 다마니Radhakishan Damani이다.

13. 내가 만난 사람 중 가장 닮고 싶은 사람이기도 한 대령은 딸을 잃은 사연으로 깊은 사명감을 가졌다. 신이 그에게서 아이 하나를 데려가 천 명의 아이들을 선사했다고 내게 말한 적이 있다.

14. 이 책의 초고를 읽고 내게 이메일을 보낸 스파이어는 복제에 대한 파브라이의 접근법을 두고 '시치미 뚝 떼는 모습'이 보이지 않는다고 강조했다. "걱정되는 부분이 있습니

다. 파브라이가 올바른 것을 복제했을 때 눈여겨볼 만한 격렬하고 거친 모습이 있습니다. '뻔뻔한 복제 전문가'가 그걸 제대로 담아내지 않았네요. 이 책에서 보여 주는 그의 성격에 깔린 근본적인 것들이 모두 그렇게 보입니다. 목적을 달성하려고 하는 아주 강렬하고 거친 성격이 차분한 겉모습에 가려져 있습니다."

15. 색스의 자서전《온 더 무브On the Move》를 읽으면서 그의 글이 또한 복제의 산물이라는 사실을 발견했다. 환자들의 흥미로운 신경질환 사례를 소개한 신경외과 전문의 색스는《모든 것을 기억하는 남자The Mind of a Mnemonist》를 읽었던 당시를 떠올렸다. 러시아 출신의 신경심리학자 알렉산드르 로마노비치 루리야A. R. Luria가 1968년에 집필한 이 책은 무한한 기억력을 가진 한 남자의 임상을 기록한 것이다. 이 책을 두고 색스는 "《깨어남Awakening》뿐 아니라 내가 쓰는 모든 글에 모범이 되어 내 삶의 초점과 방향을 전환시켰다"고 말했다. 루리야의 책을 읽다가 그 역시 복제 전문가였다는 점을 발견하니 몹시 흥분되었다. 환자의 임상 기록을 작성하던 루리야는 이렇게 말했다. "1887년 집필된《상상의 초상화Imaginary Portraits》에서 월터 페이터Walter Pater의 자취를 따라갔다." 복제 전문가를 찾아 나선 이후 경영을 비롯해 다양한 분야에서 복제 전문가들을 찾아냈다. 이를테면, 멍거는 월마트의 성공을 설명하면서 의견을 말했다. "샘 월튼은 실질적으로 아무것도 만들어내지 않았어요. 그래도 누군가가 영리하게 했던 일이라면 모두 따라 했습니다. 더욱 광적으로 그렇게 했지요. 그래서 그 모든 것으로 제대로 한 방을 쳤습니다."

2장 l 기꺼이 혼자가 되려는 의지

1. 아스퍼거 증후군과 같은 진단명을 두고 논란의 여지가 많다는 점을 먼저 이해해야 한다. 아스퍼거 증후군은 나치에 부역하고 '아동 안락사' 정책에 협조한 소아과 의사(한스 아스페르거)의 이름이 붙여진 말로 고기능 자폐증의 형태를 가리키기도 한다. 여기서는 위대한 투자자들을 두고 서투른 진단을 하기보다는 그들이 대개 기질 면에서 우위를 가지도록 만들어졌음을 넌지시 알려주고자 한다.

2. 오늘날 대략 18만 3,000달러에 상응하는 금액이다.

3. 거래와 관련한 실제 내용은 다소 암울하다. 이에 관해 우리가 알고 있는 부분은 1626년 어느 네덜란드 상인이 쓴 편지의 내용을 바탕으로 한다. 그처럼 정치적으로 유리하지 않은 시대에 그는 이런 내용을 썼다. "상인들이 미개인들에게 60길더guilder로 값

을 치르고 맨해튼 섬을 샀습니다."

4. 로렌 템플턴은《더 템플턴 터치》에서 이렇게 말했다. "할아버지가 워낙 절제력이 대단
    하셔서 비생산적인 사고를 조금도 용납하지 않으셨어요. 비생산적인 사고가 감지되
    면, 그것을 붙잡고 아예 씨를 말려 버릴 정도로 흔적도 없이 제거해야 한다고 할아버
    지가 말씀하신 적이 있습니다."

3장 | 영원한 것은 없다

1. 미국에 선불교를 전파한 스즈키 순류 선사는 제행무상 諸行無常의 가르침을 전했는데,
    이는 '모든 것은 변하고 있다'로 번역된다.

2. '성장주 투자의 아버지'로 불리는 프라이스는 1937년 자신의 이름을 붙인 회사를 설
    립했다. 그 회사는 현재 자산이 1조 원이 넘는 거대 글로벌 기업으로 성장했다.

3. 막스와 마찬가지로 워런 버핏도 자신이 1930년 미국에서 태어난 것이 '난소복
    권 ovarian lottery'에 당첨된 덕분이라고 자주 말했다. 버핏은 모니시 파브라이, 가이 스
    파이어와 함께 점심을 먹으면서 빌 게이츠와 함께 중국을 여행하던 중 해안가로 배를
    끌던 젊은 현지 남자를 지켜봤던 일화를 소개했다. 자신의 통제를 넘어서는 팔자로 인
    해 그 남자에게만 많은 기회가 닫혀 있다는 사실을 깨닫고 버핏은 머리를 한 방 얻어
    맞은 것 같았다. 만약 자신이 중국에서 태어났다면 벤저민 그레이엄의 책이 중국어로
    번역될 일이 없었을 테니 그의 책을 읽지 못했을 것이고, 투자업계에 발을 들일 일이
    전혀 없었을 것이라고 버핏은 말했다.

4. 최근에 보고된 연구 결과에서 동일한 위험을 강조했다. 칼라모스 인베스트먼트
    Calamos Investment의 보고서에 따르면, 1998~2017년 S&P 500 지수의 연간 수익률
    이 7.2%를 기록했다. 그 20년 동안 호황을 누렸던 20일을 놓쳤다면, 연간 수익률이
    1.1%로 떨어졌을 것이다.

5. 니프티 피프티의 인기가 정점에 달했던 1972년에 폴라로이드는 94.8%의 주가수익
    률을 자랑했다. 1974년 시장이 바닥을 칠 때까지, 폴라로이드의 주가는 91%나 떨어
    졌다. 에이본은 86% 하락했으며, 제록스는 71% 떨어졌다.

6. 막스는 취약성에 관해 이야기하면서 나심 니콜라스 탈레브 Nassim Nicholas Taleb가《안
    티프래질 Antifragile》에서 사용한 용어를 빌려 쓰고 있다. 한편 막스는 탈레브의 다른
    저서 중《행운에 속지 마라 Fooled by Randomness》를 읽고 매우 깊은 감명을 받았다.

7. 신젠 영은 평정을 "즐거움과 고통이 자기 간섭 없이 확대되고 축소되는 초연하고도 평온한, 있는 그대로의 상태"라고 설명한다. '있는 그대로'를 인식하고 받아들이며 그러한 무반응 상태에서 명료성을 가지고 논리적으로 반응한다는 점에서 평정은 막스가 시장을 바라보는 방식과 크게 다르지 않다.

4장 | 회복력 있는 투자자

1. 벤저민 그레이엄이 인연을 맺은 컬럼비아대학교는 가치투자 이론을 설파하는 지적 허브가 되었으며 지금까지도 그 역할을 유지하고 있다. 컬럼비아대학교에서 공부하며 장학금을 받았던 그레이엄은 박식한 면모를 여실히 보여 주었다. 예컨대 1914년에 졸업하기까지 영문학, 수학, 철학 이렇게 세 과목을 강의해 달라는 제안을 받았으나 거절했다. 그러고 나서 월스트리트에서 투자가로 활동했지만, 1928년 컬럼비아대학교로 돌아가 학생들을 가르쳤다. 그때부터 28년 동안 후학을 양성하며 워런 버핏, 어빙 칸, 빌 루안을 비롯한 차세대 투자가들을 양성했다.

2. 그레이엄은 폴란드에서 이주한 정통파 유대인 가정에서 자랐다. 가족의 이력(동유럽 유대인들이 온갖 핍박을 시달리며 위험에 처했던 사연)이 그의 투자철학(위험을 줄이고 안전을 중점을 두는 태도)과 관련 있다고 보더라도 무리가 아닌 것 같다.

3. 여전히 가톨릭 교리를 실천하고 있는지 이베이야르에게 물었더니 "저는 믿습니다. 하지만 교회가 저를 성가시게 하네요"라는 답이 돌아왔다. 그는 투자자로서뿐만 아니라 신앙생활에서도 아웃사이더였다.

4. 생물학적으로도 칸은 훌륭한 모범 사례였다. 운동을 거의 하지 않았던 칸은 아무리 먹어도 질리지 않을 정도로 붉은 고기를 즐겼으며, 50세가 되어서야 담배를 끊었다. 그런데도 109세까지 장수했다. 이 대목에서 그가 건강을 좀 더 챙겼다면 얼마나 오래 살았을까 궁금해진다. 칸의 아들 토마스는 칸이 그치지 않는 탐구심을 가졌기에 젊음을 유지할 수 있었다고 말한다. 그런데 칸은 한편으로 환상적인 유전자를 가졌다. 그를 포함한 네 명의 형제자매가 모두 100세가 넘도록 장수했다.

5. 금융 전문 저술가인 피터 L. 번스타인Peter L. Bernstein은 저서 《리스크Against the Gods》에서 1926~1945년 평균 총 수익률이 연 7%에 불과했다고 했다. 한편으로, 연수익률의 표준편차(평균값에 대한 오차를 나타내는 척도)는 연 37%였다. 신통치 않은 수익률과 속을 긁는 변동성은 끔찍한 조합이었다.

6. 1945년 이후 수십 년의 세월이 투자자들에게 찬란한 시대였다는 것은 사실이다. 1926~1945년 주식은 건드리기에 너무 위험한 것임을 알게 된 투자자들은 다우존스 산업평균지수가 1945년 150포인트에서 1966년 1,000포인트까지 치솟았다는 사실을 놓쳤을 것이다. 번스타인이 언급한 바에 따르면, 1945~1966년 발생한 총 수익률의 표준편차는 1926~1945년에 발생한 수치와 비교해 1/3 수준으로 떨어졌다. 이처럼 풍성한 수익률과 가벼운 변동성은 경탄할 만한 조합이었다. 이와 관련한 교훈은 투자자들에게 그 무엇보다도 중요한 가치가 되었다. 세상이 안정된 상태로 유지된다거나 금융시장이 (좋은 길이든 나쁜 길이든) 하나의 일관된 방향으로 이어진다고 예상한다면, 1908~1911년, 1912~1945년, 1945~1966년, 이 세 시기에 걸쳐 일어난 변화를 상기해야 한다. 변화는 늘 있는 일이다. 현실 안주는 투자자의 적이다.

7. 자산 1,000억 달러를 운용하는 펀드 매니저가 집중투자 포트폴리오를 운영하지 못할 가능성도 인정할 만하다. 자산 대부분을 소수의 종목에 투자한 모니시 파브라이는 분산투자를 보통 수준의 수익을 올리는 투자법으로 생각한다. 그렇지만 초과 성과와 생존이라는 양극단에서 팽팽한 줄다리기가 이어진다. 매클래넌보다는 파브라이가 화려한 수익을 창출할 것 같지만, 파브라이의 펀드가 산으로 갈 가능성도 크다. 매클래넌이 지적했듯이, 1926년 이후, 시장 실적의 대부분이 주식 종목의 약 4%에서 발생했다. 따라서 지나친 집중투자로 인해 그 4%에 속할 가능성이 확률적으로 꽤 낮아진다.

8. 퍼스트 이글 글로벌 펀드를 인수할 때 발생한 수수료를 제외한 수치로 1979년 1월부터 2020년 5월까지의 평균치에 해당한다. 40년 동안 누적된 수익률로 보면, MSCI 세계지수의 3,945% 대비 12,845%를 기록했다. 이 대목에서 얻을 수 있는 교훈은 무엇일까? '안정된 복리 – 재앙=경이로운 성공'이란 연산이다.

5장 | 궁극의 정교함, 단순성

1. 그린블라트의 농담이 재밌는 이유는 하나같이 엉뚱한 재치가 돋보이기 때문이다. 예컨대, 그는 저서 《주식시장의 영원한 고수익 테마들》의 용어 설명 편에서 '동네 바보형Village idiot'을 23달러짜리 투자 지침서를 사놓고 시장을 이길 수 있다고 생각하는 사람으로 정의했다. 그는 이런 식으로 농담을 표현했다.

2. 과학에서 단순성과 관련한 또 다른 사례로, 생활습관의학lifestyle medicine의 대표 전문가로 손꼽히는 딘 오니쉬Dean Ornish 박사는 40년간 건강과 영양에 관한 선구적인 연

구를 해온 것으로 유명하다. 오니쉬 박사는 그동안 연구한 결과를 "건강하게 먹고, 더 많이 움직이며, 스트레스를 줄이고, 더 많이 사랑하라eat well, move more, stress less, love more"는 말로 요약했다. 그리고 그는 얼마 전 내게 조언했다. "정말로 무언가를 깊이 이해하고자 한다면, 그 일에 평생을 바쳐야 합니다. 그러면 단순화할 수 있어요. 단순 화하여 핵심을 꿰뚫을 수 있습니다. 그것이 본질입니다." 주목할 만한 그의 저서《실행 취소! Undo It!》를 읽어보기를 강력히 권한다.

3. 레오나르도 다빈치가 한 말로 알려졌지만, 실제로 그가 했던 말인지는 확실치 않다.

4. 2016년 버크셔 해서웨이의 주주들에게 보내는 서한에서 버핏은 존 보글에 관해 극 찬했다. "미국 투자자들을 위해 가장 많은 일을 한 사람을 기리기 위해 동상을 세운다 면, 당연히 존 보글이 되어야 합니다. 초창기에 그는 투자관리 업계에서 자주 조롱거 리가 되었습니다. 그래도 지금은 그 어떤 방법보다 훨씬 더 좋은 수익률을 달성하도록 투자자들을 돕고 있다는 사실을 깨닫고 만족하고 있습니다. 보글은 투자자들과 제게 영웅이나 다름없습니다." 보글은 2019년에 세상을 떠났다.

5. 보글이 1976년에 최초의 인덱스펀드를 창시한 이후 총 1,140만 달러가 모였다. 시 장의 수익에 필적하는 성과를 올리겠다는 포부는 평범한 수준의 실적으로 가려졌다. 그러나 보글은 심오한 진리를 깨우쳤다. 시간이 지나면서, 적극적 운용자active manager 가 부과하는 수수료와 비용이 투자자들의 순수익에 큰 손실을 불러일으킬 수 있다는 점이었다. 인덱싱 indexing이라는 새로운 개념을 홍보하기 위해 보글은 예를 들며 이해 를 도왔다. 이를테면, 매년 100만 달러를 투자하고 수익률이 10%일 때, 30년 동안 투자금은 1,750만 달러로 불어난다. 반면에 매년 비용을 1.5% 늘리는 (그로 인해 10% 의 수익률이 8.5%로 감소한다) 적극적 운용자는 100만 달러를 30년 동안 1,150만 달러 로 만들 것이다. 달리 말해, 매년 비용을 1.5% 절감함으로써 비용 절약에 신경을 쓰는 투자자는 결국에 600만 달러를 더 벌어들인다. 이와 관련하여 보글은 내게 "투자의 수학이 영원하다는 것을 알았습니다"라고 말했다.

6. 찜찜한 기분이 들 정도로 홈스가 정확히 그렇게 말하지는 않았을 것이라는 의심이 든 다. 그렇다 해도 1902년 조지나 폴록Georgina Pollock 부인에게 보낸 편지의 일부를 보 면, 전혀 신빙성이 없다고 보기도 어렵다. "제가 유일하게 조금이라도 관심을 가지는 단순성은 복잡성을 넘어서 있는 것입니다. 전혀 알지 못한 것에 대해서는 아닙니다. 그 어떤 언급에 관해서도 저는 입을 다뭅니다."

7. 그린블라트는 대차대조표와 손익계산서 보는 법을 익히기 위해 벤저민 그레이엄의 《현명한 투자자의 재무제표 읽는 법》, 제임스 밴들러James Bandler의《재무제표 활용

법*How to Use Financial Statements*〉, 존 트레이시John Tracy의《재무제표 읽는 법*How to Read a Financial Report*》등을 읽기를 권한다.

8. 버크셔 해서웨이 주주들을 위한〈소유주 안내서Owner's Manual〉에서 버핏은 다음과 같이 설명한다. "내재가치는 가장 중요한 개념으로 투자와 비즈니스의 상대적인 매력도를 평가하기 위한 유일한 논리적 접근법을 제공합니다. 내재가치는 간단히 정의됩니다. 시간이 갈수록 주가는 내재가치를 향해 끌려갑니다."

9. 그린블라트는 잘 몰랐지만, 밀켄은 과욕을 부리고 있었다. 1990년 밀켄은 증권거래법 위반 및 조세법 위반 등 여섯 개 죄목을 인정하고, 결국 법정 합의금과 벌금으로 10억 달러가 넘는 금액을 지급했다. 감옥에서 22개월을 보낸 그는 빈털터리가 되지는 않았다. 〈포브스〉에 따르면, 그는 현재 대략 37억 달러의 순자산을 가지고 있다. 2020년 밀켄은 논란의 여지가 있지만, 대통령에 의해 사면되었다.

10. 버핏은 1994년까지 코카콜라 주식을 계속 사들였다. 버핏이 '세계 최대 음료 기업'이라고 극찬한 코카콜라에 투자한 액수는 130억 달러에 달한다.

11. 그린블라트는 마법공식을 찾는 연구에서 법인세전이익EBIT 대비 기업가치(자본의 시장가치+순이자부담부채)를 계산하여 수익률을 측정했다. 다시 말해, EBIT를 기업가치로 나누었다. 또한 EBIT 대비 순운전자본과 순고정자산의 합을 계산하여 자본 수익률ROC을 계산했다. 다시 말해, EBIT를 순운전자본과 순고정자산의 합으로 나누었다. 그린블라트는 단순화를 위해 최근 12개월의 순이익 관련 수치들을 계산에 적용했다.

12. 데이터 고속 처리는 보기보다 훨씬 고된 일이다. 예컨대, 그린블라트의 팀은 선택된 주식을 1년간 보유하여 1998~2004년 193개의 1년 기간을 바탕으로 '마법공식'이 적용된 포트폴리오의 실적을 측정했다. 이를테면, 1988년 1월부터 1989년 1월까지, 1988년 2월부터 1989년 2월까지 등을 1년을 구간으로 삼았다. 테스트에서 놀라운 결과가 많이 나왔다. 특히 169개 구간의 실적 보고에서 마법공식이 적용된 포트폴리오가 100% 시장 평균을 압도한 것으로 나타났다.

6장 | 정보의 유통 기한

1. 노마드의 성과보수는 수치에서 제외되었다. 성과보수 부과 전 펀드의 연간 수익률은 20.8%였다. 성과보수 부과 후 연간 수익률은 18.4%였다. 반면에 MSCI 세계지수의 연간 수익률은 6.5%였다.

2. 메릴린치의 리서치 부서는 유독 자기중심적이어서 포기를 모르는 치어리더팀처럼 돈
   되는 투자은행 고객들을 회사로 끌어모으는 데 일조했다고 자부했다. 인터넷을 담당
   한 스타 분석가 헨리 블로젯Henry Blodget은 개인적으로는 '쓰레기'라고 표현했던 회
   사들의 주식에 대해 매수를 추천했다. 이에 대해 2003년 규제당국이 블로젯에게 벌
   금 400만 달러를 부과했으며, 증권업계에서 영원히 증권 관련 업무를 금지했다. 블로
   젯을 겨냥하여 이런 이야기를 하는 것이 아니다. 행복감에 도취된 시기에 월스트리트
   가 매수를 강력히 권장할 것이며, 그게 무엇이든지 간에 예리한 감각으로 경계의 끈을
   놓치지 말아야 한다는 점을 넌지시 알려주는 것이다.

3. 이 명쾌한 문구의 기원이나 의미를 궁금해 할 일은 없겠지만, 이 문구는 1977년 발매
   된 영국의 펑크 록 그룹 섹스 피스톨스 앨범 〈네버 마인드 더 볼럭스, 히어즈 더 섹스
   피스톨스Never Mind the Bollocks, Here's the Sex Pistols〉와 관련 있다. '볼럭스'라는 말이
   매우 모욕적으로 받아들여져서 음반 가게들이 이 앨범의 판매를 거부했다. 그런데 옥
   스퍼드 영어 사전에서는 이 단어가 적어도 19세기부터 사용되었다고 한다. 이 비속어
   로 인해 앨범 판매 금지 소송이 있었지만, 이 말이 초기 성경 번역본에서도 등장했다
   는 것이 감정된 이후 섹스 피스톨즈는 전 세계적으로 유명세를 얻었다. 버진 레코드를
   설립해 앨범을 배포한 리처드 브랜슨Richard Branson은 해당 논란을 계기로 음반 업계
   의 거물로 자리매김했다.

4. 슬림이 "특정 종교와 관계없는 친절"이라고 표현한 것이 있다. 이에 대한 믿음을 가진
   슬림은 이렇게 말했다. "신이 존재하는지 아닌지 저는 모릅니다. 하지만 신God이라는
   단어를 선good으로 바꾼다면, 저는 전적으로 믿습니다. 선이 존재한다는 것으로 충분
   하다고 생각합니다. 그리고 저는 선한 것이 성장한다고 생각합니다."

5. 처음 이 말을 한 이후 늘 그러지 못했다는 사실을 깨달았다. 팬데믹과 같은 힘든 시기
   를 겪는 동안 실제로 하루에도 몇 번씩 내 포트폴리오를 들여다보기 일쑤였다. 좋은
   측면이 있었다면, 그때까지도 투자와 관련해 성급히 행동하지 않게 되었다는 점이다.
   그렇지만, 원상태로 돌아가서 역효과를 부르는 예전의 습관에 다시 흡수되는 게 얼마
   나 쉬운 일인지 생각할 때마다 불안감이 몰려온다.

7장 | 탁월한 성과를 만드는 습관

1. 게이너의 식습관과 운동법이 모든 사람에게 같은 효과가 있다고 말하는 것이 아니다. 유전과 신진대사를 비롯한 다양한 요인들의 상호작용을 고려해 생각할 문제다. 그런데도 사람들 대부분에게 버핏이 즐기는 식사법보다는 게이너의 접근법이 더 효과적일 것이라고 자신 있게 말할 수 있다. 버핏은 출근길에 맥도날드에서 아침식사를 하는 것은 물론 붉은 고기를 유별나게 좋아하고, 매일 콜라 캔 음료를 다섯 개 이상 마실 정도로 각별한 콜라 사랑으로 유명하다.

2. 깜짝 놀랄 소식이 있다! 2020년에 게이너와 다시 대화를 나눌 기회가 있었다. 게이너는 내게 이런 이야기를 해주었다. "오늘 아침 체중계에 올라갔더니 86kg으로 나오더군요." 그의 꾸준하고 끈질긴 노력은 결실로 돌아왔다. 그는 마침내 30년 전의 체중으로 회복했다.

3. 게이너의 삶은 그의 아버지를 빼놓고 이야기할 수 없을 정도다. 아버지는 늘 밝은 얼굴로 고난을 딛고 일어서는 오뚝이 같은 인물이었다. 대공황기에 어린 시절을 보낸 그는 가업이었던 유리 제조 사업이 망하면서 가난으로 내몰렸다. 성인이 되기 전이었지만, 돈을 벌기 위해 밤에 몰래 집을 나와 불법 주류 밀매점에서 클라리넷을 부는 일을 하기도 했다. 그러다 제2차 세계대전에 참전했고, 전투 중 무릎에 총상을 입었다. 이후에 회계사 자격을 얻었고, 주류판매점을 인수하기도 했다. 또 소형 부동산 거래 일을 하기도 했다. "제 아버지는 제가 아는 최고의 부자였습니다." 게이너가 아버지에 대한 기억을 떠올렸다. "아버지가 제프 베이조스나 워런 버핏보다 돈이 많았다는 의미가 아닙니다. 아버지는 만족할 줄 아는 분이셨어요. 그래서 심리 상태가 중요한 겁니다."

4. 뉴욕시티칼리지대학의 철학과 교수 루 마리노프Lou Marinoff의 《중도The Middle Way》가 이해에 도움이 된다. 이 책을 통해 아리스토텔레스, 부처, 공자 등 현인들의 가르침에서 나타나는 흥미로운 유사점을 발견할 수 있다. 부처는 아리스토텔레스처럼 상반되고 무익한 양극단, 즉 오감의 만족에 대한 탐닉 그리고 자기 고행에 대한 중독을 피해 '중도'를 실천하라고 제자들에게 가르쳤다. 한편, 공자의 가르침에 따르면, '군자'는 '중도의 길'을 따르며, 그래야 마음의 평정을 얻고 조화로운 사회질서가 형성된다고 한다.

5. 나는 빌 밀러에게 전해 들은 이야기를 자주 소개하곤 하는데, 다노프가 얼마나 의욕에 불탔는지 알 수 있다. 밀러는 30여 년 전, 피닉스에서 개최된 투자 콘퍼런스에서 다노프를 소개받았다고 한다. "저는 악수를 청하며 '반갑습니다, 윌'이라고 말했어요. 그런

데 윌은 악수에 응하지 않고 저를 물끄러미 바라보며 말하더군요. '형씨, 제가 형씨를 이길 겁니다. 형씨를 이길 거라고요.'

6. 벤저민 그레이엄의 제자이자 전설적인 투자가인 빌 루안은 매력적인 가치평가액에 거래되는 소수 종목에 집중 투자하는 전략을 사용하는 것으로 유명하다. 룬치스는 젊은 시절 루안 밑에서 분석가로 일한 덕분에 루안의 방식을 그대로 물려받았다. 2020년 룬치스가 내게 밝힌 바와 같이 그는 팬데믹으로 촉발된 금융 위기를 잘 활용했다. 그에 따라 그의 주식 포트폴리오에서 버크셔 해서웨이의 지분이 25%를 차지했다.

8장 I 어리석은 실수만 피해도 승산이 있다

1. 마틴이 자신의 투자 프로세스를 엄격하게 고수하는 것은 사실이지만, 그는 한 가지 주의해야 할 사항을 전한다. "프로세스는 고정된 것이 아닙니다. 프로세스는 역동적입니다." 매년 그의 팀은 그들의 프로세스를 개선하는 방법을 두고 3일 동안 토론을 하며 보낸다.

2. 마틴이 자신의 생존 확률을 높이는 방법이 또 있다. 그의 투자회사에서 비용을 아주 낮게 유지하는 방법으로 특히 연간 15만 달러라는 적당한 기본급만 받는다. 그는 또한 총소득 중 극히 일부만 가지고 생활한다. "오늘 내가 틀렸다면, 내일은 옳을 것입니다." 마틴이 말했다. "내일 제가 살아남을 테니까요."

3. 법률신문을 발행하고 법원의 판례관리 소프트웨어를 판매하는 데일리 저널은 출판사로서 꽤 괜찮은 실적을 거두었다. 하지만 4억 달러가 안 되는 시장가치를 가진 데일리 저널은 멍거에게 주요한 관심사가 아니라 부차적인 것이었다. 그가 억만장자가 된 것은 버크셔 해서웨이의 지분을 가지고 있었기 때문이다. 그런데 멍거는 버핏만큼은 부자가 아니다. 엄마 배 속에서부터 돈을 불리기 시작했던 버핏과 달리 법률 분야에서 일하다가 투자업에 뛰어들었던 데에도 어느 정도 이유가 있었다.

4. 〈연간 심리학 평론〉도 같은 결론에 도달했다. 폭풍 같은 감정은 오래가지 않고, 인간은 시간이 지날수록 기저선 상태로 되돌아가기에, '시간 지연'이 유익한 전략이 될 수 있다는 말이다.

돈의 공식

1판 1쇄 발행 2022년 3월 12일
1판 2쇄 발행 2022년 4월 18일

지은이 윌리엄 그린
옮긴이 방영호

발행인 양원석 **편집장** 박나미 **책임편집** 김율리
디자인 강소정, 김미선 **영업마케팅** 조아라, 신예은, 이지원, 김보미

펴낸 곳 ㈜알에이치코리아
주소 서울시 금천구 가산디지털2로 53, 20층 (가산동, 한라시그마밸리)
편집문의 02-6443-8826   **도서문의** 02-6443-8800
홈페이지 http://rhk.co.kr
등록 2004년 1월 15일 제2-3726호

ISBN 978-89-255-7875-0 (03320)